中印关系研究丛书
教育部人文社会科学重点研究基地四川大学南亚研究所
四川大学中国西部边疆安全与发展协同创新中心

印度经济发展前景研究

A Study of the Prospect of Indian Economic Development

文富德◎著

时事出版社

图书在版编目（CIP）数据

印度经济发展前景研究/文富德著. —北京：时事出版社，2014.12
ISBN 978-7-80232-802-0

Ⅰ.①印… Ⅱ.①文… Ⅲ.①经济发展—研究—印度 Ⅳ.①F135.14

中国版本图书馆 CIP 数据核字（2014）第 274662 号

出 版 发 行：时事出版社
地　　址：北京市海淀区万寿寺甲 2 号
邮　　编：100081
发 行 热 线：（010）88547590　88547591
读者服务部：（010）88547595
传　　真：（010）88547592
电 子 邮 箱：shishichubanshe@ sina. com
网　　址：www. shishishe. com
印　　刷：北京百善印刷厂

开本：787×1092　1/16　印张：28.25　字数：452 千字
2014 年 12 月第 1 版　2014 年 12 月第 1 次印刷
定价：118.00 元

总序

中印两国有着两千多年的文明交流史，共享两千多公里边界线，拥有25亿、占世界1/3的人口，中印关系对自身、地区乃至全球都具有举足轻重的影响。随着国际形势的发展，国际政治活动重心正逐渐从欧美向亚洲，特别是东亚、南亚等充满活力的地区转移，这对于迅速崛起的亚洲新兴发展中大国中国和印度关系的研究而言愈显重要。

当然，影响中印关系的因素众多。从历史看，既有两千多年文化宗教友好交往的回忆，又有1962年边界冲突留下的阴影；从现实看，既有两国政府的高度重视，又有双方大众相互认知上的缺失和不对称；从发展看，既存在不同产业结构和资源禀赋的互补性，又存在贸易逆差等带来的问题；从国际形势看，既有同为发展中大国追求共同利益诉求的互助性，又有受地缘政治和国际格局变化影响带来的排斥性和潜在的冲突性……因此中印关系长期扑朔迷离、跌宕起伏。

如何共同引导和维护好作为集邻国关系、大国关系、发展中国家关系、多边舞台上的重要伙伴关系“四位一体”的中印关系，这不仅是两国政府、官员的职责，也是双方民众、媒体、特别是从事中印研究的智库学者们义不容辞的任务。为此，教育部人文社会科学重点研究基地四川大学南亚研究所在基地重大项目和其他项目研究的基础上，整合全国最新科研成果推出了此套《中印关系研究丛书》。

这套丛书将从经济发展、外交安全和社会文化的视角，全面探讨中印关系发展的历史轨迹、客观现状和未来走势，希望能有助于推动两国关系沿着正确的方向发展——从国家利益谋求自主发展，从双边关系增进互信共赢，从地区层面共促亚洲世纪，从全球视角追求世界和平、天下大同。这不仅是作者们的心声，更是两国人民的愿景！

李　涛

四川大学南亚研究所常务副所长、教授

2014 年 3 月 25 日

序言

殖民统治下的印度经济停滞，因此独立后其面临的重要任务就是恢复和发展经济。作为人口众多的发展中大国，在独立后的经济发展进程中，印度既没有照搬欧美经济发展模式，也没有因袭苏联经济发展模式，而是根据本国基本国情，形成具有印度特色“社会主义类型社会”的混合经济模式。独立后，印度允许私营经济存在和发展，大力发展公营经济，形成公私并存的混合经济体制，但更强调公营经济的作用；保留部分市场机制，坚持实行经济计划，形成计划管理与市场调节相结合的宏观管理机制，但更强调政府干预的作用；注意发展对外经济技术联系，坚持自力更生方针，形成利用国内外资源发展经济的模式，但更强调自力更生发展经济。由此可见，政府干预经济色彩浓厚，而印度也被认为是非中央统制经济中对经济发展控制程度最高的国家。这在一定程度上致使印度经济增长长期缓慢，劳动力失业日益严重，人民生活依然贫困。20 世纪 50 年代初到 90 年代初，印度经济年均增长率仅为 3.5%。面对蓬勃兴起的新技术革命和经济全球化浪潮，印度于 20 世纪 80 年代进行经济调整，90 年代初开始经济改革，推动经济加速增长。印度经济改革颇有特色，其目标是使印度经济自由化、私有化、市场化和全球化，其主要做法是减少政府干预，放松对经济发展的限制，促使印度经济打破长期徘徊局面。20 世纪 80 年代，印度经济年均增长率上升到 5.5%，90 年代超过 6%；进入 21 世纪以来，印度经济更是出现高速增长势头，增长率连续多年超过 9%，成为世界上增长最快的经济体之一。国际社会有人认为，印度经济发展潜力比中国更大，发展前景比中国更好。2008 年国际金融危机爆发以来，印度经济虽然很快恢复增长，但 2012 年和 2013 年其经济增长率持续下降，致使国际社会有人认为印度可能成为第一块掉下的“金砖”。然而，实际上，印度经济发展中仍然存在诸多问题，诸如地区发展差距、人民收入差距、社会政治稳定、资源开发与环境保护、劳动力就业与劳动保护等。实际上，中印在自然资源、人口规模、文化传统、历史遭遇、发展经历、发展任务和面临的问题等诸多方面，都有许多相似之处。正如毛泽东所说，“印度过去的命运和将来的道路和中国有许多类似之点”。[①] 印度经济发展前景研究无疑为我国在深化经济改革、促进经济持续增长、保持社会稳定等诸多方面提供了某些有益启示。

本研究分为四部分：第一部分研究独立以来的印度经济发展；第二部分研究印度经济发展的潜力；第三部分研究印度经济发展中的问题；第四部分论述印度经济发展的前景。经过几年艰苦努力，主要研究工作基本完成。除四川大学南亚研究所李建军撰写第三部分第九章、第十章和第十一章外，笔者承担本项目主要研究工作、专著其他部分的撰写工作和著作的修订工作。作为教育部人文社会科学重点研究基地重大项目，本研究得到教育部社会科学司的大力支持，也得到四川大学相关部门的大力支持，在此表示真诚的感谢。

2014 年大选后莫迪领导的印度人民党政府上台，印度国内许多人对印度经济发展前景充满信心，有的人甚至认为印度经济可以重新回到前 10 年高速增长的进程。国际社会有人也看好印度经济发展前景。笔者虽然也在一定程度上看好印度经济发展前景，但却并没有不少人那样乐观。由于影响印度经济发展前景的因素非常复杂，既有国内的原因，也有外部的因素，而这些原因和因素都可能处在变化之中，因此印度经济发展前景也是复杂多变的。当然，由于笔者能力有限，书中难免疏漏不足甚至谬误之处，敬请读者不吝赐教，余心不胜感激之至。

文富德

2014 年于四川大学

---

① “毛泽东主席在会见印度政府总理尼赫鲁时的谈话”，《人民日报》1950 年 12 月 20 日。

目　录

第一编　独立以来的印度经济发展

第二编　印度经济发展的潜力

第四编　印度经济发展的前景

第一编

独立以来的印度经济发展

印度是一个非常复杂的国家，其经济发展必然受到各种复杂因素的影响。与任何国家现在和未来的经济发展都要受到其过去的经济发展历程和现在的经济发展状况之影响一样，印度未来经济发展也要受到其过去的经济发展历程和现在的经济发展状况之影响。因此，要把握印度经济发展前景，就有必要了解近代以来特别是独立以来印度经济发展的历史。本部分简要分析了独立初期、经济改革前和经济改革后的印度经济发展。

第一章

独立初期的印度经济发展

古代印度科技先进，手工业发达，经济繁荣。17 世纪中期，无论是从农民的劳动强度、种植作物的多样性、使用肥料的普遍性，还是从轮作制的复杂程度及灌溉面积的大小等方面来看，印度农业发展水平皆比当时欧洲大多数国家还高。而印度手工业发展水平更高，其中尤以纺织业为最，达卡的平纹细布等在世界范围内享有盛誉。早在马可波罗时代，印度就有比西方国家还要繁荣的城镇。当时印度的对外贸易高度发达，通过对外贸易印度赚回了大量的黄金和白银，并成为当时世界上比较富裕的国家之一。西方殖民者入侵后，印度逐渐成为英国工业的主要原料产地、工业品的倾销市场及英国资本的投资场所。英国在印度的长期殖民统治虽在一定程度上促进了商品经济的产生，但却严重破坏了印度发达的手工业和农业，致使粮食危机接连不断地发生，数百万人死于饥荒。

第一节　殖民统治对印度经济发展的破坏

作为世界四大文明古国之一的印度，在古代很长一段时期里拥有先进的科技和发达的经济。17 世纪中期，印度农业已达到较高水平，手工业发展水平更高。在当时印度的某些城市和地区，已经产生资本主义商品经济萌芽。印度大型船队来往于东西方各地区和城市之间，印度手工纺织品、香料等产品也在当时东方各国和大部分欧洲国家畅销。随着农业、手工业和对外贸易的发展，印度商品生产和商品交换逐渐产生并有所扩大，城镇也逐渐形成和发展。西方国家殖民入侵，使印度被迫卷入经济全球化浪潮中。殖民统治期间，印度建立铁路、公路、机场、码头等现代基础设施，促进资本主义商品经济产生，但却破坏了印度民族经济的发展。

一、殖民统治前的印度经济

在西方殖民统治者来到印度前，印度科技先进，农业发达，工业先进，商业繁荣，对外贸易发达，城镇繁荣。殖民统治前的印度经济甚至比西方国家更加发达。

（一）科技先进

早在公元前几个世纪印度形成的《数经》（又名《绳法经》）中，就记载了直角和正方形等，提出了梯形变换规律等。公元前 5 世纪，布拉马古普塔成为第一个解决 Pellian 方程的数学家；阿雅巴塔求出数学常数 π 的最精确值。公元前 290 年，巴德拉巴胡证明毕达哥拉斯定理。阿耶婆多对前辈们发明的十进制做了精确阐述，并提出了求二元线性方程正整数解的方法。著名人物还有婆罗摩笈多、摩诃维罗阇利耶和巴斯迦拉阿利等，他们已经懂得正负量的含义，算出许多复杂方程式，发明求平方根和立方根的运算方法，对零和无穷大的含义有深刻领悟。公元 850 年，耆那教数学家马哈维拉查雅提到零的重要性，成为近代数学中 Alef 零的先驱。印西南部喀拉拉一所小有名气学校的学者，在 1350 年就发现微积分学重要组成部分之一的无限级数，他还能使用圆周率级数将圆周率精确到小数点后 17 位。[①] 在笈多王朝时代，天文学在印度获得高度发展，重要天文学著作有《太阳手册》（公元 4 或 5 世纪）和《云使集》（约公元 550 年）。"云使"即阿耶婆多，《云使集》确定太阳年长度为 365. 3596805 天，这同现代科学估算非常接近；其还认为地球按其轴心自转，也绕太阳旋转。天文学家彘日撰写了许多星象学著作，如《广博观星大集》、《天体观测指南》及《五部悉坛多续篇》等。印天文学家描绘过天体运动及天体在黄道和

---

① 操秀英："现代数学理论可能由印度人创立，早于牛顿 250 年"，《科技日报》2007 年 8 月 25 日。

昼夜平分线方面的位置，均计算准确，指出12个太阳月为一年，一年分六季，每季两个月；还预报过日食、月蚀，且在没有天文望远镜的情况下，对星球运行做过很精确的计算。除了数学和天文学之外，公元前5世纪到公元8世纪之间，印度在医学和其他科学领域也积累了非常丰富的知识。

（二）农业发达

孔雀王朝时代的《利论》和阿育王的石柱诏谕中，都有关于农业和畜牧业方面的知识记载。当时对土壤的选择与分类、选种、轮作、施肥等都讲究一定的规律。殖民统治前，农业为印度主要经济部门，其典型特征是在村社结构中发展。“村社即为小共和国，几乎拥有其自身内部所需要的一切东西，几乎与世隔绝。它们仿佛在完全不可能的条件下维持下来。每个村社自身形成一个封闭的小国，由各村社组成的联盟（国家）极为有助于各成员的幸福与享受很大程度上的自由和独立。”17世纪中期，印度农业已达到较高水平，无论是从农民的劳动强度、种植作物的多样性、使用肥料的普遍性，还是从轮作制的复杂程度及灌溉面积的扩大等方面来看，其发展水平都比当时欧洲大多数国家还要高。古吉拉特的棉花，阿格拉的蓝靛，南印度的生丝、椰子和香料等都闻名于世，吸引着世界各地的商人。

（三）手工业先进

摩亨殊达罗和哈拉巴以及印度河流域考古发现水井、浴室和复杂的排水设备，还发现不少家用器皿、油漆陶器、古老钱币、精雕石器、铜铸武器、金银手镯、项链及两轮车模型等，这些都证明了印度当时的科技比巴比伦和埃及还要进步。据 Ravatnakar 记载，最早一批人工提炼的锌约于公元前50年在拉贾斯坦邦的扎瓦出现。掌握 Madhuchusta Vidhanam，或失蜡铸造法，促成公元800—1400年间富丽堂皇的 Chola 青铜硬币诞生。近代在拉贾斯坦和古吉拉特的发掘活动证实了该历史时期所达到的独特成就，特别是在城市规划和用烧制的标准砖块建造房屋、互相连通的排水系统、转轮制陶、硬质车轮的车辆及在各种产品中铜和青铜的使用等方面。[①] 印科学家在化学方面积累了大量知识，并能用这些知识制造染料、香水和药品等，例如钵颠阇利（公元前2世纪）曾用硝酸制造过药品。印手工业者用棉花和蚕丝织成各种布匹，用羊毛织成地毯和披布，显示出印手工业高超的技艺。这其中尤以纺织业最为发达，达卡的平纹细布，孟加拉的印花布，贝拿勒斯的莎丽，阿默达巴德的围腰布及丝绸，阿姆利则和卢迪亚纳的披巾等，都在世界范围内享有盛誉。其技艺之精湛，可从“一块20码长、1码宽的平纹细布可穿过戒指”[②] 这一事实中反映出来。早在公元前2000年，埃及木乃伊就是用印度平纹布包裹起来的，达卡细布也以“恒河布”之名为希腊人所熟知。印度的大理石工艺石雕、木雕、珠宝、黄铜、青铜及紫铜等制品也相当有名，德里近郊的铸铁圆柱便是古代印度存在高水平冶炼业的历史见证。“当代工业体系的诞生地欧洲还住着未开化的部落时，印度已因其统治者的财富和手工业者的精湛技艺闻名于世。甚至到很久以后，当西方的商业冒险家开始在印度出现时，印度工业发展无论如何也不亚于当时更先进的欧洲国家。”[③]

（四）商业繁荣

农业和手工业的发展，有力地促进城乡商品交易的增加和商业的发展，并促使印度各地产生许多商品集散地。当时印度的某些城市地区已经产生资本主义商品经济萌芽。一些富裕商人已向手工业者提供原材料和资金，收购他们生产的产品，从而使手工业者实际上成为富裕商人的雇工。印度一些地区还出现从事纺织、采矿、冶铁、造船等的大型手工工场。在一些大工场中，雇佣的工人甚至达到数百人。

（五）对外贸易发达

印度农业和工业不仅“满足了本国的全部需要，而且还能将其成品输

---

① 王树英：《印度》，世界知识出版社2001年版和曾向东：《印度科学技术》，科学出版社1991年版的相关部分。

② ［印］鲁达尔·达特、K. P. M. 桑达拉姆著，雷启淮等译：《印度经济》（上册），四川大学出版社1994年版，第31页。

③ 同上书，第50页。

出国外”。[①] 印度大型船队来往于东西方各地区和城市之间，印度制造的棉纺织品、丝织品、毛织品等手工纺织品，刻有美丽花纹的武器等手工艺品和蓝靛、香料等农产品，在当时东方各国和大部分欧洲国家畅销。直到17和18世纪，欧洲仍是印度商品的主要销售地。

（六）城镇的繁荣

随着农业、手工业和对外贸易的发展，印度国内商品生产和商品交换逐渐产生并有所扩大，城镇也逐渐形成和发展，如瓦拉纳西、德里、浦那、拉合尔、勒克瑙、坦焦尔、班加罗尔、米尔浦尔、胡布利等。实际上，早在马可波罗时代，印度就有了比西方国家还要繁荣的城镇。

二、英国成为印度的殖民统治者

从15世纪起，西方殖民者开始海外殖民扩张，印度自然成为西方殖民者海外殖民扩张的对象。1757年英国在印度打败法国后，印度成为英国的殖民地，直到1947年印度独立。

（一）欧洲人入侵和东印度公司成立

1498年，葡萄牙人瓦斯科·达·伽马率帆船到达印西海岸卡里库特。1509年，阿尔奎基被任命为驻印总督，他夺取果阿，建立了一批海军基地。1531—1538年，葡萄牙人在果阿、达曼和第乌建立据点，而后又在孟买、胡格利等地建立据点。17世纪中叶荷兰人侵入印度马拉巴尔海岸，并在那加巴丹建立大本营。1527年，法国商船到达第乌。1664年，法国政府建立东印度公司。1667年，法国在苏拉特建立第一个经理处。1674年，法国代理人弗朗西斯·马丁得到本地治里，其后发展为法在印首府。1753年，法国人从莫卧儿朝廷获得造币权。后来，法国人更公开插手印内部事务。1600年，英国建立东印度公司并获得伊丽莎白女王特许状。1608年，

---

① ［印］鲁达尔·达特、K. P. M. 桑达拉姆著，雷启淮等译：《印度经济》（上册），四川大学出版社1994年版，第31页。

英国人威廉·霍金斯带领商船队来到苏拉特，要求印港口通商权，但未能成功。1612 年，拜斯特率船队打败葡萄牙人，英国人不久获准在苏拉特建立商业代理处。1615 年，英国获优惠贸易条款，英国人从此可自由经商，其经理处实行本国法律，保持基督教信仰，不受印度政府管辖。1640 年，英国东印度公司从安得拉王公处获得马德拉斯土地。1668 年，英王查理二世将孟买租给东印度公司，孟买很快便成为英国人在西印度的总部。1690 年，英国东印度公司在孟加拉地区建立加尔各答市，并将其作为贸易据点。17 世纪末期，英国东印度公司对印进行武装侵略，试图把印变成其永久领地。1708 年，联合东印度公司成立。后来，东印度公司逐渐取代莫卧儿王朝，成为印度最高统治者。

（二）英国殖民者打败法国殖民者

随着荷兰、葡萄牙势力衰落，英、法成为争夺印度的主要对手。在相当长的时期内，其矛盾表现为商业竞争，但西欧殖民者力图以暴力征服印度。随着英、法资本主义经济不断发展，英、法殖民者争夺印度市场的斗争逐渐尖锐起来，最终导致双方在印度发生争夺殖民地的野蛮战争。1746 年第一次卡纳蒂克战争爆发，杜布雷从英国人手中夺得马德拉斯；1748 年《亚琛条约》规定将其归还英国。同年，海得拉巴和卡纳蒂克土邦发生王位继承之争，英法各支持一方，挑起战端。第二次卡纳蒂克战争后，法国势力大为削弱。1758 年，英法两国在印度爆发第三次卡纳蒂克战争。1760 年，英军在泰米尔纳德邦万迪瓦什打败法军，本地治里落入英军之手。后根据 1763 年的《巴黎和约》，本地治里复归法国。然而，第三次卡纳蒂克战争使法国在印度的军事和政治势力丧失殆尽，为英国在此建立牢固殖民统治打下了基础。经过三次卡纳蒂克战争，英国最终在印度战胜法国，而英国东印度公司也成为在印的唯一外国势力，独霸对印度的统治，使印度成为英国殖民地。从此，英国东印度公司“由一个商业强权变成一个军事的和拥有领土的强权”。①

---

①　马克思、恩格斯：“东印度公司，它的历史与结果”，《马克思恩格斯全集》第 9 卷，人民出版社 1961 年版，第 168 页。

（三）英国殖民者打败印度土邦王公

英国入侵后，印度人民及土邦王公发起反对英国入侵的斗争，却招致英国入侵者采取措施对付印度封建王公。1757 年，英国东印度公司发动普拉西战役，武力占领孟加拉。公司由此获得加尔各答周围 24 个税区，全面实现对孟加拉的政治控制。1767 年，英国殖民者发动迈索尔战争，海达尔·阿里及其儿子铁普·苏丹领导迈索尔人民与入侵者进行坚决斗争。这场战争前后共进行了 4 次，断断续续打了 32 年，但终因英国殖民者与奉行以邻为壑政策的封建主勾结而失败。之后，英殖民者又于 1775 年发动马拉塔战争，先后打了 3 次，延续 44 年之久。战胜马拉塔人后，英国殖民者在印度的地位大为增强。1843 年英国东印度公司兼并信德省，并于 1845 年爆发第一次英锡战争。1848—1849 年第二次英锡战争后，英国人吞并旁遮普邦。经过一系列与印度土邦王公的战争，英国东印度公司从一个商业势力变成一个军事的和有领土权的力量，奠定了英国在印度殖民统治的基础。经过这些战争，英国直接占领的土地和人口分别占全印度的 2/3 和 3/4，其余大约 500 个大小土邦名义上为王公所统治，但实际上还是直接或间接地为英国殖民者所控制。英国在印度的殖民统治一直持续到 1947 年印度政治独立，给印度社会经济发展造成极为深刻的影响。

三、英国对印度的殖民统治

英国殖民者在印度打败法国殖民者和印度土邦王公后，成为印度唯一的殖民统治者。英国殖民者对印度进行疯狂的政治压迫和文化奴役。

（一）对印度的政治压迫

英国资产阶级强大后，英国政府加强了对印度的殖民统治。一是通过 1813 年法案。取消东印度公司对印贸易垄断权；规定印度领地主权属英国王，公司替英国王统治印度；授权设立监督局，监督权属督察委员会，委员由英国女王任命，行政权交东印度公司董事，对将担任文官的人进行培训，只有经过培训并取得毕业证的人才能被董事推荐为文官。二是通过

1833 年法案。取消东印度公司对印和对华的贸易垄断权，英国人可自由定居印度，从事贸易和各种职业；监督局主席为负责印度事务内阁大臣，规定英议会派专人到印度负责印度立法，此人参加总督参事会并为专门立法成员；规定孟加拉总督为印度总督，其参事会改称印度参事会，成为英属印度中央政权；把立法与行政分开，建立双重管理印度的制度。设立专门立法机构——立法会议，其为印度中央立法机构；规定印度人或在印度出生的英国臣民，不能因宗教、出身和肤色等被剥夺担任高级官员的可能性，取消公司对印度官职的垄断权。东印度公司董事听命于督察委员会。一切由公司董事会创议，由督察委员会监察。董事分为财务委员会、政治和军事委员会及税务和司法委员会，但督察委员会无须同董事会商量，就可通过公司秘密委员会进行作战或媾和。调整行政区划，设立副省督。把孟加拉和阿格拉分为两个省区，1859 年设旁遮普省，1861 年设中央省。除孟加拉省仍归总督管辖外，其余各省设副省督管理。一切重大事务由总督参事会决定。总督利用参事会协助有权批准通行全印的法令。[①] 批准成立法制委员会，编制《印度刑法典》。三是通过 1853 年改进印度管理法案。规定东印度公司继续在印度统治；扩大总督立法会议组成，规定每省 1 人参加；实行文官公开考试选拔制度，考试在伦敦举行，只用英语；规定印度政体；东印度公司领土归属英国国王；公司及其督察委员会权力属印度事务大臣。其下设委员会，委员 15 人，每人年薪 1200 英镑，由印度财政收入开支；其和印度事务部开支都出自印度。除某些特殊问题外，印度事务大臣有权违反委员会多数意见行事；有权不同委员会商量，直接向印度下达和平与战争命令。印度总督及马德拉斯和孟买省督由女王任命；副省督由总督提请女王批准委任。考选印度文官规则由印度事务大臣制定。

（二）对印度的文化奴役

长期以来，英印殖民政府官员都由英国人充任。托马斯·蒙罗在印度

---

① ［印］罗梅什·杜特著，陈洪进译：《英属印度经济史》（下册），三联书店 1965 年版，第 158 页。

进行改革，开始并广泛任用印度人进行统治。威廉·本廷克任总督期间把孟加拉地区民事司法行政托付给印籍法官，在税务行政上任命印籍副税务长协助英籍税务长。为保证在印殖民统治长治久安，英国殖民者在思想文化等领域大力推行殖民政策。一是推行奴化教育。要求印度人民必须效忠英国女王；为传播西方文化，殖民者在印度建立一些用英语教学的学校；以英语为官方语言，印度人想在政府中谋职，须熟练掌握英语，许多学校被迫用英语作为教学语言等。殖民者通过在印度建立现代教育制度和报刊制度，把资产阶级价值取向引入印度。二是开展殖民教育。殖民统治下印度现代教育逐渐兴起。殖民统治和剥削需要培养一大批对西方有一定了解、懂英语、有一定专业知识的雇员和职员为他们服务，所以英国统治者重视高等教育。19 世纪 50 年代，印度已在德里、加尔各答和孟买建立了三所大学。到 19 世纪末，印度已有数十所理、工、医、文各类学院。英属印度高等教育在殖民地世界最发达，但印度文盲率也很高。三是把西方政治制度移植到印度。殖民统治者出于拉拢、软化资产阶级民族运动的需要，把西方三权分立代议制的某些因素移植到印度，嫁接在殖民统治的专制制度基础上。中央和各管区都成立选举产生的立法会议，吸收印度人参加，成为有一定民主色彩的政治体制。虽然参与印度殖民政府管理的文官要通过考试选拔，但这种考试在伦敦进行，没有多少印度人能承受如此巨额的旅行费；考试语言使用英语，而当时能熟练掌握英语的印度人不多；对参加文官考试的人有年龄等诸多规定，实际上把绝大多数印度人排斥在文官队伍外，依然由英国人管理印度。四是把基督教引入印度。为开拓印度市场，在精神上征服印度，加强对印度的殖民统治，英国政府鼓励向印度传播基督教，以此来瓦解印度传统文化的根基。1813 年法案规定，在加尔各答设立大主教职位，在马德拉斯和孟买设立主教职位。出于巩固统治的自私目的，在印度大起义后，英国殖民统治者却竭力利用印度教和伊斯兰教上层的矛盾，挑动宗教冲突，分化民族力量，使教派主义成为印度独立斗争和社会进步道路上的严重阻碍。

第二节　殖民统治对印度经济发展的影响

英国在印度的殖民统治结束了印度诸侯割据、内战不断的局面，但却维持了印度社会内在的分裂状况。这给印度民族带来巨大的心灵创伤，造成部分民族心理的畸形发展，拉大了民族之间的心理距离，使印度社会内部民族矛盾更加复杂，为印度民族意识的形成、民族凝聚力的加强设置了重重障碍，产生了极为深刻的消极影响，英国殖民者在印度的统治就是对印度财富的掠夺。

一、对印度的殖民掠夺

英国殖民者对印度掠夺的方式多种多样，主要有如下几种：

（一）对印度宫廷直接掠夺

英国东印度公司以武力攻占一个公国或土邦时，首先洗劫宫廷国库。在普拉西战役中，公司军队一次就从孟加拉宫廷洗劫6000万英镑财富。1799年英军攻占迈索尔首府时，从王宫掳掠的珍宝价值1.2亿卢比以上。

（二）负担英国军队费用

英国殖民者在入侵印度过程中的军费，也最终落在印度人民头上。如东印度公司强迫臣属于它的印度土邦签订奴役性“军费资助条约”，向其勒索贡赋，若土邦王公不能如期缴纳贡赋，就对其施加各种手段迫其就范。孟加拉土邦王公自1763年起就被迫把土邦4个州的税收交出，以供养英国驻军，还要向公司缴纳巨额贡赋。英国殖民者与许多印度封建王公都签订类似条约，用印度人的血汗来豢养统治和镇压他们的军队。英国对其他地方发动的战争，也要由印度人来承担战争费用。[①]

（三）承担英国官员的费用

殖民政府官员从英国人中选派，拥有丰厚年薪，但薪俸却来自印度人民的纳税，甚至连在印官员的退休金都由印度人民纳税解决。东印度公司撤消后，印度每年还得负担公司撤消后的全部股息。维多利亚女王当朝期间，印度全部收入的 1/4 汇往英国作为“国内开支”。加上在印英籍官员每年汇回英国的薪金，印度财政收入每年流入英国的总数大大超过 2000 万英镑。[②] 这些都是以印度公债利息、铁路债款利息、民政经费和军事经费等名义使用的。

（四）偿还殖民政府公债和利息

为解决英国东印度公司在印度殖民统治的开支，英国殖民者在印度发行了许多国债，促使殖民政府所欠公债及其利息不断增多，而印度人却被迫为此付出代价。1858 年印度公债达到 7000 万英镑，1939 年增至 8.842 亿英镑。这些债务都是英国殖民者在印度进行殖民战争的费用、镇压人民起义的费用、建筑和收购铁路的费用等等强加于印度人民的结果。他们每年从印度人民处搜刮的大量赋税收入，也主要用来维持和巩固其在印度的军事、政治殖民统治及偿还庞大债息，且其中大部分以“国内费用”的名义，作为贡赋的一部分汇回英国。

（五）征收高额赋税

1765 年，英国东印度公司直接管理孟加拉民政财政大权，促使田赋收入迅速增加。1757—1815 年间，英国从印度搜刮财富约达 10 亿英镑。残酷的田赋搜刮造成连年饥荒，1772 年孟加拉大饥荒就造成 1000 万人因饥饿而死，约占孟加拉人口的 1/3，但即使在饥荒期间田赋也未减少。1784、1787、1788 年孟加拉连续发生饥荒，但田赋却日益苛重，到 1792—1793

① ［印］罗梅什·杜特著，陈洪进译：《英属印度经济史》（下册），三联书店 1965 年版，第 7—9 页。

② 同上书，第 8 页。

年度已达 300 万英镑以上，几乎占公司在孟加拉总收入的 2/3。

（六）垄断印度贸易

垄断印度贸易是英国殖民者在其生产力不足以发达到能战胜印商品时所使用的重要掠夺手段。东印度公司除垄断印度进出口贸易外，还独占印度的食盐和鸦片贸易，食盐售价几倍于成本。1793 年，公司食盐专利收入达 80 万英镑。1773 年，英国政府给予东印度公司贩卖鸦片的专利权，之后其向中国大量输入鸦片，到 1838 年已增至 4 万箱，其中绝大部分由英国东印度公司偷运。

二、对印度的经济剥削

英国殖民者对印度的剥削方式也是多种多样的，主要有如下几种：

（一）向印度市场大量倾销商品

当印度被置于英国统治之下时，英国人倾向自由贸易和自由放任政策，因此要求印度取消内部关税，制定一个低税率。直到 18 世纪末期，东印度公司一般有盈余，但其“输英购货”却由盈变亏。英国工业革命后，英国殖民统治者不满足于同印度进行贸易，一心想压制印度手工业，促使英国制造业发展，其目的是想把印度变成为其提供原料的国家和其工业产品的销售市场。1833 年以前，东印度公司的贸易主要项目是生丝、纺织品等。1812 年英美战争爆发，美国拒绝给英国供应原棉，英国不得不从印度运入原棉，并在印度竭力发展棉花种植。19 世纪上半期，印度对于英国的重要性在于其提供英国工业革命所必需的原料，同时为英国铁产品和棉纺织品提供一个不断扩大的市场。1833 年以后，印度开始大量输出重要原料，且大大超过纺织品等旧产品。

（二）诱导印度农民种植经济作物

英国殖民统治当局在印度确立柴明达尔地主土地私有制和农民所有制；兴修部分大型水利工程；鼓励商人兼并土地多种经济作物；支持英国

人投资兴办一些面向出口的种植园，如蓝靛种植园和茶叶种植园等。通过提高棉花等经济作物收购价格，诱导印度农民放弃粮食作物种植而改种经济作物，从而促使印度生存农业在一定程度上转变为商品经济农业。这就造成印度农业长期落后，大多数农民无地少地，加之受到沉重的封建剥削，生活极端贫困。过分的原料出口缩小了粮食种植面积，造成粮食短缺，因此印度每年都需要从外国进口弥补。

（三）向印度输出资本

英国在印度的投资有一半用来加强英国殖民当局对印度人民的军事、政治控制，只有近40%的投资用在铁路、市内交通、银行金融业方面。这无非是为了便于英国把工业品输入印度，并将原料品从印度输出。真正属于生产性的投资不过9%左右，且主要用在农产原料的种植、加工及为铁路服务的煤矿和其他矿产原料的采掘等方面。英国殖民者对印度的资本输出，实际上就是把原先从印度人民身上搜刮的钱，作为“投资”再记在印度人民账上，还要他们每年缴付一笔利息或利润。英国对印度殖民政府公债的投资，既是对印度殖民政府在军事、政治上压迫和控制印度人民的支持，又是对印度人民进行财政剥削的一个重要手段。资本输出并不排挤商品倾销，反而为商品倾销创造条件。大量的资本输入使印度人民遭受更深的剥削，农村土地税的不断增加也使广大农民无法维持简单的生活，加重了印度人民的苦难。

（四）控制印度财政金融

1833年，英国殖民者在印度创立全印集中财政制度，此后特殊税款或补助金只由印度政府分派给各省。1844年，三个管区统一海关税，且废除其在边境关税。1850年，其余各省采取同样措施。1857年前，印度废除国内过境税和市镇税，形成国内自由贸易，并形成对各省一致的海关税。1813年后，英国人在印度设立银行和代理行，1835年英国殖民者在印度采用统一铸币制度。到19世纪40年代，英国殖民者在印度的孟加拉、孟买、马德拉斯等地建立管区银行。其虽为商业银行，但却执行某些国家银行职能，如发行货币、储存国家资金等，实际上具有半官方性质。其只贷款给英国商人，而且随着商业活动的扩大，英国东印度公司发行的货币也逐渐增多。英殖民者对印度的财政金融控制，使大量资金从印度流往英国。

1875 年，英国政府正式接管印度，其在印度的经济职能也随之扩大。英国政府在印度公共工程活动中投入巨大。这些公共工程并未以利息形式直接“兑现”，其虽在一定程度上刺激了印度经济，但在许多年内却成为印度财政方面的巨大耗费。第一次世界大战后，英国殖民者通过对印投资，经营银行、贸易和航运，管理财政及私人汇款等各种渠道，从印度搜刮到的利润、利息、佣金、薪金、“国内费用”等各种形式的贡赋总额不断增加。在两次大战之间，其每年从印度攫取的贡赋总额达 1.35 亿—1.5 亿英镑。

三、对印度经济发展的影响

在英国的长期殖民统治下，印度被迫成为英国资本的重要投资场所、英国工业的主要原料产地及工业品倾销市场。这无疑给印度经济发展造成极为深刻的影响。

（一）破坏先进的印度农业，造成粮食危机接连不断

为将印度变成其殖民地，英国破坏印度农村公社，把自己变成印度最高的土地所有主，对农民进行残酷的田赋搜刮，而对与农民生计有关的公共灌溉系统的维修却漠不关心，导致土地荒芜，饥荒频繁。英国殖民统治者在印度实行的土地制度大大加重了对印度农民的剥削，严重阻碍了印度农业的发展；而其在印度开展的农业商品化活动减少了粮食生产，增加了粮食需求，导致粮食危机接连不断地发生，印度也最终从发达的农业国变成落后的农业国。

1. 土地制度阻碍农业发展

为加强对印度人民的剥削，英国殖民者于 1793 年在印度实行土地整治，使过去为莫卧儿帝国征税的包税人（即柴明达尔）成为为英国收税的大地主。在新的土地制度下，印度农民不得不把其收入的 1/2—2/3 用来缴纳地租，而英国殖民者收取的田赋则占到地租的 80%—90%。正如当时的

一名英国上校布里格斯所说："印度现行的这种田赋制度公然要夺取地主的全部地租。"① 显然，英国殖民者在印度实行的土地制度加重了对印度农民的剥削，也严重阻碍了印度农业的发展。

2. 农业商品化影响粮食生产和消费

为把印度变成英国工业的原料产地，英国商人还为棉花、黄麻、甘蔗、花生等农产品制订了较高的市场价格，诱导印度农民以种植上述经济作物来取代长期种植的粮食作物，结果导致印度粮食作物种植面积不断下降，粮食生产逐渐衰落。然而，就是这些种植经济作物的农民也需要到市场购买粮食用于家庭消费，这又导致粮食需求不断增加，印度也因此逐渐从粮食出口国家变成粮食进口国家。

3. 粮食危机接连不断

英国殖民统治者在印度实行的土地制度严重阻碍了印度农业发展，而其在印度开展的农业商品化活动减少了粮食生产，增加了粮食需求，导致印度粮食危机接连不断地发生，仅 1765—1858 年间就发生了 12 次，1860—1908 年间更是发生了 20 次，且粮食饥荒程度都相当严重。1942 年的孟加拉大饥荒就造成 400 多万人丧生。

（二）摧毁了印度发达的手工业，促进资本主义商品经济的产生

英国东印度公司利用自己逐步攫取的政治权力，竭力排挤、削弱印度本地商人势力，使印度商人丧失以往独立自主的经商权和对手工业生产的支配权。英国工业资产阶级凭借印度征服者所控制的军事政治权力，凭借大机器生产的工业品而实行自由贸易政策，凭借为其服务的经济工具——铁路等，终于摧毁印度城乡手工业，粉碎农业和手工业的结合，西方工业革命后大规模机器生产使工业品生产成本大为降低，价格极为低廉。为保护殖民者利益，英国政府和殖民者极力鼓吹自由贸易，对从英国输往印度的工业品实行特惠免税，进一步增强英国工业品在印度市场的竞争力。在

① ［印］罗梅什·杜特著，陈洪进译：《英属印度经济史》（下册），三联书店 1965 年版，第 8 页。

英国机器大工业品的冲击下，印度手工业者纷纷破产，曾经十分繁荣的印度手工业特别是纺织业迅速衰落，其中不乏一些著名的纺织工业中心。印度初生的资本主义萌芽就这样夭折，而印度也变成了英国商品倾销市场和农业原料的附庸。

1. 发展资本主义种植园经济

为满足西方国家市场和工业发展的需要，西方殖民者在印度建立了大批茶叶种植园、咖啡种植园、橡胶种植园等，并采用资本主义生产方式，雇佣印度当地工人，强迫他们为其生产。仅1853年到1871年期间，印度的茶叶种植园就从10个增加到295个，其他农作物种植园也有不同程度的增加。

2. 促进印度农业商品化

西方殖民者还竭力促进印度农业商品化，诱导一部分原来种植粮食作物的印度农民放弃粮食生产转而种植棉花、黄麻、花生和甘蔗等经济作物，然后迫使他们把产品销售给西方商人。

3. 建立资本主义工厂

殖民者后来也在印度建立了一些利用当地原料进行加工的工厂，并运用资本主义方式进行管理，从多方面促进了印度资本主义商品经济的产生和发展，以便把印度作为宗主国国内工业的原料产地和工业品的倾销市场。

（三）阻碍印度民族经济的发展

英国在印度的殖民统治破坏了印度发达的农业，摧毁了印度繁荣的手工业，严重破坏了印度经济，给印度经济发展造成深刻影响，同时也对英国经济发展产生重要影响。

1. 破坏印度发达的农业和手工业

正如马克思所说："不列颠的蒸汽和不列颠的科学在印度斯坦内把农业和手工业的结合彻底摧毁了。"① 英国殖民当局不允许印度进口机器设备，发展机器工业生产，从而使失业的工匠和破产的手工业者被迫转到农

① 马克思、恩格斯：《马克思恩格斯选集》第2卷，人民出版社1972年版，第65页。

业中去，在印度近代经济史中出现了悲惨的“非工业化”过程，以农业为生的人口占总人口的比例从19世纪中叶的55%上升到20世纪30年代的72%。[①] 连英属印度政府总督本廷克勋爵也认为，“这种悲惨在商业史上是绝无仅有的。棉纺织者的白骨漂白了印度平原”。

2. 造成印度经济长期停滞不前

英国对印度的长期殖民统治严重摧毁了印度曾经繁荣的民族经济，导致经济长期停滞，1860—1945年间经济年均增长率只有0.5%。据统计，1885—1905年间和1925—1950年间，印度人均国民收入年增长率分别为-0.3%和-0.1%。尼赫鲁说，“印度虽然处在工业资本主义统治之下，但它的经济基本上仍处于前资本主义阶段，却又失去前资本主义时期经济中的许多能产生财富的要素。它变成现代工业资本主义的一个被动接受者，饱受它的一切邪恶之苦，但却很难尝到它的甜头”。[②] 连英国驻印度总督在1789年也不得不供认：“本公司在印度领土的1/3，现在已是一片只有野兽居住的蛮荒之地。”[③]

3. 影响英国经济发展

英国对印度的殖民统治不仅严重破坏了印度经济发展，而且在一定程度上影响了英国经济发展。正如马克思所指出的那样，“如果说，1825年的贸易震动已经使不列颠对印度的输出有了增长，那么，1847年不列颠危机的特点，甚至是由对印度和亚洲其他地区的过多输出造成的”。[④]

（四）在一定程度上刺激印度经济发展

为扩大在印利益，英国殖民者投资在印度修建铁路、公路、港口等基础设施，还建立了一些工厂，这在一定程度上刺激了印度经济发展，特别是两次世界大战期间，印度民族资本还获得了十分重要的发展。但是，英国殖民者在印度却不可能完成建设者的使命。

---

① ［印］鲁达尔·达特、K. P. M. 桑达拉姆著，雷启淮等译：《印度经济》（上册），四川大学出版社1994年版，第35页。

② 尼赫鲁著：《印度的发现》（英文版），尼赫鲁纪念基金，1991年版，第299页。

③ 罗麦西杜德：《不列颠早期统治下的印度经济史》（英文版），1956年版，第90页。

④ 马克思、恩格斯：《马克思恩格斯全集》第12卷，人民出版社1972年版，第73页。

1. 殖民者投资印度铁路等基础设施

为把印度变成宗主国的原料产地和工业品市场，西方殖民者在印度也投资建设铁路、公路、港口、机场，从而促进印度交通运输事业的发展。从1853建立第一条铁路起到1947年印度独立时为止，共修建了5万多公里铁路。同时，孟买、加尔各答、马德拉斯等也成为印度最为重要的港口。

2. 殖民者在印度建立工厂

从19世纪中期开始，西方殖民者也在印度建立了一些工厂，开创殖民统治下印度工业化进程。当然，一些印度人也开始从事创办工业企业的活动。1850—1855年，印度建立了第一座棉纺厂、第一座麻纺厂和第一座煤矿，标志着印度现代工业建立。到19世纪末期，印度已有196座棉纺厂和36座麻纺厂，煤炭产量达600万吨以上，标志着印度现代工业有了一定程度的发展。1914—1918年间爆发的第一次世界大战和1937—1945年间爆发的第二次世界大战，在一定程度上刺激了印度现代工业的发展。到1946—1947年度，印度钢锭和成品钢的产量分别达到119.9万吨和116万吨。[①] 仅1939—1945年间，印度工业生产就增长了20%。

3. 两次世界大战促进印度民族工业发展

由于印度民族工业发展主要出现在两次世界大战期间及20世纪30年代资本主义经济大危机时期，印度经济学家仔细分析英国殖民时期印度经济发展后指出，无论如何，只要印度一方在对外贸易和外资流入方面中断它与外界的殖民经济联系，它的工业经济就会得到大踏步发展。换言之，对外贸易和外国资本自由流动对印度意味着经济停滞。反之，部分或完全停止这种流动为印度资本提供了机会，使它能够在那些被进口商品窒息的领域开辟发展工业的道路。[②]

4. 英国不可能完成建设性使命

正如马克思所说："英国在印度要完成双重的使命：一个是破坏性的使命，即消灭旧的亚洲式的社会，另一个是建设性的使命，即在亚洲为西

---

① 文富德著：《印度经济：发展、改革与前景》，巴蜀书社2003年版，第15页。

② ［印］鲁达尔·达特、K. P. M. 桑达拉姆著，雷启淮等译：《印度经济》（上册），四川大学出版社1994年版，第57—58页。

方式的社会奠定物质基础。”[1] 然而英国在印度的殖民统治“破坏了本地的公社，摧毁了本地的工业，夷平了本地社会中伟大和突出的一切，从而消灭了印度的文明”，[2] 但是却不可能完成建设性的使命。

第三节 独立初期的印度经济恢复

古代印度曾是一个科技发达、农业先进、手工业发达、城镇繁荣的国家，但经过长期的殖民统治，经过殖民者对其进行的疯狂掠夺和残酷剥削，到 1947 年获得政治独立时，印度已经成为一个农业凋敝、工业落后、商业枯萎、对外贸易停滞、科技落后和经济贫穷的国家。经过 1947 年到 1950 年的重建，到 1950 年，印度经济才有所恢复。

一、印巴分治对印度经济发展的影响

1947 年殖民统治结束时的印巴分治，给印度经济发展造成灾难性影响。

（一）政治独立与印巴分治

经过长期的民族独立斗争，英国殖民统治者最终被迫同意印度在 1947 年获得政治独立，但其并不甘心丧失在印度的殖民统治。英属印度最后的总督蒙巴顿勋爵就印度独立问题提出蒙巴顿方案，同意印度政治独立，但又以缓和印度教徒和伊斯兰教徒间矛盾冲突为由，将英属印度分为以印度教徒为主的印度和以伊斯兰教徒为主的巴基斯坦两个国家。长期以来，英国殖民统治者利用印度社会各种矛盾，实行分而治之政策。例如，其利用

① 马克思、恩格斯：《马克思恩格斯选集》第 2 卷，人民出版社 1972 年版，第 70 页。

② 同上。

印度社会宗教矛盾，竭力煽动和鼓吹教派主义，破坏印度人民团结，分化印度民族独立运动力量。英国殖民统治后，印度教徒和伊斯兰教徒之间在社会经济文化发展方面的不平衡，造成二者之间的利益冲突由此产生，而英国殖民统治者分而治之挑拨离间的政策更是加深了二者间的矛盾。1905年英国殖民当局颁布孟加拉分割法案，把孟加拉省分为西孟加拉省和东孟加拉省，促使教派主义实力恶性膨胀。印度教内出现与伊斯兰教针锋相对的印度教派主义，提出印度是印度教徒的主张，而穆斯林教徒也提出单独建国的要求。因此，印巴分治在相当程度上是英国殖民统治造成的。

（二）印巴分治与居民大迁徙

根据分治方案，居住在巴境内的数百万印度教徒需要迁徙到分治后的印度境内，而居住在分治后印度境内的数百万伊斯兰教徒需要迁徙到分治后的巴境内。迁徙过程中的长途跋涉、饥饿疲惫、相互冲突等使无数人死于非命。迁徙完成后近千万人的安置，更给印巴两国增添了无穷的烦恼。

（三）印巴分治对印度经济发展的影响

伴随独立而来的印巴分治，对独立初期的印度经济发展产生了十分重要的影响。一是分治过程中发生的民族仇杀使数千人丧生，数百万个家庭被毁，无数工厂和商店被破坏，严重破坏了印度经济发展。二是数百万居民的安置需要大量费用。根据分治方案，居住在巴境内的数百万印度教徒需要迁徙到分治后的印度境内，而居住在分治后印度境内的数百万伊斯兰教徒需要迁徙到分治后的巴境内。数百万人的安置需要大量费用，这使刚刚独立的印、巴承受巨大经费压力。三是农业减产造成粮食严重短缺。长期殖民统治下的印度本来就存在粮食严重短缺的问题，而伴随政治独立而来的居民大迁徙又严重破坏了印度的农业生产，造成粮食减产，使粮食短缺问题更加严重。四是印巴分治严重破坏了两国长期形成的产业结构。种植棉花和黄麻等经济作物的土地分布在分治后的巴境内，而加工棉花和黄麻的工厂大多在分治后的印度境内。印巴分治造成印度境内的棉花和黄麻加工厂因失去原料供应而被迫停产，严重影响了印度工业发展。重要的是，伴随印巴分治而来的印巴战争更使印度经济雪上加霜。战争耗费独立后印度大量的资金和人力物力，严重阻碍了印度经济的恢复和发展。

二、独立初期的印度经济

经过长期的殖民统治，印度到1947年独立之时虽然工业上有一定程度的发展，但是其农业凋敝、贸易枯萎，不得不沦为一个贫穷落后的农业国。

（一）独立初期的印度工业

尽管英国殖民者只想把印度变成其工业原料的产地和工业品的倾销市场，不愿意印发展现代民族工业，阻止甚至压制印发展现代工业，在印近代经济史上曾经出现非工业化浪潮，然而在英殖民统治时期，特别是在两次世界大战期间，印度工业还是获得了某些发展。1894年，印度有工厂815家；到1939年，印度工厂数增加到1.0466万家，雇佣人数达到175.1万人。印度民族资本已在制糖、造纸、榨油、面粉、碾米、食盐、纺织等轻纺工业领域获得重要发展，并已涉足钢铁、冶金、水泥等重化工领域。虽然第二次世界大战后英国私人资本已从印度抽走大量资本，但在独立后的印度工业中，英国资本仍然占支配地位。据统计，1948年在印度的外国资本总额为32亿卢比，其中英国资本占72%。包括英国资本和其他外国资本占支配地位的印度经济部门有：石油及石油加工业占该部门资本总额97%，橡胶工业占93%，窄轨铁路、火柴工业占90%，黄麻工业占89%，采矿业占73%。外国资本在这些工业领域的投资量并不大，因为印度独立时，私人资本在工业领域已达到相当规模。由于殖民统治时期印度工业有所发展，因此到独立时印度工业已达到一定水平。1947年印度钢产量为150万吨，虽不能与发达国家相比，但独立时印度工业产量在世界排名第十位，在亚洲其仅次于日本排名第二位。印度经济学家仔细分析英国殖民时期印度经济发展后指出，无论如何，只要印度一方在对外贸易和外资流入方面中断它与外界的殖民经济联系，它的工业经济就会得到大踏步发展。换言之，对外贸易和外国资本自由流动对印度意味着经济停滞；反之，部分或完全停止这种流动为印度资本提供了机会，使它能够在那些被进口商品窒息的领域开辟发展工业的道路。① 独立时，印度已形成一个基本工业体系，当然这个体系依然存在某些问题，如轻工业相当不发达、重工业投资较少等。1946 年，在印度工业总产值中，纺织工业产品产值占 64%，钢铁、机械、化学、水泥等重工业产品只占 16.48%。同时，印度工业主要集中在孟买、加尔各答等少数沿海城市，内地工业却很少。重要的是，印度重工业中缺乏机械制造业，这导致独立后印度新建工厂都必须从国外进口机器设备。

（二）独立初期的印度农业

1947 年独立时，印度农业依然非常落后。全国人口的 85% 依靠农业为生，农业劳动力占全国劳动力总数的 70%。与印度工业相比，印度农业更为落后。除少量为满足英国殖民者需要的种植园农场外，印度农业的主要经营体制还是古老的封建租佃制和以家庭为生产单位的小农民制。如前所述，殖民统治时期，为满足英国工业对原材料的需要，印度大量土地都被用来种植棉花、黄麻、甘蔗、香蕉、橡胶、茶叶等经济作物，致使粮食作物种植面积不断减少，粮食产量停滞不前，造成印度在独立前一段时期内年年粮食短缺、饥荒不断、饿殍遍野，只有依靠进口粮食来解决人们的基本生活需要。经济作物种植的增加导致农作物原料出口的不断扩大，但是英印殖民政府对农业的投入依然很少，造成印度农业生产技术和生产方式都没有变化，农业生产中还是使用犁头、锄头、镰刀等比较原始的生产工具，农业生产活动依然主要靠农民的双手。生产工具的简陋和生产方式的落后，都在一定程度上导致印度农业生产效率依然低下，印度农村贫困依然普遍存在。美国学者乔治·布赫对独立前印度经济特别是农业生产进行研究后指出，1891—1947 年，印度粮食产量年均增长率为 0.11%，而同期印度人口年均增长率为 0.67%。可见，在独立前的半个多世纪中，印度粮食年均增长率大大低于人口年均增长率，每年人均占有的粮食都在减少。再加上广大农民和农业工人长期遭受地主和高利贷残酷的剥削，他们长期

① ［印］鲁达尔·达特、K. P. M. 桑达拉姆著，雷启淮等译：《印度经济》（上册），四川大学出版社 1994 年版，第 57—58 页。

处于饥饿和半饥饿状态。

（三）独立初期的印度服务业

长期的殖民统治使印度经济变为一个为殖民者服务的经济。为加强对印度的殖民统治，把印度变成英国工业的原材料产地及其工业品的倾销市场，殖民者在印度修建铁路、公路、港口等运输基础设施，发展现代运输事业；设立现代银行和股票市场，发展现代金融事业；设立邮政、电报和电话等通信基础设施，发展现代通信事业；还兴建一些学校和医院，发展现代教育和现代医疗事业，促使印度服务业获得一些发展。到1947年独立时，印度各类铁路总长达5万多公里；孟买、加尔各答、马德拉斯等已成为印度重要对外港口；除英国人在印度设立的银行外，印度人也设立了一些股份银行，如印度银行、孟买商业银行、巴罗达银行、迈索尔银行等，有的还在孟买设立股票交易所；英国与印度之间已经有海底电缆相连，遍及全印主要城镇的邮政系统和主要城市的电话电报系统也基本形成；全印除有10多所现代大学外，还建有许多现代专业学院和中小学。尽管如此，印度服务业依然落后。除了较大城市之间有铁路或公路连接外，全印56万个村庄与城镇之间的交通仅靠泥泞土路和牛车。由于生活依然贫困，绝大多数家庭无钱送子女上学，不能到医院就医。独立时，印度文盲率高达84%，60%以上学龄儿童不能上学；在印度农村地区，每2.5万人中才有一个医生，5万人才有一家医院；全印人口死亡率高达2.7%，平均预期寿命只有32岁。

正如马克思所说："英国在印度要完成双重使命：一个是破坏性使命，即消灭旧的亚洲式社会，另一个是建设性的使命，即在亚洲为西方式的社会奠定物质基础。"① 然而英国殖民统治，"破坏了本地的公社，摧毁了本地的工业，夷平了本地社会中伟大和突出的一切，从而消灭了印度的文明"，② 但却不可能完成建设性使命。

① 马克思、恩格斯：《马克思恩格斯选集》第2卷，人民出版社1972年版，第70页。

② 同上。

三、独立初期的经济恢复重建

独立前，印度国民大会党就独立后印度应该成为一个什么样的国家，怎样才能把印度建设成为一个世界强国等问题展开激烈辩论。独立印度领导者们在一定程度上体现出折中精神，并明确3个问题。

一是确定未来经济发展的总目标，即经济增长、实现社会公平和自力更生三者并重。1947年，国大党全国委员会通过决议指出，要建立“一个既能最大限度实现增长，又不致造成私人垄断和财富集中的经济结构，以取代贪得无厌的私人资本主义经济和极权国家统治”。[①] 独立印度政府领导者认为，迅速发展经济是非常必要的，只有这样才能提高国民收入和人均收入水平；但经济发展必须防止财富集中到少数人手中，要通过扩大劳动力就业和公平分配，使财富差距逐渐缩小。经过长期殖民统治，必须扭转社会经济发展和人民生活对外依赖，因此在经济发展中必须坚持自力更生。二是确立未来经济发展的体制，即混合经济体制。混合经济体制的主要内容包括：（1）公营经济成分和私营经济成分并存；（2）公营经济成分要占领国民经济的制高点，即控制关键工业、基础设施和金融业；（3）在国家指导下使私营经济在符合国家发展的总目标的框架下发展。印度政府领导者对前两点意见比较一致，但在第三点上则有所分歧，即如何定位公营经济的作用，如何使公营经济得到增长。1948年，由尼赫鲁领导的国大党全印委员会提出报告指出，“一个正义的社会制度”必须“实现收入和财产的公平分配，防止随着工业化进展而使现有贫富差距拉大”。报告建议：所有与衣、食、用等消费品有关的工业应保留给在合作基础上建立的乡村企业和小型企业经营；所有与国防有关的工业、关键工业和公用事业以及规模大、具有垄断性质的工业，应归国家所有和经营，至于这些部门中现有的私营企业，应在5年后逐渐转归国家所有；银行和保险也应实现国有化；所有私人经营的工业都必须接受实现国家目标所必要的监督和控

---

① B. B. 纳维尔：《印度混合经济：概念和利益在其中的作用》，世界新闻私营有限公司1989年版，第18页。

制。三是确立实行计划经济的原则。早在20世纪30年代，印度国大党就接受了计划经济的思想。独立印度政府领导者认为，实现计划经济是实现社会经济发展总目标不可缺少的手段。要实现社会经济发展总目标，必须统一筹划、全面安排、逐步实行，这就要求有长远和分阶段实行的计划。混合经济体制也要求实现计划经济，因为既要发展公营经济，要使公营经济起主导作用，就要有宏观考虑，统一部署，合理分配和利用资源，使之达到最佳配置；对私营资本的鼓励和控制也需要有全面安排，因此也需要有计划。印度独立3个月后，尼赫鲁总理就提出设立经济计划委员会。1950年3月，印度正式成立国家计划委员会，负责第一个社会经济发展五年计划的制订。

为了恢复和重建被长期殖民统治和印巴分治破坏的民族经济，1947年独立后，印度政府在安置难民、统一土邦的同时，在未来经济发展总目标、混合经济体制和计划经济等思想原则的指导下，采取一系列政策措施，努力重建和恢复国民经济。

（一）将殖民政府财产收归国有

1947年独立时，独立印度规定，在殖民政府时期就属于国家所有的森林、荒地、矿藏等自然资源继续归国家所有。同时，印度从英国殖民政府手中接管在印属于殖民政府的铁路、港口、邮电、大型水利工程、煤矿和军工厂、修配厂、棉纺织厂和造纸厂等少量工厂企业。这些基础设施和企业属国家所有，继续由政府实行垄断经营，成为独立后印度最早一批公营企业。印度政府还接收英国殖民政府在印度储备银行的167亿卢比资产和第二次世界大战期间印度在英格兰银行的12亿英镑的结余。此外，1950年，印度政府对殖民统治时期执行中央银行职能的印度储备银行实行国有化，使其成为独立印度第一家归国家所有的银行。

但是，印度政府关于5年后对关键工业领域中现有私人企业收归国有及把银行、保险业国有化的规定，引起了资产阶级的惊恐，也引起了外国资本的慌张。考虑到国有化所遇到的巨大阻力，加之当时经济非常困难，政府掌握的资源匮乏，而当务之急又是大力发展生产，加快恢复经济，因此为了社会稳定和经济恢复重建，印度首任总理代表独立印度宣布政府对外资的政策：一是印度对外国企业和本国企业均无任何歧视，一视同仁；二是在外汇许可的情况下，要给予外国投资者汇出利润和资本红利的适当方便；三是企业国有化时将公平合理地赔偿外国投资者。[①] 这在一定程度上构成独立印度外国投资政策的重要基础。独立初期，印度政策并没有触动英国私人资本和其他国家的私人资本在印度的企业，允许这些外资企业继续在印度经营，使其不受政权移交的影响。在将殖民政府全部基础设施和公营企业转变成印度政府公营企业后，在印外国私人企业的私人资产和产值在印度国民经济总资产中已经不占有显著地位。

（二）颁布1948年工业政策决议

为促进经济恢复和发展，独立印度制定了第一个根本性工业政策，即《工业政策决议》，并于1948年4月由制宪会议通过，成为独立后指导印度工业发展的第一个法律性文件。该政策决议把印度工业分为四类：第一类包括军事工业、原子能工业和铁路3个领域，由中央政府垄断，不许私人经营。第二类包括煤炭、钢铁、飞机制造、造船、电信设备和采矿6个领域。这类工业中此后只能由公营部门新建企业，现有私人企业可在今后10年内继续经营，之后若实行国有化，将给予公平补偿。第三类包括汽车、拖拉机、机床、电力设备、有色金属、化肥、制盐等。这些部门由私人经营，但要在国家计划和控制下发展，政府有权在必要时把此类私人企业收归国有。第四类包括不属于前三类的其他所有工业，允许私人经营。为增加劳动力就业，充分利用资源发展生产，并增加人民收入，决议支持和鼓励小型企业和乡村企业发展。该决议通过法律形式，第一次明确独立后实行公营经济和私营经济并存的混合经济体制，并第一次划分公营经济和私营经济的经营范围，明确规定重工业和基础工业由国家垄断经营，这主要是出于国家安全考虑的需要，不能由少数私人垄断经营。此外，由于其需要大量投资，私人资本无力投资；由于其具有公益性质，私人资本也不愿投资。当然，该决议也为私营工业发展留下广阔空间，但却规定私营

① ［印］鲁达尔·达特、K. P. M. 桑达拉姆著，雷启淮等译：《印度经济》（上册），四川大学出版社1994年版，第586页。

经济要在国家计划目标下发展。决议明确指出，在混合经济体制中，以公营经济为主导，对私营经济实行控制。

为弥补建设资金和技术的不足，促进印度经济恢复和发展，该决议在允许私营经济存在和发展的同时，也允许外国私人资本在印度继续经营，并可建立新企业，且在税收等方面给予一定的优惠。但是决议同时强调，政府可根据国家利益给予必要节制，引进外资要由联邦政府审查批准。一般情况下，企业的大部分股权和对企业的有效控制权应掌握在印度人手中，企业要培训印度技术人员以便取代外国专家。

（三）把农业放在经济恢复的优先地位

为迅速恢复经长期殖民统治和印巴分治破坏的印度经济，必须大力发展生产，尽快控制通货膨胀，改善人民生活。与工业发展相比，大力发展农业，增加粮食产量，解决粮食短缺问题，显得尤为重要。同时，大力发展农业也能保证工业生产所需要的原材料，促进工业发展。因此，独立印度政府把发展农业放在经济恢复的优先地位，首先在全国发起农业增产运动，核心是增加粮食产量，提出5年内增加400万吨粮食产量，到1952年实现粮食基本自给。为此，印度政府成立了专门的粮食政策委员会，全面审查国家的粮食政策，并就如何增加粮食产量提出政策建议。该委员会提出的增加粮食产量的措施包括：广泛兴修水利，发展农家肥料，增加化肥生产，推广农作物改良种子等。为监督这些政策措施的落实，1949年印度政府还专门任命一位农业专员，并要求各邦也指定专门官员负责此项工作。1947—1950年，印度每年需从国外进口200多万吨粮食，同时为使停产的工业恢复生产，印度每年仍需要进口大量棉花和黄麻。而到1950—1951年度，印度粮食增产270万吨，虽没有完成政府规定的增产指标，但是多少缓和了粮食短缺的问题。

第二章

经济改革前的印度经济发展

独立后，为把印度建设成为现代化工业强国和有声有色的世界大国，印度坚持走社会主义类型社会发展道路。印度允许私营经济存在和发展，又大力发展公营经济，形成公私并存的混合经济体制，但更强调公营经济在经济发展中的作用，对私营经济发展施加诸多限制；允许市场机制存在，又实行经济发展五年计划，形成市场调节与计划调节相结合的宏观经济管理机制，但更强调政府在经济管理中的作用，对市场机制的作用施加诸多限制；坚持自力更生方针，也注意发展对外经济联系，但更强调自力更生发展经济，对发展对外经济联系施加诸多限制。经过40多年的实践，印度经济取得了诸多重要成就，实现了粮食基本自给并有大量储备，形成了比较完整的工业体系和国民经济体系，但印度经济发展中也存在诸多问题。

第一节　传统经济体制的形成及其主要特征

长期殖民统治严重地阻碍了印度经济发展。独立后，为了加速民族经济的建立和发展，印度试图在吸取东西方经济体制长处、克服东西方经济体制弊端的基础上，逐渐形成具有印度特色的经济体制和经济管理机制。

一、混合财产所有制的形成

独立后，印度形成公私经济并存的混合财产所有制，但是却更强调公营经济发展。

（一）公营经济

独立后，为建立“社会主义类型社会”，促进经济发展，把印度从落后农业国转变为现代化工业强国，印度允许私营经济存在和发展，建立并发展公营经济，形成公私经济并存的混合财产所有制形式。印度主要通过把殖民政府占有的财产收归国有、通过赎买把大型私营企业变为国家所有、通过财政投资和利用外援建立新的公营企业等方式，在印度建立起公有财产所有制形式的公营经济。在印度公营经济内部也存在多种组织形式：一是直属中央政府的司局级企业，如铁路运输、邮政通信和军工生产等战略性部门；二是依据议会通过的有关法令建立的法定公司，如银行金融、石油天然气、粮食购销、航空运输等重要领域；三是各级政府投资组成的非司局级企业，涉及公营部门经营的其他领域。

（二）私营经济

为促进经济发展，除将一些大型银行国有化外，印度允许私营经济的存在与发展。除公众有限公司和私人有限公司外，印度私营经济大都属于个体经济。除公营经济垄断的经营领域外，其他领域私营部门都可发展。因此独立后印度依然存在性质为私营财产所有制的私营经济，其主要活跃在农业、零售商业、公路运输、纺织服装、食品加工、小型企业、乡村企业和家庭手工业等关系人民大众基本生活需要的领域。

（三）合作经济

印度合作经济主要有两类：一是城镇企业工人集资建立的工人合作社，生产并销售某类产品，印度学者称其为工人部门；二是农村农民自愿组成的各种合作社，如农业生产合作社、农业销售合作社、农业信贷合作社等，还有负责某种农产品生产、收购、加工和销售一体化的合作社，如奶业合作社、蔗糖合作社等。这类合作经济规模不大，但在人民生活中具有重要作用。[①] 可见，印度混合经济的形成，经过了“公进私退”的过程；

---

① 文富德：“论印度的经济计划与市场调节相结合”，《南亚研究》1991 年第 3 期，第 32—34 页。

在印度混合经济体系中，公营经济地位十分重要，私营经济范围非常宽广。

（四）混合财产所有制的特色

印度混合财产所有制形式具有印度特色。一是公营经济比重较低，但地位重要。在印度混合经济中，公营经济所占比重并不高，直到20世纪80年代末期，公营经济在印度国内生产总值中的比重也只有1/4左右。但由于公营经济在原子能、铁路、邮政、通信、军工、石油天然气、银行金融等战略性领域占有垄断地位，在铁、铜、铝、铅、锌等重要矿物资源开采及冶炼、重要机床生产、机器设备制造等关键领域占有统治地位，还在粮食收购、海洋运输等许多重要领域占有主导地位，因此公营部门在印度经济发展中的地位极为重要。到1986年，公营部门在印度国内生产总值中约占25%，在有组织部门劳动力就业中约占70%。二是私营经济比重较高，且作用重要。在印度混合经济中，私营经济所占比重一直较高。到1986年，其在全印劳动力就业总数中约占90%，在全印工业产值中约占70%，在印度国内生产总值中则超过70%。印度私营经济活动领域非常广泛，主要集中在粮食生产等有关农业领域，食品加工领域，纺织品、服装、食盐、食用油等消费品生产领域，国内商业贸易领域，房地产开发领域及众多服务领域。这些领域虽不是国民经济的战略性领域，但却是国民经济的重要组成部分，也是与人民生活密切相关的重要领域。

二、混合资源配置方式的形成

独立后，印度实行经济计划与市场调节相结合的混合资源配置方式，但是却强调政府对市场配置资源行为的干预。

（一）经济计划配置资源

1950年，印度成立国家计划委员会。长期以来，国家计委一直是印度政府的超级部门。印度中央政府定期制订全国经济发展计划，各地方政府制订地方经济发展计划，甚至各经济部门也制订部门经济发展计划，形成完整的计划体系。全印经济发展计划需经国会审查批准，地方经济发展计划经地方议会批准后，还要经国家发展委员会批准。为加强经济计划的执行，印度中央政府设立计划执行部。从 1951 年实行开始，印度已完成 11 个五年计划和 6 个年度计划，目前正在执行“十二五”计划。每个五年计划文件都要规定计划期内国家实现的社会经济发展目标、各主要社会经济部门应达到的社会经济指标，以及计划期间的投资总额和公私部门、各政府部门、各地方政府的投资额。

（二）市场机制配置资源

独立后，印度也注意发挥市场在资源配置方面的作用，使市场机制在印度经济发展中起到明显的作用。① 印度存在日用消费品自由市场和重要商品期货市场，还有比较发达的股票证券市场，此外劳动力市场也逐渐得到发展，就业登记所等中介机构不断增多。政府还注意利用各种市场机制配置资源：一是利用价格机制配置资源，除粮食、基本药品、基本原材料、重要农业投入物等实行国家规定的管理价格外，其他产品均实行自由市场价格；二是利用税收机制配置资源，建立比较完善的税收体系，既包括所得税、公司税等直接税，也包括商品税、关税、销售税等间接税；三是利用利率机制配置资源，除根据使用资金时间长短规定的利率外，还对不同贷款用途规定不同利率；四是利用汇率机制配置资源，根据经济发展情况、商品出口需要和国际收支状况，政府不断调整货币对外汇率。

（三）政府参与资源配置

独立后，印度政府还积极参与资源配置。在决定政府财政对公营企业的投资数量、投资领域和投资地点等方面，政府拥有绝对权力；在限制私营部门投资领域、投资地点和投资数量等方面，政府也拥有很大权力；在利用外国投资方面，对外资的投资地点、投资领域、投资比例等，政府同样拥有极大的权力；即使在利用市场机制配置资源方面，印度政府也加以

---

① ［印］阿拉克·戈斯：《印度经济》（英文版），世界新闻私营有限公司 1987 年版，第 62 页。

某些引导甚至给予一定限制。如对关系国计民生的许多产品价格实行国家控制的管理价格，以保证国家和人民利益；对电力、汽油、酒精、医药、饮料、化妆品、烟草等许多特种商品征收特别税收，以限制其消费；对农业、小型工业、乡村工业、出口等优先部门按照优惠利率发放贷款，以支持其发展等。

（四）混合资源配置方式的特色

为加强对混合经济的管理，印度实行经济计划、市场机制和政府参与等多种资源配置方式，且颇具特色。印度特别强调经济计划在资源配置中的作用，并为此做了大量工作：一是较早在中央政府成立专门从事经济计划制订的国家计划委员会，还在各邦政府内也设立类似经济计划机构。在相当长的一段时期内，印度国家计划委员会主席都由政府总理兼任，使印度实际上存在一个具有高度权威性的计划机构。二是存在较为完整的计划体系，印度各级政府不仅制订社会经济发展总体计划，而且各有关部门还要制订本领域的发展计划。三是经济计划为民主协商的结果，印度经济发展计划要经各级政府多次讨论，在批准前还要交社会各界讨论，征求社会各方面的意见，以保证计划的可靠性。四是政府专门设立经济计划执行机构。在印度中央政府，经济计划执行机构叫计划执行部，专门处理经济计划执行过程中出现的问题，保证社会经济发展目标和经济增长指标的实现。因此，计划在资源配置中的作用明显。

三、政府严格控制经济发展

在印度政府领导人看来，公营经济和私营经济都有短处，经济计划和自由市场也都有缺陷。为弥补混合经济体制及其管理机制的缺陷，印度政府对经济发展实行严格控制。

（一）政府控制经济发展的立法

1. 颁布工业政策

1948 年工业政策决议把工业分为 4 类，规定：第一类工业只能由政府垄断经营；第二类工业只能由政府新建；第三类工业政府对其发展实行计划控制；第四类工业向私营部门开放，但国家有权对其进行干预。[1] 1956年工业政策决议把工业分为三类，规定：第一类工业只能由国家经营和国家新建；第二类工业增建新企业由政府承担；第三类工业留给私营部门经营，但国家仍有权在此类工业中新建企业。此后，印度政府虽也有公布新工业政策，但鼓励公营经济、限制私营经济的基本框架没有改变。

2. 通过工业发展与管理法（即工业许可证法）

1951年工业发展与管理法规定：凡属法定表列工业企业必须向中央政府登记，未经许可，不得扩大生产能力，不得新建企业；对因管理不善而造成生产下降或产品质量低劣的企业，政府有权对其进行全面调查，并视调查结果采取接管企业等相关措施；政府有权成立工业委员会，检查督促完成生产指标。印度对该法也进行过某些修改，但其指导思想依然是加强对工业发展的限制。

3. 通过主要商品法

20世纪50年代颁布的主要商品法取代了重要商品法，把军需用品、大众消费品、生产大众消费品等关键用品，为维持现有国民经济能力所需要的中间产品和国民经济未来发展所需要关键投入物等，均列入主要商品，并规定政府有权控制其生产、分配、消费、运输和储存等，有权控制其价格变动，有权要求厂商出售主要商品等。当时50多种物品被列为主要商品，此后不断增加。

4. 通过反垄断法

针对经济权力逐渐集中、人们收入差距不断扩大和社会两极分化越来越严重的现实，1969年印度通过垄断及限制性贸易行为法，即反垄断法。该法规定，国家对资产在2亿卢比以上的大公司实行监控；要求这类公司的业务扩张必须得到政府事先批准，特别是这类公司的兼并活动必须得到政府事先批准，从而严格控制大公司的发展与扩张。

---

① ［印］《主流周刊》1984年尼赫鲁生日专刊，第45页。

（二）政府对公营经济发展的控制

1. 政府对公营企业控制的原则

印度政府对公营经济主要运用指令性计划和政府直接控制方法。在每个五年计划中，对公营部门投资实行分配制度，对两类不同隶属关系的公营企业实行不同管理方式。对司局级企业实行行政部门管理方式，管理人员由政府任命文官担任，生产什么、生产多少等均由政府确定，生产所需原材料由政府供应，生产资金由政府财政投资，企业盈亏由政府财政解决，企业财务受同级议会监督，其实为半事业性质单位。对法定公司和各类政府公司等非司局级企业，其管理人员不由文官担任，但由政府主管部门任命的董事长或总经理担任，也具有法人地位；生产计划由主管部门下达，但主管部门不管原材料供应；兴建企业所需部分资金由政府投资，部分由企业发行债券来筹集资金；企业所需流动资金由公营银行发放贷款解决；除特殊产品外，其他产品价格由企业在政府主管部门指导下制定，但政府主管部门不管其产品销售；其财务实行独立核算，在按规定交纳税收后，自负盈亏。公营企业除受政府控制外，还要受国会控制，执行国会的有关决议。

2. 主管部门对公营企业的管理

印度政府设立管理所属公营企业营运职能的部门，其对所属公营企业的管理主要包括：任免国有企业的董事会成员和其他高级管理人员；拥有向公营企业发布行政指令的权力；监督公营企业提交有关经营实绩的报告，并据报告提供的个体情况采取相适应的措施；协同政府其他有关部门制定管理国有资产的方针、政策和措施，审批各类依公司法组成公司的章程；任命审计员并对国有企业进行审计；处理雇员工资和劳动条件以及与外资技术协作等方面的问题。

3. 公营企业局对公营企业的管理

1965 年印度政府成立公营企业局，隶属财政部，主要负责公营企业事务，既为政府又为公营企业服务，其职能包括：协助政府有关行政管理部门如政府投资委员会，调查和评估公营企业工程项目报告书和新投资项目的可行性研究报告；收集、分析和审查有关公营企业经营实绩材料并写成报告，提交给政府和国会；协同有关部门进行旨在改善企业经营实绩的深层研究；协助国会所属各委员会对公营企业进行调查和评估；协助政府有关部门制定管理公营企业的方针和政策；协助公营企业选举委员会选举企业高级管理人员；充分系统地掌握有关公营企业经营情况资料，充当各行政管理部门的数据库，为其提供信息服务；充当行政管理部门与公营企业的联络机构，可把有关部门的指令或安排传达给公营企业；可将公营企业的要求或建议报告给有关部门，充当政府和企业间的媒介；充当公营企业咨询服务部，了解公营企业经营情况和国家有关公营企业的方针政策，协助公营企业改善内部经营管理，提高国有资产营运效果；负责安排公营企业高级管理人员的培训等。

（三）政府对私营经济发展的限制

1. 通过法律和政策控制私营经济

独立后，印度政府主要通过前述的工业政策、工业许可证法、主要商品法、反垄断法等经济法律和经济政策对私营经济发展实行较为严格的控制。这些控制涉及私营经济的投资领域、投资地点、生产品种、生产数量、产品质量、产品价格及销售渠道等一系列重要方面。

2. 通过计划管理私营经济

印度政府注意通过社会经济发展五年计划，把私营经济纳入印度经济发展计划的轨道之中，为实现经济发展计划规定的目标服务。其主要对私营经济实行指导性计划与市场调节相结合的间接管理方式。在每个五年经济发展计划中，政府都规定了私营经济的投资规模及其在计划投资中的比例。

3. 通过市场机制引导私营经济

为发挥私营经济在经济发展中的积极作用，印度政府也注意运用市场杠杆的调节作用，并通过价格、信贷、税收等经济手段加以引导，使私营经济为计划规定的社会经济发展目标服务。① 当然，在当时印度的经济体制和管理机制中，这些市场杠杆的作用也受到极大地限制。

---

① ［印］A. N. 阿格拉瓦尔：《印度经济》，维斯勒出版有限公司2004年版，第369页。

（四）政府对资源配置的控制

1. 通过劳动工资政策控制

为了保护雇佣工人的基本权益，印度颁布的劳动法规定，凡100人以上的企业解雇工人，必须经过政府批准；同时，印度政府颁布的劳动工资政策也规定了雇员的最低工资和基本福利等。这虽在一定程度上缓和了企业中的劳资关系，但也在一定程度上限制了劳动力流动。

2. 通过收购价格政策控制

为了保护消费者利益，印度政府不仅规定对部分粮食实行收购，而且要求公营企业购买小型企业的产品。此外，政府还对一些重要的工业品实行价格管理，对重要的服务价格也实行政府管理，从而极大地限制了价格在资源配置中的作用。

3. 通过金融利率政策控制

印度政府不仅规定各银行必须将其吸收存款的相当一部分用于购买政府核准的债券，必须将放款的相当一部分给予农业、小型企业、乡村工业等政府规定的优先发展行业，而且对存贷款利率也有诸多限制，如对发放给优先部门的贷款必须实行低于通行利率的优惠利率。

（五）政府对进出口贸易的控制

1. 实行对外贸易控制制度

除印度政府工业与商业部统一管理对外贸易外，政府还设立资本货物委员会等有关机构，管理与对外贸易相关的事务；设立诸多公营贸易公司，规定粮食、石油等许多重要商品的进出口只能由其垄断经营。

2. 明确规定商品进口原则

为严格限制商品进口，政府规定，凡国内已生产或不久将能生产的产品，一律不准进口；只能进口本国现在或短期内不能生产的产品、技术进步所需机器设备或人民大众生活急需消费品；严格限制奢侈消费品进口，对其进口征收极高关税。

3. 对进口商品实行分类管理

为加强对商品进口的控制，长期以来，印度把进口商品分为禁止进口品、限制进口品和允许进口品，并在每年对外贸易政策中详细列出目录清单，以加强对禁止进口和限制进口商品的控制。

4. 实行商品进口许可证制度

为加强对商品进口的控制与管理，印度政府还对商品进口实行严格的进口许可证制度，规定只有那些获得进口许可证的商品才允许进口。进口商在进口前必须向有关部门提出申请，经过批准后才可获得进口许可证；大型机器设备进口还需要国家资本货物委员会甚至政府内阁的批准。

5. 对进口商品征收高额关税

为加强对商品进口特别是对奢侈消费品进口的控制，长期以来，印度政府对进口商品特别是奢侈消费品征收高额关税，最高关税率甚至超过500%，以限制非必需商品进口。

6. 对商品进口实行诸多非关税壁垒

为严格限制商品进口，长期以来，印度政府还对商品进口实行诸多非关税壁垒措施，如对进口商品实行数量限制和进口许可证制度等，规定某年只允许进口一定数量的某种商品，超过规定则不允许进口等。

（六）政府对外国直接投资的控制

1. 规定利用外资和外援的原则

印度利用外资和外援的原则是，“为达到自力更生而使用更多外援，使用更多外援以终止外援”，利用外援并不影响自力更生。因此，印度注意限制外资在经济计划经费中的比例，大部分时期将其控制在10%左右；印度还强调利用国际开发协会等国际金融机构的援助，尽量少用甚至不用国际商业贷款。

2. 限制外国投资的领域

1948年和1956年工业政策决议规定，一些工业领域只能由政府垄断经营，一些工业领域只能由政府新建企业，包括外资在内的私营部门只能参与除此之外的其他工业领域。

3. 限制外资在企业股份中的比例

1972年印度规定，除全部产品用于出口企业可实行外商独资外，其余类型企业必须实行合资。外资在合营企业中股份一般不超过40%，只有在高技术领域和印度急需发展的关键领域，外资股份才可超过40%，但也不得超过70%。外国子公司实行提高产值计划，印度人须入股。外资持股超过75%的公司须通过向印度人发行股票筹集扩大生产所需资金，向印度人发行比例不得低于增资额的40%；外资持股比例为60%—70%的公司应向印度人发行增资额的33.3%；外资持股比例为51%—59%的公司应向印度人发行增资额的25%。

4. 要求外资必须培训印度管理人员

根据1948年工业政策决议，外资参与的合营企业应该“始终坚持培训旨在最终取代国外专家的合格印度人员”。

5. 坚持对外资实行本地化政策

印度政府要求外国投资者必须转让技术，并允许印度在国内各部门进行横向转让；不承诺不对外国投资实行国有化；要求外资逐渐本地化。

第二节 传统经济体制的弊端

独立后，印度形成公私并存的混合经济体制，但却严格限制私营经济发展；形成经济计划与市场调节相结合的混合经济管理机制，但却大量干预经济，严格控制经济发展，使印度成为除社会主义国家外世界上计划性最强、对私营经济限制最多的国家。这对印度经济发展造成诸多严重弊端，主要表现在如下几个方面：

一、限制了生产规模的扩大

在市场经济中，企业生产什么、生产多少，本来应该由其根据市场需求自己来决定，但是印度通过工业许可证法，对企业生产什么、生产多少等进行严格控制。根据工业发展与管理法（即工业许可证法），从事工业生产经营的单位必须事先从政府相关部门获得生产经营许可证，之后才能开展相关工业生产经营活动，还必须按照生产经营许可证规定的生产经营时间、生产经营地点、生产经营项目、生产经营规模、生产经营标准等从事相关生产经营活动。如果企业要延长生产经营时间，或改变生产经营地点，或改变生产经营项目，或改变生产经营规模，或调整生产经营标准等，也必须事先获得政府相关部门的批准。这虽然从客观上讲便于政府对生产经营活动的控制与管理，但却极其严重地限制了企业生产规模的扩大。因为在当时的情况下，由于政府严格控制全社会的生产能力，以避免出现资本主义社会经常出现的“生产过剩危机”，因此企业在希望扩大生产规模时，要获得政府相关部门的批准是非常困难的；而得不到政府相关部门的批准又往往导致企业不能根据生产经营发展的需要扩大生产经营规模，严格限制了企业生产规模的扩大。1969 年反垄断法的基本目的就是控制大型垄断企业和企业联合体生产能力扩张，而控制生产规模扩大就是控制生产发展，阻碍经济发展。

二、保护了落后的生产能力

独立后，印度实行进口替代发展战略，为此，政府对商品进口实行严格限制，并规定凡国内能生产或短期内能生产的产品就不允许进口，导致国内技术落后的企业也能够得以生存，并因此缺乏改进生产技术的动力和开展经济竞争的压力。这种政策规定实际上极大地保护了印度许多落后生产能力。印度政府把小型企业和乡村工业作为优先发展的部门，对小型企业发展实行诸多优惠措施，如实行税收优惠，提供财政补贴，对其在落后地区设立小型企业还提供投资补贴；设立小型企业银行，为其提供银行贷款优惠等。印度政府还不断提高小型企业的投资限额，使更多企业成为小型企业而享受过去只有小型企业才能享受的优惠，并为其保留许多生产领域而不允许大型企业介入，还不断增加为其提供的保留生产项目。1977 年新工业政策决议就把为小型企业保留的生产项目从 180 项提高到 807 项。印度政府还规定，国家机关、公营企业和公营事业单位必须采购小型企业生产的产品，为其发展提供了一个稳定的市场。虽然小型企业对于促进劳动力就业有一定积极作用，但是由于其生产技术水平落后而毕竟属于落后生产力，因此印度政府对经济发展的干预也在一定程度上保护了落后的生产力。在经济发展初期，适当地保护幼稚产业是必要的，但就民族产业的长期保护来说就存在问题了。经济发展要求优胜劣汰，保护落后生产力，限制先进设备的利用，实际上就是限制了先进生产力，从而阻碍了经济发展。

三、限制了公私经济的发展

任何经济单位要健康发展，都需要根据自己的商业判断，决定自己能生产经营什么，生产经营多少，在什么地方开展生产经营活动，从什么地方获得原材料，产品以什么价格销售等，从而使企业获得预期的利润，保证企业逐渐扩张，从而也促进国家经济发展。如上所述，印度政府通过工业政策、工业许可证法和主要商品法等，控制公私经济部门生产能力的扩大、生产领域的变化和产品价格的调整等，从而严重限制了公私经济部门的发展。印度政府对公私经济发展的诸多控制极大地影响了公私经济发展的积极性，从而也在相当程度上限制了公私经济发展。如印度政府对大部分公营企业负责人实行政府任命的做法，其生产什么、生产多少甚至原材料采购和产品销售等都由政府决定，其所需要的投资实行国家财政拨款，其获得的利润全部上缴国家财政，其生产经营出现的亏损由国家财政弥补等。这些控制政策必然严重影响公营企业的生产经营积极性，从而限制公营经济发展。又如，印度政府对诸多产品和服务价格的控制使公私企业不能根据生产经营成本的变化而调整产品或服务价格，因此可能造成相关企业的生产经营活动出现严重亏损，从而影响相关企业的生产经营积极性，这也在一定程度上限制了公私经济发展。综上所述，印度政府对公私经济的严格控制和限制损伤了公私企业发展经济的积极性，从而极大地影响了国家经济发展。

四、限制了对外贸易的扩大

作为人口众多的发展中国家，印度能够用于出口的商品本来就不多，政府限制还阻碍了商品出口的扩大。同时，印度经济发展需要大量进口，但政府对商品进口的严格控制却严重阻碍了进口的增加，从而影响了对外贸易的发展。独立后，印度长期对商品进出口实行极为严格的控制，政府通过进口许可证、进口配额、进口关税及禁止某些商品进口等形式，全面限制国外商品的进口，从而导致印度对外贸易虽然有所发展，但其在世界贸易中的地位却大幅度下降。独立后，虽然印度的出口贸易额从1949—1950年度的10.16亿美元增加到1979—1980年度的79.47亿美元，进口贸易额从12.92亿美元增加到113.21亿美元，[①] 但与世界其他国家的对外贸易相比，印度对外贸易发展仍然缓慢且极不稳定。在此30年中，印度出口贸易年增长率有18年在10%以下，其中7年为负增长；进口贸易年增长率也有18年在10%以下，其中11年为负增长。[②] 对外贸易缓慢且不稳定的发展使印度在世界贸易中地位不断下降，从1950—1951年度占世界出口贸易总额的2.1%下降到1980—1981年度的不足0.4%。对外贸易在印度本国经济发展中的地位也在下降，上述期间，出口贸易额在印度国内生产总值中的占比也由6.75%降到5.48%左右。[③] 对外贸易是国家经济发展的重要动力，阻碍对外贸易扩大，实际上也就影响了国家经济发展。

五、限制了外国投资的利用

作为发展中国家，资金短缺是印度经济发展的重大障碍。为了促进经济发展，印度需要加大利用外国资金的力度。独立后，为发展民族经济，印度注意利用国外资金，使其在印度经济发展各个五年计划中都占有较大比重，大体都在10%左右。但是，印度利用的国外资金主要是世界银行、国际开发协会等国际金融机构的优惠贷款以及美国、英国等西方国家政府的援助贷款，而很少利用甚至没有利用国际金融市场的商业性贷款。1946年以来，世界银行及其分支机构一直是印度利用外国资本的重要提供者。从1961年国际开发协会成立到20世纪80年代初期的20多年中，印度利

① 印度政府:《1998—1999年度经济调查》，印度政府财政部经济处，新德里，1999年，第S-80页。

② 同上，第S-22页。

③ 塔塔服务公司:《1995—1996年度印度统计年鉴》，新德里，1996年，第100页。

用的资金占该组织发放长期优惠贷款总额的50%以上，因此直到20世纪80年代初期，印度还很少涉足国际金融市场。印度政府严格控制外国对印度的直接投资，不仅限制其在印度的投资领域及其在企业投资中所占比例，还要求其转让技术，实现本地化，这导致印度利用的外国直接投资并不多，直到20世纪70年代末期总共仅约为20亿美元。限制对外国投资的利用，实际上就是限制印度经济发展。

六、限制了市场机制的作用

近代世界经济发展历程表明，市场经济机制较能刺激企业生产经营活动的开展，因此也比较利于促进经济增长。独立后，印度允许市场的存在与发展，但某些产品市场、劳务市场和资本市场等依然受到诸多限制而很不完善。首先是商品市场不完善。由于各邦市场之间还存在某些隔离，完全统一的国内市场没有真正形成；石油天然气市场完全为公营石油天然气公司垄断，国际贸易为公营贸易公司垄断经营，这实际上意味着市场的消退；粮食等农产品和某些重要工业品依然为政府收购，因此许多商品市场仍不完善。其次是劳动力市场不健全。作为人口众多的国家，劳动力市场应是非常重要的市场，但印度劳动力市场发展受到诸多限制，甚至连就业登记所数量也不多。第三是资金市场、资本市场等虽已存在，但也不完善，外汇市场甚至不存在。政府对产品收购、商品价格、银行利率、货币汇率等也有诸多限制。因此，印度市场体系的不完善使市场机制在印度资源配置中的作用受到极大的限制，而限制市场机制的作用，在相当大的程度上又阻碍了印度经济发展。

第三节 传统体制下的社会经济发展问题

独立后印度实行传统经济体制，这虽在一定程度上促进了印度农业发展，使印度从吃粮靠进口的国家转变成粮食基本自给的国家，并使印度建立起门类比较齐全的民族工业体系和国民经济体系，但是在传统经济体制下，印度经济发展中却存在诸多严重问题。

一、经济增长缓慢，经济效益不佳

独立后，印度政府对经济发展的控制严密地封闭了国内市场体系，造成经济长期增长缓慢，企业普遍缺乏竞争力，经济效益非常低下，财政赤字上升，内外债务增加。

（一）经济长期增长缓慢

从20世纪50年代初期到80年代初期，印度经济年均增长率达到3.5%，与殖民统治时期经济年均增长率不到1%的情况相比，独立后印度经济增长率要高得多。然而，政府强调扩大公营部门、强调国家干预、忽视市场调节和对外贸易的举动却造成企业管理不善，经济增长缓慢。印度制造业部门生产增长率一直较低，在1950—1980年期间，其年均增长仅为5.1%，其中1965年之前为6.1%，1965—1975年为3.3%，1975—1980年为4.5%。工业低速发展导致国内生产总值缓慢增长，1950—1980年印度国内生产总值年均增长仅为3.5%，而人均收入增长率只有1.3%，均大大低于其他发展中国家。由于种种原因，独立后很长一段时期内，印度经济增长速度起伏波动，在略有上升之后，又出现下降甚至大幅度下降情况。例如，1956—1957年度印度国民生产总值增长5.7%，但1957—1958年度却又下降1.3%；1964—1965年度增长7.5%，1965—1966年度却又下降3.7%；1978—1979年度增长5.6%，而1979—1980年度却下降5.0%。[①] 20世纪50年代初期到80年代初期，印度经济年均增长率仅为3.5%，而20世纪60年代日本经济年均增长率超过10%，20世纪70年代韩国、新加坡、中国的香港和台湾等国家和地区经济年均增长率接近

---

① 印度政府：《2001—2002年度经济调查》，印度政府财政部经济处，新德里，2002年，第S-4页。

10%，与这些国家和地区经济高速增长的情况相比，印度经济增长速度实在缓慢。正如拉吉夫·甘地总理所说："独立以来我们的增长是好的，但是并不如我们所想要的那么好。假如我们面向未来，为了与世界同步，我们必须增长得更快一些。"①

（二）基础设施短缺严重

1947 年独立时，印度铁路总长达 5 万多公里，主要公路干线已连通，印度已具有发展经济所需的一些重要基础设施。独立后，印度注意基础设施建设，对铁路等基础设施进行了一定程度的改善，但各类基础设施建设仍然增长缓慢。到 20 世纪 80 年代末期，印度铁路总长刚好超过 6 万公里，30 多年只增加了约 20%。长期缺乏维修造成铁路设备陈旧，加上殖民统治时期修建的铁路有多种宽度，这些都严重影响了铁路作用的发挥。独立后印度修筑了许多公路，但能全天候通行的硬路面公路却不多，大部分公路都是碎石路面，许多公路甚至连碎石都没有，严重影响了公路作用的发挥。机场等基础设施也因为耗资巨大而难以兴建，甚至连原有的机场和港口也因年久失修、设施陈旧等问题而难以充分发挥作用。独立后印度的电报、电话等现代通信设施进展迟缓，即使在孟买、新德里和加尔各答等大城市，通电话难问题依然十分严重。随着人口迅速增加和经济逐渐发展，印度各类基础设施都不能满足社会经济发展需要。运输基础设施落后的状况拖延运输时间，引发交通事故，进而影响社会经济健康发展。现代社会经济发展要求充足的石油、天然气和电力等能源供应，但印度所需石油相当部分都得依赖进口，目前这个比例已接近 80%。国际市场石油价格大幅度上涨，沉重地打击了印度经济。独立以来，印度注意发展电力事业，但依然不能满足社会经济发展需要，缺电率长期高达 10% 左右；有时部分地区缺电率甚至高达 30% 或 40%，严重影响社会经济正常发展。印度前国家天然气委员会主席 N. B. 普拉萨德指出，如果能源问题解决不好，轻则公民经济停滞不前，重则会有经济和政治全面崩溃的危险。②

---

① Rajiv Gandhi, Selected Speeches and Writings, Vol. 1, Publications Division Ministry of Information and Broadcasting, Government of India, 1987, p. 95.

② K. N. 普拉萨德：《印度经济发展中的问题》，维勒东方出版社 1983 年版，第 63 页。

（三）企业经济效益欠佳

独立后较长时期中，印度经济增长缓慢，经济效益也欠佳。印度经济资本—产出率不断提高，20 世纪 50 年代，印度所有经济部门资本—产出率为 3. 93，60 年代上升为 5. 93，70 年代达到 5. 97。[①] 由于印度政府对商品进口有严格的限制，因此一些工业得以建立起来。但是，这些工业在政府关税壁垒和非关税壁垒的高度保护下没有国内竞争，也没有国外竞争，缺乏提高效率的动力，导致其生产规模小，生产技术落后，生产效率低，生产成本高，产品价格高，产品质量差，经济效益低，缺乏国际竞争力。随着科技的进步，印度注重新企业建立而相对忽视老企业技术改造，老企业建立之初安装的就是技术水平不高的设备，经过 30 多年后更显陈旧了，其技术水平与国际先进技术的差距越来越大。而那些早在独立前就建立了的企业，其设备更为陈旧。工业企业设备陈旧，技术水平不高，导致工业产品质量不高，工业生产能源消耗及原材料消耗居高不下，生产成本大幅度上升。印度制造业资本产出率从 1951—1952 年度至 1959—1960 年度期间的 4. 47 提高到 1960—1961 年度的 6. 49，1970—1971 年度至 1979—1980 年度期间为 8. 2，1980—1981 年度至 1983—1984 年度期间更提高到 14. 38。[②] 设备陈旧、生产技术水平不高、产品质量不好、生产成本较高等因素均导致工业产品缺乏竞争力，造成企业特别是公营企业和中小企业严重亏损。到 20 世纪 80 年代初期，印度中央政府和邦政府所属的公营企业出现全面亏损，私营部门企业亏损也相当严重，病态企业不断增多。当时在印度中央政府所属的 236 个公营企业中只有 123 家盈利，其中 20% 公营企业盈利额占印度公营企业盈利总额 80% 以上，即 10% 盈利企业创造印度所有公营企业 80% 的盈利额，而这些盈利公营企业大多为从政府垄断价格中受益的企业，如印度石油公司等；另外 40% 亏损公营企业是政府从私营部门接管的病态企业。由于政府的高保护，印度公营企业和私营企业都没有竞争压力，即使效率低下也能勉强生存。工业效率低下导致国民经济效

---

① S. 查克拉瓦蒂：《发展计划——印度的经验》，维勒东方出版社 1987 年版，第 105 页。

② 同上。

率低下，主要表现在各经济部门投入产出率不断提高。印度所有经济部门资本产出率从1951—1952年度至1959—1960年度期间的3.93上升到1960—1961年度至1969—1970年度期间的5.93和1970—1971年度至1979—1980年度期间的5.97。同期，印度农业部门资本产出率从2.18上升到3.23和4.22，采矿业资本产出率从2.59上升到5.62和14.56，制造业资本产出率从4.47上升到6.49和8.2，只有其他经济部门资本产出率从5.85略降为5.31和5.79。[①] 资本产出率不断上升，导致印度经济部门经济效益下降。

（四）国家财政赤字上升

长期以来，主要使用大量政府财政投资建立起来的公营企业全面亏损。政府花去大量投资却不能产生应有回报，还需政府财政弥补其不断增大的亏损，庞大的公营企业已成为政府财政的沉重负担。随着人口迅速增长，政府必须保证增加人口的基本生活需要。独立后，人口增长迅速的印度依然没有摆脱饥荒困扰。在饥荒年代，印度被迫接受美国粮食援助，粮食进口不断增加。为促进农业发展，政府不断增加农业补贴和粮食补贴，而这也成为政府财政的一个巨大包袱。为保证增加人口的教育和医疗需要，政府修建更多的学校和医院，导致文化教育和医疗卫生等支出迅速增加，进一步加重了政府财政负担。随着人口迅速增长和经济不断发展，独立后印度的交通运输事业、邮政电信事业已满足不了印度社会经济发展需要，印度铁路运输事故不断，仅1981—1982年度至1982—1983年度印度铁路列车碰撞、车辆脱轨等事故就多达797起和727起。[②] 由于铁路交通和公路交通拥挤，火车和汽车都不得不限速行驶、限量运载，这让印度铁路和公路运输都十分紧张，影响了社会经济发展所需煤炭的运输和供应、发电厂运转，甚至是电力生产供应和整个国民经济发展。而改造落后的基础设施需要政府财政投入大量资金，这势必成为政府财政的一个巨大负担。重要的是，独立后的印度政府机构不断膨胀，政府雇员迅速增多，促

---

① ［印］鲁达尔·达特、K. P. M. 桑达拉姆著，雷启淮等译：《印度经济》（上册），四川大学出版社1994年版，第562页。

② K. P. M. 桑达拉姆等著：《印度财政及其管理》（英文版），1982年版，第391页。

使政府机构费用迅速增加，更成为政府财政一个巨大负担。而企业亏损不断扩大，各类补贴迅速上升，教育医疗费用逐渐增加，政府机构花费日益增多等，都大大超过政府财政收入增长速度，造成印度政府长期实行赤字财政政策，使财政赤字不断上升，赤字财政难以为继。在前3个五年计划期间，印度国家财政赤字规模不是很大，一般控制在33亿卢比至113亿卢比之间。从“四五”计划起，印度财政赤字规模迅速扩大。“四五”计划期间年均财政赤字规模约为60亿卢比，“六五”计划期间年均财政赤字规模增到330亿卢比，“七五”计划期间加到700亿卢比。但实际上，“七五”计划最后4年印度年均财政赤字甚至超过1000亿卢比。①

（五）内外债务逐渐增多

不现实的过分投资计划导致计划支出不能执行；过分投资重工业使得设备能力过剩，技术低效而过时；对农业投资不足和过分保护使耕作技术低效高成本；控制通常导致经济低效、广泛寻租行为和政治经济腐败；公营部门吸收了计划投资的主要部分，却没有获得一个足以维持其增长的经济盈利；混合经济由于对私营市场活动的控制而不能利用市场力量和经济效率，同时出于私营部门的存在而不能利用计划的优点。② 为弥补不断增加的国家财政赤字，印度历届政府不得不采取对内、对外借债方法，导致内外债务不断增多。到1984—1985年度印度政府对外债务总额多达3857.2亿卢比，1990—1991年度更是猛增到12240.1亿卢比。随着内外债务不断增多，印度政府还债负担不断加重。到20世纪80年代中期，印度政府债务利息支出数额就超过政府主要税收货物税和关税的总收入。印度外债清偿负担更是非常沉重。在前3个五年计划期间，印度外债清偿总额只有66.1亿卢比，三个年度计划期间上升到98.3亿卢比，“四五”计划期间上升到244.5亿卢比。1980—1981年度达到71.4亿卢比，1990—1991

---

① ［印］鲁达尔·达特、K. P. M. 桑达拉姆著，雷启淮等译：《印度经济》（上册），四川大学出版社1994年版，第562页。

② Shyam J. Kamath, The Political Economy of Suppressed Markets: Control, Rent Seekingand Interest-Group Behaviour in the Indian Sugar and Cement Industries, Oxford University Press, 1992, p. 11.

年度更增加到969.3亿卢比。[①]

二、劳动力失业增多，贫困问题严重

独立后，印度经济增长缓慢，人口增长迅速，造成劳动力失业不断增多，广大人民生活依然贫困。独立30多年后的1980年，印度贫困人口占总人口比例依然超过50%；在某些边远农村地区，这个比例甚至高达80%以上。

（一）人口数量迅速增长

1947年独立后，印度人口迅速增长。1951年印度人口为3.6亿，但之后却以2%以上的年均增长率迅速增长。到1961年，印度人口增长到4.39亿，1971年为5.46亿，1981年达到6.84亿，1991年更是增长到8.46亿。[②] 这对印度社会经济发展产生了极为严重的消极影响，使经济发展资金难以筹集，还使有限资金必须进行大量分散。为解决不断增长的人口所造成的各种问题，政府不得不把更多资金用于发展农业，以生产更多粮食；不得不把更多资金用于建立更多幼儿园和各级各类学校；不得不花更多资金建立更多卫生所和医院；不得不花更多资金投资于食品加工、纺织品、服装、皮革等消费品生产部门和灯泡、电扇、空调等家用电器生产部门；甚至也不得不花更多资金在人口控制方面等。有限资金这样分散，不利于印度社会经济发展所需储蓄率的提高（尽管印度储蓄率有所提高，但却长期保持在20%左右较低水平），也不利于其所需高素质人才的培养，从多方面阻碍了印度经济快速发展。

（二）劳动力失业不断增多

独立后，印度人口以超过2%的年均增长率迅速增加，人口总数迅速

---

① ［印］鲁达尔·达特、K. P. M. 桑达拉姆著，雷启淮等译：《印度经济》（上册），四川大学出版社1994年版，第601页。

② 印度政府：《2002—2003年度经济调查》，印度政府财政部经济处，新德里，2003年，第S-115页。

扩大，新增劳动力人数急剧增多，印度庞大的劳动力队伍不断地扩大。而缓慢的经济增长使新增就业岗位难以满足新增劳动力的需要，难以吸收日益增多的劳动力，导致劳动力就业状况不断恶化，失业劳动力不断增多，劳动者失业问题日趋严重。据印度官方统计，印度劳动力失业人数从“一五”计划期末的530万人增加到“二五”计划期末的710万人，增幅高达30%多；“三五”计划期末更是增加到了960万人，又增加了30%多；1971年这个数字达到了1870万。上述期间，印度劳动力失业率从2.9%上升到3.6%、4.5%和10.4%。[①] 到1980年印度失业劳动力增到2070万，约占劳动力总数的8%。众所周知，劳动力失业人数的统计十分困难，这里还不包括城市中大量失业而又未到失业介绍所登记的人，还没有包括那些做临时工作而随时都有可能成为失业者的人，也没有包括许多公营部门由于人浮于事而处于隐蔽失业的人数，更没有包括广大农村中大量存在的隐蔽失业。如果把这些因素都考虑在内，印度劳动力失业问题将相当严重。大量劳动力失业是资源的巨大浪费，也意味着失业劳动者陷入生活贫困状态，这极有可能引起诸多社会问题。

（三）贫困问题更加严重

劳动力失业使广大劳动人民生活长期贫困，可能引发出一系列社会政治问题，在一定程度上影响社会政治稳定，阻碍印度经济正常发展。而经济增长长期缓慢，人口数量迅速增长，劳动者失业不断增多，导致印度人均收入长期增加缓慢。1950—1951年度至1980—1981年度，印度人均收入年增长率仅为1.2%，[②] 说明印度独立20多年后人民生活贫困问题依然极为严重。尽管对印度人民贫困状况的各种估计存在差异，但各种估计的基本结论都是印度贫困问题严重。据印度第七届财政委员会估计，1970—1971年度印度有2.77亿人口生活在贫困线以下，占印度人口总数的52%。据世界银行研究报告估计，1970年印度53%的农村人口生活在贫困线以下。这就意味着，当时印度社会中，有3亿多人生活在官方公布的贫困线

① ［印］鲁达尔·达特、K. P. M. 桑达拉姆著，雷启淮等译：《印度经济》（上册），四川大学出版社1994年版，第653—654页。

② 同上书，第615页。

以下。长期以来，经济增长缓慢，人口迅速增加，也意味着劳动力失业人口不断增加，广大印度人民的收入也增长缓慢。而失业则意味着失去收入来源，意味着生活贫困。实际上，由于经济增长缓慢，人口增长迅速，印度贫困人口数量不断增多。

（四）贫富两极分化严重

独立后印度政府对私营经济发展实行诸多限制，但私营经济还是获得了重要发展，独立前就存在的一些大型私人财团规模继续扩大，还产生了一些新的大型私人垄断财团。私营经济势力急剧膨胀，在印度经济发展中占有十分重要的地位和作用。据印度《经济时报》研究局统计，印度私营合股部门中前 51 家巨型公司资产总额 1960—1961 年度为 100 亿卢比，1983—1984 年度增长到 1168.3 亿卢比，增加了 10 多倍。据印度经济监测中心统计，到 1988 年，资产在 100 亿卢比以上的大公司有 5 家，仅占印度私营公司总数的 0.3%，但这 5 家大公司却拥有资产 764.5 亿卢比，占印度私营公司资产总额的 10.9%；资产在 30 亿卢比至 100 亿卢比之间的私营公司有 30 家，占印度私营公司总数的 1.8%，但却拥有印度私营公司资产总额的 20.1%；资产在 30 亿卢比以下的私营公司有 35 家，仅占印度私营公司总数的 2.1%，而其却拥有印度私营公司资产总额的 31.0%。[①] 但是，印度社会中还存在大量生活在官方公布的贫困线以下的人口。到 20 世纪 80 年代初期，生活在官方公布的贫困线以下人口超过 3 亿，占印度人口总数的 50%。经济权力巨大的大型私营公司老板与生活在官方公布的贫困线以下的穷人，在印度社会中形成十分鲜明的对比。印度社会中财富两极分化的问题已经到了非常严重的地步，对社会经济发展影响严重。一是影响经济发展。因为这严重制约了广大穷人发展经济的积极性，也严重降低了有限资源的使用效益，从而影响了印度经济的快速发展。二是影响社会公正。社会公正包括减少财富和收入不平等，也包括消除贫困和失业，它

---

① ［印］鲁达尔·达特、K. P. M. 桑达拉姆著，雷启淮等译：《印度经济》（下册），四川大学出版社 1994 年版，第 721 页。

的实现部分地依靠公平分配。① 经济增长兼顾社会公正，是印度社会主义类型社会的一面旗帜。三是影响印度政治稳定。穷人的大量存在使得他们成为影响印度政治发展的重要力量，各政党一方面在大选时强调穷人的要求，另一方面却在上台执政后对穷人利益注意不够，最终导致执政党下台和政治波动。这也在一定程度上促使印度政府和印度人民决心进行经济改革。

（五）粮食危机不断

独立后，在传统经济体制和经济管理机制下，印度长期将投资重点放在重工业、基础工业部门，导致政府对农业的投资相对不足，造成印度农业长期落后。“二五”计划期间印度政府对农业的投资（包括灌溉和防洪）占总投资的比例反而由“一五”计划期间的37%降为20.9%，“三五”计划期间更是降到了20%以下，说明印度农业长期增长缓慢。同时，独立后印度人口增长得却非常迅速，导致印度出现粮食危机，并且不断加重。面对粮食严重短缺，印度政府按美国的480号公法直接用卢比支付从美国进口粮食。尼赫鲁认为这样可以节省宝贵的外汇用于发展工业，结果却导致粮食进口越来越多，粮食危机越来越严重。1961—1965年，印度每年进口粮食分别为349.5万吨、364万吨、455.6万吨、626.6万吨和746.2万吨，1966年更是猛增至1035.8万吨，粮食危机使整个印度经济发展都受到了影响。由于工业原料供应不足，国内需求低下，印度工业生产年均增长率从“三五”计划最初的8%—10%下降到1965—1966年度的4%；国民生产总值年均增长率在“二五”计划期间为4.0%，“三五”时期也下降到了只有2.5%。

三、社会矛盾加剧，倾向民族独立

长期以来，印度社会中都存在着严重的民族矛盾、种姓歧视、宗教冲

① J. Mahender Reddy etc, Seventh Five Year Plan Performance and Perspectives, Sterling Publishers Private Limited, 1989, p. 149.

突、政党斗争等社会政治矛盾。这些矛盾冲突在一定程度上严重影响了印度社会经济发展，而经济增长长期缓慢也使这些社会政治矛盾和冲突更加突出。

（一）印度社会的基本特征

印度社会的基本特征是多民族、多宗教、多种姓、多政党等。长期以来，印度社会及各民族之间就存在这样或那样的矛盾。

1. 种姓歧视

种姓意味着某个人的出身。高级种姓的子女生来就是高级种姓，而低级种姓的子女则依然为低级种姓。长期以来，低级种姓不仅会受到来自高级种姓的某些歧视，也会受到来自社会多方面的歧视，在社会经济方面处于极不公平的地位。

2. 民族矛盾

印度是一个多民族国家，各民族都有自己独特的语言。独立后，各民族要求按照语言建立邦政府的斗争持续多年，导致印度大多数邦都有自己独特的官方语言，在一定程度上影响了各邦之间的交流。

3. 教派冲突

印度也是一个多宗教的国家，各种宗教因为教义不同常引发矛盾冲突，特别是印度教徒与伊斯兰教徒和锡克教徒之间的矛盾冲突更是规模巨大，常危及印度社会政治的稳定，并在一定程度上影响印度经济发展。

4. 政党斗争

印度还是一个多政党的国家，他们代表着不同地区人民的利益、不同群体人民的利益甚至是不同派别或种姓的利益。为争夺中央政府权力和地方政府权力，他们常常展开激烈斗争。

（二）社会政治矛盾影响经济发展

独立后，印度社会中长期存在的种姓歧视、民族矛盾、教派冲突和政党斗争等诸多社会问题，给印度经济发展造成了极为严重的影响。

1. 民族矛盾与经济发展

为了本民族的利益，独立后印度各民族之间不仅常常发生冲突，而且某些民族与政府之间的矛盾冲突还愈演愈烈。印度南方地区的一些民族和东北地区的一些民族还曾提出过“民族自治”、“民族独立”的口号，甚至开展过民族独立的斗争，严重影响到这些地区的社会经济发展，导致曾经繁荣的南方也面临经济长期落后。

2. 宗教冲突与经济发展

独立后，印度社会中长期存在的宗教冲突更是此起彼伏，从未间断。特别是印度教徒和穆斯林教徒之间的矛盾冲突尤为尖锐激烈，且常常演变为大规模暴力冲突，如砸毁商店，烧毁工厂，阻断交通，造成工厂停工、商店关门、交通瘫痪等，社会秩序遭到严重破坏，正常经济活动难以开展，严重影响印度经济发展。

3. 政治斗争与经济发展

长期以来，在民族矛盾严重和教派冲突激烈的情况下，印度一些政党仍为了自己政党的狭隘利益，利用种姓歧视、民族矛盾和教派冲突等社会问题为本政党捞取政治好处，常常激化已很严重的民族矛盾，恶化根深蒂固的教派冲突，并使民族矛盾和教派冲突愈演愈烈，加剧对社会经济发展的不利影响。在社会政治斗争的影响下，印度企业中劳资双方之间的冲突也经常发生，严重影响印度社会经济发展。据统计，仅 1981 年因劳资冲突而发生的工人罢工事件就多达 2589 起，卷入的工人多达 160 万人，造成 3660 万个工作日的损失。①

（三）经济增长缓慢恶化了社会政治矛盾

长期经济增长缓慢，加上政府对经济发展的控制，加剧了印度各种社会政治矛盾和斗争。

1. 加剧种姓歧视

长期以来缓慢增长的经济，使低级种姓的社会地位难以提高，导致印度社会长期存在的种姓冲突时有激化。如由于经济增长缓慢，难以大幅度增加教育投资；为缓和种姓冲突，印度曾在国家教育政策等中专门为低级种姓保留过一定数量的名额，但是，这项有利于低种姓的政策却激起了高

① 塔塔服务公司：《2001—2002 年度印度统计概览》，新德里，2002 年，第 176 页。

级种姓人群的极大不满。

2. 加剧民族矛盾

长期经济增长缓慢还促使印度民族矛盾更加尖锐。一些地方民族长期要求民族独立，建立本民族独立国家，如南方达罗毗荼人长期要求建立达罗吡荼人的国家；他们联合起来，在财政分权、经济发展、行政管理等诸多方面与中央政府讨价还价，甚至展开斗争。独立后，印度东北地区各民族人民反对中央政府、争取民族独立的斗争更是此起彼伏，从未停止，不断高涨的民族独立运动严重影响了印度的国家统一。

3. 加剧教派冲突

长期缓慢的经济增长和日益严重的地区经济差距还使教派冲突更加错综复杂。20 世纪 80 年代前期，印度政府与锡克教徒之间的冲突导致英迪拉·甘地总理遇刺身亡；80 年代后期，政府与泰米尔之间因为政府在斯里兰卡国内民族冲突中所采取的立场而引发矛盾，最终也造成拉吉夫·甘地总理遇刺身亡。20 世纪 90 年代初期发生的印度教徒与伊斯兰教徒之间因宗教圣地的归属问题而引发的宗教冲突，更发展成为相互厮杀，导致数千人伤亡。

4. 加剧政治斗争

在民族矛盾、教派冲突的背景下，印度政治斗争更加激烈，而长期缓慢增长的经济也更加剧了各政党间斗争。中央政府的做法常与某些地方政党所代表的地区或人群的利益发生冲突，某些地方政党因此要求中央政府下台，导致政府更替频繁，造成社会政治动荡。

5. 催生武装斗争

经济长期增长缓慢导致贫困人口不断增多、极度贫困人口大量存在以及社会贫富分化日益严重，促使社会中广大穷人不得不开展政治斗争，并拿起武器在广大地区开展武装斗争，以维持他们的基本生存权利。印度共产党（毛派）队伍不断发展壮大，就是印度社会政治经济各种矛盾的集中体现。

第三章

经济改革后的印度经济发展

20世纪80年代，英·甘地政府和拉·甘地政府开始对传统经济政策进行重大调整，但却没有触动经济体制和管理机制。1991年，拉奥政府发起经济改革，但到第4个年度，由于改革进入难度较大领域，各方阻力加大，因此只好放慢改革步伐。1996年上台的高达联合阵线政府坚持经济改革，但却因其政治脆弱，所以改革幅度不大。2000年底，瓦杰帕伊政府组成内阁经济改革委员会，发起第二代经济改革，其改革重点是修订劳工法律以提高企业效率和劳动生产率，改革金融体系，改善能源、交通、电信等基础设施以及建立与世贸体制相适应的补贴制度。2004年，曼·辛格政府上台后继续进行经济改革，但却没有取得多少实质性的进展。经过20多年的经济改革，印度经济逐渐崛起，但其在发展中也存在不少问题。

第一节　1991年开始的印度经济改革

1991年以来，印度政府发起并坚持经济改革，如政府减少对公营经济发展的干预，放松对私营经济发展的限制；减少对经济发展的控制，放松对价格、利率和汇率等的干预；减少对对外贸易、外国投资和对外投资等的干预，放松对商品和服务进出口、资本流入和流出等的限制，从而使印度经济逐渐朝着自由化、市场化和全球化方向发展。但是，印度依然支持公营经济发展，保留对私营经济发展的限制；依然坚持经济发展五年计划，保留对重要商品和服务价格的控制；依然坚持自力更生，保留对对外贸易和外国投资的限制等。

一、减少对公私经济发展的控制，经济逐渐自由化

由于长期的严格控制在一定程度上导致了印度经济增长缓慢，因此印度经济改革首先从放松政府对经济发展的干预开始，不断减少政府对公营企业、私营企业和外国对印度投资的限制，从而促使印度经济逐渐自由化。

（一）放松对公营经济发展的限制

长期以来，印度政府把公营经济作为"社会主义类型社会"的一面旗帜，给予支持和保护，因此公营部门改革是印度经济改革的重点，也是难点。拉奥政府认为不应该控制经济制高点，于是于1991年颁布新工业政策，通过大幅度减少公营经济保留领域，吸引私营企业参与发展而引入竞争机制；将长期处于病态、扭亏无望的企业交给工业和金融复兴委员会及其他高级机构处理，实行关、停、并、转等处理措施；对技术低、规模小、非战略性、效益低、非生产性、与社会和公共事业关系不大的公营企业，政府将分阶段对其实行部分私有化；政府将赢利公营企业的部分股份出售给合股公司、金融机构及职工和社会公众，减少政府在非战略性公营企业中持有的股份；继续实行谅解备忘录制度，向这些公营企业提供更多经营自主权，使其成为自负盈亏的经济实体；不再增设新公营企业，严格控制公营经济数量和规模。自1991—1992年度起，政府陆续将30多家盈利公营企业的部分股票上市，以降低政府在公营企业的持股率。但由于遭到广大工人和左翼政党特别是印度共产党的坚决反对和抵制，拉奥政府被迫退回到"中间道路"，谨慎进行经济改革。为降低公营企业劳动力成本，拉奥政府决定减少公营企业中的冗员，在公营企业中实施自愿提前退休计划，政府将对提前退休者给予一定的补偿。

1996年，高达领导的联合阵线政府虽延续了拉奥政府经济改革的方向，但却调整了改革的思路：支持有竞争力的公营企业成为全球性巨型企业；加强其他盈利性较好的公营企业；鼓励专家和个人参与公营企业管

理，帮助其发展壮大和增强竞争能力；成立公营企业减持资本委员会，负责从非核心领域和非战略领域中撤出政府股份；继续对部分亏损公营企业进行重建或部分私有化，保证广大工人购买工厂股份和参与企业管理的权利。

瓦杰帕伊政府加速了公营经济改革，继续在公营企业中推行自愿退休计划，并在公营企业减持资本委员会操作下，制订分阶段公营企业改革计划，把政府在其中股份降到51%以下；同意政府从43家公营企业撤资的方案，并提出更多的撤资企业，加速政府从公营企业中撤资；出售包括印度航空公司、马鲁特汽车公司等27家公营企业中政府所持的股份。2002年政府出售印度斯坦石油公司和巴拉特石油公司的股份，受到左翼反对党的攻击，也遭到执政联盟党的反对，政府被迫暂缓出售。于是政府提出，其和私营金融企业或其他私营公司合伙，共同组成特殊经济实体，政府占其股份51%以下；由其负责接管并促进1家公营企业私有化进程，目的是回收资金，增强企业竞争力。政府指出，国家在战略性公营企业中的控股一般降到26%。

曼·辛格政府上台后继续进行公营企业改革，但却放慢了从公营企业中撤资的步伐。辛格政府继续给予公营企业在投标中享受10%的价格优惠政策，其对公营企业改革采取的主要方式是鼓励公营企业合并，目的是增强印度公营企业与国际级公司的竞争能力，并使重组后的印度公司能够进入世界500强。为此，曼·辛格政府专门修订了《所得税法》，以鼓励公营企业开展合并。

（二）放松对私营经济发展的限制

拉奥政府把私营经济作为经济增长的主要动力，将经济改革重点放在支持私营经济发展上。政府通过修改工业政策、工业许可证法和反垄断法等，放松对私营经济发展的限制。例如，扩大私营经济生产经营领域，除与国防和战略有关的部门外，其余一律向私营部门开放，首先开放电力、石油、煤炭、电子、化学、医药等领域，并允许其自动扩大生产能力；放宽对私营部门工业生产许可证的发放，除汽车、食糖、香烟、彩电、录像机、冰箱、空调和洗衣机等外，一律免除生产许可证；修改反垄断法，该法主要针对限制性贸易行为而不是垄断企业；大幅度提高反垄断法控制公司的资产限额，使更多大型私营公司免除反垄断法控制，可自由扩大生产，自由开展兼并；降低反垄断法控制公司在无工业县或其他落后地区设立工业企业的出口限制标准，使那些不能达到出口限制标准的垄断公司可在这些地区发展；降低私营部门的各类税收，支持私营企业增加投资；制订私营经济超过公营经济的五年计划等。拉奥政府还放松了对私营企业投资地域的限制，除人口超过100万的大城市外，其余地区均取消投资许可证制度，但如投资于电子、计算机软件和印刷等无污染产业，则可在大城市边沿25公里以外，也可在政府原来规划的工业区内；政府还为企业发展提供了更好的基础设施。

联合阵线政府继续放松对私营经济发展的限制，继续减少为小型企业专门保留的工业项目，鼓励私人企业和外国公司向更多工业领域投资，促使公私部门在同一经济领域进行竞争。政府基础设施政策指出，在今后几年里，政府对基础设施的投资至少要从目前占国内生产总值的3.5%—4%增长到占国内生产总值的6%，这就为公私部门和国内外部门投资提供了较多的机会。

瓦杰帕伊政府仍然选择放松对私营经济发展的限制，扩大私营经济活动的领域，甚至允许私营企业和外资在保险、国防工业参股26%，在银行参股49%，若外国银行分行邀请印度私营银行参股可达74%。政府鼓励私营部门积极参与肉类及海鲜产品加工等行业发展。到2001年初，这种保留给小型工业生产的产品仍有812种。瓦杰帕伊政府修改保留政策，提高小型工业企业投资最高限额，继续减少保留工业品种。2001年，政府决定将皮革制品、鞋类和玩具等14种产品从保留名单中去掉。

曼·辛格政府把经济改革重点放在支持私营经济发展方面，继续实行鼓励私营经济发展的政策。其重要措施之一是，扩大私营部门的活动领域。为适应经济发展需要，必须尽快改善基础设施落后状况，但这需要巨额投资，在政府财政赤字不断增加的情况下，辛格政府注意吸引私营部门在基础设施领域的投资，逐渐扩大私营经济的投资领域。例如，政府允许私人修建专用的停机坪或飞机场；为适应快速发展的集装箱运输形势，政府允许私人企业开办铁路集装箱运输业务，鼓励私人企业兴建集装箱站，开展门到门运输服务，为主要港口提供货物进出口服务。①

（三）促使公私经济混合发展

独立以来，印度在经济发展进程中逐渐形成公私混合经济体制。政府在允许私营部门可以在某些经济领域发展的同时，还规定公营部门可以在任何经济领域发展；同时，政府允许农民成立各种类型的合作社，也允许城镇工人联合起来组成工人合作社；还通过把公营银行对私营企业的贷款转变成股份等方法，把私营企业变成私营部门与公营银行结合而成的公私合营企业，形成公私经济在企业内的混合；还允许外国私人资本与印度公营企业或私营企业合资建立企业，形成公私经济或私私经济在企业内的混合。在经济改革进程中，印度政府允许印度私营企业、社会公众和外国企业购买本国公营企业或私营企业的股份，鼓励本国公私企业与外国企业合作形成合资企业，支持公私部门合营形成新的合营企业，从而促进印度合营经济不断发展。

在第二代经济改革中，印度继续保持公私混合经济体制。2002 年瓦杰帕伊政府颁布《竞争法》，建立印度竞争委员会，其主要职能是禁止企业间达成相关反竞争协议，避免大型企业滥用其所占据的市场支配地位，并对企业间联合是否构成垄断进行监督。曼·辛格政府注意放慢从公营企业中撤资的步伐，并对亏损公营企业采取与私营企业合资的方式来恢复其生产经营活力。印度共有 119 家亏损公营纺织企业，22 家经营情况较好，决定进行技术改造；31 家拟与私营企业合资；66 家经营较差的企业关闭。同时，为加速经济特区建设，2005 年曼·辛格政府颁布经济特区新法案，鼓励公私合营完善基础设施建设，创建具有国际竞争力的经济特区；还将以公有、私有、合作经济或政府及其代理等形式，陆续建立经济特区。到 2009 年 2 月 23 日，全印获得批准建立的经济特区共有 714 家，在这些经济特区中，大多数为私营或公私合营经济特区。

---

① ［印］《经济时报》（孟买版）2005 年 2 月 14 日。

二、逐渐增强市场机制的调节功能，经济逐渐市场化

由于印度政府长期以来对经济发展进行严重干预，限制甚至制止了市场机制对印度经济发展的调节作用，因此印度经济改革的主要方面是，增强市场机制的调节功能，促使印度经济逐渐市场化。

（一）逐渐减少对商品价格的控制

在半管制经济体制下，印度政府通过对主要必需品的价格进行严格控制来保证供应和平抑通货膨胀。这虽然在一定程度上防止了价格的大幅度波动，但却在一定程度上也限制了价格机制作用的发挥，影响了经济发展。为了更加充分地发挥市场机制的作用，拉奥政府在经济改革进程中注意进行价格改革：一是大幅度减少受政府管理价格控制的商品种类，让更多商品的价格通过市场来调节，促进这些商品的生产。二是大幅度提高农产品等商品价格和铁路运输等服务价格，让其更多地反映成本的上升，促进农产品的生产和铁路等运输业的发展。三是不再向公营企业提供原材料，让其自己到市场上按照市场价格购买；不再全面收购公营企业产品，允许其将部分产品拿到市场上按照市场价格销售等，从而促使公营企业更多地按照市场需要来决定生产什么、生产多少。1996 年上台的高达联合阵线政府沿着拉奥政府价格改革的路线，继续减少对商品价格的控制。

经过 20 世纪 90 年代的经济改革，到 90 年代末期，印度仍受管制价格监控的商品主要为石油制品、化肥、食糖和药品 4 类商品。印度工商界强烈要求取消管制价格机制，瓦杰帕伊政府财政部长雅·辛哈也表示会逐步废止这一机制，并将取消石油制品管制价格的时间定为 2002 年 3 月，将解除化肥管制价格的日期定为 2006 年 4 月，承诺完全解除食糖价格管制，并决定实行食糖期货交易。为在全球化条件下保护本国制药工业，政府将大幅度减少对药品的价格管制，只是在药品价格发生不规则变动时才会进行干预。

（二）逐渐减少对银行金融的控制

长期以来，印度政府通过银行金融渠道加强对经济发展的干预。为充

分发挥银行金融对经济发展的调节作用，拉奥政府进行了如下的银行金融改革：一是修改联邦银行法，放松对银行及其分支机构设立的限制；允许设立新的私营银行；允许现有银行根据自身发展需要设立分支机构；新设立的私营银行可从外国投资机构筹集20%的资本，从非印度居民处筹集40%的资本。二是大幅度降低银行必须执行的法定现金准备率和法定清偿率，让银行有更多的资金可用于放款；同时，取消银行必须执行的指令性信贷计划，让银行根据自身的商业判断发放贷款，以提高银行业务的盈利性。三是允许公私企业通过金融市场筹集发展资金；允许私营企业到国外证券市场筹措资金；允许公营企业股票上市交易，私营公司可自行决定其证券价格；允许部分公营企业向金融机构、内部职工和社会公众出售股票，转移部分股权；允许公营银行股票上市筹资，股票可转让49%。四是废除资本发行办公室对股票价格与股票过户的控制，使公司有更大自由按自己的方式和价格通过资本市场筹集资金。五是允许建立私人共同基金，所有共同基金均可申请购买一定份额的公共股票；外国机构投资者在印证券交易局登记后，即可在印度资本市场投资。1992年底，拉奥政府开放国内股市，放宽了印度公司发行海外存托凭证的限制。

1992年3—4月，拉奥政府废除所有资本货物和中间产品的进口许可证限制，实行双重汇率制，建立外汇市场，中央银行经常干预以防止卢比升值。1994年8月，印度实现印度货币卢比在经常项目下可兑换。1996年上台的高达联合阵线政府继续减少对银行金融的控制，继续进行汇率改革，并于1996年2月重新统一印度货币卢比的汇率。

瓦杰帕伊政府继续深化银行金融改革，印度储备银行决定从2001年3月1日起把合同小额储蓄管制利率降低1.5个百分点，同时降低银行利率；增强公营银行抗风险能力，要求各公营银行提高自有资本占总资本的比重，并降低不良资产占总资产的比重；向私营部门开放更多银行金融服务，如向私营部门开放保险业务等。

曼·辛格政府继续推进银行金融改革，从2005年4月1日开始提高外汇存款利率；保持适度的外汇储备，使其反映外汇收支平衡构成变化，并反映与不同类型外汇流动相关的流动性风险及其他要求；维持外汇市场稳定；继续推进卢比自由兑换进程。2006年，辛格总理要求财政部和印度储备银行起草卢比在资本项目下自由兑换改革计划，政府考虑在第11个五年计划期间内实现卢比的自由兑换，[①] 但国际金融危机的爆发再次推迟了卢比自由化的进程。

（三）逐渐减少对财政税收的控制

拉奥政府注意进行财税改革：一是财政开源节流，精简政府机构，减少行政开支，同时出售31家公营企业股票的20%，批准16家公营企业发行债券605.8亿卢比。二是实行税收制度改革，改营业税为变通的增值税。第一阶段建立和完善中央政府增值税，对绝大多数制成品和服务业征收增值税，降低税率水平，将增值税率简化为10%、15%、20%三个档次，对少数产品如石化、烟草和部分奢侈品征收特别税；第二阶段将增值税扩展到批发业，由各邦征收并上交中央财政，将中央产品税和邦销售税合并为邦增值税或实行中央、邦两级增值税。三是大幅度降低各类税率，如将上市公司的公司税率由51.75%降为46%，将私人公司的公司税率由57.5%降为46%，将外国公司的公司税率由65%降为55%；将公司投资长期资本增值税由40%降至30%；还大幅度降低进口关税，特别是资本货物进口税；降低对公司收入的征税，并改营业税为变通的增值税，将其扩大到制造业部门和一些服务部门。

联合阵线政府强调税制改革，包括货物税、公司税和个人所得税等。当时，公司税税率虽已降低和简化，但其占国内生产总值的比重仍显著增加；个人所得税征税基点有所提高；最高关税率仍为50%。有些邦的货物税制度正在向增值税转化，但要全面实行起来却存在很大的障碍，因为印度货物税的结构非常复杂。1996年，联合阵线政府财政预算案提出在一两年内实现较为理想的货物税制度，即零税率、对一般商品征收单一正常税率和对消费品征收较高税率；降低最高营业税率；改善中央和地方政府间税收分成等。

瓦杰帕伊政府财政税制改革包括：增加对各邦政府的财政转移支付，

---

① “经济改革强力推进，印度雄心拟放开卢比”，[新加坡]《星岛日报加东版》2006年3月21日。

缓和中央与地方紧张的财政关系；压缩中央政府财政开支，减少中央政府雇员人数；把银行金融特殊服务、广播服务、录音服务、咨询服务等14种新型服务部门纳入征税范围；扩大征税领域，增加直接税纳税人数；调整税收结构，把现行国产税率合并单一税率；从2003—2004年度起在印度全国实行统一增值税等。

曼·辛格政府进行的财政改革主要是调整财政投资方向，增加对初等教育、清洁饮用水、基础医疗保障及乡村公路建设等的投资，注意兼顾各方利益。税制改革逐渐取消中央政府征收的销售税和附加货物税，在全印度各邦引入增值税；① 适当降低有关税率，包括关税税率、货物税率和公司税率为33%，还决定提高服务税率等。

（四）开始进行劳工市场改革

在传统经济体制下，为避免劳资矛盾加剧和失业队伍扩大，政府通过各种劳工立法对资方行为进行某些规范和限制，如《工业纠纷法》规定，在雇工100人以上的现代工厂企业，雇主不得随意解雇员工。在工商界的强烈要求下，印度议会曾多次讨论修改该法案的某些条款，但因左翼政党和工会组织反对未能成功。瓦杰帕伊政府计划对劳动法进行修改，将原定雇工100人以下的工业企业可自行解雇员工的权利扩大到1000人以下的工业企业。② 议会最终仍没有通过此类修改，但政府同意有条件的邦自行决定修改上述规定，以推动劳动力市场改革。

三、减少对对外经济联系的控制，经济逐渐全球化

独立后，印度坚持自力更生方针，这在一定程度上削弱了印度对外经济联系。在经济改革进程中，印度政府注意减少对对外经济联系的控制，促使印度经济逐渐全球化。

---

① “印度宣布自2005年4月1日起引入增值税”，[印]《金融快报》2004年12月31日。

② Prem Shankar Jha，“The Political economy of the budget”，The Hindu，March 3，2001.

（一）消除对商品进出口的限制

拉奥政府通过1992—1997年五年进出口政策和年度外贸政策推行自由化和国际化战略。一是实行卢比大幅度贬值，印度卢比对西方主要货币前后共约贬值20%。二是下放出口权力，加强同大跨国公司的联系，努力拓宽出口渠道；实行出口退税和取消出口税等激励性措施。三是放松进口许可证发放，采用补充许可证制，使商品进口和出口相联系，把出口商利用自己的外汇留成进口商品的比例从5%—20%提高到50%；1992年3—4月废除所有资本货物和中间产品许可证限制，到1993—1994年度几乎完全取消进口许可证。四是大幅度降低进口关税税率，使最高税率从1991—1992年度的150%下降到1994—1995年度的65%，平均进口税率从1989—1990年度的50%下降到1994—1995年度的30.9%。五是于1991年简化进出口手续，并取消出口补贴，逐渐与国际接轨。但是，印度进口关税仍是世界上最高之一，且到20世纪末期仍有数千种商品进口受到数量限制。

高达联合阵线政府继续消除对商品进出口的限制，指定独立关税委员会，对不同产品、不同类型的工业确定不同关税税率，使关税水平与国际标准相协调。1997—1998年度，印度的最高进口关税税率下降到40%。

瓦杰帕伊政府从2000年4月1日起取消对714种商品进口数量的限制，从2001年4月1日起又进而取消对1924种商品进口数量的限制，最终取消商品进口数量限制政策，对所有进口实行关税化管理。政府从2001年4月1日起提高商品进口的约束性关税，取消公营企业商品进口专营权，取消10%的关税附加税，调低关税税率，2003—2004年度就下降到了25%，并表示在3年内将把最高基本关税降到20%。政府积极扩大商品服务出口，降低为出口生产所需原材料和机器设备的进口关税，抓住服装配额取消的机遇，大力支持服装出口，还开始设立经济特区。

曼·辛格政府进一步放松对对外贸易发展的限制，继续推动对外贸易发展：除加速经济特区建设以促进出口发展外，还新建高级贸易经济关系委员会，与东盟等国家和地区签署自由贸易协定。例如，印度与智利签署了优惠贸易协定，与新加坡、韩国、日本、俄罗斯和欧盟等签署了全面经济合作协定。从2005年4月1日起，印度对信息技术协议中列明的217项IT产品进口免征关税。

（二）减少对外国投资的限制

拉奥政府改革外国投资政策：一是扩大外国投资领域。除6个有关国家安全和环保的行业外，政府允许私人和外资投资电信、道路、港口、发电、炼油等基础设施行业和服务业；后又允许外资在保留给公营部门垄断经营的6个领域进行技术合作；允许其进入银行业、资本市场、保险业、电信业；允许其在印度股市、金融部门和石油、天然气、电力及旅游等领域投资。二是提高外资所占比例。将外资持股最高限额由40%提高到51%，在出口导向企业和电力、炼油、计算机等优先发展领域，外资持股率可达100%；国外金融机构在印度证券市场上的投资比例限额为24%。三是简化外商投资审批手续，取消外国投资必须进行技术转让的规定，外资项目在手续齐备时两周内便可获得批准；规定34个行业中外资股权可达51%并自动允许，无需政府批准，但是条件是，资本货物进口由投资的外资提供以及红利外流在一定时期内与出口收入平衡；取消合资企业扩大生产规模须审批的规定；允许在国内市场使用外国商标出售商品；除24种消费品工业外，取消其他消费品工业投入生产后头7年内外方红利汇出须与出口所得持平的规定。四是鼓励企业走出去，允许印度公司从国际金融市场融资，并可全部投资国外；有权在国外发行股票和债券的印度公司可拥有不超过1亿美元的外国股份或10倍于其1年的出口额。

联合阵线政府进一步放宽对外资参与印度发展的限制，包括把外国在印度公司中所占股份限额由51%提到74%，把国外金融机构在印度证券市场投资比例限额提到40%，对向基础设施投资的国内外公司实行信贷和税收优惠政策。① 在采矿服务、冶金、电力、非常规能源、交通、仓储等9个行业，外资比例不超过74%的合资项目申请将自动获准；将外资比例不超过51%的合资项目申请可自动获准的行业范围扩大到采矿、纺织、化

① 文富德：“拉奥政府的经济改革和高达政府的新经济政策”，《南亚研究季刊》1997年第1期。

工、食品加工、机械制造、家用电器及市场调查等16个行业，承诺逐渐向外商开放33种服务领域。

瓦杰帕伊政府计划开放保险市场，允许外国直接投资进入保险业，股权比例可达26%；扩大可自动获准的外资企业范围，并在某些行业将外资股权比例上限从51%提到74%甚至100%；议会通过专利法修正案，加强知识产权保护；允许在国内使用外国商标或品牌；将免征5年税收优惠扩大到基础设施建设的直接投资；允许外国投资者在印设立联系处和代理处，部分或全部拥有子公司或合资企业股权；减少对外国公司的歧视性待遇；对发电、配电、道路、港口、隧道、桥梁等领域，允许投资不超过150亿卢比且股权达100%的外资自动获得批准；允许在一些非银行金融部门进行直接投资，如信用卡业务、货币兑换业务等；允许外资进入私人银行部门，但股权不得超过40%；允许在全球私人移动卫星通信服务投资，外资股权可达49%。2000年准许外国直接投资进入航空业和邮政业，进入邮政业的外资与国内邮政业待遇相同；取消对某些自动许可行业红利平衡要求。2003年度规定，除外商向35种优先发展工业投资持股74%以下无须批准外，在软件开发、港口、桥梁、汽车及投资在150亿卢比以下的电站等领域，外资可控股100%；向外资开放消费品工业；允许外资在保险业、国防工业参股26%，在银行可参股49%；允许设立国内外风险资本机构，促进风险资本产业发展；同意向外商开放33种服务领域。2004年外资政策规定，除6个“战略性”部门外废止所有行业许可；在“自动路线”下，外资在允许的绝大多数部门比例提到51%、74%甚至100%；允许外国机构投资者在股票和债券市场上进行组合投资；除零售贸易、住房和房地产、农业及彩票和赌博业外，在绝大部分产业中，外国投资者能通过自动通道，无需任何批准。政府还在全印各地试行建立经济特区。

曼·辛格政府继续放松对外国投资的限制。2005年，通过经济特区新法案，设立专门经济特区管理机构，为区内经济活动提供优惠税收政策和信贷政策等。① 进一步扩大外商投资领域，允许外商在机场、港口、房地

---

① 文富德：“印度加速经济特区建设的政策措施及成效研究”，《四川大学学报（哲学社会科学版）》2006年第4期，第117—121页。

产和零售业等领域中投资，提高其在一些领域中所占比例。2006 年外国直接投资政策规定，除零售（不含单一品牌零售业）、核能、博彩等个别行业外，其余均向外国直接投资开放；原则同意向外资开放建筑市场，外国独资房地产开发项目可经自动生效程序获批；放宽外资对国内航空投资，允许外国航空公司投资印航；在“自动路线”下，外资在允许的绝大多数部门比例升至 100%；允许外商直接投资科技期刊出版业、机场建设、烟草、非新闻电视、危险化工、金银煤矿开采、非银行金融业务、石油天然气开采和基础设施建设、发电及电力输送、茶叶加工与种植、电信设备制造等领域；外资在原子能矿业、电信服务、卫星发射及运行、私人银行等领域最高投资比例为 74%，在新闻与时事频道卫星电视领域最高投资比例为 49%，在国防生产、保险业、新闻出版领域的最高投资比例为 26%；外资在快递企业控股比例上限由 100% 降低为 49%。2008 年，印度政府允许在钛矿开采，飞机维护企业中外资比例可达 100%。2009 年，曼·辛格政府重启市场化经济改革，鼓励外国投资流入，加大公共基础设施投资。2012 年，印度议会通过法案，允许外资投资多品牌零售业和航空业等。

（三）放松对对外投资的限制

20 世纪 90 年代初期，拉奥政府改革汇率管理方法，在一定程度上有利于对外经济发展，也有利于对外投资。2000 年外汇管理法生效后，印度储备银行放宽对境外投资的限制，允许印度公司对外股份投资和设立独资分公司的投资额上限为 1 亿美元；允许信息技术公司向其雇员发行全球债券；允许为公司重组、合并、兼并而发行海外债务等；允许印度公司在海外从事信息技术、娱乐软件、医药、收购技术及政府规定的其他业务等，自动批准其通过全球债券融资；放松对印度公司海外融资的限制，允许非表列公司通过发行欧元债券融资。曼·辛格政府继续鼓励印度企业走出去，支持印度企业开展海外投资，推动印度公司海外收购数量大幅度上升。

（四）放松货币对外交换的限制

1991 年，拉奥政府对卢比两次贬值，幅度达 20%。1992 年初，政府对货币实行双汇率制，逐渐放松对外国资本的限制，宣布卢比在对外贸易账户下部分可兑换。商人为出国经商可按每人每天 300 美元、一次 20 天自由兑换外汇；出口企业所赚外汇可将 40% 按官方汇率兑换，60% 在自由市场买卖；允许出口企业将 25% 的外汇留成用于企业进口；完全出口型企业、出口加工区内的企业及电子硬件和软件企业可将 50% 的外汇留成。1993 年，印度又实行卢比单一市场兑换率制度，完成汇率并轨，使卢比在对外贸易中成为部分可兑换货币；1994 年，卢比实现在经常项目下自由兑换。高达联合阵线政府继续实行汇率改革，并于 1996 年重新统一卢比汇率，计划使卢比在资本项目下实行自由兑换，使卢比成为完全可自由兑换货币。但由于 1997 年亚洲金融危机，印度暂缓了卢比自由兑换的国际化进程。进入 21 世纪后，随着外汇储备逐渐增加，印度政府准备加速卢比在资本项目下实行自由兑换的进程，但却遭到众多经济学家的强烈反对，促使卢比成为完全可自由兑换货币的进程难以启动。

第二节　印度经济改革取得的成绩

经过 20 多年的不懈努力，印度经济改革取得了诸多举世公认的重要成绩。一是对外贸易不断扩大，外资流入逐渐增加，外汇储备不断增多，货币汇率基本稳定；二是高新技术产业异军突起、高速发展，促使印度成为世界的“办公室”，也推动印度经济结构优化；三是经济增长速度进一步加快，经济实力逐渐增强，印度经济逐渐崛起。

一、对外经济联系稳定发展

经过 20 多年的全球化经济改革，印度对外经济联系获得稳定发展，对外贸易发展迅速，外国投资不断增多，对外投资逐渐增加，国际收支情况良好。

(一) 对外贸易增长强劲

印度商品出口额从 1990—1991 年度的 181.43 亿美元增加到 2000—2001 年度的 445.6 亿美元和 2009—2010 年度的 1787.51 亿美元，20 年间增加近 9 倍；而同时期内印度商品进口额从 240.75 亿美元增长到 505.36 亿美元和 2883.73 亿美元，增长幅度更达 11 倍之多。[①] 印度服务进口额从 1990—1991 年度的 77.06 亿美元增长到 2009—2010 年度的 834.13 亿美元，20 年间约增加 10 倍；同期，服务出口额从 74.64 亿美元增为 1634.04 亿美元，20 年间增加 21 倍多。1990—1991 年度，印度软件出口额还不到 1 亿美元；而到 2009—2010 年度，印度软件和外包服务额竟超过 500 亿美元。随着对外贸易快速增长，印度在世界贸易中地位不断提高。1992—1993 年度印度占全球贸易中的比例为 0.4%，2001 年上升到 0.7%，2002 年又升至 0.8%，到 2005 年已达到 0.89%。[②] 2012 年，这个比例为 1.2%。印度在世界出口总额中的比重也由 1980 年的 0.4% 上升至 1990 年的 0.5%，1994 年为 0.6%，1997 年达到 0.7%。2012 年，印度占世界出口总额 1.1%。1990 年对外贸易占印度国内生产总值的 14.2%，1998 年这个比例上升到 18.2%，2012 年，这个比例超过 40%。

(二) 外国投资不断增多

经济改革前，印度每年利用的外国投资不到 1 亿美元。20 世纪 90 年代经济改革以来，流入印度的外国直接投资不断增多，印度实际利用的外国直接投资额从 1990—1991 年度的 1.07 亿美元增至 1994 年的 9.58 亿美元。世贸组织成立后，外国直接投资更是大量涌入印度。1995 年印度实际利用的外国直接投资额增为 21 亿美元，2005—2006 年度更增长到 89.62 亿美元，2009—2010 年度则达到 377.62 亿美元。外国资本对印度证券的投资从 1990—1991 年度的 0.06 亿美元增长到 2000—2001 年度的 27.6 亿美元，2005—2006 年度这一金额达到 124.94 亿美元，2009—2010 年度更

---

① 印度政府：《2010—2011 年度经济调查》，印度政府财政部经济处，新德里，2006 年 3 月，第 S－81 页。

② “印度在全球贸易中的比例增长至 0.89%”，［印］《经济时报》2006 年 7 月 28 日。

是增加到323.76亿美元。印度还吸引了不少风险资金，其吸收外国投资占发展中国家吸收外国投资总额的比重由1991—1992年度的0.5%增到1997—1998年度的2.2%。[①] 印度吸收外国证券投资在发展中国家中的份额从1992年的1.7%上升到1994年的13.4%。

（三）对外投资逐渐增加

长期以来，由于外汇储备不足，印度政府对企业对外投资施加了诸多限制。经济改革以来，印度外汇储备不断增加，进入21世纪后更是超过3000亿美元。同时，随着经济加速发展，印度对国外资源特别是石油等能源的需求越来越大。为保证能源安全，印度政府开始鼓励企业开展对外投资。20世纪90年代以来，印度公司对外直接投资从无到有，逐渐增多，到2009—2010年度更增加到143.33亿美元，信息技术公司等纷纷到国外投资。近年来，印度对外投资不断增加，最高年份甚至在300亿美元以上，超过当年利用外国投资总量。

（四）国际收支情况好转

1991年经济改革后，印度石油产品进出口从1997—1998年度的逆差1304.1亿卢比转为2004—2005年度的顺差1348.5亿卢比；无形贸易盈余增长较大，导致国际收支经常项目逆差额从1990—1991年度的96.8亿美元降到2000—2001年度的26.66亿美元，2009—2010年度又上升到383.83亿美元。经济改革以来，流入印度的外国投资等资本项目净流入额从1990—1991年度的71.88亿美元增长到2009—2010年度的518.24亿美元。经济改革进程中，印度债务占国内生产总值的比例从1991年的41%下降到2001年9月底的21%，外债偿债率也从1991—1992年度的35.3%下降到2000—2001年度的16.3%。1991年印度对外债务总额达838.01亿美元，居世界第三位。短期债务占印度外债总额的比重也从1991年3月底的10.2%降到2001年9月底的2.8%。经济改革后，印度外汇储备逐渐增

① Ministry of Finance, Government of India, Economic Survey, 1998 - 1999, New Delhi, 1999, pp. 86 - 87.

加，2001—2002 年度增为 510.49 亿美元。2007 年印度外汇储备超过 3000 亿美元，使印度成为世界上外汇储备较多的国家之一。1980—1981 年度，卢比对外汇率为每 1 美元兑换 7.809 卢比；1990—1991 年度为每 1 美元兑换 17.943 卢比。1991 年爆发严重国际收支危机，1991—1992 年度卢比对外汇率为每 1 美元兑换 24.474 卢比；2002—2003 年度为 48.395 卢比。2003 年以来卢比对外升值，到 2007 年 12 月汇率降为 1 美元兑换 43 卢比。[①] 2011 年开始卢比贬值，到 2012 年中，汇率升至每 1 美元兑换 68 卢比。

二、高新技术产业异军突起

经济改革促使印度信息产业发展迅速，生物技术产业蓬勃兴起，原子技术产业进展加快，推动印度高新技术产业异军突起，导致印度经济结构发生显著变化。

（一）信息技术产业迅速发展

经济改革以来，印度政府把信息技术产业作为发展重点，在全印各地设立信息技术产业园，促使印度涌现出一大批信息软件研发企业，其中大多数已运用世界上最先进的软件技术，吸引了许多世界大型软件研发公司到印度投资设立软件研发基地，使印度逐渐成为全球重要的软件研发中心。同时，20 世纪 90 年代经济改革以来，许多西方国家公司纷纷把信息数据处理业务外包给劳动力成本较低的发展中国家，而人力资源丰富且劳动力成本低廉的印度自然也就成了美国等西方国家高科技产业外包的最大受益国。目前，国际上 60% 的跨国企业都向印度外包业务，推动外包服务产业快速发展，使印度成为世界外包服务的重要基地。印度还大力发展信息硬件制造业，先后建成 5 个硬件技术园区，生产电子硬件设备和配件用于出口。世界上 25 家最大的芯片公司有 18 家已在印度设立芯片设计中心。

---

① 印度政府：《2005—2006 年度经济调查》，印度政府财政部经济处，新德里，2006 年 3 月，第 S－76－107 页。

印度科学家研制的帕拉玛（PARAM）10000 超级计算机的问世，使印度跻身超级计算机俱乐部，其可与美国的克莱超级计算机相媲美，目前已向德国等国家出口。最大行走式机器人“舞王”的研制成功，也使印度迈入了机器人强国俱乐部的大门。[①] 2007—2008 年度印度软件及服务出口共计 404 亿美元，整个信息技术商业流程外包业收入 520 亿美元。

（二）生物技术产业蓬勃兴起

2000 年，印度政府发起生物技术十年发展规划，确定生物科技发展总目标，即：占据生物技术研究领域新制高点，使生物技术为未来创造财富等。印度已建立门类比较齐全的生物技术研发体系，有 100 多个国家研发实验室，涵盖生物技术研发所有领域，在诸多生物科技领域获得重要发展，有些领域甚至达到世界先进水平。通过增施化肥、推广优良品种、改进耕作技术等措施，印度完成了“绿色革命”，实现了粮食自给，并有少量农产品出口；“白色革命”也使印度牛奶产量大幅度增加，目前印度牛奶年产量接近 1 亿吨，居世界首位；印度还发起了“蓝色革命”，促进海水养殖和海洋产业发展。目前，印度有生物技术公司 300 余家，生物技术产业产值超过 20 亿美元，促使印度成为亚太地区 5 个新兴生物科技领先国家和地区之一。

（三）原子技术产业进展加快

目前，印度基本上具有独立设计、制造、建设和运行核电站的能力，成为世界上为数不多有能力自行设计、建造并管理核电生产的国家之一，国际原子能委员会将其作为发展中国家原子技术培训中心。[②] 1998 年，印度连续进行 5 次核爆炸，具备制造核武器的能力，并组建核战略部队，成为事实上拥有核武器的国家。印度还将原子科技用于开发高产农作物种子，研发生物肥料和杀虫剂，生产加工食品等。印度已建立起从核燃料勘探、提炼、重水生产、核反应堆、核电站到核废料处理等原子科技研发体

---

① 钱峰：“印度机器人不怕辐射危险能修核电站”，《环球时报》2006 年 10 月 6 日。

② 文富德：“21 世纪印度将成为世界科技大国”，《南亚研究季刊》2000 年第 4 期，第 1—8 页。

系和核工业体系，具有核工厂设计、制造、建造和管理方面的能力，即具有包括核矿物采矿、核矿物加工、核燃料组合、生产重水、重新加工、核废料处理等处理核燃料循环的能力。现在，原子工业已成为印度重要的高科技产业。2001—2002 年度印度共有 14 个核反应堆运转，发电能力共计 2720 兆瓦，占全国电力装机容量的 2.7%；核电量为 193 亿度，占全国发电总量的 3.3%。

（四）空间技术产业迅速发展

印度已建立 2 套卫星系统和 4 种类型国产运载火箭，掌握制造和发射运载火箭、人造卫星、地面控制和卫星回收等技术，在火箭和卫星制造、卫星发射、跟踪、制导和控制等方面具备相当实力，有的已接近世界先进水平，成为世界上第六个航天大国。印度先后发射多用途人造卫星共 30 多颗，进行农作物产量评估、地表水测量、森林调查、土地利用测绘等，为自然资源管理提供长期遥感数据服务，在经济和军事领域发挥着越来越大作用。[①] 印度已成功发射射程超过 3000 公里的中程弹道导弹，成功进行多次导弹拦截试验，并且还在积极发展远程洲际弹道导弹。印度国内卫星通信系统已跻身世界前列。印度还将部分转发器租给私营企业和外国使用，使其控制世界遥感卫星市场的占比达到 25%。

（五）经济结构显著变化

高新技术产业的形成和壮大促进印度经济发展，也推动其产业结构变化和经济增长方式转变。20 世纪 90 年代经济改革以来，印度经济结构发生了某些重要变化。1990—1991 年度至 2001—2002 年度，在印度国内生产总值中，农业由占 30.9% 降至 24.3%，工业由占 25.4% 降至 21.5%，服务业由占 43.7% 增至 54.1%，服务业因此成为国民经济最大的组成部分和增长最快的领域。印度经济结构变化主要是因为服务业出现加快增长趋势，这在很大程度上归功于以高新技术为基础的现代服务业特别是软件开发和服务外包业的产生和迅速发展。

---

① 常青：《印度科学技术概况》，科学出版社 2006 年版，第 94—95 页。

三、经济增长速度明显加快

20 多年的自由化、市场化和全球化经济改革，调动了印度各方面发展经济的积极性，大大解放了生产力，从而促进印度经济加速增长。

（一）农业生产继续增长

经济改革以来，印度并没有开放农产品市场，农业依然起伏波动，但总体上继续保持增长。① 20 年间，印度农业生产依然翻了一番。目前，印度粮食产量已达到 2.3 亿多吨。在经济改革进程中，农业领域没有完全向外资开放，但各领域改革还是对印度农业发展产生了一定程度的影响。2000 年政府颁布新农业政策，注意农业政策调整与改革，如改革粮食流通体制，大力发展特色农业，加强农业基础设施建设，促进农业科技的推广和运用，促进农业综合发展等。

（二）制造业加速发展

1991 年实行经济改革后，由于政府取消了工业生产许可证限制，被长期压抑的工业生产能力很快释放出来，印度工业生产获得迅速发展。在 1991—1992 年度至 2001—2002 年度的 11 年间，印度工业增长率虽有 4 年超过 7%，但却有 5 年低于 5%；在 2002—2003 年度至 2009—2010 年度的 8 年间，有 7 年为 5% 以上，4 年为 10% 以上。这在一定程度上说明，印度制造业正在加速发展。

（三）服务业稳定发展

经济改革以来，印度服务业稳定增长。1991—1992 年度至 1995—1996 年度期间印度贸易、运输和通信等领域年增长率分别为 2.5%、5.6%、7.1%、10.4% 和 13.3%；1996—1997 年度至 2000—2001 年度期间这些领

---

① Ministry of Finance, Government of India, Economic Survey, 2010 - 2011, New Delhi, 2011, Ps - a - 14.

域年增长率分别为7.8%、7.8%、7.7%、8.5%和6.8%；2001—2002年度至2003—2004年度这些领域年增长率分别为9.0%、9.8%和11.3%。随着经济改革深入，印度服务业还将继续稳定增长。实际上，印度服务业年增长率已从2001—2002年度的6.8%上升到2002—2003年度的7.9%、2003—2004年度的9.1%和2004—2005年度的8.9%。[①]

（四）经济增长速度加快

从20世纪50年代初期到80年代初期，印度经济年均增长率为3.5%，被印度学者讥讽为“印度教徒增长率”。80年代经济政策调整期间，印度经济年均增长率为5.5%。1991年经济改革后，印度经济增长速度进一步加快。1992—1993年度至1996—1997年度印度经济年均增长率上升到6.6%；1997—2002年“九五”计划期间下降为5.5%。[②] 进入21世纪以来，印度经济加速增长，2002—2007年“十五”计划期间经济年均增长率上升到7.9%，2007—2008年度更是上升到9.8%。

（五）印度经济加速崛起

1991年开始进行经济改革后，印度经济增长速度加快，经济规模迅速扩大。到2009—2010年度以1990—1991年度固定价格计算的印度国民生产总值增加到44.68454万亿卢比，20年间约增加3.5倍。经济规模逐渐扩大，促使印度经济总体实力不断增强。2000年印度国内生产总值为4794亿美元，比1990年增加48%；2010年国内生产总值增加到1.45万亿美元，居世界第十位。如按购买力平价计算，2010印度国内生产总值接近5万亿美元，超过德国，次于美国、中国和日本，居世界第四位。随着经济加速增长，印度成为仅次于中国的增长最快的经济体。印度经济加速增长，经济规模不断扩大，促使国际社会认为，印度经济正在崛起。

---

① 印度政府：《2005—2006年度经济调查》，印度政府财政部经济处，新德里，2005年，第S-4、10页。

② 同上，第S-4页。

第三节　印度经济改革中的问题

在20多年的经济改革进程中，印度虽然取得了诸多举世瞩目的成绩，但是印度经济改革和发展中依然存在不少问题。

一、公营企业改革步履维艰

由于长期以来将公营企业作为印度社会主义类型社会的一面旗帜，公营企业成为印度经济改革的难点，改革之旅步履维艰。

（一）长期以来公营企业严重亏损

长期以来，印度大多数公营企业都出现亏损。到20世纪80年代初期，印度公营企业甚至出现全面亏损状态，成为印度中央政府和地方政府财政的巨大包袱。造成印度公营企业严重亏损的原因非常复杂，首先是由公营企业的目的所决定的。印度发展公营企业的目的在于占领国民经济制高点等，需承担大量社会责任，这从根本上决定其可能出现亏损。其次是政府对公营企业干预过多造成的。政府大量干预公营企业发展，大多数公营企业盈利盈亏都由财政解决，这在相当程度上决定其必然出现亏损。第三是许多公营企业本身就是从私营部门接管过来的“病态企业”。公营企业严重亏损直接影响工业经济健康发展，也增大政府财政负担，迫使政府实行赤字财政政策，促使财政赤字居高不下，造成公债规模不断扩大，货币发行量不断增多，通货膨胀不断加剧，影响人民生活，也影响经济发展和社会稳定。

（二）公营企业改革成效不大

20世纪90年代经济改革以来，印度政府对公营企业政策进行诸多改革，但进展不大，效果并不明显。虽然先后有几十家公营企业与政府签订谅解备忘录，但公营企业自主权却依然十分有限，其刺激作用不是很大。经济改革以来政府将30多家盈利企业部分股票上市，以降低政府在企业的持股率。由于转让比例很小，且大部分股票被公营金融机构所认购，在公营企业经济活动中引进竞争机制的作用非常有限。由于政府从公营企业中减持股份进展缓慢，实际减持数目与目标差距较大，政府从1999—2000年度起重点采取战略销售，即以高于股市价格出让大宗股给私营大企业，转让管理权，以加快减持步伐。关掉亏损企业更是老大难问题，除了有来自工会和官僚的阻力外，还有法律程序上的障碍。从开始经济改革至今，印度也没有几家公营企业是通过破产方式处理的。因为随着企业关停并转，安置下岗职工问题极为复杂，且公营企业本身也没有解雇工人的权力。因此政府只好在公营企业推行自愿退休计划，给退休工人补偿金。至2001年3月底共有36.9万人选择自愿退休，占1991—1992年度公营企业职工人数的16.9%。公营部门依然存在严重超员现象，一些大型公营企业多余人员至少占1/3，类似现象也存在于银行及中央和各邦政府所属公营企业。经济改革以来，印度公营经济垄断地位有所下降，但在铁路、邮电、港口、航空、国防工业、银行、保险和重工业中仍占很大比重。中央政府所属公营企业仍近1/2亏损；除矿产企业外，各邦政府所属公营企业几乎全部亏损，这在一定程度上造成公营部门对印度国内总积累的贡献为负。①

（三）公营企业改革举步维艰

从经济角度来说，亏损严重的公营企业应该关闭。自1987年至2000年12月，交给工业和金融复兴局抢救的中央直属公营企业有74家，邦属公营企业有101家；批准挽救计划的中央企业有20家，邦企业有25家；建议关闭的中央企业有13家，邦企业有22家；宣布不再亏损的中央企业有3家，邦企业有5家，但实际发布关闭通知的仅7家。因此从社会角度来讲，印度公营企业难以关闭。在印度，关闭公营企业依然遇到诸多阻力，除了来自工会和官僚的阻力外，还有法律程序上的阻碍。印度企业没

① Government of India, Economic Survey 2001－2002, New Delhi, 2002, p. 108.

有解雇工人的权力，随着企业关停并转，安置下岗职工成为极其复杂的问题。在经济改革进程中，政府试图推进公营企业私有化改革，但也遇到很大阻力。重要的是，有关政府主管部门不愿意放权，不愿意让公营企业私有化；公营企业职工担心失业，也不愿让公营企业私有化；各政党控制的强大工会曾发动多次全国性罢工，致使公营企业私有化进度受到阻挠，至今改革成效不理想。印度公营企业改革进展缓慢的重要原因之一在于，政府通过各种立法对劳工市场进行干预。印度中央或邦政府共有45种劳工法，对雇员最低工资、公司利润、生产安全、工业纠纷及工人解雇等作出严格规定。在经济改革进程中，政府曾试图修改这些立法，但却没有获得任何进展。在印度这样一个实行特殊民主政治的国家，如果对公营企业改革问题处理不当，势必会造成社会和政治动荡，因此公营企业改革举步维艰。

二、财政赤字居高不下

长期以来，对农业和粮食等实行的各类补贴，在一定程度上成为印度社会主义类型社会的一种象征，也成为执政党关心下层老百姓生活的一种体现。因此，历届政府经济改革始终未能触动各类补贴，从而促使政府财政赤字不断增加，并始终在高位运行。

（一）经济改革后财政赤字居高不下

独立后，印度政府长期采用赤字财政政策，且财政赤字规模不断增大。1990—1991年度印度中央政府财政赤字增加到1135亿卢比，占当年度印度国内生产总值的8.4%；如再加上各政府财政赤字，其占印度国内生产总值的比例将达到10%以上。高额财政赤字必然会导致宏观经济失控和通货膨胀，因此降低财政赤字、稳定财政成为印度经济改革的紧迫任务。印度在经济改革中采取结调措施后，中央政府财政赤字虽有所控制，但邦政府赤字却有所膨胀。1998—1999年度至2002—2003年度期间，印度中央政府财政赤字占国内生产总值比例平均为5.6%，邦政府财政赤字占国内生产总值的比例从1990—1991年度的3.1%上升到4%左右，导致中央及邦总财政赤字占国内生产总值的10%左右，印度政府财政政策调整效果并不明显。① 经济改革以来，印度中央政府财政赤字一直不断增加，从1990—1991年度的3760.6亿卢比增加到2008—2009年度的32651.5亿卢比；其占国内总产值的比例一直超过5%，各邦财政赤字也占国内总产值的5%—6%，两者相加约占国内总产值的10%—11%。印度现已成为世界上财政赤字率最高的国家之一，多次受到国际货币基金组织和世界银行的警告。②

（二）财政赤字居高不下的影响

一是导致中央政府债务不断增加。1999—2000年度中央政府债务总额为10.21029万亿卢比，2003—2004年度约为17.80063万亿卢比；1990年代初，其占国内生产总值的比例为55.3%，进入21世纪更超过60%。2001—2002年度中央和各邦政府公债总额为160770.4亿卢比，占国内生产总值的69.9%，③ 大大超过国际公认公债占国内生产总值60%的警戒线。二是利息支出继续扩大。1995—2000年期间仅中央政府利息开支就占其经常预算收入的50%，2002—2003年度约为1.15663万亿卢比，相当于经常预算收入的48.9%。第十一届财政委员会建议的中期目标是，要求邦政府将利息开支控制在占经常预算开支18%以下。印度财政缺口除靠发行公债弥补外，主要靠增发通货来填补，造成货币发行量不断增加。到2005—2006年度，印度狭义货币发行量增到14382.2亿卢比。三是势必引起通货膨胀。拉奥总理执政前三年中，财政赤字占国内生产总值比重有所下降，但后来却不断上升，造成财政赤字居高不下，使回落的物价指数呈现反弹。1993年物价指数降到8%，1994年和1995年又回升到10%，后来印度通货膨胀率有所下降，但进入21世纪以来，印度物价上涨率一直在高位运行，2010年印度物价上涨率保持在10%以上。四是影响经济发展。印度中央政府通过公共债务筹集大量资金，但其主要部分却用于经常开

① 孙培钧、华碧云：“印度的经济改革：成就、问题与展望”，《南亚研究》2003年第1期，第3—11页。

② The Indian Express, January 1, 2004.

③ Reserve Bankof India, Annual Report 2001 -2002, p. 70.

支，很少用于投资。由于旧债十分沉重，印度中央政府仅还本付息往往就占当年国库收入的一半左右，严重影响经济发展投资的增加。政府为严格控制通货膨胀，往往提高利率，但过高的贷款利率也在相当程度上抑制了经济发展。

（三）财政赤字居高不下的前景

独立后，印度基础设施短缺问题越来越严重，成为影响经济发展的一个重要障碍。经济改革以来，印度经济增长逐渐加速，对能源、铁路等基础设施的要求越来越高，但基础设施短缺问题却越来越严重，从而极大地影响了经济发展。印度政府决定加速能源、公路等基础设施建设，并且制订了一系列促进基础设施建设的发展规划。但是，任何一项基础设施建设计划都需投入庞大资金，如果增大基础设施建设投资，在一定程度上势必扩大政府财政赤字，使已经十分严重的财政赤字问题更加严重。独立后，印度存在复杂的社会问题，而解决这些问题也需要政府投入巨资。印度财政赤字居高不下的另一个重要原因是政府巨额财政补贴支出，主要用于化肥补贴和粮食补贴。化肥补贴在于减少农村农民种粮支出，粮食补贴在于减少城镇居民生活费用，稳定城乡居民。印度财政补贴在短期内难以消除。印度长期采用赤字财政的办法来获取经济发展所需资金。经济改革以来，为减少财政赤字，政府坚持公营企业改革，试图减少公营企业亏损，并力争公营企业盈利。但公营企业改革效果并不十分理想，一些公营企业依然存在亏损情况，因此公营企业依然是印度财政的一个巨大包袱。为保护农村农民利益和城市居民利益，化肥等各类农业投入物补贴和粮食补贴难以减少，更难取消，而印度减少财政赤字的目标也难以实现。印度财政专家提出警告："如果我们当前筹措资金的努力停滞不前和任其自流，而非生产性的和低效益的开支却继续不断，债务问题将在中期内爆发。"①

三、经济失衡更加严重

长期以来，印度都存在经济结构失衡的问题。在经济改革进程中，政

① A. Rangachari："Does India Face a Debt Trap?" The Hindu，January 26，2004.

府干预减少，市场功能增强，都在一定程度上促使印度经济失衡更加严重。

（一）经济发展不平衡加剧

经济改革以来，印度地区发展不平衡问题更加严重。2008—2009 年度印度人均国民生产净值昌迪加尔为 11.924 万卢比，德里邦为 8.8421 万卢比，而北方邦仅为 1.871 万卢比，两类地区人均国内生产总值差距达 5—6 倍。1999—2000 年度全印贫困率为 26.1%，但奥里萨邦仍高达 47%。2001 年全印成人识字率为 64.84%，喀拉拉邦为 90.86%，而比哈尔邦仅为 47%。[①] 地区发展不平衡扩大，使落后地区人民对政府实施经济改革失去信心。在经济改革过程中，政府投资大量流向城市地区，大量外国投资也流向城市地区，促使城市地区经济高速增长，基础设施不断完善；农村贫困率有所降低，但农村还有 63% 的家庭用不上电，在 60 多万个村庄中，40% 村庄没有连接市场和社会服务机构的全天候公路。印度共产党（马克思主义）高层领导人、西孟加拉邦首席部长布达德夫·巴塔查尔吉指出，“在这些地区，高科技城市中心区繁荣发展，而农村地区则停滞不前。印度 10 亿人口中 70% 仍生活在农村地区，靠种地为生”。[②] 农村地区发展缓慢，促使城乡差距进一步扩大。在经济改革进程中，政府把重点放在支持高新技术产业发展，试图越过工业发展阶段而进入信息服务经济阶段。印度信息产业特别是软件产业获得举世瞩目的成就，但实际上印度高新技术产业吸收就业最多也只占印度就业劳动力总数的 2%。高新技术产业对劳动力文化素质要求比较高，而印度存在大量文盲和教育程度较低的人群，无法享受新技术产业发展带来的好处，因此经济改革中的经济发展为“缺乏就业的经济增长”。

---

① Ministry of Finance，Government of India，Economic Survey，2010 - 2011，New Delhi，2011，Ps - 122.

② 戴维·罗德：“印度共产党寻求资本家的帮助”，《纽约时报》2004 年 5 月 16 日。

（二）两极分化更加严重

经济改革后，印度破产企业不断增加，失业队伍进一步扩大。在就业登记所登记而又未找到工作的人数从 1991 年底的 3629.97 万增长到 1994 年底的 3669.15 万，到 2000 年底更增为 4134.36 万，还有数量庞大的部分失业人员。失业意味着劳动者失去收入来源而成为贫困人口。经济改革使生活在官方公布的贫困线以下人口有所减少，但仍有数以亿计人口生活在官方公布的贫困线以下。印度社会中依然存在贫富两极分化问题。经济改革以来，印度社会中部分人收入大幅度增加，进入富豪行列。例如，许多原有私人企业特别是私人财团获得重要发展，经济实力大大增强，而这些私营企业或财团拥有者的财富也迅速增加；外资企业中高层管理人员收入也有很大增长，使其进入富裕阶层行列。这必然使印度社会中贫富两极分化问题更加严重。数量庞大的低收入群体并没有真正得到经济改革的实惠，有的甚至成为经济改革的牺牲品。印度政府前内阁秘书 TSR. 苏布拉马尼亚姆说，“几乎没有几个部长对发展问题或印度社会和经济转型问题感兴趣。他们最不愿意干的事就是减少贫困人口和提高农村地区生活水平。除中饱私囊外，他们只关心自己的未来”。

（三）经济失衡加剧社会动荡

长期以来，错综复杂的政党斗争和社会问题影响经济发展，在一定程度上导致经济发展缓慢，劳动力失业和人民生活贫困问题严重。在经济改革进程中，印度社会存在的诸多问题严重阻碍了其向现代化进程转变。宗教排他性和种姓等级性严重影响国家动员和组织能力，干扰政府政策的执行，使印度成为缺乏社会政治凝聚力的国家，而经济发展缓慢和不平衡又构成民族、宗教和种姓冲突频发的根源。当政府不能满足民众日益提高的期待时，社会中集聚的各种不满情绪就可能爆发成宗教、民族、部族、种姓冲突，构成社会经济发展的障碍，暗示印度经济改革道路艰难曲折。在经济改革进程中，印度人民整体生活水平有所提高，但由于分配不均，经济改革受益者主要是城市富人，两极分化依然十分严重。经济改革虽加速了经济增长，但利益分配不均却引起了人们不满，人们对社会各阶层未能从经济改革中受益而失去信心。[①] 庞大失业队伍和贫困人口的存在，成为印度社会政治动荡的重要根源，并促使更多年轻人转向极端主义，使一些农村地区成为纳萨尔激进分子活动的中心地区。

① ［美］《华盛顿邮报》2004 年 5 月 15 日。

第 二 编

印度经济发展的潜力

一个国家发展经济需要具备诸多条件，其中非常重要的就是拥有经济发展的潜力。因此，要把握印度经济发展前景，在分析独立以来印度经济发展历程的基础上，有必要全面分析印度经济发展所拥有的各种潜力。本部分主要分析印度自然资源潜力、人力资源潜力、科技进步潜力、商品服务市场潜力和资源管理潜力五种促进印度经济发展的潜力。

第四章

印度自然资源潜力

在人类历史的很长一段时期内，自然资源在一个国家的经济发展中占有十分重要的地位和作用。尽管后来随着科技的进步，其地位和作用有所降低，但依然非常重要。各国利用自己拥有的自然资源，生产本国人民生活所需要的各种物品，从而促进本国经济发展。一个国家自然资源的多少在一定程度上是由该国国土面积的大小和地理位置的优劣等条件所决定的（当然，这并不排除某个小国却拥有大量某类自然资源）。印度幅员辽阔，国土面积居世界第七位。其地处印度次大陆，矿产资源丰富，河流众多，土地肥沃；大部分地区处于热带或亚热带，阳光充足，雨量充沛，适宜各类动植物生长；由于三面靠海，印度拥有漫长的海岸线和广阔的海洋国土。在辽阔的陆地国土和海洋国土里，印度拥有的各类资源都比较丰富，为印度经济持续发展提供了有利的自然资源条件。独立后，印度注意自然资源的开发利用，促进民族经济发展，但却产生了某些问题。长期以来，印度始终注意解决这些问题，积极挖掘各类自然资源潜力，努力保护各类自然资源，为印度经济的持续发展储备了比较充足的自然资源潜力。

第一节　印度自然资源丰富

印度地处印度次大陆，辽阔的领土使其陆地国土北达喜马拉雅山麓，南到印度次大陆最南段的科摩林角，面向印度洋；其东南临孟加拉湾，隔保克海峡与斯里兰卡为邻；西南频阿拉伯海，因此还有约 200 万平方公里的海洋国土。辽阔的陆地国土和海洋国土赋予印度丰富的自然资源，主要表现在以下三个方面：一是有丰富的土地资源；二是有丰富的矿产资源；三是有充足的太阳能等其他资源。

一、印度的土地资源

印度最重要的自然资源是其经济发展所需要的土地资源，及在其之上自然存在的森林资源、矿产资源和附着于土地上的水资源。根据地质结构，印度可分为三大地质构造区：一是北部褶皱山系。在印度境内，从北到南依次为大喜马拉雅山区、中喜马拉雅山区和小喜马拉雅山区三个山系。二是中部凹陷带，在地理上表现为印度河和恒河冲积平原。三是南部半岛古陆区，为印度国土主体，是一个久经侵蚀的地块，为世界古老岩石地带之一。地形的多样性和地质结构的多元化，为印度提供了丰富的可耕地资源、森林草地资源和水资源。

（一）可耕地资源

由于在印度三大地质构造地带中，其中之一是中部凹陷地带，从东到西长约3000公里，南北宽250—300公里，是印度河和恒河冲积而成的世界著名大平原之一，而另外两个地质构造地带也为宽阔的平原，因此平原在印度国土面积中占有十分重要的地位，并使印度拥有大量可耕地面积。在印度有统计资料的国土面积中，可耕荒地为0.19亿公顷，约占6%；休耕地为0.26亿公顷，约占8%；播种面积为1.42亿公顷，约占46%，因此印度可耕地面积占国土面积的比例超过50%。据估计，在印度国土面积中，43%为平原，18%为丘陵，11%为山地，因此地形的多样性就决定了其土壤的多样性。分布于广大平原地带的冲积土土质肥沃，适宜各种农作物生长；分布于高原地区的黑土土质松软，粘性强，适宜棉花等农作物生长；分布于高原地区的红土呈块状结构，适宜种植干旱作物；分布于沙漠地区的沙漠土经过改造也可以种植农作物等。其中，仅冲积土和黑土地带就达129万平方公里，超过印度国土总面积的43%。辽阔的地理面积和地形的多样性也决定了印度气候的多样性，除大部分地区地处热带或亚热带外，印度北部山地从南到北，随着海拔高度的上升，气候迥然不同，可明显分为热带、亚热带、温带和寒带多种气候带。这也决定了印度生物资源特别是农作物的多样性，如既盛产水稻、小麦、小米等主要粮食作物，玉米、黍类、红薯等杂粮和黄豆、红豆、绿豆、豌豆、胡豆等豆类作物；也大量出产花生、芝麻、油菜籽、烟草、甘蔗、棉花、茶叶、黄麻、橡胶、香料等各类经济作物，胡萝卜、白萝卜、南瓜、洋葱、土豆、豆角、白菜、辣椒、姜、蒜等各类蔬菜作物，以及椰子、香蕉、木瓜、芒果、葡萄、菠萝蜜等各种水果作物。

（二）森林草地资源

印度地形、土壤和气候的多样性既决定了印度农作物的多样性，也使得印度森林资源极为丰富。在有统计资料的 3.05 亿公顷土地面积中，森林覆盖面积达 0.68 亿公顷，覆盖率接近 22.3%。但是印度森林分布极不平衡，最高的地区可达 94%，最低的却在 10% 以下。印度森林资源具有多样性的特征，其类型有包括热带湿润半常绿林、热带湿润落叶林、热带潮汐红木林等在内的热带湿润林，包括热带干旱落叶林、热带干旱常绿林和热带干旱灌丛林等在内的热带干旱林，以及亚热带林和温带林等。因此，在印度茂密的森林中，不仅有松树、柏树、杉树、桦树、樟树、楝树等建筑材料树种，还有丁香树、红木、桂树、楠木、柚树、紫檀、黄檀、黄花梨等珍贵树种，以及椰子树、棕榈树、榄仁树、桐子树、芒果树、婆罗树、梨子树、榕树等许多重要树种。此外，森林中还有极其丰富的动植物资源和药材资源。印度主要野生动物有：野象、野牛、野猪、野羊、犀牛、狮子、老虎、豹子、猴子、熊、狼、鹿等。印度主要鸟类达 2140 多种，占世界鸟类种数的 14%。同时，辽阔的国土还赋予了印度大片大片的草地和牧场。在印度有统计资料的 3.05 亿公顷土地面积中，草地和牧场的面积为 0.12 亿公顷。

（三）水资源

附着在土地资源上的还有极为重要的水资源，它分为两种：一种是地表水资源；另一种是地下水资源。无论是哪一种水资源，都要靠降水（包括降雨和降雪）来补充。印度大部分地区属于热带季风气候区，雨量充沛，水资源极为丰富。据估计，印度年均降雨量为1194毫米，总降水量约为3.93万亿立方米。[①] 降水形成众多河流，仅流经印度的就多达1.0214万条，还有4303条人工运河。恒河是印度最长的河流，在印度境内全长2071公里，流域面积达106万平方公里，超过印度国土面积的1/3。印度境内的主要河流还有：布拉马普特拉河，在中国境内称雅鲁藏布江，其在印度境内长720公里，流域面积为20万平方公里；马哈纳迪河，发源于印度中央邦，流经印度东部奥里萨邦后注入孟加拉海，全长858公里，流域面积为13.6万平方公里；戈达瓦里河，发源于西部马哈拉施特拉邦，向东流经安得拉邦后注入孟加拉海，全长1465公里，流域面积达31.34万平方公里；克里希纳河，发源于西高止山，向东经马哈拉施特拉邦和安得拉邦后注入孟加拉海，全长1400多公里，流域面积近26万平方公里；还有纳巴达河、塔普提河、达磨达尔河、萨特累计河、马希河等。在印度漫长的河流和众多湖泊中，生长着鲤鱼、鲫鱼、草鱼、鲢鱼、鲇鱼等350多种淡水鱼类生物，从而为印度提供了丰富的内河渔业资源和航运条件。丰富的降水以及众多的河流和湖泊也使得印度的水资源较为丰富，年储水量多达18.8万亿立方米，每年能有效利用的水量为6900亿立方米。印度地下水资源储量为4523亿立方米，可供饮用的地下水储量为693亿立方米，可做工业和其他用途的地下水储量为3830亿立方米，丰富的地下水至少可灌溉11350万公顷土地。印度还有漫长的海岸线，次大陆及岛屿海岸线长达7516公里。在12海里领海内和200海里经济专属区，印度还拥有200多万平方公里海洋国土。在印度广阔的海洋国土中，除了有鱼、虾、蟹等丰富的海洋生物资源，还有锰、石油、天然气等重要的矿物资源。

二、印度的矿产资源

如前所述，根据地质构造印度陆地可以分为三大构造区，即北部褶皱山系、中部凹陷带和南部半岛古陆区，而各地区在地质构造上的迥然不同决定了其拥有各自独特的矿产资源，因此印度的矿产资源也较为丰富，其

① S. K. 萨奇德瓦著：《1989年印度年鉴》，新德里，1989年，第127页。

中包括金属矿产资源和非金属矿产资源。印度幅员辽阔，矿产资源品种齐全，有的矿物储量还比较丰富。在世界已知的150多种矿物中，大部分在印度都有发现。如今印度已经开始进行海洋矿产的勘探和开发，并取得了重要成果。随着海洋开发的不断深入，在辽阔额领海和经济专属区内，印度还将发现更多的海洋矿产资源。

（一）金属矿产资源

在世界上已经发现的150多种矿产资源中，大多数在印度都已经找到。印度已发现的金属矿产资源主要有铁、铜、铅、锌、锡、镍、汞、金、银、锰、钨、铀、钍等，另外还有储量不少的稀土。据调查，印度各类金属矿产资源都比较丰富，其中以铁矿资源最为丰富，储量达130亿吨，为世界第五大铁储量，且为含铁量超过60%的富矿；铬铁矿储量为0.54亿吨，磁铁矿储量为17.1亿吨；铜矿储量为6.32亿吨；锰矿储量为1.83亿吨，占世界总储量的30%；铅锌矿储量为3.83亿吨，其中铅矿储量为560万吨；镍矿储量为2.31亿吨，镁矿储量为2.22亿吨，金矿储量为0.5亿吨，钨矿储量为700万吨，其他金属矿产如铝、锡、汞、银、钨、钾、钒、钛等的储量不多。如今，印度已经开始进行海洋矿产的勘探和开发，并且已经获得锰结核等重要成果。随着海洋科技的不断进步，海洋开发的不断深入，印度还将发现更多海洋金属矿产资源。

（二）非金属矿产资源

1. 一般非金属矿产资源

在印度已发现的非金属矿产资源中，主要有经济发展和人们生活所需要的石膏、云母、石墨、萤石、石灰石、花岗石、大理石、磷矿石、矾土和高龄土等，还有翡翠、玛瑙及各种宝石等。其中以云母储量最大，为460.8万吨，居世界首位；矾土储量约为28.33亿吨，为世界第五大储备量；石膏储量为12亿吨，萤石储量为188万吨，石墨储量为465万吨，高龄土储量为8.72亿吨，石灰石储量693.5亿吨。印度拉贾斯坦邦马克拉纳的白色大理石在一定意义上是高贵典雅的化身。随着科技的不断进步，印度将发现更多的非金属矿产资源，为印度经济发展奠定更加坚定的自然资源基础。

2. 石油天然气资源

在印度已经发现的非金属矿产资源中，还有经济发展和人们生活所必需的煤炭、石油和天然气等能源资源。目前，印度发现的煤炭储备量估计在2400亿吨以上；天然气储量为686万亿立方米（到2012年5月，印度页岩气储量高达527万亿立方英尺）；[1] 石油储量不多，仅为7.58亿吨。[2] 但是，印度核能矿产资源却十分丰富，钍储量为36.33万吨，铀储量估计为7万吨，如将其用于增殖反应堆，约相当于6000亿吨标准煤，为印度现有煤储量的5倍。[3] 同时，印度已经开始从事海洋石油和天然气的开发，并且已经取得重要成绩。随着海洋科技的不断进步，海洋开发的不断深入，印度还有可能在领海和海洋经济专属区发现大量新的石油和天然气储量。

三、印度其他自然资源

除了有丰富的土地资源和矿产资源外，辽阔的陆地国土和海洋国土还使印度拥有经济发展和人民生活所需要的其他自然资源，如丰富的海洋生物资源、太阳能资源、风能资源和潮汐能资源等气候能源资源和自然旅游资源等。

（一）海洋生物资源

印度不仅拥有面积不小的的领海，而且拥有广阔的经济专属区，这使其拥有丰富的海洋生物资源。在印度广阔的海域中，不仅有众多藻类植物资源，还有不少鱼类、虾类和蟹类等动物资源，其中以海洋渔业资源最为丰富。在印度拥有的1250多种鱼类中，约80%属于海洋鱼类，如金枪鱼、

---

① 于欢："印度酝酿页岩气大开发　明年启动首轮招标"，人民网，2012年8月6日，http://intl.ce.cn/sjjj/qy/201208/06/t20120806_23559019.shtml。

② 雷启淮主编：《当代印度》，四川人民出版社2000年版，第20—24页。

③ 印度政府：《第七个五年计划，1985—1990》，印度国家计划委员会，第2卷，第126—127页。

大麻哈鱼等。

（二）气候能源资源

印度位于北纬8.4度至37.6度之间，气候差异很大。当喜马拉雅山角克什米尔山谷的拉达克和旁遮普的气温在0度上下徘徊时，印度半岛南部的气温却在30度以上。印度地形从南到北随着海拔高度不断上升，气候迥然不同，可明显分为热带、亚热带、温带和寒带多种气候带。印度大部分国土处在热带季风带范围内，大部分地区的日平均温度在20甚至25摄氏度以上。除6—9月季雨季节云雨遮住阳光外，其他时间均阳光普照，且日照时间长，因此印度在其辽阔的国土内也拥有丰富的太阳能资源。太阳能资源属于清洁能源，取之不尽，用之不竭，为印度利用太阳能发电等创造了得天独厚的自然条件。此外，由于印度拥有漫长的海岸线和广阔的海洋，因此风能和潮汐能资源也极为丰富。它们同太阳能一样属于清洁能源，同样取之不尽，用之不竭。据估计，印度海岸波浪可发电潜力为6万兆瓦，风能资源发电潜力达5000兆瓦。①

（三）自然旅游资源

文迪亚山和萨特普拉山脉从东到西平行横贯几乎整个印度半岛，撒黑亚得里山平行横贯印度西海岸，东海岸不规则山系为东高止山。每个山系都是漂亮景点星罗棋布。喜马拉雅山有许多天然滑雪场，还有诸多适合人们安全爬行的山脉和漂流的河流。每个山脉都有其独特并且雄伟壮丽的地理特点。茫茫林海特别是亚热带森林里生活着各种野生动物，并建有野生动物保护区，游客可大饱眼福，观赏百兽千鸟。靠近撒黑亚得里山的海岸，特别是喀拉拉邦、果阿邦和马哈施特拉邦，在碧绿的阿拉伯海岸边有数不清的美丽山峡、峡湾、小溪和潟湖，到处是令无数游客渴望的宁静环境。印度有7516公里海岸线，阿拉伯海和孟加拉海湾为阳光浴和水上运动爱好者提供了舒适优美的场地和环境。沿喀拉拉邦海岸，好多地方都会举行传统的划船比赛和盛大的庆祝活动，引来无数划船爱好者和观众。走下

① A. 阿格拉瓦尔著：《印度经济》（英文版），维勒东方有限公司1987年版，第9页。

白雪皑皑的喜马拉雅山，跨过富饶的旁遮普平原，就是荒凉、酷热且寸草不生的拉贾斯坦沙漠。似乎是为了弥补大自然对这片土地的吝啬，拉贾斯坦人用智慧和勤劳创造出了色彩绚丽的美丽世界：精美的纺织品、男人的头巾、妇女飘逸的纱巾、装饰用的刺绣、华丽的首饰，还有草棚、房屋及王公的豪宅。据说拉贾斯坦的每个家庭妇女甚至每个小孩都是天生做精美工艺品的艺术家，当地的微型画吸引了全世界的艺术爱好者。在拉贾斯坦邦的斋普尔、焦代普尔、乌代普和比卡内尔等带有异国情调的城市内，建筑的和谐、色彩的绚丽使游客大饱眼福。美丽的大自然赋予了印度极其丰富的旅游资源。

第二节　自然资源与印度经济发展

一国要发展经济，就必须利用其拥有的自然资源，并形成相应的经济部门，因为自然资源利用的程度和广度在一定程度上决定和影响了一国经济发展的进度。独立后，为促进经济发展，印度加强对自然资源的开发和利用。例如，利用肥沃的土地资源，促进农业发展，使印度从吃粮靠进口的国家转变成粮食基本自给并有大量储备和出口的国家；利用丰富的草类资源，大力发展奶牛养殖，使印度成为世界上产奶量最多的国家；利用矿产资源种类较多的特点，大力发展采矿业和冶炼业，促使印度采矿业和冶炼业获得重要发展，并在一定程度上促进机器制造业的发展；利用丰富的土地资源，加强铁路建设和公路建设，促使印度交通运输事业获得较大发展；还利用水力、石油、煤炭、原子能等进行发电，促使印度电力事业有重要发展等等。总之，印度加强对自然资源的开发利用，在一定程度上促进了印度经济发展。

一、自然资源与印度农业发展

独立后，为了满足众多人口的基本生活需要和社会经济发展的需要，印度加强对土地资源、森林资源和水资源等的开发利用，使印度种植业、养殖业、渔业、畜牧业和奶业等都有较为明显的发展，从而有效地促进了印度农业的发展和经济发展。

（一）种植业

作为一个人口众多的发展中大国，印度非常重视农作物种植。长期以来，农业在印度经济中占有极其重要的地位。1950—1951 年度，农业占印度国内生产总值的比例接近 60%，而种植业在印度农业总产值中的比例长期以来一直维持在 90% 左右。每年 6—9 月为印度的夏季西南季风期，是印度半岛大部分地区农业耕种的季节，但滂沱大雨却给耕种带来困难，好在印度从南到北的灌溉系统可以调节这种不利因素。独立后，为了满足不断增长人口的基本生活需要，印度必须尽快增加粮食生产。为此，印度在独立后不久就开展土地改革，同时还不断扩大耕地面积，促使印度的农作物种植面积不断增加。印度利用其土壤多样性、气候多样性和农作物多样性等特点，大力发展各类农作物种植业。首先是增加水稻、小麦、玉米、黄豆、绿豆、蚕豆、红豆等主要粮食作物的种植面积，如水稻的播种面积就从 1950—1951 年度的 3081 万公顷增加到 1997—1998 年度的 4340 万公顷；同期，印度小麦播种面积也从 947.6 万公顷增加到 2670 万公顷。其次是适当扩大花生、芝麻、油菜、烟草、甘蔗、棉花、茶叶、黄麻、橡胶、香料等各类经济作物的种植面积。再次是保证白萝卜、胡萝卜、豆角、茄子、南瓜、洋葱、土地、辣椒、大蒜、生姜等各类蔬菜的种植。最后是保证香蕉、椰子、芒果、橘子、菠萝、菠萝蜜、葡萄、西瓜、木瓜、猕猴桃、苹果、梨、李子等各种水果的种植，从而使印度成为农作物生产品种比较齐全的国家。

在扩大耕地面积的同时，印度从 20 世纪 60 年代中期起还利用先进的农业科学技术发起“绿色革命”，不仅使印度粮食产量和热带水果产量大幅度上升，而且使各类经济作物和各类蔬菜产量都有不同程度的增加，并使印度成为世界上水稻、小麦等粮食作物，花生、烟草、芝麻、甘蔗、黄麻、茶叶、橡胶、香料等经济作物，香蕉、椰子、芒果、木瓜等水果和洋葱、土豆等蔬菜的主要生产国，还使包括印度粮食在内的各类农作物在满足众多人口的基本生活需要后还有部分出口。具有创新精神的印度人民凭借勤劳和智慧战胜季风的肆虐，使独立前饥荒不断、饿殍遍野的印度在独立后逐渐转变为粮食基本自给并有大量储备和少量出口的国家。

印度还大量种植各类经济作物，除满足国内人民生活和社会经济发展需要外，还大力促进其出口。如近年来，美国加速页岩石油和天然气的开发，而其价值数十亿美元的页岩能源工业却与印度瓜尔豆种植息息相关，因为瓜尔豆胶是使用高压水力压裂法从油页岩中开采油气所需要的主要成分之一。其被用于提高支撑剂粘度，可压入页岩缝隙并扩大裂缝，从而进行石油和天然气开采；其还有助于降低摩擦力，降低开采所消耗的能源。这些美国公司业务欣欣向荣，也为种植了世界上80%瓜尔豆的印度数以千计的小规模农户带来了福音。印度年均瓜尔豆产量达到100万吨，居世界首位；而美国从事页岩油气开采的公司已对瓜尔豆种子粉末制成的瓜尔豆胶形成了庞大的需求，美国能源公司目前每年需要近30万吨瓜尔豆胶，因此造成国际市场上瓜尔豆胶短缺和瓜尔豆价格暴涨的局面。这为印度扩大瓜尔豆种植，增加瓜尔豆产量，扩大瓜尔豆胶出口，提供了极为重要的机会。①

（二）渔业

独立后，为促进国民经济发展，印度利用丰富的水利资源，大力兴修水库、大坝等基础设施，以促进农业灌溉扩大；大力发展内河运输和海洋运输，推动印度农业和运输业发展；还利用丰富的水力资源，大力兴建水力发电站，增加印度的能源供应，满足印度社会经济发展和人民生活需要。例如，印度在马哈纳迪河上建有若干著名大型水库，其中最为著名的

---

① “‘页岩革命’催生印度瓜尔豆热”，路透社（孟买/纽约）2012年5月28日电；中国《参考消息》2012年5月30日，第4版。

希腊库德水库坝长4800米，库容达81.4亿立方米。为了充分利用广阔的内河、湖泊等水面资源，从20世纪70年代起，印度发起“蓝色革命”，大力发展鱼虾养殖，促使印度内河养鱼养虾面积不断扩大，鱼虾产量不断增加，并使印度成为世界上内河养殖业比较发达的国家之一。同时，印度还大力发展海洋鱼类捕捞，促使印度海洋捕鱼量不断增多，推动印度海洋渔业不断发展。据估计，印度年海洋捕鱼量和内河养鱼产量大体相当。这在一定程度上不仅改善了人民生活，而且扩大了鱼产品出口。

（三）奶业

印度在利用丰富的森林资源，建立起庞大的森林工业，基本满足众多人口基本生活需要的同时，还利用丰富的草地资源，大力发展畜牧业，使印度饲养的黄牛接近2亿头，水牛也达8000多万头，奶产量超过9000万吨，从而成为世界上养牛最多的国家和奶产量最高的国家。印度还利用丰富的草类资源，大量养殖山羊，使养羊成为印度的一个重要产业。畜牧业的发展促使印度奶产量不断增加，不仅满足了印度人民生活需要，而且使印度开始成为奶产品出口国。值得一提的是，印度奶业的成功与印度大量利用水牛作为奶牛密切有关。水牛在印度饲养量很大，且不用粮食等精饲料，主要吃草和作物秸秆，因此便于饲养。

二、自然资源与印度工矿业发展

独立后，为把本国建设成为工业化强国，印度在利用丰富自然资源大力发展农业的基础上，也决心利用此资源大力发展工业，建立民族工业基础。为此，印度大力勘探和开发各类矿产资源，形成煤炭勘探与开采、石油勘探与开采、天然气勘探与开采、铁勘探与开采、黄金勘探与开采、铅锌勘探与开采等产业，促进各类采矿业的建立和发展，促进各类冶炼业和机器制造业的的建立与发展，推动印度完整工业体系的建立，在一定程度上满足了印度人民生活和社会经济发展的需要，并在一定程度上促进印度社会经济发展。

（一）矿业生产

为了加速经济发展，把印度从一个落后的农业国转变成为一个先进的工业化强国，印度政府制定采矿政策，加强各类矿产资源的开采和保护。现在，印度已经开采的金属矿产有50多种，包括铁、铜、锡、铝、银、铅、锌、金等。印度开采的非金属矿藏主要有煤炭、石油、天然气、石膏、云母、石灰石、大理石、磷矿石、矾土和高龄土等，还有翡翠、玛瑙及各种宝石等。独立后，印度不断增加对各类矿产品的开采。从1950—1951年度到2009—2010年度，印度铁矿石开采量从300万吨增加到2.186亿吨；印度采煤业开采量最大，目前每年开采煤炭超过5亿吨；[①] 印度采石业每年生产将近26万吨的大理石。独立后，虽然印度矿产品开采业获得重要发展，但是由于某些矿产品国内根本没有蕴藏，或国内蕴藏量较小，没有开采或开采量不大，难以满足印度社会经济发展的需求，因此这些矿产品需要部分进口甚至全部进口来满足国内社会经济发展需要。目前，印度全部依赖进口的矿产品有锡、锑、镍、钼、钴、钒等，大部分依靠进口的矿产品有铜、铅、锌、钨、石油、磷酸盐等。印度在迅速发展采矿业的同时，也为此付出了惨痛的代价。如印度拉贾斯坦邦的马克拉纳以出产最上乘的白色大理石而闻名于世，但是长期的开采已经使得马克拉纳的地表看上去如同月球表面一般荒凉。

（二）农矿产品加工业

在农产品大量增加的基础上，印度逐渐建立和发展起榨油、面粉、磨米、榨糖、造纸、制茶、纺织等各类农产品加工业。在大量采矿的基础上，印度逐渐发展起冶炼工业，特别是炼铁业和炼油业。冶炼工业的发展促使印度的熟铁产量从1950—1951年度的170万吨增长到2008—2009年度的4330万吨；同期，印度粗钢产量从150万吨增长到5452万吨，成品钢从100万吨增长到5716万吨，铝产量从4000吨增长到78.67万吨，铜

① 印度政府：《2010—2011年度经济调查》，印度政府财政部经济处，新德里，2011年，统计表，第32页。

产量从可以忽略不计增长到 3 万吨。[①] 石油冶炼业从无到有，逐渐发展壮大，如今印度已能独立生产煤油、汽油、柴油和沥青等石油产品，并且年炼石油达到万吨，在满足国内需要的同时，还有部分供出口之用。值得一提的是，印度人有喜欢穿戴金银珠宝等装饰品的传统。独立后，印度大力发展金银珠宝业，促使印度金银珠宝业行当发达。在生产大理石的小城里，工厂和小作坊密密麻麻，工匠们熟练地雕刻着珠宝首饰盒以及印度教诸神的雕像。小型家庭采石场仍占主导地位，他们将大块的大理石卖给商人，再由商人的工厂切割打磨，出售到国内和国际市场。目前，珠宝业已经成为印度最重要的出口产业之一，其年出口额超过 200 亿美元。由于印度劳动力、资金、生产和运营成本都很低廉，随着国内外经济发展对金属和各类矿产品的需求飞速增长，印度矿产品加工也将出现加速发展的态势。

（三）机械制造业

在冶炼工业不断发展的基础上，为了满足人民生活和社会经济发展的需要，印度建立起包括拖拉机、抽水机、播种机、收割机等在内的各种农业机械制造业，包括自行车、摩托车、三轮车、卡车、轿车、钢轨、铁轨、火车机车、火车车辆、大型轮船、小型飞机等在内的各类运输机械制造业，包括空调、电冰箱、收音机、录音机、电视机、电饭锅等在内的家用电器制造业，包括水力发电机、火力发电机、高压线、变压器等在内的电力设备制造业，包括钻井机、挖掘机、叉车、吊车、起重机等在内的各类采矿机械、装卸机械和建筑机械制造业等，从而有力地促进了印度比较完整的民族工业体系的形成和发展。从 1950—1951 年度到 2008—2009 年度，印度机床产业产值从 300 万卢比增加到 243.24 亿卢比，纺织机械业产值从忽略不计增加到 291 亿卢比，工业机械从忽略不计增加到 516.4 亿卢比，汽车产量从 1.65 万辆增加到 224.23 万辆，摩托车产量从忽略不计增加到 836.14 万辆，农用拖拉机从没有生产增加到 30.33 辆，洗衣机从忽略

① 印度政府：《2010—2011 年度经济调查》，印度政府财政部经济处，新德里，2011 年，统计表，第 32 页。

不计增加到 172.8 万台。[1]

（四）化学合成业

独立后，印度还利用丰富的自然资源大力发展化学工业，包括制硷工业、制酸工业、制盐工业等。其主要产品有烧碱、苏打、盐酸、硫酸、氯化钠等化学基础产品，人造橡胶、人造纤维等化学合成产品，氨水、尿素、过磷酸钙等化学肥料，塑料桶、塑料盆、塑料管等合成产品。经过几十年的努力，印度化学工业不断发展壮大，化工产品种类不断增多，产量也不断上升。据统计，人造纤维、塑料等合成产品的生产不仅满足了人们生活的需要，而且减轻了社会经济发展对自然资源的压力。从 1950—1951 年度到 2008—2009 年度，印度氮肥产量从 0.9 万吨增加到 1087 万吨，磷肥产量从 0.9 万吨增加到 346.4 万吨，苏打产量从 4.6 万吨增加到 199.8 万吨，烧碱从 1.2 万吨增加到 203.4 万吨，人造纤维从 3 亿平方米增加到 205.34 亿平方米。[2]

（五）能源工业

能源是一个国家经济发展的主要动力来源。在现代国家，能源工业在一个国家经济发展和人民生活中的地位进一步提高。独立后，为了满足人民生活和社会经济发展对能源不断增加的需要，印度大力发展煤炭工业、石油工业和天然气工业，不断增加煤炭、石油和天然气等能源的生产。印度煤炭产量不断增加，从 1950—1951 年度的 0.323 亿吨增加到 2009—2010 年度的 5.661 亿吨。由于储量不多，因此印度石油产量增加得并不多，其年产量虽然从 1950—1951 年度的 30 万吨增加到 1990—1991 年度的 3300 万吨，但是到 2009—2010 年度，其年产量依然保持在 3370 万吨。在煤炭、石油和天然气生产不断增加的基础上，印度还大量进口石油，逐渐增加煤炭发电厂、石油发电厂和天然气发电厂，大力发展煤炭发电、石油发电和天然气发电等火力发电业，促使印度火力发电业不断发展；同时，印度还

---

① 印度政府：《2010—2011 年度经济调查》，印度政府财政部经济处，新德里，2011 年，统计表，第 32 页。

② 同上，第 33 页。

利用丰富的水力资源，积极兴修水力发电站，大力发展水力发电站业；此外，从20世纪50年代起，印度开始发展原子能发电事业，逐渐增加原子能发电站，促使印度核能事业也有较高发展。现在，印度已拥有9座核电站15个核反应堆，总装机容量331万千瓦，核电在电力消费量中的比例约为5%。值得一提的是，伴随着能源危机的加剧，印度还注意加速太阳能、风能、潮汐能和生物能等的开发和利用，并在生物能源等领域取得重要进展。

三、自然资源与印度服务业发展

印度把建筑业放在服务业中，而发展建筑业需要充足的土地。独立后，印度利用丰富的土地资源有力地促进了建筑业的发展，从而推动了独立后印度许多城市的产生与扩大，并极大地推动了印度人口城镇化水平的提高和服务业的发展。印度还利用丰富的自然资源大力发展教育培训、卫生医疗、邮政通信和旅游休闲等各类服务，推动服务业获得重要发展，并促使其在印度国内生产总值中的比重超过50%，2008—2009年度更达到64.5%。[①] 服务业的发展有效地满足了人民生活和社会经济发展不断增长的需要，促进了印度经济发展。

（一）建筑业

建筑业的发展首先需要占用大量土地，辽阔的国土为印度建筑业发展提供了重要条件。独立后，为满足人民生活和社会经济发展对房屋建筑的需要，印度大力发展建筑业，并专门成立印度住房建筑银行。但是经济改革以前，由于种种原因，印度经济长期增长缓慢，绝大多数印度人生活依然贫困，老百姓无力修建住房，大多数农民住房简陋，超过50%的城市居民住在贫民窟中。经济增长缓慢也造成政府无力从事大量基础设施建设，致使基础设施长期严重短缺，并成为印度经济发展的一大障碍。经济改革

① 中国驻印度大使馆经商处：《印度经济及三大产业概况》，2009年8月13日，http://in.mofcom.gov.cn/aarticle/c/200908/20090806455201.html。

以来，随着经济加速增长，印度人民收入不断增加，贫困人口逐渐减少，人民住房需求越来越强烈；随着经济加速发展，各类企业购房需求急剧增加，人民对购物环境的追求也促使更多现代购物中心建成。[①] 此外，印度房地产也吸引了更多投资者，其中很多是海外投资者。各类住房需求扩大促使印度住房建筑业迅速发展，并推动地价和房价迅速飙升。摩根士丹利公司对班加罗尔的中型建筑公司曼特里开发公司投资6800万美元；美林公司则对地区性建筑商班杰希尔公司投资5000万美元；通用电气公司下属商业金融地产公司也向在印度建造信息技术园区的基金投入6300万美元；德意志资产管理公司则聘请专人主管其在印度的房地产业务等。为改造巨大的贫民窟，2010年9月初，马哈拉施特拉邦政府宣布，将为孟买起草一份“住房计划”，其目标是整合现有的廉租房和贫民窟拆迁计划，制订出有具体时间表的贫民窟整治计划。为此该邦住房部已经成立一个有23名成员的住房指导委员会，确保住房改造计划能有效执行。住房指导委员会将就廉价房的住房面积大小、价格等做具体的规定。马哈拉施特拉邦政府此前也已承诺，将在未来5年内建造100万套廉价住房。此外，印度环境部也于同月批准了对孟买沿海贫民窟的改造工作，前提条件是政府必须在其中占到51%的股份，以避免一些地方黑势力插足，牟取暴利。据估计，2010年，印度房地产总值大约为3500亿美元。[②] 美林公司预测，印度房地产市场价值将从2005年的120亿美元增长到2015年的900亿美元。同时，印度也加速了铁路、公路、机场、码头等基础设施的建设，从而逐渐形成“金四角”（新德里、孟买、加尔各答、金奈）国家快速公路网。但因为其中大部分是私人土地，统一进行大规模整改的难度很大，所以开发商必须和土地所有者进行繁琐的协商，如果协商不成功，那么就根本无法修建铁路、公路、机场和码头等基础设施。在马哈拉施特拉邦的重要城市浦那，负责经济开发的官员表示，当地空旷的土地很多，但要从农民手中收购土地用于吸引投资并非易事。首先，印度法律禁止将农耕地用作其他目的；

---

① 陈继辉：“印度百姓追求购物环境，印热建大型购物中心”，《环球时报》2006年4月9日，第15版。

② Economist Intelligence Unit. International Monetary Fund, Prudential Real Estate Investors Research; data for 2011.

其次，就算划定了一大片经济开发区，即使有一小块地方的农民不愿卖地，开发方也不能强制搬迁。因此，土地制度严重影响着印度基础设施建设。

（二）教育医疗服务

教育和医疗事业的发展都要求各级部门修建数量可观的教育、医疗机构，而教育、医疗机构的兴建又都需要有充足的土地供应。独立后，印度利用丰富的土地资源，充分发挥公私部门的办学积极性，大力发展正规教育和非正规教育，大力兴办各类教育培训机构，使印度教育培训机构增加几十倍，如2012年，印度高等学院达到1.3万多所，从而促使印度形成初等教育、中等教育、高等教育、职业技术教育等在内的门类比较齐全的教育培训体系；并对6—14岁儿童实行免费义务教育，在有的地方还对在校学生提供免费午餐，从而有力地促进了印度教育培训事业的发展，有效地促进了印度人力资源开发，为印度经济发展提供了充足的人力资源服务，推动了印度经济发展。同时，印度还利用丰富的土地资源和人力资源，充分发挥公私部门参与医疗卫生事业的积极性，大力发展正规医疗卫生机构和非正规医疗卫生机构，大力兴办各级各类医疗卫生机构，已经形成一套由国家级、邦级、地区级、县级和乡级五级医院组成的公共医疗服务体系；在农村建立起包括保健站、初级保健中心和社区保健中心在内的农村医疗保健体系，促使印度教育卫生机构数量增加数十倍，特别是农村医疗卫生机构迅速增加。印度还对全体国民实行免费医疗服务，并对住院人员提供免费食品，从而有力地促进了印度医疗卫生事业的发展，有效地降低了印度人口死亡率，特别是婴儿死亡率，促进了印度人力资源开发，为印度经济发展提供了充足的人力资源服务，推动了印度经济发展。（详见第五章《印度人力资源潜力》）

（三）旅游休闲服务

辽阔的国土、多样的地形和多种的气候使印度拥有许多优美的自然风光，如喀拉拉邦漂亮的海滩、科摩林角的海洋蜃景和日出日落的奇观、恒河平原农民耕作的美景、避暑胜地斯里拉加的迷人风光、幽深的东北地区原始森林等，都是人们向往的地方，吸引着越来越多的印度人和外国人到印度各地旅游观光，并使印度成为外国游客特别是西方国家游客的重要旅游目的地，促进印度旅游业的不断发展，使旅游业成为其重要产业之一。根据印度人喜歌爱舞的特性，印度还利用现代艺术的魅力大力发展电影事业。印度孟买宝莱坞世界闻名，甚至在一定程度上与美国好莱坞齐名。长期以来，印度年产电影超过1000部，满足了印度人民对文化娱乐生活的需要，促进了印度电影的出口，使印度成为世界上生产电影最多的国家之一。经济改革以来，印度十分注重发展旅游业，尤其是进入21世纪后，其更加强了旅游宣传工作，并在国际上发起了“不可思议的印度”宣传活动。随着经济快速发展以及诸如“不可思议的印度”等创新性旅游宣传策略的推广，印度旅游业持续发展。自2000年以来，印度旅游收入连续7年增长超过10%，在2005—2006年度以及2006—2007年度增长率更是超过45%。2007—2008年度印度旅游业收入创纪录达到70亿美元，大大超过2006—2007年度的59亿美元。印度政府充分认识到本国丰富的旅游资源，计划针对中国、泰国、日本的佛教徒制订一项具体的推广策略，希望能在印度兴起一股佛教旅游热。继“不可思议的印度”运动后，印度进一步采取措施促进旅游业发展。印度旅游部长索尼表示，政府正考虑给予建设经济型酒店的企业五年税收优惠，以促成低成本旅游和提高游客居住舒适度。为吸引中国、泰国和日本的游客，旅游部将推出新的佛教旅游项目，并给予税收优惠；此外，其还计划推出以草医治疗和品茶为主题的特色旅游项目。[①]

第三节　印度自然资源的潜力

印度幅员辽阔，国土面积仅次于俄罗斯、加拿大、中国、美国、巴西

① ［印］《金融快报》2008年12月23日。

和澳大利亚，居世界第七位。其国土大部分处于热带或亚热带，阳光充足，雨量充沛，且三面靠海，拥有漫长的海岸线，因此自然资源比较丰富。独立后，印度注意对自然资源的开发利用，促进了民族经济发展，但由于技术等诸多方面原因，在开发利用自然资源方面却产生了某些问题，使印度丰富的自然资源未能得到应有的充分开发，因此印度自然资源的潜力依然巨大。

一、印度土地资源的潜力

印度国土辽阔，土地资源丰富，虽然经过独立后的开发利用，印度土地资源潜力得到了一定程度的发挥，但与国外开发土地资源的先进水平相比，印度的土地资源仍具有巨大的开发潜力；与印度人民对基本生活品的巨大需求相比，印度开发土地资源也具有极大的动力。因此可以相信，未来印度土地资源的潜力仍将得到进一步发挥。

（一）印度可耕地面积较多

虽然印度国土面积位居世界第七，不到中国国土面积的1/3，同时独立后由于加速各类基础设施建设和城镇化水平提高，印度可耕地面积有所减少，但到目前为止，印度可耕地面积仍比中国要多得多。据报道，印度耕地面积从1999—2000年度的1.843亿公顷下降为2003—2004年度1.834亿公顷（约合27.5亿亩）。① 特别是由于平原占其耕地面积的40%以上，因此印度的耕地自然条件比中国好。虽然独立后印度不断加强土地资源开发，不断扩大耕地面积，但由于诸多原因，印度至今仍有部分荒地没有开垦；由于气候等方面原因，印度还有部分土地没有被耕种；由于耕作习惯，印度还把大量土地用于休耕。值得一提的是，在印度除了农村和城镇贫民窟多为低矮的房屋外，城镇至今也很少有高楼大厦，大多数建筑为3—5层的楼房，甚至是2—3层的别墅。如在首都新德里，政府规定普通住宅不能超过4层，因此这里住宅最高只有4层，没有多少高层建筑。这

① “印度耕地面积减少至1.834亿公顷”，［印］《金融快报》2006年8月28日。

不仅为城镇发展留下了大量空间，而且为耕地面积扩大留有一定的余地。因此，如果印度能够把荒地利用起来，能够在城镇中增加更多高层建筑，那么其就能增加一些耕地面积，可见印度扩大耕地面积的潜力依然存在。值得一提的是，印度在开发国内土地资源的同时，近年来还积极参与开发国外土地资源。设在华盛顿的世界观察研究所的报告显示，印度的国内外土地交易量跻身世界十强。由于印度获取的都是农地，因此其也被列为最大的“土地侵占国”之一。2000 年以来，印度在东非地区（主要是埃塞俄比亚和马达加斯加）获取大约 320 万公顷土地，并从东南亚地区（印度尼西亚和老挝）购得 210 万公顷土地。同时，外国投资者也从印度获得约 460 万公顷土地。印度人民运动全国联盟的西姆普里特·辛格认为，这种趋势令人担忧。在最近几年里，印度进行了几次大规模的土地交易，这通常被认为印度登上全球舞台。

（二）印度农产品单产较低

独立后，为满足人民不断增长的生活需要，印度发起“绿色革命”和“白色革命”，促使粮食产量和奶产量大幅度增加，并使其从吃粮靠进口的国家转变成粮食基本自给并有大量储备和出口的国家，还使其成为世界上产奶量最多的国家。但是，与发达国家相比，或者与某些发展中国家相比，印度农业土地生产率还比较低。如 1970—1991 年期间，中国土地生产率从 694 提高到 1422，孟加拉国土地生产率从 611 提高到 892，韩国土地生产率从 1120 提高到 2011，荷兰土地生产率从 1938 提高到 2469，而印度土地生产率则仅从 302 提高到 500。这表明，在此期间，印度土地生产率的提高幅度没有其他国家大。① 在上述期间，发达国家在土地生产率没有显著提高的情况下，劳动生产率都有成倍提高；而印度等发展中国家则不然，土地生产率虽有提高，但劳动生产率却停滞不前。这在一定程度上表明，印度提高土地生产率特别是劳动生产率还存在巨大空间；印度通过提高农作物单位面积产量，发挥土地资源的潜力依然巨大。从目前情况看，印度的农业仍处于较为落后的状态，有 12 种主要农作物单位面积产量处于

---

① World Agriculture：Trends and Indicators，1970—1991，ERS，USDA，1993.

世界较低水平。例如，印度作为世界第二大大米生产国，其大米单位面积产量仅排在世界第45位（每公顷地大米产量为2810公斤）；小麦总产量居世界第二位，其单位面积产量却排在第38位（每公顷地小麦产量为2460公斤）；作为世界最大的花生生产国，其花生单位面积产量仅排在世界第72位。此外，印度的农产品加工也较为落后。印度作为世界第二大水果和蔬菜生产国（占世界水果产量的7%，蔬菜产量的11%），从统计数据看，其生产的水果和蔬菜只有1%得到加工保存，果蔬产量的增加值仅为7%。

（三）印度土地资源潜力巨大

印度可耕地面积较大，但农作物单位产量却较低，因此印度土地资源开发具有极大潜力。印度人口众多，且到目前为止，其人均食品消费量依然很低，这就成为推动印度农业持续发展的巨大动力。实际上，独立后的印度虽然粮食、食用油、奶产品和肉产品等各类食物产量不断增加，但由于人口增长迅速，印度人均食物消费量依然不高，有的食物消费量甚至很低。如根据美国农业部发布的数据，2007年美国人均粮食（小麦、大米以及黑麦和大麦等所有粗粮）消费量大约是1046公斤，而每个印度人每年吃大约178公斤粮食，也就是说美国人均粮食消费量是印度人的近6倍。每个美国人每年要喝78公斤液体奶，而在印度这一数据仅为36公斤，这还不包括美国民众大量消费的奶酪、黄油、酸奶和奶粉等奶制品。每个美国人每年植物油的消费量为41公斤，而印度人均消费只有11公斤。每个美国人每年要吃42.6公斤牛肉，而在印度每人每年只吃1.6公斤。每个美国人每年吃45.4公斤禽肉，而每个印度人每年只吃1.9公斤。印度人几乎不吃猪肉，而每个美国人每年消费29.7公斤猪肉。[①] 印度人口超过12亿，可谓人口众多，但是其人均食物消费量依然很低，由此可见印度人口对食品的需求还很大，也将会进一步刺激印度农业持续发展。2012年，印度比哈尔邦的达维斯普拉村农民苏曼特·库马尔种植的水稻单产达到每公顷22.4吨，创造了新的世界纪录。这个单产纪录不仅超过了有中国“杂交水

① “美国人均粮食消费是印度的6倍”，《印度时报》网站，2008年5月3日。

稻之父”之称的袁隆平创造的每公顷19.4吨的世界纪录，而且超出了国际稻米研究协会和美国基因改良公司在试验室条件下所创造出的纪录。令人惊讶的是，这样高的单产水平既没有采用任何化工肥料，也没有采用杂交技术。[①] 这也在一定程度上表明，印度不仅土地资源潜力巨大，而且具有发挥土地资源潜力的超凡能力。

二、印度矿产资源的潜力

印度矿产资源比较丰富，独立后也得到了一定程度的开发利用，但是由于科技等方面的原因，与先进国家相比，印度矿产资源的开发程度并不高，还远不能满足人民生活和社会经济发展对矿产资源开发的需求，因此随着科技不断进步，印度矿产资源的潜力还将有所加大，开发利用矿产资源潜力的能力也将进一步增强，从而促进印度矿业和印度经济进一步发展。

（一）印度矿产资源比较丰富

在世界上已经发现的150多种矿产资源中，印度已经发现了其中的大部分。在印度已经发现的矿产资源中，据现在估计，有的矿物储量比较丰富，如煤、铁、云母、锰等，但是有的矿物储量却比较少。不过，随着科技的进步以及勘探设备的改善，已经探明的矿物储量还可能进一步增加，除了那些储量原来就较少的矿物储量可能增加，那些原来储量较多的矿物储量也可能进一步增加，甚至还可能发现一些过去没有发现的新矿物种类。如过去印度没有发现的铀矿，近年来在印度北部就发现有大量的储藏。未来印度仍可能会发现新的矿物储藏，并可能增加现有矿藏的储量。如随着科技进步，勘探技术水平和开采技术水平不断改进，海洋开发技术不断提高，海洋开发能力不断增强，印度有可能发现大量新的石油、天然气和煤炭储量等的储藏。因此可以说，印度矿产资源还是比较丰富的。

---

① 张美奇：“印度村庄稻米单产超越袁隆平 成新世界纪录”，中国经济网，2013年2月17日，http：//news. ifeng. com/world/detail_ 2013_ 02/17/22201301_ 0. shtml。

（二）印度矿产资源开发程度不高

独立后特别是经济改革以来，尽管印度重视矿产资源的开发，但是由于科技、资金等诸多方面的原因，印度矿产资源的开发程度依然不高。首先，在印度已经探明的100多种矿产资源中，现在实际已经开采的只有50多种。印度早就探明其国土内蕴藏着对现代电子工业发展极其重要的稀土，但却始终没能开发出来。其次，已经进行开采的矿产资源的开采量也不大。即便是储量较大的铁矿石，印度现如今对其的开采量也不大。此外，与中国相比，印度的钢铁产量至今仍不高。中国的年钢产量是几亿吨，而印度却只有几千万吨。再次，矿产品加工程度不高。以钢产品为例，印度虽然能够冶炼成品和半成品钢，但是许多机械工业所需要的特殊钢材其都不能生产。所以，大量矿产品要么不能生产，要么国内能够生产，但是由于生产量不大，因此也只能靠进口来满足国内社会经济发展需要。除了勘探开采技术等方面的原因外，更重要的是印度矿藏开采管理方面存在诸多问题。如在印度，矿业项目的注册审批要花上3—7年的时间，而在澳大利亚只需18个月，这样的延误会造成资金冻结、项目成本增加，并给投资者增加不确定因素；印度联邦政府在燃煤产业中对私有投资的限制也使效率低下的邦有垄断无法满足日益增长的国内需求；煤炭短缺对发电、钢和铝业等这些严重依赖印度煤电厂低成本电力的重要产业产生连锁影响；基础设施的匮乏和铁路运输的低效又增加了印度货运成本，印度最差的矿甚至因为没有铁路线而不得不使用昂贵的公路运输，使得货运成本更加昂贵。

（三）印度矿产资源潜力巨大

随着经济加速发展，特别是建筑业和基础设施建设的发展，印度社会经济发展对矿产品的需求迅速增加。据估计，印度钢消耗量每年将增长8%，到2015年将达8000万吨。同期，印度国内的煤需求每年可增长约7%，铝需求每年可增长10%。同时，国内外市场对矿产品需求的增加也将使印度采矿业和冶炼业从中受益。如果进行适当的管理和控制，印度大量尚未开采的矿产储备将使采矿产业占国内生产总值的比例在10年内达到

5%，并推动贫困东部诸邦的经济发展。麦肯锡研究表明，印度仅煤、铁矿石和矾土的年产量在 10 年内就能增长到当前产量的 3—5 倍。到 2015 年，印度可能会成为铝和钢的世界五大供应地和世界五大市场之一（现今排在大约第十位），使这些产业与印度的煤炭业处于同等地位。同时，这些行业的就业机会可能也会翻番，增加到 200 万个职位，印度东部诸邦将特别受益。值得注意的是，印度在海洋石油和天然气的勘探和开发方面还处在起步阶段，因此其在石油、天然气和煤炭等能源生产领域具有难以估量的潜力。虽然早在 20 世纪 50 年代印度就已经开始进行核能建设，并且经过 60 多年的努力已经取得了重要成绩，但迄今为止，核能在印度能源消费中的比例也只有 3%。印度已具备核能开发的经验，也拥有丰富的核能矿产资源，因此其开发核能资源的潜力巨大。但是，印度的官僚政治、规章制度及落后的基础设施影响了印度采矿产业潜能的发挥。正如巴格瓦等所指出的那样，如果印度政府能够放松对进入市场的限制并改善基础设施，那里就是一座金矿。然而，除非印度和它的各个邦能改善官僚主义作风，消除规章制度壁垒并发展基础设施，否则这一切几乎不可能发生。一些矿产储量丰富的邦政府宣称将制定政策，简化这类项目的审批过程。虽然印度现在几乎不需要进口燃煤，但除非印度向私有投资开放燃煤业，否则十年内印度 40% 的燃煤需求将可能不得不依赖进口。尽管要面临各种挑战，很多印度公司还是渴望加速发展，如 AV 比尔拉公司和印度维丹塔资源公司在开发大规模的铝和氧化铝项目，印度塔塔钢铁公司也在奥里萨邦投资 30 亿美元建设一个工厂。

三、印度其他自然资源的潜力

虽然电力短缺仍将在未来很长一段时间内制约印度经济发展，但是太阳能、风能等其他自然资源还处在刚刚开发利用阶段，潮汐能等自然资源甚至还处在未开发利用阶段，因此在开发利用这些自然资源方面印度还有巨大潜力。同时，印度也存在严重的缺水问题，水资源短缺已经并将继续阻碍印度经济发展。但是，印度至今没有像样的水库和大坝，这也在一定程度上说明印度水资源的开发利用还是存在一定潜力的。

（一）太阳资源潜力巨大

印度大多数地方光照充足，具有发展太阳能的有利条件。近年来，印度刚刚开始对太阳能进行利用。虽然印度太阳能利用起步较晚，但是其发展速度却不容小觑。2009 年，印度古吉拉特邦开始推行太阳能激励计划；2010 年印度开始实施国家太阳能计划（NSM）。NSM 目标很宏大，计划通过三个阶段到 2022 年使太阳能并网发电装机容量达到 20 吉瓦，离网光伏及聚光型太阳能发电的装机容量达到 2 吉瓦。[①] 随着经济发展，人民收入水平不断提高，越来越多的家庭都可能利用太阳能。同时，随着科学技术进步，国家也可能利用太阳能建立一些大型发电厂以满足社会经济发展和人民生活对电力提出的不断增加的需求。因此，印度太阳能资源的利用潜力巨大。同样，印度风能和潮汐能资源的利用还刚刚处于起步阶段，其开发利用的潜力也不小。

（二）旅游资源潜力巨大

印度旅游资源丰富，不仅有美丽的自然旅游资源，还有丰富的历史文化旅游资源。温迪亚山和萨特普拉山是纳玛达河、达菩提河、戈达瓦里河、克里西纳河、玛哈那底河及漕沃瑞河的发源地，这些河流及东部的布拉马普特拉河都经历过许多古代王朝和文化的兴衰，半岛上到处可见古代遗址和残存的纪念碑。印度南部泰米尔文化甚至早于北部的吠陀文明，泰米尔人以其语言比梵语古老而引以为豪。在印度，丰富多彩的民间艺术、绘画、舞蹈和音乐遍布各地，在拉贾斯坦有，在拉达克山区有，在东北部的锡金邦、梅加拉亚邦、米左拉姆邦、曼尼普尔邦、特里普拉邦等部落里也有，还有吉拉特邦、中央邦、奥里萨邦、马哈拉施特拉邦等部落地带都有各种风格的民间艺术。不论在部落还是平原农业村社，传统乡村节日集会都能展现出一幅幅典型的印度农村风俗画面。在这里可以领略到印度真正的音乐、杂耍、精美的食品、歌舞以及令人目不暇接的地方工艺品，并

---

① 王晓苏：“印度朝太阳能发电大步迈进”，新华网，2012 年 1 月 6 日，http：//news. xinhuanet. com/politics/2012 - 01/06/c_ 122546830. htm？prolongation = 1。

从中感觉出印度人民的勤劳智慧和不屈不挠的精神。印度共有70多万个乡村，每年举行成千上万的节日集会，这些集会吸引了全国各地的客人及海外游客。近年来，印度旅游业获得重要发展，但是到印度旅游的外国游客仍不是很多，从印度美丽的自然旅游资源和丰富的历史文化旅游资源来看，这也在一定程度上表明其旅游资源的潜力还很大。

（三）水资源潜力依然存在

世界上最高的喜马拉雅山形成了印度北部一道让人望而生畏的天然屏障，东西绵延2500公里。著名的锡亚琴冰川是印度富饶的北部和西部山谷流淌不断的河流永不枯竭的源泉。印度“圣河”恒河以及朱穆纳河、印度河、布拉马普特拉河等从远古时期就孕育了沿岸富饶大地的文明。印度是一个以农业为主、人口众多的发展中国家，虽然其每年可利用的水资源达1万多亿立方米，但受气候条件和水资源分布不均的影响，干旱缺水常常困扰印度人民的生活，威胁数亿人的生存。印度绝大部分地区水源尤其是农业灌溉用水依靠印度洋季风雨，但印度经常连续多年没遇上风调雨顺的情况，季风雨总是姗姗来迟。这让印度一些地区连续数月滴水未降，许多河流几乎断流，半数湖泊干涸见底，西部和中南部许多地方甚至连人畜用水都面临困难。印度不同程度受到缺水影响的人口超过3亿，约占全国总人口的1/4。农村人畜因缺水而渴死的现象时有发生，地区之间的关系也因水源问题变得紧张，大中城市之间甚至常为争水而打斗。在全印401个二级城镇中，有203个城镇人均日供水量不足100升，全国有12个大城市日供水量缺口为40亿升。在拉贾斯坦邦，一些城镇居民平均每3天才能得到一次饮用水。在古吉拉特邦，许多城镇生活用水需要用车从200公里外拉来。中央邦首府博帕尔每天只供水30分钟，首都新德里一些小区蓄水塔每天只向居民供水15分钟。虽然政府紧急调用供水车为城市居民送水，但仍不能满足城市居民的用水需求。

水污染也是印度面临的严峻挑战之一。印度生活用水质量在全球122个主要国家中排名第120位。由于在水资源保护方面投入不足，印度每天有200多万吨工业废水直接排入河流、湖泊或地下，造成地下水大面积污染。未经处理的生活用水直接排放也是导致水质污染的重要原因之一。被称为印度“圣河”的恒河很早久被列入世界污染最严重的河流之列，直接威胁到数亿居民的身体健康，腹泻、肝炎、伤寒和霍乱等疾病在印度有增无减。随着印度人口不断增多，缺水问题将变得越来越严重。

第五章

印度人力资源潜力

劳动力资源的多少在一定程度上与该国人口多少密切相关，而一国经济发展的好坏也在一定程度上取决于该国劳动力的质量，即人力资源情况。要把人转变成具有一定质量的劳动力，就需要增加对人的投资，让其接受各类教育，增加生产技能，通过这些人力资本投资使人转变为促进经济发展所需的人力资源。随着人口迅速增长，印度劳动力资源越来越丰富。为充分发挥劳动力资源在经济发展中的作用，独立后印度比较注意人力资源开发，不断增加医疗卫生和教育培训投资，逐渐提高劳动力质量。不过，作为人口众多的发展中国家，印度在这方面的投资并不多，医疗卫生和教育培训水平还不高，其在挖掘人力资源方面还有很大潜力。值得注意的是，由于人口增长迅速，印度人口数量日渐庞大，人口结构也比较年轻，这有利于其获得人口红利，并推迟进入老年社会，有利于其经济发展。国际社会之所以看好印度经济发展前景，正是因为其人口结构年轻，由此可以看出印度人力资源潜力巨大。

第一节　印度人口增长与人口红利

从人口普查资料可以看出，独立后印度人口增长迅速，人口数量长期仅次于中国而居世界第二位。作为一个发展中国家，印度人口的迅速增加虽然给经济发展带来了诸多问题，但是也为其提供了充足的劳动力，并为其蕴藏了巨大的人力资源潜力，从而使印度在今后一个较长时期内可以获得人口红利的好处。

一、独立后印度人口迅速增长

独立前，印度人口增长相对缓慢，甚至出现过负增长的情况。独立后，印度人口迅速增长，虽然在20世纪80年代以后人口出生率有所降低，但到目前为止，印度人口依然保持较高增长率。

（一）独立前印度人口增长缓慢

独立前，印度人口增长相对缓慢。印度人口总数从1871年的2.14亿减少到1881年的2.12亿，其间减少200万，减幅约0.94%；1891年印度人口增到2.36亿，1881—1891年间增加2400万，增幅为11.32%；1901年印度人口增到2.38396亿，1891—1901年间增加239.6万，增幅约1%；1911年印度人口增到2.52093亿，1901—1911年间增加1369.7万，增幅为5.75%；1921年印度人口减少到2.51321亿，1911—1921年间减少77.2万，减幅为0.31%；1931年印度人口增到2.78977亿，1921—1931年间增加2765.6万，增幅为11%；1941年印度人口增到3.18661亿，1931—1941年间增加3968.4万，增幅为14.22%；1951年印度人口增到3.61088亿，1941—1951年间增加4242.7万，增加13.31%。

（二）独立后印度人口增长迅速

独立后，印度人口增长迅速。1961年印度人口增到4.39235亿，1951—1961年间增加7814.7万，增幅为21.64%；1971年印度人口增到5.4816亿，1961—1971年间增加1.08925亿，增幅为24.8%，10年间增加数首次超过1亿；1981年印度人口增到6.8381亿人，1971—1981年间增加1.3565亿，增幅为24.75%，10年间增加数再次超过1亿；1991年印度人口增到8.8432亿，1981—1991年间增加2.0051亿，增加29.32%，10年间增加数首次超过2亿；2001年印度人口增到10.2873亿，1991—2001年间增加1.4441亿，增加16.33%；2011年印度人口增到12.102亿，2001—2011年间增加1.8147亿，增加17.64%。

（三）目前印度的人口状况

据2011年第十五次人口普查数据显示，印度人口状况呈现如下特点：一是人口基数大。以2011年3月1日零时为标准时点，印度人口总数为12.10193422亿人，约占世界总人口数的17.5%，仅次于中国居世界第二位，大体相当于排第三至七位的美国、印度尼西亚、巴西、巴基斯坦、孟加拉国及第十位的日本等国家的人口总和。印度人口逐渐向人口第一大国中国逼近，并同第三大国美国拉开差距，估计到2030年印度人口可能超过中国，因为2001—2011年间印度人口增加数大体上相当于排名第五位的巴西人口总数。二是人口增长率大幅度下降。印度几个人口大邦的人口增长率大幅下降，人口增长速度有所减缓，年增人数有所减少。2001—2011年期间，印度人口10年增长率比上10年下降3.9个百分点，降为17.64%。不过在人口增长惯性作用下，印度人口总体规模仍处于继续扩大状态。三是人口性别结构有所变化。2011年，印度男性人口为6.237亿，占总人口的51.54%；女性为5.865亿，占总人口的48.46%；性别比（每1000名男性与女性的比例）指数为940。四是人口年龄和性别结构的变化，特别是0—6岁年龄段幼童规模及其占总人口比例的变化。在2011年12.102亿总人口中，0—6岁幼童为1.588亿，比2001年减少500万，占总人口的13.1%，比2001年下降2.8个百分比，这显示印度人口出生率在下降。在0—6岁年龄段幼童性别结构中，2011年男性为0.829亿，占该年龄段人口总数的52.24%，比2001年上升0.35个百分点；女性为0.759亿，占该年龄段人口总数的47.76%，下降0.35个百分点；性别比指数为914，降值为13，为独立以来的最低指。五是人口识字率提高。2011年印度人口总体识字率从2001年的64.3%上升至74.04%，提高9.74个百分点；其中男性从75.26%上升至82.14%，增加6.88个百分点；女性从53.67%上升至65.46%，增加11.79个百分点。六是人口密度加大。2011年印度平均每平方公里居民数为382人，其中德里中央直辖区人口密度最大，达到每平方公里居民数为1.1297万人。

二、人口增长与劳动力资源丰富

一个国家在经济发展中保持人口一定程度增长，促使该国劳动力供应不断增加，使其能保持充足劳动力供应，并使该国在一段时期内能保持较低劳动力价值，使该国在此阶段获得人口红利，促进其经济在此阶段内持续增长。独立后，随着人口迅速增长，印度劳动力供应迅速增加，既保证了经济发展对劳动力的需要，也促进了印度经济发展。20 世纪 80 年代以来印度人口增长率虽然有所下降，但仍保持在较高水平，劳动力仍将保持增长势头，保证印度有充足劳动力供应，促使其在今后依然能获得人口红利的好处。①

（一）未来印度人口仍将继续增长

未来，随着经济持续增长，印度人民生活水平将进一步提高；越来越多的儿童将获得受教育的机会，人口识字率将有所提高；农村劳动力将向城镇转移，人口城镇化水平将进一步提高；计划生育知识将进一步普及，人口增长率将有所下降。但由于目前印度人口增长率仍保持在较高水平，每 10 年增加人口接近 2 亿，因此短期内人口增长率不太可能降到很低水平，未来一段时期内印度人口仍将保持较高的增长率。如到 2021 年，印度 10 年人口增长率将降到 15%左右，要使 10 年人口增长率降到 10%，印度还有很长的路要走。由于人口基数庞大，即使人口增长率有所下降，印度人口总数也将保持增加势头，且年增人口数量较大。目前，印度年增人口为 1800 万。未来 10 年，即使人口 10 年增长率有所下降，如降到 15%，印度人口在未来 10 年间仍将增加 1.8 亿，到 2021 年印度人口总数将达 14 亿。如果 2021—2031 年 10 年人口增长率能降到 12%，这个 10 年间印度人口将增加 1.68 亿，到 2031 年印度人口将达 15.68 亿。如 2011 年印度北方邦人口多达 1.99581477 亿人，目前其人口总数已超过 2 亿，年增人口约

---

① 印度政府：《2007—2008 年度经济调查》，印度政府财政部经济处，新德里，2008 年 5 月。

300 万。未来 20 年内，该邦人口将超过 2.5 亿，甚至超过世界上绝大多数国家的人口。

（二）未来印度劳动力资源将超过中国

随着人口不断增长，中印劳动力资源必然不断增加，但印度劳动年龄人口的变化与中国完全不同，其劳动力资源将持续增长。目前，中国是世界人口第一大国，也是劳动力资源第一大国。据联合国中方案统计数据，2000 年中国 15—64 岁劳动力年龄人口高达 8.7 亿人，并将继续增长。中国劳动力年龄人口在 2020 年左右将达到约 9.9 亿，随后将会持续下降；到 2050 年将下降到 8.5 亿。按联合国低方案预测，中国劳动力年龄人口将从 2020 年的 9.8 亿降至 2050 年的 6.7 亿，印度劳动力年龄人口将由 2000 年的 6.2 亿增加到 2020 年的 8.8 亿和 2050 年的 10 亿以上。印度劳动力年龄人口将在 2030 年左右超过中国，成为劳动力资源最丰富的国家。到 2050 年，印度劳动力年龄人口将比中国的中方案多 1.7 亿，比低方案多 3.3 亿。从劳动力年龄人口内部来看，中国 15—24 岁年轻劳动力年龄人口占总劳动力人口比例将下降，从 2000 年的 23% 降至 2050 年的 18%；如按低方案，2050 年将降至 14%。印度年轻劳动力人口比例也将下降，但由于其生育率水平高于中国，后续年轻劳动力人口储备比中国丰厚，因此 15—24 岁劳动力人口总量将在 2010 年超过中国。

中印人口年龄结构变化有较大差别。65 岁及以上人口占总人口比例，中国从 1950 年到 1970 年先增后降。从 1970 年起，老年人口比重逐步上升。少年儿童人口占总人口比例从 1950 年起一直在上升，到 1970 年后逐步降低。印度人口年龄结构变化较平稳。从 1950 年起，老年人口在总人口中比重平缓上升。少年儿童人口占总人口比例不断上升，到 1980 年超过 40%。随着人口出生率下降，少年儿童人口占印度总人口比例逐步下降，但到 2000 年这一比例仍比中国高 10 个百分点，印度老年人口占总人口比例比中国低 2 个百分点。在未来较长时期内，印度仍将获得人口红利。

（三）未来印度人口老龄化不如中国严重

从 2000 年起的未来 50 年里，中国人口年龄结构将急剧老龄化。

2000—2020 年为较缓慢老化期，65 岁及以上老年人口占总人口的比例从 6.9% 上升到 11.5%，20 年间升了 4.6 个百分点。2020—2040 年为快速老化期，65 岁及以上老年人口占总人口的比例将上升到 21.4%，20 年间将上升近 10 个百分点，老年人口占总人口的比例首次超过少年儿童人口的比例。2040—2050 年为高峰平台期，为中国人口老龄化严重阶段，但人口老龄化速度放缓。中国人口老化速度将更快，老年人口占总人口比重将更高。在从 2000 年起的未来 50 年，中国 65 岁及以上老年人口数量增长大致也分三个阶段：2000 年至 2028 年为平缓加速增长阶段，老年人口将从不到 1 亿增到 2 亿，年均增 400 万；2028 年至 2038 年为急速增加阶段，老年人口将由 2 亿增到 3 亿，年均增 1000 万；2038 年至 2050 年为基本平稳阶段，老年人口由 3 亿增到 3.32 亿人，年均增 260 多万。

从 2000 年起的未来 50 年中，印度人口也将不断老龄化，但其人口年龄结构变化将相对平缓。到 2020 年左右，印度 65 岁及以上人口占总人口比例将超过 7%，进入老年社会行列，比中国晚 20 年。2020 年后印度人口老龄化会略加速，到 2050 年左右 65 岁及以上人口占总人口比例将超过 14%，那时少年儿童人口占总人口比例仍将高于老年人口占总人口比例。印度人口老龄化进程渐趋平缓，未来 65 岁及以上老年人口数量基本匀加速增加。21 世纪头 10 年，印度 65 岁及以上人口年均增加约 170 万；2010—2020 年期间年均增加约 260 万；2030 年后年均增加 400 万以上。21 世纪 30 年代后期，印度将成为世界上人口最多国家，但中国 65 岁及以上老年人口数量仍是世界第一。2000 年中国 65 岁及以上人口比印度多 0.37 亿，到 2020 年两国老年人口数之差将为 0.74 亿，到 2050 年中国老年人将比印度多近 1 亿人，印度将成为全球唯一不遭受老龄化困扰的大国。

三、人口增长与人口城镇化发展

世界各国社会经济发展的历程表明，随着一个国家人口不断增长，经济持续发展，特别是工商业不断发展，这个国家人口城镇化水平将逐渐提高，进而也将在一定程度上推动该国经济不断向前发展。

（一）印度人口城镇化水平不断提高

1901 年印度有城镇 1888 个，城镇人口为 2580 万，人口城镇化率为 10.8%；1911 年城镇数减少到 1875 个，城镇人口增加到 2590 万，较 10 年前增加近 0.4%，人口城镇化率降为 10.3%，较 10 年前下降 0.5 个百分点。1921 年城镇数增加到 2012 个，城镇人口增加到 2810 万，较 10 年前增加 8.5%，人口城镇化率上升到 11.2%，较 10 年前上升 0.9 个百分点。1931 年城镇数增加到 21 个，城镇人口增加到 3350 万，较 10 年前增加 19.2%，人口城镇化率上升到 12.0%，较 10 年前上升 0.8 个百分点。1941 年城镇数增加到 2329 个，城镇人口增加到 4420 万，较 10 年前增加 32.0%，人口城镇化率上升到 13.8%，较 10 年前上升 1.8 个百分点。1951 年城镇数增加到 2924 个，城镇人口增加到 6240 万，较 10 年前增加 41.2%，人口城镇化率上升到 17.3%，较 10 年前上升 3.5 个百分点。1961 年城镇数减少到 2462 个，城镇人口增加到 7890 万，较 10 年前增加 26.4%，人口城镇化率上升到 18.0%，较 10 年前上升 0.7 个百分点。1971 年城镇数增加到 2643 个，城镇人口增加到 10910 万，较 10 年前增加 38.3%，人口城镇化率上升到 19.9%，较 10 年前上升 1.9 个百分点。1981 年城镇数增加到 3425 个，城镇人口增加到 15620 万，较 10 年前增加 43.2%，人口城镇化率上升到 23.7%，较 10 年前上升 3.8 个百分点。1991 年城镇数增加到 4689 个，城镇人口增加到 21720 万，较 10 年前增加 39.0%，人口城镇化率上升到 25.7%，较 10 年前上升 2 个百分点。2001 年城镇数增加到 5161 个，城镇人口增加到 28540 万，较 10 年前增加 31.4%，人口城镇化率上升到 27.8%，较 10 年前是升 2.1 个百分点。[①] 2011 年城镇人口增加到 3.4 亿，较 10 年前约增加 19%，人口城镇化率上升到 35%。可见，1901 年到 1951 年的 50 年中，印度城镇人口增加 3660 万，约增加 142%；而 1951 年到 2001 年的 50 年中，印度城镇人口增加 22300 万，约增加 357%。

① M. S. A. Rao, ed., A Reader in Urban Sociology, Orient Longman, 1991, p. 78.

（二）印度人口城镇化空间潜力巨大

独立后，印度人口城镇化有所发展，城市人口增长率超过独立前的50年。但1981年经济调整和经济改革后，印度经济增长率有所提高，但城镇人口增长率却出现下降态势，人口城镇化进程减慢。[①] 印度城镇人口10年增长率自1981年比1971年增加46%后，1991年只比1981年增加39%，2001年只比1991年增加31.4%，2011年只比2001年增加19%。1950年印度人口城镇化率为17%，中国为13%，印度人口城镇化水平高于中国。但此后，中国人口城镇化速度远远超过印度，到2005年中国人口城镇化率上升至41%，印度仅上升为29%。麦肯锡全球研究所研究显示，该趋势将继续下去，预计到2025年，印度城市人口将新增2.15亿，占当时印度总人口的38%。由于目前印度人口城镇化率只有35%，因此其人口城镇化率仍将继续提高，城镇人口仍将继续增加。估计到2030年，印度城镇人口将接近6亿，约比2010年增加1倍，但人口城镇化率却只有40%。未来较长时期内，印度人口城镇化空间潜力巨大。

（三）人口城镇化推动印度经济持续增长

人口城镇化是一国人口从农村逐渐向城镇集中的过程。越来越多的人口逐渐向城镇集中，使越来越多农村人口转变为城镇人口，促使城镇区域扩大，并在城镇地区产生出巨大消费品需求和服务需求。由于人口集中在城镇，需增加城镇劳动力就业，因此需建立更多工厂、商店、住宅和道路等，增加资本品需求，从而促使城镇消费品市场、服务市场和资本品市场等扩大，刺激投资者不断增加各类投资，促进城镇经济发展。未来印度城镇化水平逐渐提高，将给投资者带来新机遇，也将在一定程度上成为未来印度经济增长的巨大动力。估计从2005到2025年，印度城市国内生产总值年增长率将达到6%。到2025年，印度真正拥有可自由支配收入能力的城市家庭将增长7倍，达到8900万户，城市人均收入与中产阶层家庭数量

① ［英］爱德华·卢斯著，张淑芳译：《不顾诸神：现代印度的奇怪崛起》，中信出版社2006年版，第56页。

大幅增长将催生众多充满活力的新市场。到那时，印度最大的市场将是交通运输、食品和医疗保健，其次是房地产及公用事业、娱乐和教育。即使消费品需求增长较慢，但由于人口特别是城镇人口增多，仍将对城市基础设施产生更多的需求。如今，印度城市基础设施建设市场规模庞大，并且未来将继续扩大。长期以来，政府对城市投资不足，造成几乎所有城镇基础设施落后，长期停水停电，道路坑坑洼洼，贫民窟比比皆是。印度认识到城镇化落后的现状，并意识到城镇化将为其社会经济转型提供机遇。例如，如果印度能修正其城镇运营模式，其仍有可能从下10年里预计增加的近2.5亿工作年龄人口中收获人口结构红利；如果印度能使其城镇发挥最优生产率，并使城镇国内生产总值产出最大化，那么其2005—2025年间预计新增逾1.7亿的城镇工人将推动经济进一步增长。[①] 麦肯锡全球研究报告预测，到2030年，约有5.9亿印度人将生活在城市，且城市将为印度创造70%的就业机会。从现在开始，印度每年必须建造一个规模与美国芝加哥相当的城市。[②]

第二节　医疗保障与人力资源开发

独立后，为把众多人口转变成劳动力资源，印度发起扫除贫困运动，减少贫困；实行社会保障政策，保证人民基本生活最低需求；大力发展经济，增加人民收入，改善人民生活，提高人民生活水平；大力发展医疗卫生事业，对所有人实行政府医院免费医疗，使独立后人口死亡率大为降低，劳动力体质有所提高，劳动力资源得到一定程度开发。但由于人口数量庞大，印度在挖掘劳动力资源方面依然存在诸多问题，如贫困人口众多，医疗保障水平非常低，卫生条件很差等。不过，这也表明印度人力资

① “中印城市化竞速”，[英]《金融时报》2010年5月24日。

② 李雪：“印度城市化　称农民进城后生活更痛苦”，人民网，《环球时报》2010年12月2日，http：//world.people.com.cn/GB/13380640.htm。

源开发潜力巨大，其需要加快消除贫困，加快改善卫生条件，大力提高医疗保障水平，不断增强人民体质。

一、印度医疗卫生事业的发展

要把众多人口转变成丰富劳动力资源，首先要保证人们身体健康。独立后，印度大力发展农业，逐渐成为粮食自给有余的国家，促使人民营养状况有所好转；加强社会保障事业，促使印度社会保障水平有所提高；大力发展医疗卫生事业，促使医疗卫生条件不断改善。

（一）印度人民营养状况有所好转

随着印度从吃粮靠进口国家转变成粮食自给国家，印度人民营养状况有所好转。由于农村人口占印度总人口的绝大多数，因此改善人民营养状况主要就是提高农村人口营养水平。占印度农户总数 57.8% 的边际农户平均只有土地 0.39 公顷，还有大量无地农民，其占印度人口总数的 35%。为保障农村大量失地农民的基本生活，提高农民收入，改善农民生存状况，独立后印度实施了一系列政策措施：一是保障农民基本生活需求。在印度，丧失劳动力的农民可获得政府津贴，满足其最基本生活需要；无房农民可获得政府建房补助，获得基本居住场所；其他农户可通过“信贷及补助计划”获得政府小额扶助资金改造住房；丧失劳动能力老年农民可获得政府津贴；政府还对贫困人口实行低价粮食政策，贫困人口可按平价购买粮食。二是增加对贫困农民的财政补贴。印度政府规定，各邦政府要对农用柴油、灌溉用电给予财政支持。旁遮普邦规定，农民购买柴油的钱可在出售农产品后支付，生活在贫困线下农民可免费用电，一般农民可免费使用灌溉用电；还对农用机械实行补贴政策。通过财政拨款和银行贷款等方式，在农村实施农村综合发展计划、农村青年职业培训计划、农村妇女和儿童发展计划和干旱地区发展计划等反贫困计划。三是积极发展农村养老金融保险服务。1988 年开始实施的农村低收入工人无偿人寿保险计划，每年对每个 65 岁以上农村老年人发放 5 美元养老金。政府逐渐健全农村金融体系，并对农民贷款实施一系列优惠政策，满足农村地区被忽视那部分人的专门需要；对农村金融机构实行利率补贴计划，保证农民能够获得优惠利率贷款；实施农民寿险计划，为农民提供中等水平保障。四是保证农业工人工资收入。农业工人为农村中最贫弱人群，社会保险措施不包括这部分最困难的人。因此，政府采取专门针对农业工人的保障性措施，如废除农业奴隶；实行最低工资法，要求各邦规定农业工人最低工资等；从1970年起还实施3—6岁儿童营养补充计划。实施这些措施基本能解决贫困农民基本生活问题，目前印度人口贫困率已降到30%以下。

（二）印度社会保障水平有所提高

印度重视通过扩大就业以消除贫困。20世纪70年代初，政府设立制定解决农民失业问题政策措施的专门委员会。1973年政府据其提议实施诸多项目：一是农村工程计划，以修筑永久性民用工程为重点；二是边际农和农村劳动力计划，对农村边际农等贫困家庭发放专项种植、养殖贷款；三是小农发展机构计划，由专门机构向小农提供农耕专项贷款，减少季节性就业不充分问题；四是综合旱地农业开发计划，开展土壤保护、土地开发和水利等永久性工程；五是农村服务中心计划。1978—1980年间政府发放270万吨粮食给以工代赈计划，使70%以上的劳动家庭和农村人口中最贫困的阶层受益，收入增加17.17%。从1980年10月起，此计划更名为全国农村就业计划，由中央政府发起组织并提供50%援助，计划通过改造农村基础设施每年为农村失业者提供30亿—40亿人/日的就业机会。1989年4月，拉·甘地总理实施贾瓦哈尔就业计划，由中央和各邦政府分别出资80%和20%，为贫困人口创造就业就会，后来这些计划成为《国家农民雇用保障法案》。进入21世纪，印度实施国家扶贫就业新计划：一是普遍农村就业计划。自2001年8月起实施，旨在促进农村就业机会；政府每年下拨500吨粮食以保证贫困人群粮食需求；修建农村水利设施、乡村道路、农村教育医疗等，增加农民就业机会和工资收入；计划每年约产生10亿人/日就业机会。二是乡村自我就业计划。由农村综合发展工程及农村青年自我就业培训、农村地区妇女儿童发展计划等组成，主要通过商业信贷和政府资助方式扶持贫困家庭；借助非政府组织参与，成立100多万个自我帮助小组；由社区自我就业委员会和村自治委员会挑选或开发有市场竞争力的劳动密集型产业交给受益人做，计划受益人为低种姓、部族和妇女；50%受助名额留给低种姓和部族，40%留给妇女，3%留给残障群体。三是国家以工代赈项目。自2004年10月起在150个落后县实施，可向受益家庭至少提供100天就业机会，日工资不低于60卢比。2005年印度出台《国家就业保障法》，实施《国家农村就业保障计划》，2007—2008年度计划为3080万个剩余劳动力提供就业机会。诺贝尔经济学奖获得者阿玛蒂亚·森指出，“失业保险并不是解决农村失业的可行方法，劳动密集型的公共劳动计划本身有助于处理这个问题。这些计划比失业保险计划对财政的需求少”。①

印度还重视农村妇女儿童和残障人士保障问题。印度宪法规定，在农村自治机构中，妇女应占有1/3的席位，其中1/3保留给少数民族“贱民”和妇女，1/3自治机构官员和议长席位应保留给妇女等，但农村妇女贫困状况仍不可忽视。为改变农村妇女贫困状况，印度政府重视妇女发展问题。1953年中央社会福利委员会开始推广农村妇女儿童福利计划，到1987年共实施500多项服务项目。1982年开始实施家庭顾问方案，帮助遭到暴行和受虐的妇女儿童。对农村贫困妇女实行宣传教育规划，确认农村妇女和贫困妇女的需求，促进妇女参与社会活动，有计划地为农村妇女提供讲坛，方便妇女交流经验和思想。1995年在全国范围内实施《国家救助工程》、《国家老年养老金计划》、《国家家庭福利计划》、《国家孕妇福利计划》，规定65岁以上的贫困老人每月可领取70—300卢比养老金，因灾难丧失家庭收入来源者一次性发给补助10000卢比，生两个以下的19岁以上孕妇每次生产补贴500卢比等。政府还鼓励妇女扫盲，禁止结婚嫁妆，设计寡妇养老计划。1995年印度通过《残障人士（机会平等、利益保护和充分参与）法案》，加强对伤残工人的补偿、保险等。

（三）印度医疗卫生条件不断改善

独立后，印度采取各种措施改善人们健康情况。印度宪法规定，所有

① ［印］阿玛蒂亚·森让·德雷兹著：《印度：经济发展与社会机会》，社会科学文献出版社2006年版，第118页。

国民享受免费医疗。为此，印度推行全民免费医疗制度，在全国建立2.2万个初级医疗中心、1.1万个医院、2.7万个诊疗所和2000多个社区医疗中心，建立一套包括国家级、邦级、地区级、县级和乡级五级医院组成的公共医疗服务体系。到2006年，印度公立医院已增到7663家，床位增到49.2698万张。所有政府医院对任何病人开放，不论身份、国籍一律免费，包括挂号费、检查费、住院治疗费、治疗费、急诊抢救费，还有住院病人的伙食费。独立后，印度私立医院获得重要发展。到2010年，印度国内共有1300多家大型私立医院，其有漂亮的大楼、一流的医疗设施、不少在西方受过高等教育的医生、较好的医疗条件、齐全的药品品种等，主要面向中产阶级以上人群。在印度，近80%的医疗服务由私人机构和慈善机构提供，这一比例超过美国、法国、日本和英国，居大国之首。印度认识到，疾病导致的贫困特别是农村贫困问题是急需解决的社会问题，因此连续在十一个五年计划中都提到要提高农村医疗保障水平，解决农村人口看病问题。为此，政府建立包括公共医疗系统、私人医疗部门在内的庞大健康保健网络；对大量医疗救护人员进行培训；设立包括印医草药、瑜伽、同种治疗、物理治疗等具有地方特色的医疗机构，提高人均预期寿命，降低婴儿死亡率。为养成良好卫生习惯，农村发展部长杰伦·兰密施发起“没有厕所就没有新娘”的运动。各地政府大力修建公厕，并采取许多独特办法，鼓励人们使用公厕。

独立后，印度努力健全农村医疗网络，免费向穷人提供医疗服务。1951年发起“社区发展规划”建设农村基础医疗设施，投资兴建保健站14.2655万个、初级保健中心2.3109万个和社区保健中心3222个，免费为农民提供医疗服务。保健站设有男女保健员各一名，负责计划生育、预防接种和发放药品。每个保健站负责3000—5000名村民的保健服务，所需资金由政府家庭福利部提供。初级保健中心由邦政府负责建立和维持，每2万—3万个农民设一个，提供治疗、预防、家庭福利等服务，每个保健中心负责监管6个保健站。社区保健中心由邦政府建立和维持，每10万个农民配备一个，中心配备完善的医疗设备和充足的医护人员，为4个初级保健中心的上级转诊医院。2005年印度颁布新的“国家农村健康计划”，决定将公共医疗支出从占国内生产总值的0.9%提高到2%—3%，各邦公共医疗预算投入至少每年提高10%，以支持实施国家农村健康计划。中央政府资金直接拨给各邦政府，重点扶植一些落后邦。政府把医生退休年龄提到65岁，将录取医生权力放给县政府；提高农村医生待遇，农村医院可高薪雇用医生；让初级和高级住院医生到“初级保健中心”和“社区保健中心”任职；向“初级保健中心”和“社区保健中心”医生和主要工作人员提供住宅设施和住房补贴；农村医生子女上各级学校可优先录取，为“初级保健中心”医生提供医学课程等。

二、印度医疗保障事业发展中的问题

经过独立后60多年的努力，印度医疗保障事业获得重要发展，但是也存在诸多这样那样的问题。

（一）医疗保障水平不高

2006年，印度婴儿死亡率为57.4‰，高于49.5‰的世界平均水平。贫困人口比重高于印度的越南、尼日利亚等国的人口营养不良发生率却低于印度，婴儿死亡率、出生时预期寿命等也高于印度。从1990—1992年到2004—2006年，越南、老挝的人口营养不良发生率分别从28%和27%降到13%和19%，而印度仅从24%降到22%。印度全国家庭健康普查机构统计表明，几乎半数以上的印度儿童营养不良。目前，印度46%的儿童体重过轻，为世界儿童营养状况最差国家之一。印度农民与市民之间的健康水平差距很大，城市明显好于农村，婴儿死亡率城市为万分之四点二，农村为万分之六点二。男性和女性医疗保健和营养差别也很大，女性比男性医疗保健和营养要差。联合国儿童死亡率调查显示，2011年印度有165.5万名5岁以下儿童死亡，为全世界5岁以下儿童死亡人数最多的国家。[①]印度感染艾滋病病毒的人口比例虽有所下降，但仍是世界上感染艾滋病人口最多的国家。印度虽有众多人口，但照目前的儿童健康状况发展下去，

① “联合国称印度五岁以下儿童死亡人数全球第一”，《印度斯坦时报》网站，2012年9月12日。

未来其人才开发和经济发展必将受到影响。归根结底，都是印度的医疗保障水平仍不高的问题：一是医疗网点覆盖面不足。据2001年人口普查情况显示，印度公共保健站及保健中心的数量远远不够。二是物质基础设施的不足。医疗用房面积和医务人员住房得不到满足，只有50%的保健站、84%的初级保健中心和86%的社区保健中心的建筑由政府提供，其他卫生服务站只能租房或靠社会免费提供房屋进行服务，而租房的保健站服务质量往往较差。三是医务人员严重短缺。到2010年，印度每1万人只有3名医生，与其他发展中国家相比差距很大。在保健站和初级保健中心，医疗工作者空缺近5%；近50%的保健站缺乏男性医疗工作者。在初级保健站，虽被批准的医生数量超过所要求的数量，但由于分配不当、基本医疗设施缺乏、邦政府管理变动、政治干预及缺乏在贫困地区或农村工作的动机等，到21世纪第二个十年之初，印度700多个初级保健站缺乏医生。社区保健站特别缺乏专科医生，而许多邦都缺乏骨干专门医生、基本医疗设施、质量控制、转诊政策等。四是医疗器材、药品等其他物质缺乏。在印度各大城市，由于费用较低，政府公立医院成为穷人看病的首选，但是政府公立医院不仅病人人满为患，而且往往由于经费不足，造成医疗器材、药品等其他物质缺乏。

（二）医疗卫生状况较差

目前，印度每1000人只有1.5个病床位，比巴西、中国、南非和泰国等发展中国家每1000人3—4个病床位的平均水平低，与美国和西欧等发达地区每1000人4—8个病床位的平均水平更无法相比。印度每1000人只拥有0.6名医生和0.08名护士，远低于世界平均水平。据世界卫生组织报告，全球平均配备水平是每1000人配1.2名医生和2.6名护士。据印度计划委员会2008年报告，印度缺少80万名医生，其中牙医占20万。据印度卫生部资料显示，按护士与病人1∶5000的比例要求，2007年印度需要210万名护士，但实际却只有110万。免费医疗导致医生每天面对大得病人太多，工作压力很大，造成医患间关系紧张。在有些邦，医疗系统是荒凉的基层卫生所、肮脏的诊疗站、动机不明的医生和混乱的医院的集合体。

“脏、乱、差”似乎是印度不光彩的标签，其卫生状况糟糕主要体现在：环境卫生差，垃圾乱丢且得不到及时清理；水质差，水中砷含量超标；随地大小便到处可见。随着社会进步，越来越多的城市家庭有自己的厕所；如果城市家庭没有单独厕所，媳妇可能不愿意在丈夫家生活而回到娘家。但住在贫民窟的广大居民却没有自己的厕所，甚至连公共厕所也很少，经常出现排长队入厕的情况。独立后，印度政府注意加强卫生工作，但迄今为止，在许多公共场所要么根本没有公共厕所，要么厕所设施明显不足。印度计划委员会承认，独立 60 年后，仍有一半人口露天解决大小便问题。人口普查显示，印度居住在有厕所住房的人仅占 46.9%。印度乡村发展部内阁部长杰拉姆·拉梅什坦言，印度已成为全球“随地大小便之都”，每天载客量 1100 万人次的铁路系统是“全球最大的露天厕所”。厕所问题其实是基础设施问题。进入 21 世纪第二个十年之初，印度各地约建有 150 万个公共厕所，但是仍然难以满足制度偶然口的需要。在孟买的一些贫民区，平均 81 人共用一个厕所，个别地方 273 个人共用一个厕所。

（三）医疗保障资金短缺

对于人口众多的发展中国家印度，环境卫生问题根本上还是国家财力的问题。[①] 印度公共医疗卫生投入只占国内生产总值的 0.9%，占卫生总费用的 17.9%，为世界上公共医疗卫生投入最少的国家之一。而免费的医疗自然会导致政府财政不堪重负，资金无法及时到位；造成医院财政紧张，医疗条件难以跟上，好药品经常缺货，病人被迫拿着处方到药店里自费买药；对严重病症和复杂手术无法对付，药品满足不了需要，病人只能转到条件好但收费高的私立医院。长期以来，印度不断增加对医疗事业的投资，但人口的持续增长导致政府对个人医疗投入资金不多，造成医疗资金严重短缺。近年来经济增长放缓，迫使雇主减少日常开支，导致印度公司要求雇员承担部分医疗费用。2010 年以来，66% 的印度公司调整医疗福利政策，为雇员父母和家属引入共同支付条款，为特定疾病设定支付上限，还限定为一些慢性病支付。在某些特定情况下，雇员要么被迫辞去工作，要么自己承担全部医疗费。18% 的印度公司还降低为雇员投保的保费，许

① 胡唯敏：“印度‘如厕难’成媒体关注焦点”，《新民晚报》2012 年 2 月 20 日。

多雇主采取严格入职体检，尤其高血压、胆固醇、糖尿病、艾滋病、滥用药物、心肺异常等。对特定职位，雇主有额外健康指标要求。[①] 由于财力不足，护士在印度虽被称颂为“人间天使”，但其个人生活和职业生涯都相当“悲惨”，特别是那些在私营医疗部门中工作的护士，收入低下和工作环境恶劣使其痛苦雪上加霜。[②] 病人看病不花钱，自然会经常光顾医院，造成医生每天面对病人太多，工作压力很大。公立医院里病人辱骂和殴打医生的现象屡见不鲜，还有病人或家属杀害医生的恶性事件发生。印度农村发展部长在坦率评价政府社会保障网络时说，该国的公共医疗系统已经“崩溃”。[③]

三、印度医保发展的潜力

人民营养不良、医疗卫生条件较差和医疗保障水平不高等情况都在一定程度上表明，印度通过改善营养状况和发展医疗保健事业，逐渐改善医疗卫生条件，不断提高医疗保障水平，从而积极开发人力资源，还有着巨大潜力。

（一）提高营养水平潜力巨大

目前，印度人民营养不良情况大量存在。在0—5岁人口中，营养不良人口占该年龄段人口总和的50%以上，其主要原因在于，印度至今还存在大量贫困人口；社会贫富两极分化严重。为此，印度需要缩小贫富差距，消除贫困，可通过减少富人财富和增加穷人收入的途径来实现。但由于印度穷人众多，要通过减少富人财富来增加穷人收入，在实践中难以行得通。因此可行的方式有：通过发起消除贫困计划，扩大穷人就业机会，增加穷人收入，以改善穷人生活，提高穷人营养水平；或通过加速经济发展，增加包括穷人在内的人民收入，从而改善穷人生活，提高穷人营养水

---

① “印度：雇员医疗福利缩水”，《中国保险报》2012年3月26日，http：//finance. people. com. cn/insurance/h/2012/0326/c227929 – 44494604. html？prolongation = 1。

② “印度‘人间天使’生活很悲惨”，《印度快报》网站，2012年10月14日。

③ “印度公共医疗体系已‘崩溃’”，《参考消息》2012年11月18日。

平。无论采取那种方式，都需要增加政府投资，创造更多投资机会和劳动力就业机会，进一步促进经济增长。营养不良人口大量存在表明，印度政府需要在这方面付出巨大努力，未来还有很长的路要走。因此，通过提高人民营养水平来开发人力资源，印度潜力巨大，前途光明。

（二）提高保障水平潜力巨大

在印度众多人口中，除政府机构公务人员，公营企业工人和管理人员，公立学校教师和管理人员，公立医疗机构医生、护士和管理人员，公立科研机构科研人员和管理人员等享受政府规定的少量退休金、丧葬费等有限社会保障外，绝大多数印度人根本没有失业救济金、退休金等基本社会保障，特别是占印度人口绝大多数的农村农民。目前，印度只有通过消除农村贫困等增加农村劳动力就业计划来扩大农村劳动力就业。但由于农村人口众多，劳动力数量巨大，通过这些消除贫困计划只能增加有限的农村劳动力就业，难以彻底解决农村劳动力就业问题，更不能解决广大农民失去劳动力后的生活保障问题。因此，印度要提高人民的保障水平，无论是增加劳动力就业，设立劳动力失业救济金，还是为失去劳动能力的人提供基本的社会保障，都需要政府投入大量资金，且是长期大量投入。因此，通过提高人民保障水平来开发人力资源，印度依然有巨大的潜力。

（三）提高医疗水平潜力巨大

印度虽已实行全民免费医疗，但医疗保障水平很低。由于人口众多，政府有限的投资难以满足众多人口对医疗的巨大需求，导致医疗卫生条件较差，厕所问题一直成为社会舆论一个热点。为此，政府需要增加相关投入。通过提高人民医疗卫生水平来开发人力资源，印度存在着巨大潜力。2004 年印度医疗开支为 400 亿美元，到 2030 年将上升到 3230 亿美元。2006 年曼·辛格总理曾承诺，政府制定的五年计划将把医疗开支增加两倍，宣布从 2007 年起的 10 年内将斥资 9000 亿卢比，用于医疗设施基础建设和购买医疗卫生器械，确保未来 10 年各大医院医生和床位数量增加一倍，护理人员增加两倍。政府还发起“全民卫生运动”，重点是增加卫生设施，改善环境卫生，营造清洁的公共环境。莫迪政府表示，要加快解决厕所问题。此外，政府放松行业管制，允许外资进入医疗卫生领域，放宽银行贷款限制，鼓励公私合营，为在中小城市和农村地区投资医疗服务业提供税收优惠。这些措施掀起投资热潮，其中包括一些印度大型企业集团，如兰巴克西公司和信实公司等。

针对农村医疗存在的问题，2005 年印度政府出台 2005—2012 年“全民农村健康计划”，提出在从 2005 年起的未来 5 年内将医疗卫生预算提高到国内生产总值的 2%—3%。[①] 计划面向全印农村地区，18 个被列为重点执行对象，旨在消除邦间和县间保健计划发展不均衡；增强农村医院治疗效率；整合以垂直方式管理的保健和家庭福利项目和基金，达到基金和基础设施的最优化利用，增强初级保健功能；提高人们获得优质医疗保健的可能性，服务对象主要是贫困地区穷人、妇女和儿童。计划出台一系列加强现有农村基层医疗机构的措施：为每个村卫生中心开设专门银行账户，每年存入 1 万卢比资金，保证中心运营；增加初级卫生中心设备投入，解决人员紧缺问题，努力做到 24 小时服务；将社区卫生中心改造成 24 小时服务的乡村医院，提供住院治疗且能做急诊手术；根据人口增长增设更多社区卫生中心；要求县政府制定“县健康计划”，包括医疗、卫生等各方面内容；在村镇设置 40 万名女性社会医疗积极分子；在健康指标低、公共医疗设施不完备的邦，平均每位积极分子负责 1000 名村民，增强卫生保健的可利用性。这些积极分子的主要任务是加强社区机构医疗供给、生育服务和婴儿照料、预防饮水传染病和其他传染病、营养和卫生设施建设等。在国家农村健康计划中，病人可免费得到医生诊治和基本常用药；即使是重大疾病需要输血或手术，患者也只需担负 5% 左右的费用；如果病人生活在贫困线以下，还可获得“全国健康优惠基金”提供的全免费治疗。医院努力发挥传统医药的作用，积极提倡使用印药，在农村建立草药中心，对那些医院不能免费提供的药物，鼓励病人使用草药替代，降低穷人治疗费用。政府还大力推行农村医疗保险制度，引进私人部门和非政府组织帮

① Mission Document: National Rural Health Mission (2005 - 2012), http: //mohfw. nic. in/nrhm. html.

助实现医疗保险的有效性。印度通过提高医疗卫生水平开发人力资源的潜力巨大。

第三节　教育培训与人力资源开发

独立后，印度重视教育事业发展，加强技术培训，人口识字率大为提高。尽管技术培训事业发展培养了一大批技术人才，高等教育事业发展也培养了许多优秀科技人才，但印度教育培训依然存在诸多问题。初等教育严重滞后导致仍有1/3的成人没有扫除文盲，大量适龄青年没有机会接受高等教育，大多数高等院校教育与社会经济发展脱节，不少受教育者没有找到工作。在公营企业和政府部门中，往往人浮于事，未能充分发挥作用。要彻底扫除文盲，消除教育脱离实际，解决受教育者失业和公营部门人浮于事等问题，充分挖掘人力资潜力，印度还有很长的路要走，也说明印度通过教育培训开发人力资源的潜力巨大。

一、独立后印度教育发展迅速

独立后，印度重视人力资源开发，经过60多年的努力，印度各类教育都获得了重要发展，成人识字率从1951年的18.33%上升到2011年的74.04%。[①] 印度还建成了一批世界一流的高等教育机构，为印度培养了许多优秀科技人才。

（一）初等教育

印度实行小学五年制、初级中学三年制，整个初等教育共8年。印度

① 印度政府：《2012—2013年度经济调查》，印度政府财政部经济处，新德里，2013年，第130页。

宪法明确规定，要对0—14岁适龄儿童实现免费义务教育制度，实际上就是对初等教育实行免费义务教育。为此，政府不断增加对初等教育的投资，大力兴办小学和中学，做到学校不出村，中学不出（乡）镇。在印度，所有接受义务教育的学生不需要支付任何费用，有的学校方面还提供免费午餐。经过独立后60多年的努力，印度小学从1950—1951年度的20.97万所增加到2002—2003年度的65.138万所；同期，初级中学从1.3万所增加到24.53万所。到2007年，初级中学入学率为9.3%。

（二）中等教育

印度在上大学之前的初中等教育采取10+2体制，前10年包括小学五年、初中三年、初高两年，10年级结束时全国统一会考，成绩合格者（百分制，得33分以上者即可毕业）方可进入下一阶段学习。最后两年是高中，也可称为大学预科，因为学生将按照自己的兴趣选择人文、科学、经济和生物4类学科，每个学生至少需要选修五门课程参加全国毕业考试，成绩按分数最高的四门平均分计算，英语是所有专业的必修课，这样分科使学生能按照自已兴趣和特长选择将来职业。经过独立后60多年的努力，印度高级中学从1950—1951年度的0.73万所增加到2002—2003年度的13.72万所；每年高中毕业生人数达900多万人，但其中只有不到1/3的人能上大学。优秀大学名额有限，竞争十分激烈。以号称可与美国麻省理工学院媲美的印度理工学院（全印共有8所）为例，每年招收新生总共不到9000人，而报考人数（2009年）却达40万人。

（三）高等教育

独立后，印度大力发展高等教育，1948年成立大学教育委员会，1949年该委员会提交报告，对高等教育培养目标、研究生培养和研习、专业教育、宗教教育、教学语言、考试、妇女教育、农业大学等14项内容提出建议。在前几个五年计划中，印度把教育发展重点放在高等教育上，因此在每个五年计划教育经费中高等教育都占有很高的比重。印度鼓励私营部门参与高等教育事业发展，促使高等教育获得重要发展。经过几十年的不懈努力，印度已有公立大学300多所，各种公立学院1万多所，还有私立理工学院1500多所。印度每年正规高等院校入学人数高达350多万，仅次于美国和俄罗斯，居世界第三位。印度大学从1951年的18所增加到2011年的250多所，认定大学增加到100所，高等学院增加到1.3多万所。高等教育机构在校学生人数从1950—1951年度的22.5万人增到2000—2001年度的741.8万人；高等教育毛入学率为11.8%，使印度高等教育走在发展中国家前列。印度大学主要有3类：一是纳附大学，由附属学院和专业院系组成。附属学院教授本科课程，而专业院系负责研究生学习和高级研究，由大学决定进入学院学习标准并组织本科阶段初级学位考试及学位授予。二是没有附属学院的大学，其一般课程及专业技术课程都设有本科和研究生课程。第三类大学和学院则教授本科和研究生阶段专业技术课程，有的学院只提供研究生课程和研究课题。印度还根据实际需要进行相应调整，形成具有印度特色的高等教育体系。印度理工学院以美国麻省理工学院为样板，从全国各地严格挑选学生和老师，积极引进国外先进仪器设备；教师教授国际最先进的科技知识，开展最前沿的科技研发；在管理体制上不同于大学系统和其他高等技术教育机构，形成自己的特色：一是由议会通过立法建立，现任总统为其“视察员”，确保国家控制学校办学方向并及时调整办学方针；二是其设有自己的理事会和评议会，直接把握学校办学方向并及时调整办学方针。该校对学生和教师要求极为严格，许多教授集教学、科研、行政管理工作于一身。其培养学生注重理、工、文兼备，重视多学科学习培养，要求学生学业和设计具有跨学科交叉特点，使学生得到全面发展，较快地适应复杂多变的竞争环境。该校学生对大型高新技术企业内管外联驾轻就熟，其毕业生甚至可与欧美著名大学毕业生相比。

（四）职业技术教育

印度实行灵活多样的职业技育体制，把职业技术教育分为中等职业技术教育和高等职业技术教育。除改革中等教育体制、提供职业技术教育外，印度还设立了许多职业训练学校。如工业训练学校：招收受过8年教育或11年教育的学生，制订各种教育计划，培养半熟练与熟练工人及各种水平的手工艺工人和工匠。技术高中：招收初中毕业生，修业3年，培养手工艺工人。多科技术学校或正规技术学校：招收初中毕业生，修业3年，授予技术员证书；在高中顺利完成工业科目的职业科学生也可提前毕业，直接进多科技术学校最后学年学习。印度还大力发展高等职业技术学院，其典型为印度理工学院。印度允许私营部门参与技术人才教育和培训，有力地推动了技术人才的培养。在印度300多万软件行业从业人员中，50%以上是通过非学历培训进入软件行业的，约有1/3的印度软件工程师接受过NIIT软件培训。目前，印度有410万技术工人，仅次于美国和俄罗斯。印度把跨国就业作为培养国际化人才的重要渠道。长期以来，印度大学毕业生可自由到国外求职，印度理工学院的毕业生中就有80%到国外就业；学生学成之后并不回国，而在国外发展，大量印度高科技人才在西方工作。美国硅谷工作人员有38%是印度裔；美国软件工程师中，印度人约占1/3。美国硅谷2100家公司中，有820家由印度工程师创立，许多印度高级人才进入美国公司高级领导层。从1980年开始，印度政府对软件产业实行一系列政策优惠，鼓励海外留学或工作人员回国开办软件企业及从事软件开发工作。在美国等西方国家工作的印度人纷纷回到印度，给印度介绍客户，回印度开公司，在印度软件业发展中起到了重要的桥梁和纽带作用。

（五）成人教育

除成人扫盲外，印度成人教育的重点还有继续教育和再培训。为加强院校教师继续教育和培训，使其掌握当代研究方法和了解新兴科学领域，印度在电台和电视台开辟专门供各类学校教师继续学习的专题节目；政府各部建有技术培训学校或技术培训中心，主要对本领域工作人员进行技术和管理知识培训；依托国外培训迅速增强熟练人力资源基础；鼓励企业和个人开展高新技术培训，信息技术教育培训机构遍布各个大中型城市；鼓励著名信息技术业公司办学，如国家信息技术学院有限公司在印度和世界30多个国家设立上千个培训中心，每年培养20万名信息技术专业人才。庞大的成人教育体系为印度培养了无数从尖端的科技研发到基础的实际应用的梯队型人才。印度培训服务可获得性指数排名居世界第32位，员工培训广度指数排名世界第34位，中国分别排在第47位和第50位。《全球竞争力报告 2009—2010》对企业活动中最受困扰因素的测算结果显示，缺乏教育劳动力成为制约企业发展的因素之一。印度企业受缺乏教育劳动力困扰的比例为 2.6%，而中国则高达 7.3%。

二、印度教育发展中的问题

印度顶级学校和技术院校虽培养出了最优秀的人才，但其他方面则比较糟糕，如教育培训方面仍远落后于发达经济体和许多新兴经济体。诺贝尔经济学奖获得者阿马蒂亚·森教授认为，在社会发展方面，印度与其邻国中国差距最大的是教育和医疗卫生。当然，印度在开发人力资源方面也存在诸多问题。

（一）初等教育基础薄弱

独立后，印度在一定程度上忽视初等教育发展，造成初等教育落后，处于世界中后位，至今仍有 1/3 的印度成人没有扫除文盲，而印度妇女中的文盲人口更约占其一半。印度许多中小学办学条件极差，全印一半以上的小学没有合格的教室，一些学校只能在露天开课，没有桌椅和黑板，到 2005 年仍有 72% 的学校没有通电；学校师资严重缺乏，1981 年印度 1/3 小学只有 1 名教师，还有数千所学校根本没有教师，20 万个村庄没有小学。哈佛大学一项研究发现，印度小学教师中有旷课和教学能力差的现象：教师有 1/4 旷课，有一半不懂教学；只有 40% 的教师有大学学位，30% 的教师连高中都没读完。1990—2000 年，印度成年人平均教育年限增加很少，仅从 3 年增加到 5 年。1997 年出生读一年级的孩子中，只有 60% 的人读到五年级。2003—2004 年度，印度小学平均辍学率接近 31%。2006 年印度初等教育毛入学率只有 88.7%，居世界第 96 位。据《全球竞争力报告 2009—2010》显示，2007 年印度小学入学率已升到 93%，居世界前列，排在第 6 位；但在健康与基础教育排名中，印度却排在 100 名之后，位列倒数第 32 位。这表明，印度初等教育还处在低水平建设阶段。多年来，印度竞争力指数排名徘徊于世界第 50 位，这主要源于基础条件不足。印度基础教育薄弱及文盲人口庞大限制了人们获得科技创新所需基础技能的能力，使印度科技创新只能依赖于某一阶层，科技创新人才培养也同样局限于该阶层，导致贫者赤贫、富者愈富。而国家竞争力也依赖少量科技创新人才带动庞大落后群体，越发显得后劲不足，直接影响科技创新发展潜能。

（二）教育质量不高

在20世纪80年代后半期，除了几所邦大学之外，绝大多数大学都不同程度地存在着财政赤字，有的大学甚至连年出现财政赤字。2000—2001年度，印度政府又强行将高等教育拨款减少10%，使高等教育经费紧缺状况雪上加霜。政府严格控制学校收费标准，在税收方面未对用于教育事业的捐赠实行优惠政策，致使高等教育经费中社会捐赠极为有限。印度教育专家维斯瓦纳坦教授指出，印度许多州立学院都由政治人士控制，他们为学院安排获取必要的执照许可，作为回报从学院收入中分得一杯羹，因此学院经营的重点是在盈利而不是学术上。一些学院图书馆里没有书，教室也不够，而办学条件的薄弱也严重影响了各类教育质量，造成印度各类教育质量不高。在讲印地语的印度北部，一些儿童在入学三年后仍不能阅读，在校学生出勤率只有65%。由一些经济学家撰写的报告认为，虽然印度儿童入学率达95%，但学校教育质量却不敢恭维。在世界各国初等教育质量排名中，印度排在89位，其农村小学教育水平甚至排在巴布亚新几内亚和阿富汗、也门之后。[①] 初等教育落后势必影响到高等教育质量的提高。在印度总计1.7万所学院和大学中，大多数高等院校都因官僚主义、缺乏优秀教师及僵化的教纲而被诟病。印度大学对所属学院学生的考试标准规定得极低，除个别大学要求及格标准为40分外，绝大多数大学规定及格标准为35分左右。长期以来，印度本科生淘汰率一直维持在40%左右。教育特别是高等教育质量不高使许多受过教育者难以找到工作，不能在社会经济发展中发挥应有作用，也使企事业单位难以找到适合本单位工作需要的人才。例如，当管理在线职业咨询印度业务的伊什梅尔·哈瓦拉在新德

---

① 詹姆斯·拉蒙特：“印度学校没有跟上经济发展的步伐”，［英］《金融时报》网站，2012年1月31日。

里登广告招聘软件开发人员时，他做好受挫准备，候选者中一半不会来面试，而来的人中也可能每20个才有一个合格，但只是“可以培训的”。班加罗尔软件公司Iqura技术公司董事总经理萨拉夫称，有很多应届毕业生根本没法雇来干活。印度每年约有300万应届毕业生走向社会，但人才水平层次不齐，许多人难以胜任社会经济工作，只有部分有才华的应聘者足以满足印度经济现代化进程对人才的需求。但随著印度经济蓬勃发展，众多企业销售额和经营规模不断扩大，应届毕业生中的佼佼者很快被一些企业招走。更多企业发现，无论是低级接线员职位，还是最高管理人士，都很难找到高素质、薪资要求适中的人才。

（三）与社会需要脱节

英国殖民政府在印度建立现代高等教育机构后，印度许多高等教育机构仍主要从事哲学宗教等教学。独立后，印度高等教育机构加强科学技术教育，但哲学宗教教育气氛依然浓厚。长期以来，印度高等教育机构中近一半的学生依然选修文科。社会经济发展难以为众多文科毕业生提供工作机会，造成文科毕业生毕业即失业的问题。由于教育质量不高，或教授内容脱离社会经济发展实际，即使其他学科毕业生也面临毕业即失业的问题，受教育者失业人数不断增多，越来越多的人到美国等西方国家就业，造成人才大量流失。1971年印度科学和工业委员会研究表明，印度在国外的工程师、科学家和医生总计3万人；到20世纪80年代末，印度科技人才外流已达30余万人，2000年更增加到54万。

进入21世纪以来，随着新兴产业不断涌现，印度社会经济发展对高新技术人才需求越来越大，高新技术人才短缺问题越来越严重。到2010年，印度IT业将面临50万专业人员缺口，“一方面，一些濒临挨饿的年轻人绝望地寻找工作；另一方面，雇主几乎带着同样的绝望寻觅合适人手，来填补数以万计的职位空缺”。造成企业高级技术人才稀缺的原因之一是印度培养的高级人才数量少。越来越多的印度人不愿在学业上耗费时间，想尽快找工作挣钱改善生活。随着经济快速发展，人才需求量急剧上升，很多专科生和本科生一毕业便开始工作。工作几年，有了房子、车子，生活水平大为提高。如攻读博士，生活水平则无法提高，反而会有所下降。其次是由于印度教育重管理而轻基础科学和理工专业。在印度，企业高管远比科研人员更受人们尊重，社会大众意识也认为：手下管多少人比手下有多少科研项目更代表成功。当然，信息技术企业高科技人才严重流失是导致印度高级人才稀缺的重要原因。由于美国大公司能提供多出3—5倍的工资，因此印度公司得这些高级人才纷纷跳槽。

熟练劳动力短缺问题正制约着印度越来越多经济领域的发展。由于印度经济增长迅猛，人才短缺问题将削弱其正在崛起的经济实力，其获取人口红利可能比预想要艰难得多。人才短缺导致印度企业创新能力下降，造成许多公司很长一段时间都开发不出自主品牌软件。印度企业得命脉握在美国公司得手里，如美国公司不给印度公司业务，印度公司就得关门停业。印度企业在IT和几乎所有领域都缺少高级人才，班加罗尔一家名叫贝尔康的生物技术公司不久前公开表示，计划尽快在海外招聘50名高级研发人才。印度制药业、建筑业等领域也缺少高级人才。印度全国软件和服务公司联合会主席奇兰·卡尼克指出，“IT高级人才严重缺乏是印度IT行业未来增长所面临的最大威胁”。[①] 印度一位经济学家慨叹：“由于印度几乎所有行业都存在高级人才短缺现象，印度腾飞就像被折断了翅膀。”[②] 2006年，印度信息系统公司负责人也警告，如果印度不能提高人才供应量，那中国IT业水平将在5年内赶上印度。[③] 印度人才紧缺使俄罗斯等竞争对手在软件设计和解决方案等高端外包市场赢得更大生存空间，也使英语普及的菲律宾等国能在呼叫服务中心领域大展拳脚。在科技、银行、航空等一些快速发展行业，业内管理人士、飞行员及工程师们2005年薪资涨幅为25%—30%不等。薪资水平上升，印度商业成本日益高昂，使许多合同被菲律宾、波兰等竞争对手抢走。国际知名商业信息服务机构——美国邓白氏公司在其首份针对印度信息技术产业的评估报告中指出，人力成本上涨及技术工人短缺等因素将削弱印度IT产业的全球竞争力。

① 任彦：“印度高级人才缘何稀缺”，《人民日报》2008年2月18日。
② 同上。
③ 乔·约翰逊等：“中印经济缺人才”，［英］《金融时报》2006年7月24日。

三、印度教育发展的潜力

由于初等教育、中等教育和高等教育在办学条件和办学质量上都比较落后，印度在扩大各类教育规模、提高各类教育质量和调整教育结构等人力资源开发方面都还存在巨大潜力。

（一）扩大各级教育规模潜力巨大

基础教育是教育全面发展的关键环节，只有其得到均衡发展，才能促进教育公平。而教育公平又是社会公平的基础，没有教育公平就不可能实现真正的社会公平。因此，印度要通过加强基础教育发展，保障教育起点公平，促进社会公平，提升国家竞争力。印度初等教育还处在低水平建设阶段，且还有数亿文盲。印度政府意识到此问题，近年来逐渐重视小学教育，使小学在校学生率的估计参数为正，表明印度初级人力资本投资加大对印度经济增长具有十分重要的作用。印度在中等教育层次上的人力投资积累在经济增长中也起着十分重要的作用；但近年来因为对高等教育的投入增加非常小，所以高等教育对经济增长的作用不大。因此，一国要重视初等教育，而中等和高等教育更是国家人力资本存量增加的主要途径，应使三级教育同时增长保持平衡发展。可见，印度未来扩大各类教育的潜力巨大。

（二）提高各类教育质量潜力巨大

虽然印度目前拥有世界第三大的大学系统，但其中大部分质量水平相当低，相当一部分大学和学院在招生方面的“开放”政策及不少学院办学条件差、规模小造成教学质量得不到保证。印度学者塞蒂认为，“教育标准下降的最重要原因，是独立以来学生人数大幅度迅速增加，同时却没有增加有能力的教师和提供必要的物质设备”。可见，教育质量不高主要是师资不足及其水平不高和缺乏必要的教学设备等原因造成的，因此为各类教育机构提供充足的合格教师，培养基本的教学设备，是提高各类教育机构质量的基本保证。这需要大幅度增加对教育事业的投资，也为私营部门增加对教育的投资创造更多机会。提高各类教育机构的质量，印度存在巨大潜力。而印度各类教育机构质量的提高，对促进印度经济增长的潜力也是巨大的。

（三）调整教育结构潜力巨大

造成印度大学毕业生失业和科技人才外流不断增加的重要原因是高等教育专业结构不合理。长期以来，印度在校大学生 80% 以上修习普通文理科和商科各专业。1950—1980 年修习高等专业教育的学生比例呈下降趋势，而修习普通教育的学生比例在上升。在印度 500 多万学生中，只有 4 万多人学习农、林、牧等专业，而进入人文学科、宗教和神学领域的学生超过 246 万，仅律师专业就有 16 万名学生。[①] 印度高科技人才严重短缺的问题与教育质量有关，更与学校教育与社会经济发展需要脱节有关。为此，印度需要提高教育质量，大力调整各类高等教育结构，扩大社会经济发展迫切需要的高新技术教育，扩大社会经济发展所需要的各类专业技术人才的培养。印度各类教育机构特别是高等教育机构需要调整教育内容，增加社会经济发展所需要的高新技术教育，密切人力资源开发与社会经济发展之间的联系，使教育更好地服务于社会经济发展的需要。可见，印度通过调整教育结构和教育内容促进社会经济发展的潜力巨大。

① 吴文侃、杨汉清主编：《比较教育学》，人民教育出版社 1998 年版，第 391 页。

第六章

印度科技进步潜力

在一国经济发展过程中，科技进步占有十分重要的地位，对经济发展起着十分重要的作用。在马克思主义者看来，科技是第一生产力。西方学者也重视科技进步在经济发展中的作用。独立后，为加速经济发展，把国家建设成为现代化工业强国和“有声有色”的世界大国，印度政府重视科技进步特别是高科技发展，不断增加对科技发展的投资，在各科技领域建立起一系列科技研究开发机构，促进印度在各科技领域取得举世公认的成就。现在，印度依然是一个发展中国家，但其高科技发展却使国际社会对其刮目相看。国际社会认为，21 世纪印度将成为世界科技大国，甚至前联合国秘书长科菲·安南也把印度誉为发展中国家发展高科技的榜样，印度科技进步潜力巨大。

第一节　独立后印度科技发展迅速

经过半个多世纪的艰苦努力，印度在原子技术、电子技术、航空航天技术、生物技术、海洋开发技术等诸多高新技术领域都取得举世公认的成就。

一、印度原子科技的发展

经过 60 多年的努力，印度在原子科技领域获得了举世瞩目的成就，甚至连联合国原子能机构也把其作为发展中国家原子科技人才的培训基地。

（一）轻水和重水核反应堆的建立

早在1956年印度就设计制造了亚洲最早以轻水和中浓度铀为原料的核研究反应堆，后来在楠格尔建成第一座重水厂，在巴巴原子研究中心建造以天然铀为燃料的CIRUS重水反应堆。1969年在塔拉普尔建造第一个由两个沸水反应堆组成的核电站；1972年和1980年在拉巴瓦塔建起两个重水反应堆，开始商业化运作。1984年和1986年印度利用本土技术在卡帕卡姆建立两个重水反应堆。到20世纪80年代中期，印度已具有独立设计、制造、建设和运行核电站的能力，成为有能力自行设计、建造并管理核电生产的国家。①

（二）快速中子和增殖反应堆的建设

20世纪60年代，印度建成亚洲最早的快速中子反应堆，开始快速增殖反应堆建设，标志其原子科技研发进入第二阶段。1972年，巴巴原子研究中心开始增殖反应堆实验，为此该中心与英·甘地原子研究中心开展合作。1985年，印度科学家自行设计的钚与天然铀混合型快中子试验反应堆在英·甘地原子研究中心建成，获增殖反应关键技术，印度成为世界第七个拥有该项技术的国家。印度增殖反应堆在世界上首次采用钚铀碳化燃料芯实验，并已获得钚铀碳化燃料，可替代以混合氧化燃料为基础的浓缩铀。1997年，印度采用这种燃料通过快中子增殖试验反应堆将1兆瓦电力送入电网中，成为世界上首个用铀和钚混合作为反应堆燃料的国家。②

（三）钍的开发利用

过去，印度铀矿资源极为贫乏，钍矿资源却非常丰富。近年来，印度在拉达克地区发现高浓度富铀矿，因而把钍转变成核燃料铀—233，使印度核计划进入崭新阶段。英·甘地原子能中心成功开发出铀—233，并制

---

① 文富德：“21世纪印度将成为世界科技大国”，《南亚研究季刊》2000年第4期，第1—8页。

② Ministry of Information and Broadcating, Government of India, INDIA, 2002, New Delhi, Research, Reference and Trainning Division, p. 146.

造出从反应堆中分离铀—233 的设备。1996 年，以铀—233 为燃料的快速中子反应堆投入使用，印度在世界上建成首座用钍作核燃料的反应堆，成为唯一拥有该类反应堆设计和制造能力的发展中国家，并且成为核燃料出口国。

（四）放射同位素的开发

1956 年，亚洲第一个反应堆“阿卜色拉”在巴巴原子研究中心运行。随着反应堆功率逐渐提高，印度放射性同位素生产能力也不断增强。1963 年，反应堆“CIRUS”功率达到 40 兆瓦。1985 年，反应堆“Dhruva”功率达到 100 兆瓦，为世界上最大的研究型反应堆之一，能满足生产各种同位素的要求。

（五）高速加速器的开发

印度能设计、建造和运行分子加速器，用于研发、同位素生产和射线加工等。印度的主要加速器研究开发机构有加尔各答可变回旋加速器中心、孟买 14 毫伏 Pelletron 加速器、印多尔 Indus—I 同步加速器放射资源、特罗姆贝 Folded Tandem Ion 加速器等机构。尤其是巴巴原子研究中心完成的 Folded Tandem Ion 加速器及塔塔基础研究院的 Pelletron 加速器在核研究领域具有国际影响，在美国 Brookhaven 国家实验室，由巴巴原子研究中心设计和开发的粒子探测器已指导核前沿物理试验。印多尔高技术中心和加尔各答可变回旋加速器中心正在开发可产生 6.5 开式温度的封闭循环低温器，已开发的单段和双段低温冷却器也在试验中。

二、印度空间科技的发展

印度已形成通信卫星和遥感卫星两个系列卫星系统，2008 年成功发射名为“Chandrayan—1”的绕月卫星，2013 年发射的火星探测器也成功到达火星，使印度成为世界上进入深太空的重要国家。

（一）卫星技术的发展

1980 年，印度首次用自制运载火箭成功发射卫星，成为世界上第六个具有卫星发射能力的国家。现在，印度已建立通信卫星和遥感卫星两套空间系统。其通信卫星为多功能卫星系统，集通信、气象、数据传送及电视、广播等功能于一体，已发展到第三代。第三代通信气象卫星增加专用小型卫星地面站网络和国家信息中心网服务功能，加长C波段和Ku波段可提供固定卫星服务，在S波段上可提供移动卫星服务。在INSAT—3B卫星上还加装一个脉冲转发器，用于教育和培训网络。印度卫星通信有效载荷有C波段、扩展C波段、大功率S波段和Ku波段转发器和移动通信转发器；气象有效载荷有甚高分辨率辐射计和气象数据中继转发器，部分C波段转发器还租给国际通信卫星组织。印度遥感卫星系统的资源卫星有效载荷有可在可是光、红外、短波红外波段工作的线性成像扫描仪，高分辨率全色照像机，宽视场传感器，模块式光电扫描仪，雷达校准用C波段转发器，海水水色监视器，多频扫描辐射计等。TES卫星、测绘一号和测绘二号卫星的主体成像分辨率已达到1米以下，标志着印度成为全球少数几个拥有高分辨率成像卫星的国家之一。

（二）运载火箭技术的发展

目前，印度已拥有4种类型国产运载火箭：卫星运载火箭、加大推力运载火箭、极地卫星运载火箭和地球同步卫星运载火箭。印度还实施了为发射静地卫星研制的低温发动机计划，成为世界上第六个掌握这项技术的国家，被印度航天界称为印度航天计划一个“重要里程碑”。2008年4月，印度用自制极地卫星运载火箭PSLV—C9将十颗卫星送入极地同步轨道，实现“一箭十星”发射。如今印度已掌握制造和发射运载火箭、人造卫星、地面控制和卫星回收等技术，建立了一整套空间科学研发体系，在火箭和卫星制造、卫星发射、跟踪、制导和控制等方面都具备相当实力，有的已达到或接近世界先进水平，成为世界上第六个航天大国。印度有意研制可重复使用的运载火箭。一些印度空间研究组织官员甚至号称，与同样可重复使用的美国航天飞机机群相比，印度可重复使用运载火箭将具备“崭新安全性能”。

（三）空间探索技术的发展

1. 登月计划的准备

印度曾实施空间卫星探测计划，即扩展的罗西尼卫星系列计划。1992年发射成功的SROSS—C1是印度首颗天体物理观测卫星。1994年5月发射的SROSS—C2卫星带有射线暴分析仪和迟滞势能分析仪，对天体物理进行多项有重要价值的观测，取得了许多有用的科学数据。2006年印度空间研究组织宣布名为“月球初航”的月球探测计划，计划用印度自制的极地卫星运载火箭发射升空，并进入距离月球表面近10万米高度的月球极地轨道绕月飞行。2007年发射“一箭四星”，返回式太空舱在绕地球轨道上运行11天后重返大气层并落在孟加拉湾，用以研究重返和回收技术，为将来无人乃至载人航天任务做准备。①

2. 登月计划的实施

2008年10月，印度月球探测器“月船1号”在南部斯里赫里戈达航天中心发射升空，其安装的成像系统将月球图像传回控制中心，证明美国人曾到过月球；11月其所携带的月球撞击探测器成功撞击月球。这是印度为期两年的太空行动计划之一，该计划旨在为印度下一步太空探测活动奠定基础。②

3. 火星探测计划的进展

2008年11月16日，印度空间研究组织公布其“十一五”计划，提出70项太空发展计划，较“十五”计划的26项太空计划有大幅度增加，其中部分计划为飞向火星计划。未来印度太空计划的主要发展方向是有人太空项目及可重复使用的卫星项目。③ 2013年印度成功发射火星无人探测器，以寻找火星生命证据；2014年印度发射的火星无人探测器成功进入火星轨道，并发回火星照片。④

---

① 李保东：“印度发射首个返回式太空舱”，新华网，2007年1月10日。

② “印度探测器成功撞击月球”，新华网，2008年11月16日。

③ ［印］《印度时报》2008年4月4日。

④ “印度火星探测器传回首张火星照片”，新华网，国际在线，2014年9月26日，http：//news. xinhuanet. com/photo/2014－09/26/c_ 127035802. htm。

三、印度信息科技的发展

印度在信息技术领域的发展主要表现在其逐渐成为世界软件研发中心和外包服务基地。

（一）软件开发技术

印度从事信息软件研发及其服务出口的企业超过7000家，其中大多数都已掌握并能运用世界上最先进的软件技术，如第四代语言技术、图象用户界面技术和面向对象编程技术等。印度软件技术公司还在智能计算、图形计算、因特网技术、在线教育等诸多领域开发先进软件。到2010年，印度有60家软件企业获得技术成熟度CMM6级认证，绝大多数企业取得ISO9000认证。现在，印度软件已在国际市场上树立起自己的品牌形象。美国《财富》杂志所列500家世界大公司中，超过300家使用印度软件。软件质量优秀也吸引了世界大型软件研发公司到印度设立软件研发中心，如微软、英特尔等都在印度设立了研究中心。印度已成为全球跨国公司信息技术和数据服务流程的首选目的地和全球重要的软件研发中心。微软公司创始人比尔·盖茨认为，未来世界的软件超级大国不是美国，不是日本，也不是欧洲，而是印度。[①] 印度正在成为世界软件超级大国，其已吸引欧洲和美国的芯片设计公司在印度设立设计中心或外包中心，并已同日本在印度的一些软件开发中心合作。[②]

（二）外包服务水平

进入21世纪后，印度政府鼓励外包服务产业发展，促使其成为印度服务业中最有活力的组成部分。据统计，2004—2005年度印度信息技术及相关服务业的年产值为280亿美元。印度外包服务业务逐渐从以呼叫中心、数据录入和售后服务等位于价值链低端的业务向市场分析、工程设计、法

---

① ［英］《金融时报》1997年2月9日。

② 中国驻印大使馆经商处：“印度芯片设计业未来十年发展迅猛”，［印］《金融快报》2006年6月23日。

律咨询、专利申请等位于价值链高端的业务转移。在制药、生物技术、法律服务、知识产权、汽车和航空业研发和设计等技术支持服务领域中，以知识服务为主的外包业务在不断扩大。目前，国际上60%的跨国企业都向印度外包业务。2008年印度外包服务业收入超过200亿美元，使其在外包服务业务国际市场的份额上升到4.8%。

（三）硬件制造技术

世界上25家大型芯片公司中有18家已在印度设立芯片设计中心，采用领先、尖端的芯片设计技术。2006年印度发起半导体发展计划，加速半导体产业发展。印度成功研制出第五代计算机，并生产出20美元笔记本电脑。① 在大型计算机制造方面印度也表现出非凡的实力，1998年印度科学家研制的帕拉玛（PARAM）10000超级计算机问世，号称“亚洲第二大超级计算机”，运算能力达到每秒1000亿次，可与美国克莱超级计算机相比，并已向德国、俄罗斯和加拿大等国家出口，彻底改变印度只有软件好的形象，并表明其已进入仅包括美日两国的超级计算机俱乐部。目前，印度正在重点开发高端计算机、GPS硬件设备、微电子机械系统和机器人等。②

（四）综合开发能力

在自主研发和产品制造方面，印度正迎头赶上。印度在雷达、声纳和导航设备研发方面取得重大进展，已能自行生产多种电脑。2001年印度Simputer Trust集团推出一种简易的掌上电脑，使用简单、价格便宜，支持多种语言，保证语言不是使用计算机技术的障碍。2006年最大的行走式机器人“舞王”研制成功，使印度迈入机器人强国俱乐部。该机器人所有机械、电子和电路系统都靠印度本国现有的资源独立开发。与世界其他同类机器人相比，“舞王”性能较为稳定，且制造价格也相当低，如与“舞王”性能几乎相当的美国“奥德克斯”机器人造价约为200万美元，而“舞

① 詹姆斯·拉蒙特：“印度计划生产20美元笔记本电脑”，［英］《金融时报》2009年2月2日。

② 常青：《印度科学技术概况》，科学出版社2006年版，第119—120页。

王”仅为4.79万美元。[①]

四、印度生物科技的发展

印度在诸多生物科技领域获得重要发展，有些领域甚至达到世界先进水平。

（一）动物生物技术

印度科学家利用生物技术已培育出诸多优良奶水牛品种和优良鱼种，利用克隆技术培育带有病毒抗原体的蚕，利用生物技术培育良种对虾等；发现对合成肽抑制素的自动免疫性使绵羊排卵率增加并使其生育性提高；利用炭疽毒素蛋白的无毒性突变体改进炭疽病疫苗，对其毒性进行研究；采用胚胎转移技术利用最优良种产生优良公牛，使本地黄牛品种得到改进；对生物资源的多样性在原始和次级水平上进行研究，以期开发可能的生物资源产品。

（二）医学生物科技

印度掌握DNA技术和遗传基因技术，利用其生产出许多抗病毒疫苗，并该领域拥有120项生物技术专利。2003年美国专利与商标办公室颁发的生物技术专利中，印度获得专利数量名列榜首。印度参与国际水稻基因组计划和注释分析基因组序列工作；利用生物技术进行疾病诊断的研发；利用生物技术对癌症和艾滋病等进行早期诊断；通过基因实验室的早期诊断，及早发现儿童患有的青光眼等先天性疾病；运载基因的生物导弹技术获重要进展；医用直线加速器（TOT—1）正式投入使用；沸石人工合成技术获重要突破，在印度国内外注册专利。

（三）药学生物技术

世界许多制药企业已将印度作为区域临床试验与研究中心，而印度本

---

① 钱峰：“印度机器人不怕辐射危险能修核电站”，《环球时报》2006年10月6日。

土公司则可从事1—4期临床试验。在生物医药技术领域，印度在分子诊断、重组疫苗、药品及疫苗释放等方面获得重要成就。目前，印度疫苗生产商已经被世界卫生组织公认为处于全球领先地位。印度制药业在基础设施、技术基础和产品方面取得很大进步。进入21世纪后，印度批量药品自给率达70%，配方药品基本达到自给。印度药品的强大竞争力主要来自其掌握世界水平的技术及低成本、高产出的研究和生产体系，许多西方跨国公司都与印度制药公司合作进行医药研发。

（四）人类遗传基因

印度政府生物技术局已启动许多项目进行胚胎和成年干细胞研究，还在一些公立研发实验室和学术机构建设基础设施，以促进干细胞研究和疫苗研究。[①] 印度科学家已启动人类遗传学、人类基因组功能和结构多样性及微生物方面的研究项目；德里遗传学工程项目已有能力处理大规模人类系列数据；印度16家遗传诊断咨询机构已向1.3845万个遗传病家庭提供服务；海德拉巴DNA指纹识别与诊断中心还建立了遗传疾病基因组数据库。

（五）生物信息科技

印度成为世界上首个拥有生物技术信息系统网络的国家。印度普度大学科学家已率先研制成功一种蛋白质生物芯片，该芯片将半导体元件与生物蛋白结合在一起。通过这种芯片医生可利用含有生物芯片的医疗设备迅速而准确地对一般疾病进行诊断并对某些化学治疗方法进行评估；它还可帮助士兵在战场上探测到来自敌方的生化攻击；农民还可借此对农作物病虫害进行探测并发出警告；它还能帮助科学家对人们常用来治病的植物进行分析，看它们是否确实含有治疗效果的化学成分，在此基础上生产出新的药品。

---

① 印度政府生物技术局：《2004—2005年度生物技术报告》，新德里，2005年。

五、印度海洋科技的发展

经过长期艰苦努力，印度在海洋科学研发领域也取得某些重要成绩。

（一）海洋生物资源研发

印度领海和专属经济区海洋生物资源种类繁多，仅其可供捕鱼的海域面积就达200多万平方公里，具有发展海洋渔业的良好条件。印度非常重视海洋生物资源研发，主要有以下几个方面：一是从事海洋生物资源调研，研究印度海洋环境及其生产力，以决定海洋生物资源的分布及生产量。二是进行海洋生物资源开发。印度已对专属经济区内的1000米深水质进行调查研究，绘制区内鱼类图，并利用1997年建立的海洋卫星信息系统准确向渔民提供各海域鱼群活动情况。除增加海洋渔业产量外，印度海洋研发部门还发现开发海洋药品的巨大潜力。三是实施海岸社区计划与海岛开发，在全印7个海岸设立海岸站形成捕鱼船与海岸站间信息交流系统；发起海岛开发计划，充分利用海岛地区的龙虾资源。

（二）海洋非生物资源研发

在海洋资源研发活动中，印度重视海洋非生物资源调查与开发，积极开展深海多金属结构调研，获得诸多重要成绩。20世纪50年代印度开始海洋非生物资源调查，成功发现孟买近海存在石油天然气资源。20世纪80年代后，印度建造用于深海多金属结核调查的船，负责对深海多金属结核调查研究工作的监督和指导，建造数个从多金属结核矿中提炼金属的实验工厂，为海洋金属开发做好科技准备。印度最早开发的海洋矿物为石油，近年来还从海洋中开采铜、镍、钴等金属，提取碘、锰、钾、金、钛等多种物质，使印度跨入世界海洋开发先进行列。[①] 20世纪80年代印度还开始海浪发电研究，并已成功进行1000千瓦功率的海洋温差发电装置试验。

---

① 印度政府：《2003年印度参考年鉴》，印度政府信息与广播部出版处2003年版，第126—188页。

（三）海洋环境保护研究

1990年起，印度坚持实施海岸海洋监测和预测系统计划，由6个研究所47个工作点对0—25公里海域进行调查，并对海洋污染物传播特征进行研究。世界银行资助印度环境与森林研究所开展“环境管理能力建设”项目的研究，对主要海岸开发活动和港口建设等提供环境影响指南。现在，印度已经完成港口环境影响的评估指南，并完成部分海岸地区的综合开发规划等。

（四）极地科学考察

自1981年首次南极考察以来，印度每年定期派科学考察队赴南极进行科考，并建立3个南极永久科考站。到2013年，印度已进行30多次南极考察，由来自50个组织1300多名科学家参加，对南极Weddel海进行考察，获得大量有关南极地理、地质、气候、生物、大气等方面的宝贵资料。1999年印度南极考察队增加一些实验项目：一是地球气流系统研究，进一步观察太空进程；二是开展冰架破裂试验，了解冰山产生的动力和过程；三是安装自动气象站，测量冰的能量平衡和反照率因素；四是南极淡水湖沉积冰块的研究，以重现植物和气候的历史；五是在南极科考站建立环境监测室，以完成对南极陆地环境、水生物、空气和声音状况的测量等。进入21世纪以来，印度还积极参与北极科学考察。

第二节　科技进步对印度经济发展的影响

独立后，印度错过第三次科技革命浪潮，在一定程度上造成工业不发达，经济增长缓慢，与西方发达国家间经济差距扩大。为加速经济发展，从20世纪80年代初期开始，印度坚持经济政策调整和改革，大力发展高新科技，积极发展高新科技产业，逐渐形成崭新的原子能工业、空间航天工业、电子信息产业和生物技术产业，推动高新科技及其产业迅速发展，促进经济增长，使印度成为世界上经济增长速度最快国家之一。①

一、科技进步与印度农业发展

科技进步有效地促进了印度农业发展，使印度从一个吃粮靠进口的国家转变成粮食基本自给并有大量储备和少量出口的国家。

（一）印度农业落后，饥荒不断

独立前印度饥荒不断，饿殍遍野。独立后为解决粮食问题，印度不断扩大耕地面积，持续进行土地改革，坚持开展农业合作化运动，在一定程度上促进农业发展，增加粮食生产，但由于人口增长迅速，印度依然发生多次严重饥荒。为解决众多人口吃饭问题，印度不得不增加粮食进口，年进口量从 20 世纪 50 年代初期的 100 万吨增至 1966 年的 1000 万吨以上。

（二）印度依靠农业科技，发起“绿色革命”

为解决粮食问题，印度从 20 世纪 60 年代中期开始发起“绿色革命”，就是把科技更多地运用于农业。一是推广农作物高产新品种。从 1965—1966 年度到 1979—1980 年度，高产小麦和水稻播种面积从 1 万公顷增加到 2710 万公顷。② 二是扩大农作物灌溉面积。从 1950—1951 年度的 2100 万公顷增加到 1976—1977 年度的 3460 公顷，其占播种面积比重从 17. 6% 上升到 26. 6% 。三是增加化肥使用。每公顷土地的化肥使用量从 1952—1953 年度的 0. 5 公斤增加到 1978—1979 年度的 29. 8 公斤。四是加强农作物保护。“绿色革命”以来，印度农业使用杀虫剂不断增加。五是提高农业机械化水平。每 10 万公顷土地使用拖拉机的数量从 1951 年的 7 台增加到 1978 年的 213 台，每公顷土地使用电力从 1951 年的 1. 5 度增加到 1975 年的 50 度。

---

① 文富德：“国际金融危机后印度经济发展的前景”，《南亚研究季刊》2010 年第 1 期。

② ［印］《经济趋势》1980 年 1 月 1 日，第 9 页。

（三）科技使印度成为粮食出口国

印度“绿色革命”的成功主要体现在如下几个方面：一是提高了农业生产率。1964—1965 年度到 1978—1979 年度，印度粮食作物播种面积年增长率只有 0.6%，而产量年增长率却达到 3.4%；同期，经济作物播种面积年增长率只有 0.8%，而产量年增长率则达到 2.6%。[①] 二是提高了粮食产量。1964—1965 年度到 1978—1979 年度，印度粮食产量从 0.89567 亿吨增加到 1.3137 亿吨；同期，小麦产量从 0.12 亿吨增加到 0.3498 亿吨。三是增加了商品粮食的供应。商品粮食主要集中在旁遮普邦、哈里亚纳邦和北方邦西部等地区。1978—1979 年度，旁遮普邦和哈里亚纳邦稻谷产量的 78% 和 81% 都卖给了政府，正是“绿色革命”地区产生大量余粮，使印度从吃粮靠进口的国家转变成粮食基本自给的国家。随着“白色革命”的开展，印度奶产量大幅度增加，从 1960—1961 年度的 0.2 亿吨增加到 2006—2007 年度的 1.009 亿吨，增加了 4 倍。印度也超过美国成为世界上奶产量最多的国家。然而，“绿色革命”也产生了一些问题。一是加剧了农村贫富两极分化。“绿色革命”的利益主要为少数地主和富农所获得，广大缺地少地农民依然贫困。二是造成农作物结构更加不平衡。“绿色革命”主要针对小麦和水稻，其他农作物特别是油料作物没有突破性增长，导致印度长期依赖食用油进口。三是导致地区农业发展不平衡加剧。由于“绿色革命”主要发生在自然条件较好的地区，因此该地区与其他地区的农业生产差距扩大。

（四）农业科技与印度农业发展

经过长期艰苦努力，印度农业科技获得突破性进展。一是培育出农作物新品种。印度科学家利用杂交技术培育出抗病虫害高产小麦和水稻新品种，获得转基因烟草、水稻、芥子及鹰嘴豆等农作物新品种，还获得保存蛋白质及防止病虫害等基因。印度已培育出 7 种转基因小麦、1 种转基因水稻、8 种转基因玉米。通过基因改良，提高菊花、万寿菊、康乃馨等花

① 拉克希米·纳拉扬·纳特拉姆卡：《印度经济学》，1982 年版，第 242 页。

卉的产量和商业价值，改良芒果品种；把染色体消失技术应用于小麦与玉米杂交中，以获取双、单倍体群体；采用单个标志基因分析检测出大量标志性状，以提高小麦品质；完成国际水稻基因组测序项目的染色体特定区域测序。二是开发植物生物技术。印度应用分子标记鉴定植物的多样性，用转基因技术和分子生物育种方法提高一些品种产量；分析喜马拉雅松的群体遗传结构和多样性；把分子工具用于基因组评价和特征鉴定；生产无病优良植物材料；开展甘蔗 EST 测序，启动甘蔗基于微卫星标记的标志基因顺序；应用生物技术改良茶叶、咖啡、黄麻和紫胶虫。三是开发生物肥料。印度成功获得利用麦麸、谷糠、玉米秆、蔗渣、海藻及根瘤菌等制造生物化肥的技术。四是开发生物杀虫剂。印度研发出 12 种生物农药，包括杀害寄生虫、食肉动物、昆虫体寄生真菌和细菌等的生物农药。印度掌握黄牛、水牛和骆驼的胚胎移植技术并培育出其优良品种，增加其奶产量；还把核技术用于开发高产农作物种子、研发肥料和杀虫剂、生产加工食品等，培育出 22 种高产豆类、油菜子、稻谷和黄麻等。印度遥感卫星被广泛用于农业、减灾、城建规划及海洋等领域，成绩斐然。

（五）气候环境影响印度农业发展

印度工业化和城市化进程加快等造成严重的水污染和大气污染，水污染直接影响农业收成，而大气污染形成的温室效应也对农作物产生负面影响，这些影响在 20 世纪 80 年代后逐渐增强。研究人员推测，如果没有气候的负面影响，在 20 世纪 90 年代的一些年份中，印度水稻收成应该提高 20%—25%。

二、科技进步与印度工业发展

独立后，印度利用国外高新技术，逐渐建立起门类齐全的民族工业体系。

（一）促进高新技术产业的形成和发展

仅以核工业体系形成为例。经过长期勘探，印度原子矿物勘探与开采理事会发现梅加拉亚邦的瓦坑等地有丰富的铀矿储存，并发现在卡纳塔克邦的戈基等地铀矿较易开采，还发现许多沙滩矿，其中有钛铁矿、金红石、独居石和石榴石等。印度铀有限公司在巴丁和那瓦帕哈建立2个采矿厂，把该地自然状态铀矿加工成黄色块状体，送往海德拉巴核燃料联合企业，为重水反应堆提取燃料。印度稀土有限公司拥有3个矿砂分离厂，主要生产钛铁矿、金红石、独居石和石榴石等，并主要用于出口。[①] 2007年印度还在喜马偕尔邦列城地区发现大型铀矿，铀浓度在0.31%—5.36%，具有战略意义。[②] 印度在安得拉邦的马柳古鲁等地建立8个重水工厂，在马柳古鲁和科塔两地的重水工厂采用本地技术生产，开发氢硫化水交换过程；其他重水工厂使用氨—氢交换过程；兰加的工厂用电解水方法生产重水。印度核燃料国产化率达90%，重水用于出口。到2002年，印已有126吨重水出口韩国，还向美国等国家出口重水。[③] 印度已建立两个核燃料联合加工企业，制作铀氧化燃料，形成铀生产线，还为工程企业生产无缝不锈钢、无缝不锈铝和电子工业所需超纯材料。英·甘地核能研究中心与巴巴原子能研究中心合作研发出一种富钚碳化物燃料，可替代以混合氧化燃料为基础的浓缩铀。1997年印度采用这种燃料通过快中子增殖试验反应堆将1兆瓦电力送入泰米尔纳杜邦电网中。印在特罗姆贝等三地建立核废料加工厂，其中位于卡拉卡姆的为小型核燃料再加工厂，主要对增殖反应堆实验核燃料进行再加工；特罗姆贝工厂已开发出玻璃化技术，并据此技术在特拉普尔建立核废料固定工厂，印度还计划在特罗姆贝和卡帕卡姆建立两个类似工厂。特罗姆贝生产的放射线同位素广泛用于工业，主要用在非破坏性试验、用伽马线浏览化学工厂的错误诊断和绘图工具等。同位素技术部还给工厂提供钴—60和铱—192放射性照相术设备，印度许多工厂都在使用该部设计和开发的放射性照相术设备。巴巴原子研究中心等还从事激光研发，将激光技术用于工业、医学和研发等，如外科二氧化碳激光、医用激光仪器、内窥镜外科、结核病激光治疗和厚钢盘的切割等。其开发

---

① Ministry of Information and Broadcating, Government of India, INDIA, 2002, New Delhi, Research, Reference and Trainning Division, p. 147.

② “几块小石头触动印度‘铀神经’”，《国际先驱导报》2007年9月11日。

③ ［印］《印度时报》2007年3月17日。

的 10 千瓦二氧化碳激光可产生 7.5 千瓦能量；TEA 激光在 500 赫兹重复率时可发出最高 1 兆瓦的能量，用于碳同位素分裂；医用和研发用激光 YAG 为诊断癌症的氮激光和治疗烧伤的激光；激光焊接、激光雕刻和高质量大块水晶的生产等。印度已形成较完整的核工业体系，具有核工厂设计、制造、建造和管理方面的能力，即具有处理核燃料循环的能力，包括核矿物采矿、核矿物加工、核矿物集中、核燃料组合、生产重水、重新加工、核废料处理等。

（二）促进传统产业的技术改造

以制药业为例，其为印度的传统产业，科技人员注意将生物技术运用于制药，改造印度医药制造业。印度科技人员从不同海域收集和辨认出 1400 多种海洋花和动物群，收集 4000 多种海洋生物样品，发现几种样品对治疗糖尿病和高血脂等疾病有疗效，6 种海洋生物具有抗糖尿病、高血脂、焦虑、胆固醇和抗氧化、抗细菌和杀虫的潜力；还从海水中提取出抗糖尿病、痢疾、高血脂和细菌的药物共 84 种，正在进行研究和分子合成中。印度成功从海藻中提炼出防治糖尿病等疾病的成分制式药物。1996 年，印度第一家生物制药公司推出价格仅为市场同类品 1/40 的抗乙肝疫苗；印度两大生物技术公司已占据整个亚洲胰岛素市场。印度把药物临床试验、生物制药和疫苗生产研发等作为其生物技术重点产业。在在从 1995 年到 2005 年的 10 年里，印度制药业年均增长率高达 17%。到 2005 年，印度生物技术公司 300 余家，从业人员 5 万余人，2005—2006 年度生物技术产业产值达 10.7 亿美元，比上一年度增长 36.55%，2006—2007 年度更增到 20 亿美元，比上一年度增加近 1 倍。印度已成为亚太地区五个新兴生物科技领先国家和地区之一，并且正在成为世界生物技术大国。印度药品出口额每年以 20% 的速度递增，出口药品主要为抗生素、抗菌素和抗结核药物。印度还建立了 2 个生物农药生产厂，在全国各种类型气候区试验使用不同类型的生物农药。生物技术开发利用有效地促进了印度制药业发展，使其成为印度又一个具有优势的产业。

（三）形成比较完整的民族工业体系

独立后，印度在已有工业的基础上大力发展重工业和基础工业，形成印度传统工业基础。进入20世纪80年代后，原子工业、航天工业、信息技术工业和生物技术产业等高新技术产业在印度逐渐出现并迅速发展。印度注意利用高新技术改造传统产业，使传统产业焕发出新的生机。现在，印度已经形成并逐渐扩大包括棉麻纺织、服装、食品加工、钢铁冶金、制药、石油化工、机械制造等在内的传统工业，并且也建立起了信息电子工业、原子能工业、航天工业和生物技术工业等在内的高新科技产业。高新科技产业的建立和发展有效地促进了印度民族工业体系的完善，推动了印度工业发展。工业品生产增加以及传统工业的改造和扩大满足了不断增加的人口需要，工业品也成为印度重要的出口产品，并使社会经济发展在一定程度上减少对外国产品的依赖。长期以来，海洋石油一直占据印度石油年产量的一半左右，为印度经济发展作出了重要贡献。值得重视的是，印度企业还注意创立本国工业品牌，如印度汽车就已经建立起自主品牌；印度也开始生产高科技纺织品，专门生产不织布和专业用纺织品，如医疗、包装、建筑、交通、环保、室内装饰、防护、运动及其他产业专用纺织品等。

三、科技进步与印度服务业发展

高科技发展正改造着印度传统服务业，同时也产生了一些崭新的服务业。

（一）促进传统服务业发展

随着高新科技不断发展，印度传统服务业获得了十分重要的发展。教育领域中的远程教育和电子家教逐渐壮大；医疗领域中高新科技在卫生防疫、检测诊断、治疗及远程医疗等方面的发展使医疗保健事业全面改观；商业领域中的超级市场和网上购物产生并发展，形成不断扩大的电子商务产业；银行金融领域中的信用卡、电子银行、网上银行等电子业务产生并扩大，使影子银行业务不断壮大；现代通信中的无线电话通信和网络电邮等出现并发展，彻底改变统通信方式，并形成巨大产业。仅以原子技术在医疗保健业应用为例，印度将放射同位素广泛运用于诊断、医疗和保健等；巴巴原子研究中心等原子研究开发机构从事核医疗和核保健工作，为医疗机构提供放射同位素和放射核素；特罗姆贝研究反应堆定期生产许多用于核医学的放射同位素。孟买同位素技术部为全印医疗工作者加工和提供放射同位素，每年要为近120个核医学中心和650个实验室提供4500多件不同放射性药品，可进行80万个病例分析；也为62个城市170个电疗单位提供钴—60电料资源，为治疗癌症提供铯—137和铱—192治疗资源；还开发出血液照射设备，用于血库和医院。印度多尔高技术中心开发的外科二氧化碳激光系统对外科物理治疗很有用，并已在各医院推广。印度还利用放射物对药箱和分娩箱等医疗品消毒，以减少母婴死亡。现代科技的运用有力地促进了印度医疗保健事业发展。

（二）推动新服务业不断出现并迅速发展

20世纪末期，西方发达国家科研领域出现让国外研发机构帮助进行研发现象；企业将税收计算、银行贷款回收、项目方案设计、项目经费结算、电话呼叫等外包给国外相关机构完成；家庭把小孩教育委托给国外个人承担；医生也委托国外个人为其书写治病处方；个人委托国外相关机构或个人代为制订旅游行程等等，形成巨大外包服务业。这些崭新服务方式不断出现，逐渐形成一个巨大的服务现代产业。自20世纪末期以来，印度软件研发机构积极争取为美国等西方发达国家公司开发软件，促使印度软件服务出口不断增多。目前，印度每年出口软件服务接近300亿美元。进入21世纪以来，印度其他外包服务业也获得重要发展。现在，印度每年从外包服务中获得的收入超过200亿美元。随着科技实力不断增强，越来越多的外国公司在印度设立软件开发中心，甚至连世界许多制药企业都将印作为区域临床试验与研究中心。世界许多大制药企业为降低其研发成本，都非常愿意将其临床试验转移到印度进行，而印度公司则可从1—4期临床试验、临床前和临床后的验证中取得巨大商机。英国著名制药公司Myers Squibb公司将其肿瘤研究业务外包给印度企业；Glaxo Smith Kline公司和Aentis公司等也在印度开展业务外包；Pifzer公司在印度开拓分子筛选业务的外包；Novo Nordisk计划在印度开展药物鉴别的外包服务业务，估计全球临床试验市场可为印度临床试验组织带来100亿美元的收入。现代服务业发展特别是外包服务业发展，促使印度逐渐成为一个重要的“世界办公室”。

（三）服务业成为印度经济主要组成部分

科技进步有力地推动了传统服务业的发展，也有效地促进了现代服务业的产生和发展，使服务业成为印度经济的主要组成部分。如印度通信卫星网络使印度电视频道数量和覆盖范围不断扩大，通信服务范围扩展到农村远程通信、商业通信、教育、邦际通信网络建设、卫星移动通信、互联网建设、紧急搜救和气象预报等各服务领域。[①] 随着应用领域扩大，技术水平提高，高新技术服务范围和涉及领域将越来越广，必将深入到社会经济各行各业，起到越来越重要的作用。实际上，服务业已成为印度经济最主要的部门，已成为拉动印度经济发展的主要动力。因此，国际社会有人认为，印度有可能跨越大多数发达国家曾经经历过的长期而缓慢的工业化阶段，而直接进入服务经济阶段。

四、科技进步与印度经济结构的变化

科技进步也在一定程度上促使印度产业结构和地区经济结构等都发生了重要变化。

（一）推动产业结构升级

高新科技和高新科技产业的不断涌现和壮大在一定程度上促进了印度产业结构的变化。一是服务业比重大幅度上升。在高新科技的推动下，传统服务业迅速发展，现代服务业不断产生并逐渐发展壮大，服务业在印度国民经济中的地位大幅度提高，其在印度国内生产总值中的比重从独立初期的不到40%上升到目前的50%以上；同期，其在印度劳动力就业中的比重也从不到20%提高到接近30%。二是工业比重稳步上升。独立初期，工业在印度国民经济中的比重仅约为10%。随着在高新科技基础上建立起来

① 常青：《印度科学技术概况》，科学出版社2006年版，第92—94页。

的工业体系的逐渐形成和不断完善，印度工业不断发展壮大，其在印度经济中的地位稳步上升。目前，印度工业在其国内生产总值中的比例已经达到25%左右，其在印度劳动力就业中的比重也从独立初期的不到10%上升到目前的20%。三是农业比重不断下降。独立初期，农业占印度国内生产总值的比重约为60%，在劳动力就业中的比例超过70%。随着在高新科技基础上建立起来的工业不断发展和服务业迅速发展，农业在印度经济中的地位不断下降。目前，农业在印度国内生产总值中的比例已降到15%，但在印度劳动力就业中的比重依然高达50%。

（二）促使地区经济结构变化

高科技发展促使印度经济地区结构也发生了重要变化。一是推动地区经济发展。20世纪60年代中期印度发起的“绿色革命”，促进了旁遮普邦、哈立亚纳邦和北方邦西部等地区农业、农业机械工业和农产品加工业的发展。20世纪80年代中期以来，印度大力发展软件信息产业等高新技术产业，班加罗尔、新德里、孟买、海德拉巴和金奈等地区信息技术产业迅速发展起来。二是科技产业密集地区经济快速发展。旁遮普等地区开展“绿色革命”后，粮食产量大幅度增加，促进了农业机械制造业和农产品加工业在该地区的建立和发展，极大地推动了该地区经济发展，使其成为印度人均收入最高的地区。随着信息科技产业的建立和发展，班加罗尔逐渐成为印度“硅谷”，推动其所在卡纳塔克邦经济迅速发展。海德拉巴和金奈信息技术产业的形成和发展也有力地推动了其所在的安得拉邦和泰米尔纳杜邦的经济迅速发展。三是无科技产业地区经济发展缓慢。如印度东北地区的阿萨姆邦等地，由于地处边远山区，“绿色革命”不沾边，信息技术革命浪潮中也没有条件建立信息技术产业，他们没有直接从高新技术产业的建立和发展中获得巨大经济收益，经济长期发展缓慢，处于极端落后状态。

第三节　印度科技发展的潜力

经过独立后60多年的艰苦努力，印度已经形成比较庞大的优秀科技人才队伍，并在诸多高新领域拥有比较雄厚的科技基础，印度政府也越来越重视高新科技发展，因此印度科技发展潜力巨大，到21世纪中叶很有可能成为世界科技大国之一。

一、形成比较优秀的科技人才队伍

独立后，印度注重高等教育发展，培养了一大批优秀科技人才。未来，印度仍将大力发展教育，特别是高等教育，培养更多的优秀科技人才，为印度科技发展奠定雄厚的人才基础。

（一）政府重视高等教育发展

独立后，经过历届政府几十年的不懈努力，印度高等教育机构不断增多。到2013年，印度已有国立大学250多所，各种公立学院1万多所，私立理工学院1100多所，德里大学、贝拿勒斯印度教大学、贾瓦哈拉尔·尼赫鲁大学、国际大学、孟买大学、亚格拉大学更是享誉世界。20世纪90年代，印度正规高等院校的每年入学人数高达350多万，仅次于美国和俄罗斯，居世界第三位。庞大的高等教育体系和众多的一流大学为印度的科学技术特别是信息技术的迅速发展源源不断地培养、造就和输送了大批一流的高级人才，从而使印度成为世界信息技术人才资源大国。

（二）拥有一大批优秀科技人才

印度高等教育特别是大学教育注重与国际接轨，除保留其本土的语言文字、历史等专业之外，其他专业在师资配备、课程设置、教材选用上几乎同欧美国家一致，这也使印度在全球教育界的地位日益提高。1998 年，印度在校大学生已超过中国，科技人员总数仅次于美国位居全球第二。早在 20 世纪 50 年代初，尼赫鲁政府就曾效仿美国麻省理工学院（MIT）的模式先后建立了 6 所被视为印度科学皇冠上的瑰宝的印度“MIT”，以此拉开了印度决心依靠自己的力量来培养和造就高新技术人才并以此来发展本国高新技术的序幕。印度还在全国所有邦设立印度信息技术学院，以印度理工学院为鉴，专门培养高水平的信息技术人才。印度理工学院对学生和老师的要求都极其严格，其毕业生完全可以与欧美著名大学相比，甚至还没有毕业就已经被美国等西方国家的大公司预订完毕。在美国软件工程师队伍中，印度人约占 1/3。如今在美国“硅谷”新崛起的 2100 家公司中，有 820 家是由印度年轻工程师创立的，还有数以千计的印度高级人才进入了美国公司的高级领导层。在科学家和工程师的可获得性上，印度排名位居世界第四，仅次于以色列、日本和芬兰，远远把中国甩在了后面。庞大的科学家和工程师队伍反映出印度重视科学教育，也使得印度形成良好的创新氛围，为创新人才的培养打下良好的基础。

（三）外流科技人才源源不断回国

独立以来，印度就一直把科技人才源源不断地送给美国等西方发达国家，每年有 10 万名印度专业人员赴美任职。美国比较教育学家阿诺夫把印度视为“一个向西方输送高级人才的净出口国”。[①] 印度理工学院的毕业生中近 1/4 都去了国外公司。一位教授痛苦地回忆说：“曾几何时，印度理工学院一个计算机班的学生毕业后一个不剩地全部离开了印度。”而印度政府领导人却认为科学移民的数量对 10 亿人口的国家来说微不足道。20 世纪 90 年代以来，随着经济特别是高新科技产业迅速发展，印度出现高新科技人才短缺问题。据 2006 年印度全国软件服务公司协会调查，为适应信息技术迅速增长的需求，班加罗尔、新德里、海德拉巴、金奈和孟买等将会在 5 年内雇佣 100 多万 IT 员工，其他印度城镇也会增加 60 万个信息技

---

① Robert F. Arnove, A Comparison of the Chinese and Indian Education Systems, Comparative Education Review, No. 3, 1984, p. 399.

术行业就业机会。该报告警告说，到2010年印度信息技术产业将面临50万专业人员短缺，威胁到印度在全球离岸信息技术外包产业的主导地位。在生物科技领域，博士和博士后等高精尖人才缺口高达80%。[①] 实际上，从20世纪60年代开始，印度政府就投资创建“科学人才库”，负责接纳愿意回国工作的印度人。印度政府在主要发达国家都建有海外专家人才数据库，尤其重视那些能为印度重点项目解决难题的人才。为吸引人才回国，印度还斥巨资兴建科学城，作为国外人才回国工作、为国服务的永久性基地。从20世纪80年代开始，政府对软件产业实行一系列政策优惠，创造良好的投资环境，为海外留学或者工作人员回国开办软件企业或者从事软件开发大开“绿灯”。瓦杰帕伊总理在一次“海外印度人日”大会上对在场的印侨深情地说：“想回来的时候就回来，我们的大门是永远向你们敞开的!”随着印度科技的不断进步和经济的加速发展，越来越多的海外印度人才回国工作。进入21世纪以来，大批当年千方百计出去学习和打工的印度人开始揣着大笔的美元、最前沿的科技知识和先进的管理理念回到印度的班加罗尔、海德拉巴等科技中心。印度软件产业的成功，人才无疑是第一大要素，正是这些所谓的“外流”人才为印度软件业发展作出了巨大贡献。

二、形成门类齐全的科研体系

独立后，为促进科技发展，印度政府在各科技领域设立一大批科技研发机构，逐渐形成门类比较齐全的科研体系。

（一）在各科技领域都有科研机构

为推动科技发展，独立60多年来，印度政府作为科技发展活动的直接参与者直接投资高科技发展，在各高科技领域建立了诸多研发机构。印度中央政府科技部下属的科技局通过印度科学与工业研究理事会管理的研发

① “印度IT业2010年将短缺50万人”，《经济参考报》2005年12月26日；［英］《金融时报》2005年12月12日。

活动就涉及微电子、冶金、化学、生物学、物理学、植物学、光学、数学、机器制造等诸多科技领域。① 该理事会在全印各地拥有 40 多个国家实验室和 100 多个野外实验中心，雇佣各类专家 4500 多人，科技人员 1 万多人。印度政府科技部 2006 年 9 月公布的统计报告显示，全国研发机构科技人员总计 29.6343 万人，其中直接从事研发活动的科研人员 9.3836 万人，占总数的 31.7%；科研辅助人员 9.0045 万人，占 30.4%；行政管理人员 11.2462 万人，占总数的 37.9%。在直接从事研发活动的 9.3836 万名科研人员中，5.9112 万人任职于中央政府和少数邦政府的研究机构，而企业研发人员（包括国营或私营企业）只有 3.4724 万人，分别占直接从事研发活动人员总数的 63% 和 37%。

（二）企业拥有一大批研究开发机构

2005 年由科学和工业研究部注册认可的企业研究机构仅有 1195 个，834 个企业研究机构（约占 70%）的活动经费在 1000 万卢比以下，240 个企业研发机构的活动经费在 1000 万—5000 万卢比之间，只有 121 个企业研发机构的活动经费超过 5000 万卢比。如 2003—2004 年度，印度企业用于研究开发的经费总额为 445.719 亿卢比，约合 11 亿美元，占企业全年销售收入的 0.47%。其中，公营企业研发经费总额为 80.894 亿卢比，占企业研发的 18%，主要投入方向为国防（41.9%）、电力（22.1%）和电子（14.2%）；私营企业研发经费总额为 364.825 亿卢比，占企业研发投入的 82%，投入方向主要集中于制药（21.3%）、通信（9.3%）和交通（7.6%）。由此可见，尽管企业研发投入比例不高，但是研发投入相对集中，主要投入到制药行业中，成为印度企业研发的亮点。

（三）拥有一批优秀科技研究开发机构

印度不仅科研机构数量多，而且有些科研机构也非常优秀。如塔塔基础研究所、巴巴原子研究开发中心、印度空间研究开发组织等。印度科研

---

① Ministry of Information and Broadcasting, Government of India, India, A Reference Annuals, 2003, Publishing Division, Ministry of Information and Broadcasting, New Delhi, 2003, p. 140.

机构在培养创新人才方面也发挥了重要作用，尤其在科研机构质量和科学家、工程师可获得性上，印度明显优于中国，这就使印度的创新环境更为优良。印度创新因子指数排名位居世界上游，其科学研究机构的质量也起到重要的作用，高质量的科研机构为印度培养了大量的创新人才。

三、拥有比较雄厚的科技基础

经过独立后几十年的艰苦努力，印度在诸多科技领域取得了举世瞩目的成就，为未来印度科技发展奠定了雄厚的科技基础，使印度具有巨大的科技潜力和发挥科技潜力的能力。

（一）原子科学技术的潜力

为发展原子科学技术，印度政府原子能局设立 5 个研究中心，并在 1956 年设计并建造了亚洲最早以轻水和中浓度铀为原料的核反应堆，印度还将原子技术广泛运用于科研、农业、工业、医疗和军事等诸多领域。20 世纪 60 年代初期，印度还制定核技术发展战略，1966 年印度成为唯一拥有设计快速中子反应堆能力的发展中国家。印度还积极开发核燃料技术，目前已能自己设计、建造和管理重水生产、燃料裂变、燃料再加工及废料处理等工厂。20 世纪 80 年代中期，印度使用的新型燃料快速中子反应堆只有美国等少数国家才有，其消耗的燃料比产出的燃料还要少。在美国的援助下，1969 年印度建成第一座核电站，现在印度已经具有自己设计、制造、建设和管理核电站的能力。1988 年印度建造 50 万千瓦核电站，现在印度准备建造 100 万千瓦核电站，计划到 2020 年使印度核电能力达到 2000 万千瓦。[①] 1998 年连续 5 次核试验后，印度已经成为事实上拥有核武器的国家。

（二）空间科学技术的潜力

为促进空间科学技术发展，印度在 1972 年建立宇航委员会和宇航局，

---

① 印度政府：《2000 年印度参考年鉴》，印度政府广播信息部出版处 2000 年版，第 153 页。

由印度空间研究组织、国家遥感机构和物理研究实验室等机构开展空间科学技术研究开发。1975 年印度设计了第一颗人造卫星，1983 年开始印度国家卫星系统计划，已经成功研制并发射 INSANT—1 型、INSANT—2 型、INSANT—3 型、INSANT—4 型等各类实验卫星、对地观察卫星、资源勘探卫星、广播电视卫星、遥感卫星、气象卫星及多用途卫星。同时，印度也注重火箭技术的发展，1973 年就制订了火箭研制计划，1980 年用自制火箭成功发射了自制卫星，成为世界上第七个能自制火箭的国家。1990 年，印度用自制火箭把一颗遥感卫星成功送入极地轨道，成为世界上第六个具有这种能力的国家。印度已经掌握了第一代、第二代、第三代和第四代火箭技术，第四代火箭可将 1. 2 吨重的遥感卫星送入极地同步轨道，印度最新型火箭可将 2. 5 吨重的卫星发射入轨，从而使印度进入发射卫星的商业领域。印度还利用火箭技术大力发展中远程导弹，并且具有发射射程在 4000 公里以上的能力。

（三）信息科学技术的潜力

20 世纪 70 年代，印度建立专门的电子出口加工区。20 世纪 80 年代初期，印度建立电子局，加速信息科学技术研究开发。80 年代中期，政府制定新计算机政策和软件出口政策，放松对软件技术开发公司开业限制，并设立多个软件科学技术园，还在班加罗尔等地设立信息城，促使印度涌现出一大批信息技术公司。20 世纪 90 年代，印度建立国家信息中心，在总理办公室设立国家信息技术和软件开发工作组；2001 年建立信息技术咨询委员会，使印度在 2007 年成为世界信息技术超级大国。现在，印度软件开发公司超过 700 家，软件编程人员超过 150 万。在开发软件技术方面，60% 的软件公司已经掌握并运用世界上最先进的技术，如第四代语言、图像用户界面及面向对象编程等；其中近 100 家软件公司通过 ISO9000 国际标准认证；几乎所有软件开发公司都把美国卡内基 · 隆梅大学软件工程研究所设立的 SEI 软件品级作为质量管理标准，把其最高级别的 5 级作为工作目标，而 ISO9000 只相当于 SEI 的 3 级，因此印度软件公司开发的软件质量甚至优于在美国开发的软件，使世界各国大公司都纷纷向印度软件公司采购软件，美国《财富》杂志所列 500 家世界大公司中有 300 多家公司使用在印度采购的软件。印度正在成为软件技术超级大国，其硬件技术也在不断发展。20 世纪 90 年代初期，浦那高级计算机中心 1998 年生产的帕拉玛 10000 超级计算机每秒运算能力达到 1000 亿次，可与美国生产的任何一台克莱超级计算机相比，使印度跨入只有美国、日本、欧洲等少数国家才能生产超级计算机的行列，并改变了印度只有软件好的形象。比尔·盖茨 1997 年访问印度时曾认为，印度将成为 21 世纪全球的软件超级大国。[①]

（四）生物科学技术的潜力

独立后印度十分重视生物科技研发，1986 年在政府科技部下设立生物技术局，并在全印各地设立 1000 多个生物科技研发机构，专门从事生物科技研发的科学家多达 5000 多人；在印度各大学中设立 50 多个生物科技研发机构，还成立专门生物技术学院和生物技术信息系统网络，收集和传播生物科技，使印度在生物科技方面获得十分重要的进展。在农作物生物技术方面，印度已经培育出许多抗病虫害的高产小麦、水稻等农作物新品种，获得转基因水稻、烟草等农作物新品种和保存蛋白质及防止病虫害的基因。印度农民苏曼特·库马种植的水稻每公顷产量达到 22.4 吨，超过有中国“杂交水稻之父”之称的袁隆平创出的每公顷 19.4 吨的世界纪录。[②]在生物化肥技术领域，印度已获得利用谷糠、玉米杆、蔗渣等制造生物化肥的技术，还获得利用海藻和根瘤菌等制造生物化肥的技术。在动物育种技术领域，印度培育出用精料少的优良奶牛和大量优良鱼种。在生物医学领域，印度成功利用 DNA 技术和转基因遗传技术生产出许多抗病毒疫苗。由于生物科技方面的成就，联合国把印度作为发展中国家生物工程技术培训中心，美国一些生物科技研发机构也把相关生物科学试验和技术开发放到印度有关生物实验室进行。未来，印度将成为世界生物技术产品市场上一个重要角色。

---

① Dewang Mehta：“印度：从软件乐园到软件超级大国”，《今日印度》，印度驻华大使馆，1999 年 4 月。

② 张美奇：“印度村庄稻米单产超越袁隆平 成新世界纪录”，中国经济网，2013 年 2 月 17 日，http：//news. ifeng. com/world/detail_ 2013_ 02/17/22201301_ 0. shtm。

（五）海洋科学技术的潜力

印度有漫长的海岸线，在12海里领海内和200海里经济专属区还拥有200多万平方公里的海洋国土，约相当于陆地面积的70%。海洋在印度未来经济发展中的作用越来越重要。20世纪70年代中期以来，印度对海洋开发极为重视，并公布了海洋政策声明。1981年印度设立海洋开发局，专门协调、组织和促进海洋科学研发活动，制订海洋科学技术研发规划、利用海洋生物和非生物资源规划、沿海地区社会经济发展规划和极地科学考察规划等。其主要目标是：开发与海洋矿产、海洋金属提炼和海洋能源等有关的技术；在极地科学研究方面走在世界前列；对海洋资源进行勘测并绘制海洋资源图；开发合理利用海洋生物资源和非生物资源的技术；对海洋科学技术进行基础研究；从事沿海地区和海洋区开发，为社会经济发展服务，并在公众中培养海洋意识。经过20多年的努力，印度在海洋科技研发领域取得了一定的成绩，已对专属经济区内1000米深水质进行了研究，并绘制出各类鱼群活动图；创建了海洋卫星信息系统，可以准确地向渔民提供各海域鱼类活动情况；重视海洋医学研究，研究海藻的化学和医药价值等，已研究出多种海洋生物具有防治糖尿病等多种疾病的功能，并已在动物身上进行实验；重视对海洋非生物资源的开发利用，在孟买附近海域开采石油和天然气。1980年联合国承认印度为深海“开拓投资国”，1987年把印度洋中部15万平方公里的海底矿产资源划归印度开发；印度对这些海洋区域进行化学、物理学、生物学及地质学等多学科综合科研，对进行相关实验开采。除海洋石油、天然气开采外，印度还从海洋中提取碘、氮、锰、溴、钾、盐、金、锡、钛等多种重要物质，使印度进入海洋开发先进行列。从1981年进行第一次南极科学考察以来，印度已经进行30多次极地科学考察，并在南极建立科学考察站“迈特立”，吸引来自50多个国家的1200多位科学家到此进行科研，获得有关南极资源、气象等诸多方面的重要资料。

四、政府越来越重视科技发展

现在，印度社会上下越来越重视经济发展，越来越意识到科技在经济发展中的重要作用，为此，印度政府也越来越来于重视科技发展。

（一）政府长期重视科技发展

独立后，为把本国建设成为一个现代化工业强国，历届印度政府主要领导人都十分重视科技发展。独立印度首任总理“尼赫鲁相信，印度的未来靠的是科技发展，而且科技发展要建立在自力更生的基础之上”。[①] 长期以来，政府总理直接抓科技发展与管理工作，甚至直接兼任高科技部门负责人，形成政府总理为首的一元化高科技领导体制。拉吉夫·甘地总理要用电子革命把印度带入21世纪。拉奥总理把信息技术、生物技术和原子技术综合起来发展。瓦杰帕伊总理要使印度在2008年成为软件超级大国。为此，在《科学技术政策—2003》中，印度政府第一次提出要把科技研发投资提高到占国内生产总值的2%。

（二）政府越来越重视经济发展

独立后，印度政府注意发展经济，但由于种种原因，经济长期增长缓慢，劳动力失业不断增多，人民生活依然贫困。自1987年起印度每年组织召开全国企业研发机构大会，主要目的就是为企业研发机构提供对话场所，加强企业机构与国家实验室、高等院校及金融和其他机构的联系，促进研、学、产的合作与交流，推动科技在企业生产经营中的运用，有效地促进经济发展。印度在20世纪80年代进行经济政策重大调整，90年代初期起又发起经济改革，促使经济在进入21世纪后出现加速增长势头。但由于国际金融危机影响，印度经济增长速度明显放缓。为使印度经济继续持续增长，除继续坚持经济改革外，印度政府注意加速科技发展，并强调把科技与经济发展结合起来。

（三）政府将越来越重视科技发展

印度政府总理兼科技顾问拉奥2006年7月在报上撰文，高呼“如果再

---

① Raja Ramana, Science: New Frontiersand Beyond, in Hiranmay Karlekar ed, Independent India: The First Fifty Years, Oxford University Press, 1998, p. 176.

不增加科技投入，印度科技将面临死亡的困境”。为加速科技发展，独立后历届政府都制定了十分宏伟的科技发展目标和发展规划，如瓦杰帕伊政府曾经提出，2008 年印度要成为世界软件超级大国，2020 年要成为发达国家。为实现国家科技发展的远大目标，印度科技界也提出了一些非常远大的具体发展目标，如 2007 年印度基础科学研究先遣小组就提议，在未来 10 年里将博士学位数目增加 5 倍，这一人才培养目标也是十分远大的。先遣小组还提议，未来 5 年里在全国各所大学里引进 1000 名研究科学家。[①] 可以预见，由于印度政府越来越重视科技发展，未来印度科技特别是高科技还将获得重要发展。

---

① 聂云：“长期依赖进口开发能力不足　印度隐形战舰难产”，国际在线，《世界新闻报》2007 年 11 月 10 日；[印]《印度时报》2007 年 11 月 6 日。

第七章

印度商品服务市场潜力

市场包括商品市场和服务市场、资本市场和劳动力市场等，商品市场和服务市场是一国经济发展的重要组成部分。世界各国在其经济发展过程中都十分重视商品市场和服务市场在经济发展中的作用，并大力开发商品市场和服务市场。这里主要研究印度的商品市场和服务市场。印度人口众多，为其提供了巨大的商品和服务市场。独立后，为解决众多人口基本生活需要，印度坚持不断发展经济，并在经济发展进程中坚持依靠内需拉动经济增长，不断增加人民收入，促进商品市场和服务市场扩大，有效地促进经济发展。但是，印度在利用本国市场发展国民经济方面也存在某些问题。目前，印度正在转变发展思路，积极解决这方面问题。未来印度人口将继续增加，人民收入将不断增加，市场潜力将进一步增大。

第一节　印度商品市场和国内服务市场迅速发展

独立后，为发挥各类市场潜力，印度不断扩大政府投资，努力提高人民收入水平，注意控制物价上涨幅度和促进商品劳务出口。经济改革以来，印度放松对私营部门投资的限制，并对外商投资实行诸多鼓励政策；加大促进出口力度，积极扩大国外市场，有效地推动了经济发展，提高了人民收入水平。印度社会中形成了一个庞大的中产阶级队伍，数以亿计的贫困人口先后摆脱贫困。印度掀起一浪又一浪购买热潮，市场潜力正在得到发挥。

一、印度消费品市场不断扩大

独立后，印度大力发展经济，在经济发展过程中主要依靠内需拉动经济增长，推动其消费品市场不断扩大。印度正在掀起一股消费狂潮，这股狂潮将重塑全球消费市场格局。目前，印度市场总消费额为3800亿美元，居世界第十二位。

（一）生活必需品市场稳定发展

独立后，印度人口迅速增长，从1951年的3.6亿增长到2011年的12.1亿。印度众多人口在生活中主要消费大米和小麦等食品，为满足众多人口的最基本生活需要，市场必须提供充足的食品。众多人口对食品的巨大需求就形成巨大的食品市场，促使印度成为世界上最大的糖和香料消费国，同事也是最大的黄金消费国。为满足众多人口的最基本生活需要，除必须提供充足的食品外，还必须提供充足的服装，众多人口对服装的巨大需求也在印度形成巨大的服装市场。印度12亿多人口由数以亿计的家庭组成，一个家庭除需要有独立住房外，还需要桌子、椅子、柜子、床等必要家具，锅、碗、瓢、桶、炉、灶等厨房用具，肥皂、香皂、洗衣粉、洗洁精等卫生用品。因此，众多家庭的存在为印度提供了一个巨大的家用产品市场。随着经济不断发展，科技逐渐进步，越来越多的家用产品面临换代升级的问题，如现代化炉灶等，从而形成更大的家用产品市场。经济改革以来，随着经济发展，人民收入逐渐增加，印度社会出现大批中产阶层，还出现数量不小的高收入家庭。这些家庭有能力购买生活所需要的最基本食品和服装，还有能力购买品质较高的食品和服装，在印度创造了一个优质食品和服装的市场。2006年国际知名经纪与投资银行服务商CLSA调查显示，印度有中产阶级家庭2亿个，家庭平均人口为4.3人，平均住房面积约为83.6平方米，房地产平均占家庭资产的51%，银行存款平均占家庭资产的30%。印度中产阶级家庭在资产管理上相对保守，84%的家庭没有贷款，只有11%的家庭投资股市。这些家庭具有购买各类食品、服装和家用产品的能力，一些家庭还具有购买优质食品、高档服装和家用产品的能力。经济改革以来，印度社会曾掀起一波又一波服装消费热潮就是其具有巨大食品和服装市场潜力的具体表现；印度社会曾掀起一浪又一浪家庭用品消费热潮就是其具有巨大家用产品市场潜力的真实反映。多年来，中国制造的商品以其价廉物美进入越来越多的印度中产阶级家庭，这些商品中既有结实耐用的日用品，也有畅销全球的家电。[①]

（二）家庭耐用品市场迅速扩大

随着经济逐渐发展，科技不断进步，电视机、电话机、移动电话、洗衣机、电冰箱、空气调节器、微波炉、洗碗机、家用自行车、家用摩托车、家用轿车，家用计算机等越来越多的耐用消费品已全面进入发达国家家庭，并且正逐渐增多地进入发展中国家家庭。作为一个发展中国家的家庭，除了必需的某些家具、厨具和其他家用产品外，也需要越来越多的耐用消费品。作为人口众多的发展中国家，越来越多的耐用消费品将进入印度家庭中，在印度形成巨大的耐用消费品市场。随着印度经济逐渐发展，人民收入不断增加，越来越多印度家庭已经或正在成为中等收入家庭和高收入家庭，促使印度耐用消费品市场越来越大。调查表明，在印度中产阶级家庭中，91%的家庭有手机，72%的家庭有摩托车，71%的家庭有自己的住房，19%的家庭有小汽车。[②] 印度“国家应用经济研究理事会”将年均税后收入在3.375万卢比与15万卢比之间的印度家庭算作中产家庭，目前有6000万家庭、约3亿人口符合此标准。即使是3亿人口，也是一个巨大的耐用消费品市场，正是他们促使印度耐用消费品市场不断扩大。如印度汽车销售数量从1999—2000年度到2002—2003年度一直在每年70万辆水平上徘徊；而2003—2004年度市场需求开始升温，销售数量首次突破90万辆大关。2003—2004年度，印度小轿车销量增长32%，达103万辆。其中，国内销售900752辆，增长27.3%；出口129316辆，增长79.6%。[③] 手机等耐用消费品需求也呈现出飞速增长势头，手机用户数量以每月150万人的速度增长，2004年6月达到2921万。进入21世纪第二个十年后，

① 张保平：“印度中产阶级喜爱‘中国制造’”，新华网，2007年9月10日。

② “印度中产阶级家庭达2亿”，新华网，2007年9月9日。

③ ［印］《商业标准》2004年4月17日。

印度逐渐变成了全球手机增长最快的市场。

（三）奢侈品市场迅速扩大

长期以来，印度社会对黄金和白银一直存在巨大的需求。经济改革以来，随着经济不断发展，人民收入逐渐提高，印度社会中购买黄金和白银的欲望越来越强烈，且越来越成为现实。2012 年，印度社会中掀起一浪又一浪黄金购买热潮，印度家庭购买黄金数量甚至超过 100 吨。经济改革以来，随着人民收入增加，中产阶层队伍不断扩大，特别是年轻中产阶层和高收入家庭增多，印度社会对奢侈品需求大为增加。随着经济持续高速增长，家庭收入增多，家庭消费支出不断增加，向西方中产阶级家庭看齐的印度中产阶级家庭日渐增多，印度中产阶级消费力低下的现象已成为过去。印度中产阶级在数量上翻了几番，消费能力也大幅提高，特别是日益增多的“年轻新贵”，其消费能力更是让人刮目相看。这些人平均年龄在 25 岁左右，有大学本科以上学历，多在信息技术公司从事软件开发或在跨国公司从事管理工作，年收入 5 万美元左右，深受西方文化影响，消费主义至上。他们是印度高档消费品市场的主顾，要买耐用消费品，更要买名牌奢侈品。如维蒂萨是一家管理咨询公司的经理，购物时从来不会太在意价格。父母认为女儿生活方式奢侈，但她说：“奢侈相对于收入而言，对于我，购买名牌产品不是奢侈，而是兴趣。”维蒂萨浑身上下都被名牌产品包装起来，而她只是印度数以千万计的中产阶级和“年轻新贵”中的一员。[①] 虽然目前这类人为数不多，但是却在以惊人的速度增加着。

二、印度资本品市场迅速扩张

所谓资本品，就是一国在经济发展中所需的包括原材料和机器设备在内的各种生产资料，其主要包括矿产品、非金属原料、能源、机器和设备等。随着科技不断进步，一国经济发展中所需的原材料将不断增多，所需的机器设备也将不断增多。作为人口众多的发展中大国，印度资本品市场

① 任彦：“印度消费市场渐火”，《人民日报》2007 年 7 月 17 日。

潜力巨大。独立后，为满足众多人口的基本生活需要，把本国从落后农业国转变成先进工业强国，印度大力发展经济，推动印度资本品市场不断扩大。

（一）农矿产品市场不断扩大

印度的农产品一部分直接供人们消费，另一部分则可能成为食品工业的原料或资本品，经过加工后再供人们消费；还有部分农产品如棉花等也成为纺织工业的原料或资本品，经过纺织成为布匹后，再经过制衣部门制作，最终成为人们的消费品。独立后，随着农业不断发展，越来越多的农产品先进入加工和再加工领域，然后才进入印度国内外的消费品市场。独立后，印度进入资本品市场的农产品品种和数量都在不断增加，有力地促使作为资本品的农产品市场不断扩大。同时，独立后随着采矿业不断发展，印度采矿品种不断增多，有金属矿产品，还有非金属矿产品。在金属矿产品中，有金、银、铁、铝、铜、锡等传统矿产品，还有铅、锌、锰、铀、钚等非传统金属矿产品；在非金属矿产品中，有云母、石灰石、大理石、明矾石、煤炭、翡翠等传统非金属矿产品，还有石油、天然气、磷矿石、石墨等非传统非金属矿产品。进入市场的矿产品增加本身就意味着矿产品市场扩大，如石油、天然气等这些过去没有的矿产品进入销售领域，形成新的石油市场和天然气市场。重要的是，独立后随着采矿业不断发展，印度各类矿产品产量越来越大，推动矿产品市场不断扩大，如印度煤炭产品就从独立初期的几百万吨增加到2010年的5亿多吨。

（二）机器设备市场逐渐发展

独立后，随着传统农业向现代农业不断推进，印度农民购买的农业机械不断增多。除耕地和农产品运输所使用的拖拉机外，印度农民还使用抽水机、播种机、喷雾器、收割机、烘干机等农业机械。随着传统产业逐渐机械化和现代化，农产品加工业中逐渐使用面粉机、磨米机、造纸机、榨油机、制糖机、纺纱机、织布机、缝纫机、绞肉机、榨汁机、豆浆机、面包机等各类现代农产品加工机械；在采矿和冶炼业中广泛使用着叉车、掘井机、选矿机、重型卡车、冶炼炉、鼓风机、制冷机、撒水机等各类现代采矿和冶炼机械；建筑业中大量使用着挖土机、搅拌机、起重机、吊车、压路机、切割机、射钉枪、喷漆机等各类现代建筑机械；运输业中大量使用着各类装卸机、卡车、火车、飞机、轮船等各类现代运输机械；现代能源行业普遍使用着各种类型的煤炭发电装置、柴油发电机、水力发电设备、原子能发电站、风力发电机、太阳能发电机及变压器等各类现代电力设备；机器制造业大量使用着车床、铣床、刨床、磨床、数控机床等各类现代机器设备；还有国防部门也在大量使用枪支、火炮、装甲、坦克、战斗机、军舰、导弹甚至航空母舰等各类现代国防设备。在独立后的现代化过程中，越来越多的机械进入到农产品加工、采矿和冶炼、建筑、运输、电力、机器制造甚至国防等各个领域，这本身就有力地推动了印度这个发展中国家机械设备市场的扩大。当然，重要的是，随着各类现代机器设备的普遍使用，对各类机器设备的需求量也迅速增长，更有力地推动着印度机器设备市场迅速扩大。特别是随着信息技术迅速进步，信息技术和各类信息技术装备逐渐进入人们的生活和社会经济发展的各个领域，促使各类机器设备信息化，推动着各类新的机器设备进入社会经济发展各个领域，推动印度机器设备市场不断扩大。目前，印度已经成为世界第二大微型车市场、亚洲第四大汽车市场及世界第一大国防设备市场。

（三）能源产品市场迅速扩张

长期以来，印度农村居民主要使用农作物秸秆和树枝等作为燃料来煮饭，使用植物油来照明；城镇人口除部分人使用煤炭等作为燃料来煮饭，用电灯来照明外；还有许多城镇人口靠木材做燃料来煮饭，依靠植物油来照明。随着石油、天然气产业不断发展，电力事业迅速扩大，印度城乡居民和社会经济发展对现代能源的需求不断增加，印度能源商品化程度逐渐提高。现在，印度城镇大多数家庭不仅使用煤作为燃料，而且越来越多的家庭已经使用天然气和电来煮饭，使用电灯来照明；印度农村大多数家庭虽然依然使用农作物秸秆和树枝等作为燃料来煮饭，使用柴油或煤油来照明，但是越来越多的印度农村家庭已经使用煤炭甚至电来煮饭，使用电来照明。在印度城乡特别是城镇，越来越多的家庭已经有了电饭煲、洗衣机、电冰箱、电视机甚至空调和计算机等家用电器，从而促使印度能源需求大幅度增加。重要的是，农产品加工、采矿、冶炼、机器制造等各类现代工业的建立和发展以及摩托车特别是轿车进入老百姓家庭，有力地推动着印度能源需求迅速扩大。

三、印度服务市场快速发展

服务就是一方向另一方提供劳务。在一国社会经济发展过程中，需要向家庭或社会提供诸多服务，也需要向国家和各类生产机构提供许多服务。有的服务只向家庭个人提供，有的服务既向家庭个人提供，也向各类生产机构提供。这些服务主要有：商品销售服务、教育服务、医疗服务、家庭服务、运输通信服务、休闲娱乐服务、水电气服务、工程技术服务等。这里主要研究市场潜力对印度商品销售服务、运输通信服务和家庭服务等的影响。

（一）商品销售服务

无论是满足人们生活所需要的基本消费品、耐用消费品和奢侈品，还是社会经济发展所需要的各类原材料、燃料和机器设备等资本品，都需要通过市场交换才能得到满足，从而形成商品销售服务。由于人们生活所需消费品种类繁多，社会经济发展所需原材料、燃料和机器设备品种也非常多，因此必然形成各种各样的商品销售和各种各样的市场。随着经济不断发展和人们收入水平逐渐提高，人们的需求会发生某些变化：过去的奢侈品可能逐渐成为目前人们生活的必需品，人们消费品种不断增加，数量逐渐扩大。同时，随着经济发展和科技进步，越来越多的原材料、燃料和机器设备等也将不断进入市场，推动资本品市场扩大。作为人口众多的发展中大国，印度消费品市场和资本品市场的潜力都非常巨大，这为印度商品销售业的发展创造了十分有利的条件。独立后，为满足众多人口的基本生活需要，印度大力发展经济，并在经济发展过程中主要依靠内需拉动经济增长，推动印度消费品市场和资本品市场不断扩大。特别随着经济发展，印度社会中步入中产阶层的人口不断众多，这些人购买力较强，绝大部分人有能力满足基本生活需要，还有部分人有能力购买各类耐用消费品。这些人的出现和增多正在印度掀起一股消费狂潮，这股狂潮将重塑全球消费市场格局。

（二）运输通信服务

印度人口众多，经济快速发展为运输通信业发展提供了广阔的空间。到2010年，印度物流业产值达到1250亿美元，占国内生产总值的比重为8%。一是公路。印度公路大致可分为三类：高速公路和国道，邦道和地方主要道路，其他道路和村道。到2007年，印度国道总长度为6.7万公里，邦内公路为12.8万公里，地方主要道路为47万公里，是世界上最大的公路网之一，基本上形成以“金四角”（新德里、孟买、加尔各答、金奈）为中心，包含“南北走廊”（开司米—坎亚库马瑞）和“东西走廊”（希尔杰尔—博尔本德尔），共50多条干线的国道网。到2010年，印度公路通车里程达500多万公里，40%的运输量由国家级公路完成。二是铁路。印度拥有庞大的铁路网，2005年铁路里程达到6.4万公里，其中复线铁路为16850公里，占26.33%；电气化铁路为16308公里，占25.48%。印度铁路轨距不统一，主要为1676毫米宽轨，占铁路线网总长度的一半，大量换装业务降低了铁路运输的效率。2005年，印度铁路完成货运周转量4073.98亿吨公里，完成客运周转量5757.02亿人公里，承担全国近2/3的货运量和50%以上的客运量。印度铁路货运量90%是煤、铁矿、肥料、水泥、石油、谷类、钢制品等原料性产品。现在，首都新德里已开通地铁，大大方便了旅客在市内的流动。三是水运。印度拥有7517公里海岸线，海运能力居世界第十八位，有12个主要港口和184个中小港口，印度对外贸易总量的95%和总价值的75%通过港口完成。除恒河中、下游等局部地区外，印度内河运输水平相对较低。近年来，印度港口吞吐量稳步增长，年增长率约为10%—12%。印度信用评级机构ICRA研究报告称，在商品出口增长、石油和煤炭进口上升及世界经济强劲增长的推动下，印度港口吞吐量节节攀升。2007—2008年度，印度193个港口的货物吞吐量为6.29亿吨，2012年达到10.08亿吨；印度12个主要港口的货物吞吐量为5.19亿吨，约占同期印度港口总吞吐量的82.5%。四是航空。印度共有108个机场，其中85个大机场、23个小机场、5个大型国际机场（新德里、孟买、加尔各答、金奈和特里凡特琅)。2002—2008 年，印度机场年均投资增长率为 35%，远高于全球 9% 的年增长率，民航飞行里程从 3140 万公里增加到 1.05 亿公里，但目前印度机场基础设施远落后于实际需求。2005 年印度空运完成货运周转量 7.73 亿吨公里。航空货运主要集中在孟买、新德里、加尔各答和金奈等几个主要城市机场，承揽全国 70% 的空运货物。[①] 独立后，印度邮政通信事业也获得十分重要的发展。近年来，随着经济不断发展，人民收入水平不断提高，促使印度快递事业迅速发展，快递市场以每年 20%—25% 的速度增长，而普通货物运输增长速度仅为 12%—15%。由于电信业开放，印度话费较以前降低 10 倍，每分钟市话费用仅 1 个卢比，大大刺激了手机消费。近年来，印度市场手机年销售量达数百万部，目前数亿印度人已经拥有自己的手机。同时，随着现代通信事业的发展，互联网迅速进入寻常百姓家。目前，印度上网人数也超过 1 亿。

(三) 家庭服务

家庭服务随着家庭收入情况不同，其所需要的服务也有所不同。一般说来，穷人需要的家庭服务较少，富人需要的家庭服务则较多；随着富人家庭收入不断增多，其所需要的服务也可能逐渐增多。在家用电器越来越多地进入到每个家庭后，穷人家庭也需要家电维修保养服务；而富人家庭不仅需要家用电器维修服务，有的还需要家庭清洁卫生服务、家庭烹饪服务、家庭婴儿护理服务、家庭幼儿生活服务、老年护理服务甚至财产管理服务和家庭保安服务等。独立初期，印度虽然仍是一个贫困落后的国家，但是在社会中仍有部分富人，他们的家庭雇有一个或多个佣人，专门负责清洁卫生服务、烹饪服务、婴儿护理服务、幼儿生活服务和老年护理服务等。独立后，随着人们收入水平越来越高，印度中产阶层队伍越来越大，一大批中产阶层也出现了家庭服务需求，而一些富裕家庭对家庭服务的需求更是不断增加，从而促使印度社会对家庭服务的需求也越来越大，在印度社会中形成一个庞大的家庭服务队伍和家庭服务市场。虽然印度从事家

---

① 中国驻印度大使馆经济商务处："印度物流产业概况"，2010 年 2 月 1 日，http://in.mofcom.gov.cn/aarticle/c/201002/20100206770468.html。

庭服务的准确数字难以获得，但是从其中产阶层队伍不断扩大的情况来看，如果按照每户雇佣一个佣人计算，全印从事家庭服务的人口也是数以千万计，何况不少富裕家庭雇佣了多个佣人。

第二节 市场开发与印度经济发展

印度人口众多，各类市场潜力巨大，单靠国内市场本身就可促进经济保持一定程度的增长。独立后，印度主要依靠改善民生扩大内需，并主要依靠内需发展经济，有力地推动印度市场扩大，在一定程度上促进印度经济特别是农业和服务业发展。由于基础设施落后和投入不足，印度选择了一条绕过制造业、依靠服务业发展推动经济增长的道路，某些产业取得了骄人成绩。在不断高涨的消费浪潮的吸引下，国际知名企业纷涌而来，有约 300 家国际知名企业进入印度市场，在一定程度上推动着印度经济发展。

一、商品市场与印度农业发展

独立后，印度人口迅速，促使印度人口对食品、服装和奶产品等的需求越来越大，极大地刺激农业生产越来越多的食品和加工服装所需的棉花和黄麻等农产品，推动农业加快发展。在政府农业政策的积极推动下，印度农业不断发展，使印度从吃粮靠进口的国家转变成为粮食基本自给的国家。

（一）刺激印度增加粮食作物生产

独立后，为增加粮食生产，印度政府实行一系列政策措施。政府对农业经营者给予很多方面的帮助，如提供粮食最低支持价格，对农业现代投入物实行补贴，保证农村劳动力一定程度就业等。印度经济增长的主要因素之一是实行对农民有利的政策，这些政策在一定程度上刺激印度农民发展农业，也在一定程度上保证农民阶层的稳定，缓和他们对城市富裕阶层的不满情绪。独立后，印度还利用丰富的土地资源不断扩大耕地面积，发起“绿色革命”，加上诸多有利于农民的政策的执行，印度农民种粮积极性得到不断的调动，农业劳动生产率逐渐提高，促使印度粮食作物的单位面积产量不断提高，每公顷粮食产量从1960—1961年度的710公斤增加到2000—2001年度的1739公斤。农业劳动生产率提高，单位面积产量增加，促使印度各类粮食产量不断增加。独立初期（1951年），印度粮食总产量约为4100万吨，2001年增加到1.621万万吨，[①] 2008—2009年度更提高到2.344亿吨，其中水稻产量增加到8910万吨，小麦产量增加到8070万吨，玉米产量增加到1670万吨，豆类产量增加到1460万吨，土豆产量也增到3440万吨，从而把印度从一个吃粮靠进口的国家变成为粮食基本自给并有大量储备和少量出口的国家。由于粮食大丰收，印度常常找不到足够的仓库来存放这些多余的粮食。在印度北方小麦产区一条公路的两旁，装满小麦的编制麻袋在路边堆积成一座座小山，多达数百万吨的小麦就这样白白烂掉；南方稻米产区的损失情况同样也很惊人。2012年雨季，印度有近千万吨大米和小麦因为露天存放的原因而发霉变质。造成这一问题的原因仅仅是没有足够的仓库或者无法将粮食运输到有存放条件的地区。[②]

（二）刺激印度扩大非粮作物生产

独立后，印度人口增长迅速，人口的增多不仅增加了对粮食的需求，也在一定程度上增加了对花生、油菜籽等油料作物，棉花、黄麻等纤维作物，甘蔗等糖类作物，豆角、白菜、瓜类、西红柿等蔬菜作物和香蕉、椰子、芒果等水果作物的需求。为满足不断增加的人口对油料作物、纤维作物、糖类作物、蔬菜作物和各类水果等的需求，印度农民不断增加对这些非粮农作物的生产。到2010—2011年度，印度油菜籽产量增加到2770万吨，花生产量增加到720万吨，甘蔗产量增加到2.85亿吨，各类蔬菜产量也不断增加。在满足国内市场需要的基础上，印度还有大量蔬菜出口到中

---

① 印度政府：《2002—2003年度经济调查》，印度政府财政部经济处，新德里，2003年，第S-21页。

② 张蔚：“粮食大丰收仓库告急　印度上千万吨小麦白白烂掉”，中国经济网，2012年5月11日，http：//world. people. com. cn/GB/157278/17866688. html。

东等地区。印度各类水果产量也有不同程度的增加，在满足国内市场需要的同时，也大量出口各类水果，特别是芒果。

（三）刺激印度大力发展畜牧业

印度人口众多，本身就是一个肉类等食品的巨大市场，但是由于宗教习俗等诸多方面的原因，有超过半数的印度人为素食者，再加上印度贫困人口数以亿计，因此印度人口对肉类的需求并不大，长期以来肉类食品增长并不快，只是蛋鸡和肉鸡饲养量不断增加。2010—2011 年度，印度蛋产量达到上亿个。但是，随着经济逐渐发展，印度贫困人口逐渐减少，人民收入水平不断提高，印度城乡人民对奶产品的需求量不断扩大，促使印度奶产品市场逐渐扩大，也在一定程度上刺激奶产量的增加和奶业的发展。到 2013 年，印度羊饲养量达 8000 多万头，水牛饲养量也在 8000 万头左右，而黄牛饲养量则多达 1 亿多头。现在，印度已经成为世界上产奶量最多的国家，并已开始出口牛肉。

二、商品市场与印度工业发展

印度人口众多，满足众多人口的基本生活需要本身就形成一个巨大的消费品市场。独立后，随着经济逐渐发展，印度贫困人口逐渐减少，人民收入水平不断提高，消费品市场逐渐扩大，消费品种也不断增加。近年来，印度城市中的购物热就是巨大市场潜力爆发的具体表现。为满足人们生活的的需要，印度急需改造和扩大铁路等运输系统；完善互联网等通信系统；扩大电力生产和传输，加速城市基础设施建设；建设更多工厂，加速制造业发展等。这些都将对资本货物提出巨大需求，需要扩大资本货物市场。由此可见，印度商品市场潜力巨大，而这些潜力的发挥将进一步推动印度制造业快速发展。

（一）促进农矿产品加工业发展

自 1980 年以来，印度国民平均生活水平得到持续而迅速的提高。30 多年来，印度人均国内生产总值约增长 230%。印度变化之大足以令渴望代替放弃，成为越来越多印度人的思潮。[①] 随着经济加速增长，印度中产阶级数量大幅增加。目前，印度中产阶层有 6000 万人左右，总消费额为 3800 亿美元；印度消费市场全球排名第十二位。随着中产阶层队伍扩大，印度人民对加工农产品，如面条、面包、糖果、糕点等的需求不断增长，促使印度各类农产品加工业建立和发展。独立后，印度建立了一大批面粉加工厂、磨米厂、面包坊、纺纱厂、织布厂、制糖厂和奶加工厂，还建立了一大批各类服装制造厂，促使印度轻纺工业获得重要发展。印度也成为世界上最大的威士忌生产国。“随着印度放宽对外国直接投资（FDI）的政策控制，零售和快速消费品企业将迎来一个重大机会。印度快速消费品行业的增长率已经达到了 11%。”[②] 随着经济不断发展，对矿产品的需要不断增多，促使印度从事矿产品冶炼和矿产品加工的产业逐渐建立和发展起来，特别是炼铁、炼钢、炼油等产业发展迅速。到 2013 年，印度年产铁达 2000 多万吨，年产粗钢达 3000 多万吨，年炼油 2 亿多吨，印度煤炭公司也成为世界上最大的单一煤炭生产商。

（二）促进印度机械制造业发展

随着收入水平的提高，人们对加工食品和服装等基本生活需求不断扩大，特别是随着经济活动逐渐开展，印度人民生活和经济发展对各类机械的需求也不断扩大。虽然 20 世纪 50 年代起印度实行优先发展重工业和基础工业的经济发展战略，并在苏联的援助下建立起一批钢铁、冶金和机械制造等重型工业和基础工业，但第三次科技革命的爆发促使科技进步突飞猛进、日新月异，造成苏联援建的重工业和基础工业逐渐落后。经济改革以来，随着人们收入迅速增加，对各类消费品的需求也不断扩大，印度工业特别是制造业已难以满足人们生活和经济发展不断增长的需求，促使印度各类机电产品进口不断增多，从普通家用电器到重型机器设备，如电力设备甚至纺织设备等，印度都只能靠进口来解决，造成印度贸易逆差不断增加，从过去每年逆差几亿美元增加到现在的几十亿美元。近年来，印度

---

① 马丁·沃尔夫：“印度 30 年内成为富国?”，［英］《金融时报》2009 年 7 月 16 日。

② 印度之窗：“印度零售市场今后将爆炸式增长”，印度之窗，2013 年 9 月 10 日，http：//www.yinduabc.com/biz/7143.htm。

年对外贸易逆差已经增加到几百亿美元，有时甚至超过1000亿美元。为遏制对外贸易的巨额逆差，调整不合理的经济结构，印度迫切需要大量进口新的机械设备，但是印度本地的机械供应商已无法满足其对机械设备的需求，如印度纺织业界就已意识到中国纺织机械在巴基斯坦、伊朗、叙利亚、孟加拉、越南等地的成功，并已开始在纺织工业低端产业链条如针织、编织、制衣等领域使用中国机械，仅提鲁普尔和科姆巴托尔地区就购买了数百台中国纺织机械。[①] 进入21世纪后，印度逐渐意识到其需要加速制造业发展，并为此制定制造业发展战略和具体政策。如针对目前印度国产纺织设备只能满足国内需求15%的情况，印度在进入21世纪后连续3年对纺织业投资多达5500亿卢比。2006年，印度还设立了独立机构专门负责促进对纺织机械和设备制造的投资，促进国内投资者对纺织设备制造进行投资，加强与德国、韩国、日本和中国等纺织设备制造大国的联系，鼓励外资在印度设立合资或独资公司。[②]

（三）推动轿车等高新产业发展

新兴中产阶级是印度消费市场特别是轿车等耐用消费品和奢侈品市场的主要推动力量，日益增多的“年轻新贵”也是托起印度消费市场的一大支柱。印度高档消费品市场的主顾主要是一批能挣会花的年轻人，这些人平均年龄在25岁，有大学本科以上学历，多在信息技术公司从事软件开发工作或在跨国公司从事管理工作，年收入在5万美元左右，深受西方文化影响，消费主义至上。目前，印度“年轻新贵”的总数并不太多，但增长速度很快，估计到2025年这个群体将达到950万人，其购买力将突破3430亿美元。为满足人们对轿车迅速增长的需求，1993年印度政府再次调整产业政策，有条件地向国际汽车工业巨头打开国门。世界汽车巨头蜂拥而至，印度“民族汽车”也没有错过良机，印度轿车工业在20世纪90年代后期形成年产120万辆的生产能力。印度汽车零配件制造业起步较早，发展较快，吸引了不少大汽车制造商与其签下定单，有力地促进了印度汽

① “印度急需引进中国纺织机械设备”，［印］《金融快报》2005年11月9日。

② “印度拟设独立机构促进纺织设备制造投资”，［印］《金融快报》2006年6月26日。

车零部件出口。塔塔汽车公司生产的世界上最便宜的汽车“纳诺”，1998年上市时售价约合人民币5万元。正是因为拥有这款轿车的自主知识产权，塔塔汽车公司步入了世界十大商用车制造商行列。目前，印度自产汽车正以每年数以万计的规模出口发达国家，如塔塔汽车公司就向英国大量出口印迪卡轿车，还成功揽得英国路虎公司4年10万辆“城市陆虎”轿车的订单。2008年，印度成为世界第五大商用汽车生产国。20世纪90年代初期，印度“电动汽车之父”齐坦·麦尼成功研制出以太阳能为动力的汽车，如今作为印度瑞瓦电动车公司总裁的麦他正带领他的团队在班加罗尔修建世界上规模最大的电动汽车工厂。① 全球汽车制造商越来越多地将目光集中到印度，将其作为小型车制造中心，铃木、丰田、本田、现代、福特和大众等各大制造商纷纷选择在印度发布新车型。在纺织、机械、玩具等制造领域，印度只能努力追赶中国，但在汽车和汽车零配件及相关产品出口方面，印度已具有优势。印度企业还生产售价46美元的世界上最便宜的平板电脑“天空”，其他一些私人公司也在廉价平板电脑上作出开创性举动。美国塔夫茨大学弗莱彻学院国际商务和金融系副主任巴斯卡拉·查克拉沃蒂说，这种软实力是印度确保自己在世界舞台上重要性的最宝贵财富。花旗、百事和摩托罗拉等品牌都拥有印度裔首席执行官，显然，印度正走在成为世界经济大国的道路上。②

三、服务市场与印度服务业发展

服务业的巨大需求促使印度各类服务市场不断扩大，并推动着印度各类服务业快速增长。2004—2005年度至2008—2009年度，印度服务业分别增长9.1%、10.6%、11.2%、10.9%和9.7%，年均增长10.3%。在上述期间内，印度通信业发展格外迅速，年均增长率达26%。

---

① 詹姆斯·丰塔内拉—可汗、李若瑟：“印度将建成世界上最大的电动汽车厂”，［英］《金融时报》2010年8月11日，http：//www.yinduabc.com/biz/1140.htm。

② “国货精品令印度扬名世界”，参考消息网，2012年4月5日。

（一）促进印度商业发展

随着经济逐渐发展，人民收入不断增加，人们日常生活所需要的消费品种类也不断增多，从而促进一国消费品市场不断扩大，使该国商业比较发达。一国社会经济发展对原材料、燃料和机器设备等的需求也很多，并且随着经济不断发展，科技不断进步，该国社会经济发展对资本品的需求也将不断增多，进一步促进该国资本品市场不断扩大，使该国商业更加发达。作为人口众多的发展中大国，印度消费品市场和资本品市场的潜力都很巨大。独立后，为满足众多人口的基本生活需要，印度大力发展经济，并在经济发展过程中主要依靠内需拉动经济增长，长期实行进口替代发展战略，推动消费品市场和资本品市场不断扩大。但由于经济长期增长缓慢，大多数人民生活贫困，印度巨大市场潜力没有得到应有发挥，造成市场并不繁荣，商业也并不发达。长期以来，印度零售商业主要采取一家一户经营夫妻店的方式来满足人们不断增长的消费品需要。2000 年以前，印度零售业几乎全被那些街边小店所占据，1200 万个商铺中有 96% 的营业面积不到 50 平方米，有组织的大商场还不到总数的 2%。

20 世纪 90 年代经济改革以来，印度经济加速发展，人民收入迅速增加，贫困人口大幅度减少，中产阶层队伍逐渐扩大，人们对各类消费品的需求迅速增加，购买力迅速上升，促使印度商品市场繁荣，商业逐渐发达。同时，随着经济加速发展，社会经济发展对资本品的需求也越来越大，推动印度资本品市场繁荣起来，相关商业逐渐发达起来。到 2005 年，印度国内零售市场规模约为 74000 亿卢比（约为 1720 亿美元）。[①] 为满足人们生活和社会经济对消费品和资本品不断增长的需求，印度继续发展家庭小型零售商业，也在一些大城市建立购物广场。1999 年印度只有 3 家大型购物中心，2003 年增为 25 个，2005 年更增为 180 个左右。从 2005 到 2008 年，印度计划在全国建立 600 家购物广场，其中至少在德里建 100 家。一个“新”的印度正在南亚这片古老的大地上崛起，而这个“新印度”最具代表性的事物莫过于不断“闪亮登场”的购物广场。在这些购物

① “印度国内零售市场规模约为 1720 亿美元”，［印］《金融快报》2005 年 8 月 10 日。

广场中，除了有小商品零售外，大都设有商品超市。但据 KSA 投资咨询公司统计，访客转换率（潜在消费者转换为事实消费者的比率）在印度购物广场里只有 10%—15%。印度最大零售批发商未来集团负责人基肖尔·比亚尼认识到，印度中产阶级消费者更习惯于拥挤的集市和商店。[①] 其建立的专业物流公司 FLSL 为印度超过 1100 家零售商服务，拥有逾 600 辆装备 GPS 的运输车队，并提供整合终端对终端的 SCM、仓储、配送、多模式运输、集装箱货运等服务。创建于 1960 年的法宾地亚公司在各地开设 100 个门面，拥有 20 万种商品，以迎合不同地区消费者迥然不同的品味，而在城市中心情况则要好得多。“撒哈拉”购物广场经理达曼·撒纳强调，“我们这里的超市赢利相当可观”。因此，宽敞的西式商场尤其是销售奢侈品的商场在印度大量涌现，但其销售额在印度零售业 3220 亿美元的总销售额中仅占到 4%。[②] 瑞士雀巢公司进入印度市场几乎已有 100 年，在印度经营着 7 家分公司。随着印度零售商业逐渐对外开放，越来越多的外国公司正在进入印度零售市场，他们争先恐后地了解印度消费者，[③] 因为印度消费者极其复杂，但绝大多数印度人至今还是比较偏爱本国货物。

值得一提的是，随着信息技术的发展，电子商务在印度逐渐发展起来。目前，印度电子商务发展出现一些重要趋势：一是优惠网站特别是那些采用团购模式的网站转向电子商务；二是向更深层的混合模式发展，从线下模式向线上线下两种模式发展；三是存货主导的电子商务向交易集市转移；四是开始出现电子商务企业并购趋势；五是电子商务行业种子期的交易增加 130%，而 A 轮和 B 轮的创业投资交易则下降 23%，缺少 B 轮投资。

（二）推动印度运输通信业发展

丰富的土地资源和海洋资源为印度发展陆路运输和水路运输提供了充足条件。由于国土辽阔、人口众多，仅为满足国民对基本消费品和耐用消

---

① 艾米·叶：“独特的印度零售业”，［英］《金融时报》2009 年 1 月 8 日。

② 同上。

③ “印度的消费品市场是亚洲另一块巨大的蛋糕”，印度之窗，2012 年 8 月 26 日，http://www.yinduabc.com/biz/3381.htm。

费品的大量需要，就需要把这些商品从其生产地运输到消费地。如需要把粮食等农产品从生产它们的农村运输到需要它们的城镇，还得把各类工业消费品和农业生产资料从生产他们的城镇运输到需要这些消费品和资本品的农村或其他城镇。同时，经济发展需要把农矿产品从其生产地运输到各个加工地，再把这些加工品从其加工地再运输到各城乡消费地；还需要把大量工业原材料从其原产地运输到进一步生产地，再把这些加工品从其加工地再运输到各个城乡消费地。无论是消费品还是资本品在城乡或城镇间移动都需要大型现代交通运输工具的支持，这必然促进城乡间公路和铁路的建设，推动公路和铁路运输事业的发展，甚至也在一定程度上促进内河航运的开通及相关码头的建设，从而推动内河航运事业的发展。

独立后，随着经济发展和人民收入水平不断提高，对交通运输事业的要求也越来越高。特别是随着中产阶层队伍扩大，私人轿车必然不断增加，这对公路运输事业提出新的要求，如增加公路建设甚至发展高速公路等。经济改革以来，印度在已拥有一定交通基础设施的基础上大力修建公路和铁路；积极改造旧码头，不断修建新港口；增加新机场，改造旧机场，并为此采取诸多重要政策措施。一是加速私有化进程，促进运输业发展。到2013年，印度已有5家私有机场投入运营，还有更多私有机场正在开发建设。新加坡樟宜机场集团计划在印度投资建设低成本航空专用机场。2006年1月，印度铁路系统向私人企业开放货运集装箱业务，私人企业只需一次性交纳1亿—5亿卢比即可获得运营许可，打破公营印度集装箱有限公司在铁路货运集装箱业务方面的垄断。新加坡东方海皇海运集团经营的印度铁路运输服务公司，主要为孟买那瓦舍瓦港的集装箱班轮和其他货轮提供新德里和孟买的铁路运输快捷直达服务和国际多式火车联运。二是改进制度和技术，提高流通效率。印度海关在主要港口引入集装箱扫描仪，海关官员不用开箱就能对货物实现电子检查。2005年印度政府出台吨税制，印度航运公司可选择缴纳吨税或者法人税。在吨税制下，航运公司缴纳税金根据船队总吨位数而定，标准在1.5%—2%之间。三是发展现代运输尤其是集装箱运输，降低物流成本。印度铁路集装箱运量1995年仅为150万标准箱，2007年超过700万标准箱，其中孟买那瓦舍瓦港集装箱吞吐量达380万标准箱。市场需求扩大有力地推动了印度运输事业迅速发展。到2010年，印度公路通车里程达500多万公里，铁路全长达6万多公里，形成世界上最大的公路网和铁路网之一，有力地促进了印度陆路运输事业的发展。印度大力发展内河航运和海洋运输，在全国形成十大主要港口；还努力发展造船事业，逐渐扩大海运船队，使印度形成发展中国家最大的商业船队之一。印度民用机场也超过100个，主要城市间的航空联系已经形成。

独立后，印度还利用巨大的公路网和铁路网大力发展邮政电信事业，形成世界上最大的邮政系统之一和最大的通信系统之一。2008年印度邮政开始使用世界一流邮政系统，采用一套自动邮件处理系统；邮递员装备手持设备，将采集和传输对象签名数字化；建立机械化进程的枢纽，提高包裹运输效率；建立物流和仓储中心，提供企业供应链解决方案。印度邮政还推出系列客户服务，如快递邮包零售服务、礼品邮包服务、邮政航空物流服务、出售黄金零售硬币、快递汇票服务、加快邮政呼叫中心和一系列新的国际服务等，既扩大了邮政业务，也提高了邮政效率。经济改革前，印度平均每100人只有0.8部固定电话，根本没有移动电话。如今，其固电话占有率翻了近3倍，平均每100人享有2.2部电话，移动电话大规模普及，其用户达2.11亿。目前，印度移动电话市场发展速度比中国还快，移动电话销售量年增长率甚至超过50%。经济改革以来，电信业逐渐对外开放，促使印度话费较以前降低10倍，每分钟市话为1个卢比，大大刺激了手机消费；互联网也进入寻常百姓家。

（三）刺激印度家庭服务业发展

在印度，到底有多少人从事家庭服务，难以获得准确数据。经济改革以来，随着经济加速发展，中产阶层队伍不断壮大，对家庭服务的需求迅速增加，刺激家庭服务业迅速发展。值得一提的是，进入21世纪以来，由于经济增长迅速，印度社会中新兴中产阶级客户人数迅速增加，其拥有的财富规模迅速扩大。除满足日常生活需要外，这些家庭还有大量财富节余且可以用于投资。这在一定程度上增加了家庭服务的需求，开辟出新的家庭服务领域，也在一定程度上促使某些家庭服务逐渐社会化。据估计，到2010年，印度家庭中可用于投资的财富超过1万亿美元，成为财富管理人竞相逐鹿的目标。国际赛讯金融服务咨询公司在一份“展望印度财富管理市场”的最新报告中指出，印度经济增长为财富管理提供者造就了许多潜在客户，印度市场的潜在客户将从2007年的约1300万户增加到2012年的4200万户。印度财富管理市场当前是由无组织的经理人主宰，他们所占市场超过有组织市场的1.5倍，但在经过结构重整后，有组织市场将会逐渐拉走无组织市场的客户。到2012年，印度高净值财富在100万—1000万美元的客户将增到32万户，财富在12.5万—100万美元的客户将增加到35万户，将有100万客户加入财富在2.5万—12.5万美元的族群，使此族群人口增到180万人。

第三节　印度商品服务市场潜力巨大

据估计，2030年后印度人口可能超过15亿，成为世界上人口最多的国家。众多人口本身就是一个巨大的市场。随着经济加速增长，人们收入不断增加，中产阶层人口将不断增加。预计到2025年，印度中产阶层人口将突破5亿。这促使富人对消费品和服务的需求进一步增加，也促使穷人对消费品的需求进一步扩大，推动印度消费品市场和服务市场进一步扩大；印度社会经济发展目标要求继续加速经济发展，而经济发展将对燃料、原材料和机器设备等资本品提出更多更新的需求，对运输、通信等生产性服务也提出更多更新的需求，推动印度资本品市场和服务市场进一步扩大。目前，印度人口绝大多数居住在农村，人口城镇化是未来的必然发展趋势。随着农村人口逐渐转移到城镇，人口城镇化水平将提高，人口城镇化进程将推动消费品和资本品市场扩大，也将促使服务需求增加。可见，人口继续增加、经济持续发展和城镇化水平提高将使印度市场潜力进一步增加，未来印度商品服务市场潜力巨大。

一、印度消费品市场潜力巨大

印度人口年龄结构的基本特征是属于年轻型人口，人口年增长率保持在1%以上，因此未来印度人口仍将继续增长。人口增加势必产生需求增加，人口持续增长将继续推动消费品市场扩大。随着经济发展，人们收入不断增加，富裕人口将不断增多，穷人将逐渐减少，必将扩大人们对消费品的需求，推动消费品市场继续扩大。因此，未来印度消费品市场潜力巨大。

（一）生活必需品需求将稳定增长

经过独立后60多年的努力，虽然印度人民生活状况有所改善，但总体上讲生活水平依然较低。以2007年为例，美国人均粮食（小麦、大米及黑麦和大麦等粗粮）消费量约为1046公斤，而当年印度人均只消费178公斤粮食，人均粮食消费量约为美国人的1/6；美国人均喝78公斤液体奶，印度人均只喝36公斤；美国人均植物油年消费量为41公斤，而印度人均植物油年消费量只有11公斤；人均肉类消费方面美国更是遥遥领先于印度。[①] 何况印度至今还有数亿人生活在官方公布的贫困线以下，他们中许多人还处于营养不良状态。

随着人口继续增长，经济持续发展，人民收入不断增加，印度数亿穷人对生活基本品的需求将进一步扩大。得益于工资上涨、政府扶贫项目的推出以及更高的农业增长率，印度处于贫困线以下的印度家庭数量急剧减少，这些脱贫的印度人正在成为印度消费市场的重要力量。同时，印度中产阶层人数将继续增加，中产阶层队伍将继续扩大，他们对基本生活品的需求也将继续增加，从而推动印度未来基本消费品市场持续扩大。麦肯锡全球研究所公布的一项调查认为，随着经济稳定增长和人口持续增加，到2025年印度将超过德国成为世界第五大消费市场。到2025年，印度尽管有3.22亿新增人口，但其最穷困人口也将从经济发展中受惠，所占比例将

① “美国人均粮食消费是印度的6倍”，[印]《印度时报》2008年5月5日。

从2005年的54%减少到22%。从2005年起的20年里，印度人生活水平将有显著提高。到2025年，印度人均消费水平将达到1158美元，是现在的3倍；人们在食品、饮料和烟草上的花费将从2005年占总支出的42%减少到25%。[①] 麦肯锡认为，下个10年将有1400万印度人脱离贫困线，到时他们的基础医疗状况也将得到改善。由于收入增加和生活方式转变，到2015年印度将成为全球十大药品市场之一。[②] 值得一提的是，印度人往往在生鲜市场上购买日常用品。但与其西方同辈一样，印度新一代繁忙一族已开始认可包装食品的方便和可选性。生活必需品需求持续扩大将进一步刺激印度农业和农产品加工业的发展。

（二）耐用消费品需求将迅速扩大

耐用消费品正在进入印度家庭，但其在印普及率依然非常低。到2007年，印度洗衣机普及率只有4%。[③] 印度民众手机普及率也不高，增长潜力非常大。随着年轻夫妇增多以及他们共同工作、共同分担家务并改变生活方式，洗衣机等耐用消费品需求将不断增加，其普及率将有所上升。随着经济持续发展，人民收入将逐渐增加，中产阶层人数将不断增多，其队伍将不断扩大。一是小店主、有少量土地的农民和半熟练产业工人及服务人员等。其生活不易，但一般有足够食品，拥有一些自己的物品如小电视、气炉和电热水棒等。他们往往把近一半的收入花在基本日用品上。在从2005年起的未来20年中，此群体将从2005年的41%减少到36%，其中许多人将步入中产阶级。二是大学毕业生、中层政府官员、商人和企业主等。他们享有中产阶级生活方式，通常拥有电视机、电冰箱、移动电话、小摩托车或小汽车等。三是一些高层政府官员、大型企业经理、自由职业者和富有农民。他们是成功人士，向上流动性非常大，品牌意识强，往往购买最新外国产小汽车和电子装置，这类中产阶层的部分人很可能进入到高收入阶层。

麦肯锡全球研究所指出，到2025年，印度中产阶级人数将从2005年

---

① 周珺：“2025年印度将成为世界第五大消费市场”，新华网，2007年5月6日。

② “印度将成全球十大药品市场之一”，《环球时报》2007年8月23日。

③ “印度洗衣机家庭普及率只有4%”，新华网，2007年5月4日。

的5000万左右增长到5.8亿，并出现2300万富有人口。目前中产阶级家庭一年收入在1万美元左右，其中一半以上用于消费。到那时，印度将成为一个由中产阶级家庭组成的国家，其向上流动性日益加强，且消费物品将包括高档小汽车和名牌服装。5亿中产阶级将使印度消费市场出现爆炸式扩充，总消费额将提升3倍多，即飙升至1.5万亿美元，使印度跻身世界消费大国行列。按目前发展趋势，到2025年印度将超过德国，规模接近意大利，成为世界第五大消费市场。2012年，印度政府修改外国直接投资法，放宽对品牌合营零售行业的管控；邦政府及人口达到100万的大城市政府有权批准合营零售企业进行经营。不少外国品牌已打入印度，利用印度的廉价劳动力设厂生产商品，直接将商品打入印度本地市场。

印度消费事务部部长托马斯表示，目前印度零售市场规模大约为5000亿美元，未来几年内这一数字将出现爆炸式增长。到2020年左右，印度国内零售市场总额将达1.3万亿美元，其中快速消费品行业增长率将达11%。印度消费者习惯将渐渐出现改变，网上购物趋势就是一个例子。[①] 因此，网上购物在印度将获得迅速发展。随着收入增长飓风席卷整个社会，20年后印度消费特点将发生显著变化。实际上，转变已经慢慢开始，印度人民的消费方式已由购买食品、服装等必需品转变为基于选择的消费，如购买家用电器及光顾餐厅等。到2025年，能自由支配消费的家庭数量将由2005年的800万增加到9400万。随着收入增加、汽车价格下降及可贷款人数增多，一股被抑制的强大需求必将释放出来。与印度国有银行联手，汽车制造商马鲁特如今提供月度按揭服务，消费者购买一辆车月支付额比购买一辆摩托车还要低。估计未来20年，印度汽车消费将以每年12%的速度增长。印度正在加速向消费社会转变。

（三）奢侈品需求将爆炸式增长

在印度的新型消费市场上，还有一支重要的消费力量，其包括资深公司经理人、大型企业主、顶尖职业人、政治家及大型农场主，年收入超过100万卢比（约合1.6万美元）。目前，其家庭数量仅为120万，总消费力

---

① “印度零售市场今后将爆炸式增长”，［印］《印度时报》2013年8月7日。

约为2万亿卢比。但积极争取向上流动的新一批印度人正在崛起之中，他们是印度顶级大学的年轻毕业生，能从本土或外国跨国公司获取高额薪水。他们的爱好与西方富有年轻人毫无二致，很多人都拥有高档豪华小汽车，身着名牌服装，雇用女仆和专职厨师，还定期出国度假。到2025年，此阶层人数将达到950万，消费能力将突破14万亿卢比，占印度消费总额的20%。重要的是，经济改革以来，长期形成的消费观念正在迅速发生转变，各种名牌服饰已成为富有印度人的礼仪必需品，Christian Dior、路易威登和Tommy Hilfiger已现身印度，古驰、Armani和Versace也纷至沓来。同样，很多印度人一直都传统地认为购买金首饰是一种比银行存款更可靠的储蓄方式，但年轻印度人则认为首饰是时尚表现，不是储蓄。他们开始习惯使用信用卡，2001年以来，印度持信用卡人数增长3倍。当然，尽管收入迅速增长，但印度平均消费水平仍落后于印度尼西亚等国家。虽然奢侈品生产商能向印度的全球型消费群体推销不需改动太多的产品，但针对新生中产阶级，他们有必要做一些革新，以平衡这些消费者不断上涨的欲望与钱袋依旧羞涩两者之间的矛盾。但可以肯定的是，未来印度奢侈品需求将出现爆炸式增长。

二、印度资本品市场潜力巨大

长期以来，印度经济增长缓慢，工业也发展迟缓，造成工业基础薄弱，基础设施短缺，严重阻碍经济发展。进入21世纪以来，印度采取诸多政策措施，加速基础设施建设，加速制造业发展，促进经济加速增长，使印度经济在一段时期内保持9%的高增长率。但这显然是难以做到的，不过可以肯定的是，未来印度经济仍将持续增长。经济增长必然会对原材料、机器设备和能源等资本品提出更大需求，并将在一定程度上推动资本品市场扩大。作为一个仍快速增长的发展中大国，印度资本品市场潜力巨大。

（一）原材料需求仍将增加

在未来经济增长过程中，随着生活水平的提高，人们对基本生活必需品的需求也将越来越大，而且随着越来越多印度人消费习惯的改变，其对基本消费品提出的要求也将越来越高。这就要求建立越来越多的食品加工业，对越来越多的农产品进行深度加工，促使越来越多的农产品作为食品工业和纺织工业等的原材料。可以预见，未来印度将有更多的棉花、黄麻和其他纤维农产品成为纺织工业的原材料，还将有越来越多的粮食、油料作物、甘蔗、水果、蔬菜、鱼、肉、奶等农产品成为印度食品工业的原材料，甚至有越来越多的木材、竹子和农作物秸秆等成为印度造纸工业的原材料，势必推动农产品原材料市场进一步扩大。随着经济继续发展，将要求加速采矿业发展，开采越来越多的矿产品，采矿种类和开采量都将进一步扩大。如过去基本没有进行开采的稀土也将进入开采过程，过去开采量不大的矿产品也将增加采矿量，甚至过去采矿量已经较大的矿产品如铁矿石等也可能为了满足钢铁工业发展的需要而增加开采量。农矿产品需求的扩大势必推动印度原材料市场进一步扩大。

（二）机器设备需求迅速扩大

人们生活水平提高除要求加速农业发展，进一步扩大食品加工业、纺织工业和造纸工业等之外，还要求空调、冰箱、洗衣机、电饭煲等家用电器工业快速发展，推动农业机械、食品加工机械、纺织机械、服装加工机械、造纸机械等需求继续增加。经济发展对各类矿产品提出更多需求，也要求加速采矿业发展，促进采矿机械和冶炼设备的需求进一步扩大。如前所述，进入21世纪以来，印度加速公路、铁路、机场、码头等基础设施建设，同时还加速城镇贫民窟改造和人口城镇化进程，这将对起重机、筑路机、搅拌机等建筑机械产生巨大的需求。交通运输事业的发展也要求有更多的汽车、火车、轮船和飞机等运输设备，从而对运输设备提出更大的需求。能源需求的增加也将对能源生产和利用机械提出更加巨大的需求。印度经济发展对各类机械的巨大需求要求印度继续加速制造业发展，而制造业本身的发展也需要各类机床等重型机器设备，从而也将对机器设备提出巨大的需求。因此，可以预见，未来印度经济发展对机器设备的需求将迅速扩大。

(三) 能源需求急剧上升

无论是人口增加还是人民生活水平提高，都将需要更多的电力、石油和天然气。而现代农业的持续发展，农矿产品加工工业的扩大，建筑机械、运输机械等各类机械制造业的建立和发展，更将促使对电力、石油和天然气等能源的需求急剧增加。但是，目前印度能源短缺已经非常严重，平均缺电率在10%以上，有的地方更加严重；国内消费石油已经有70%以上得靠进口来解决，未来这个比例还将上升，因此能源短缺已经成为印度经济发展的重要障碍。为了满足人民生活和经济发展对能源迅速增长的需求，未来印度必须加速能源生产，促使印度能源产业加速发展。

三、印度服务市场潜力巨大

目前，印度城镇人口超过3亿，但人口城镇化水平依然很低。随着经济发展和社会进步，未来将有越来越多的农民离开农村进入城镇，促使印度城镇人口不断增加，人口城镇化水平逐渐提高。在印度人口城镇化过程中，人口城镇化水平提高将促使商品需求继续增加，运输服务持续扩大，还将推动家庭服务急剧增长。因此，未来印度服务市场潜力巨大。

(一) 商业零售需求继续增加

正如前述，随着人口持续增长，经济不断发展，人们收入逐渐提高，未来印度生活必需品的需求将依然旺盛，耐用消费品的需求将依然迅速增长，而奢侈品的需求则将出现爆炸式增长。消费品需求的快速增长势必推动批发商业需求进一步上升，促进零售商业需求进一步扩大，从而刺激零售商业持续发展。为了满足零售业发展的需要，印度在经济改革初期向外国投资者开放商品批发业，后来又向外国投资者开放单一品牌商品零售业，2012年底再向外国投资者开放多品牌零售业。当然，零售业对外资开放也在印度国内引起巨大的社会反响，遭到数千万零售业者的坚决反对和一些地方政党和地方政府的抵制。但是，对外开放乃大势所趋，难以阻挡。

(二) 运输服务需求持续扩大

为满足不断增长的消费品和资本品需求，越来越多的运输被需要，从而给印度本来严重短缺的公路、铁路、机场、港口等基础设施造成更大压力。为此，进入21世纪以来，印度开始加速基础设施建设，使基础设施短缺的问题得到一定程度的改善。但是，随着人口不断增加和经济持续发展，对各类基础设施的需求仍将进一步扩大。印度在物流领域依然面临诸多问题，如物流基础设施还比较差；物流与供应链发展水平还比较落后；物流公司规模普遍偏小，大多数仓库的主要业务还是初级的单纯存储和物料搬运；工厂、仓库、运输者和供应链合作伙伴之间信息连接不及时；信息化技术应用程度低等。① 为进一步改善基础设施短缺的问题，近年来印度继续加速基础设施建设，大量增加对基础设施建设的投资，还扩大对外国投资的开放，以弥补国内资金不足和技术落后的问题。2007年，印度内阁会议同意签署泛亚洲铁路网政府间协议，加速亚洲铁路网整合步伐。2008年，印度放松对航空等行业的外资限制，将货运和特许空运航线的外资限额从49%提高到74%，对飞机维护企业允许100%外资控股。汉莎、新加坡航空、法航等国外主要航空公司大举进入印度市场。

目前，通信费用仅占印度家庭消费总支出的2%。据估计，未来个人通信支出将大幅度增加，并将成为家庭支出中增长最快的支出项目。因此，未来印度通信服务需求巨大。同时，未来印度广播电视需求也将迅速增加。为此，印度政府启动广播电视行业外资投资限制修改工作，将外资在有线服务领域的投资比例从49%提高到74%，在广播服务领域的投资比例从20%提高到26%；外资在互联网服务提供商及非新闻领域电视传播可100%独资。②

(三) 家庭服务需求稳定增长

长期以来，印度不少家庭有雇人的习惯，如请人代为洗衣、煮饭，照

① 中国驻印度大使馆经济商务处：“印度物流产业概况”，2010年2月1日，http://in. mofcom. gov. cn/aarticle/c/201002/20100206770468. html。

② “印度服务业”，[印]《商业标准报》2007年11月28日。

料婴儿、幼儿和老人，充当保安等，同时也有许多人专门以此为职业来养家糊口。因此，对不少印度家庭来讲，在当地劳务成本还很低的情况下，仍将继续雇佣人洗衣、负责清洁卫生，照料婴幼儿和老人，负责保安等。由此可见，未来随着人们收入不断增加，中产阶层家庭增多，这些家庭对烹饪饮食服务、婴儿照料服务、幼儿看护服务、老人护理服务等需求依然存在并将继续增加。未来，印度家庭服务需求仍将稳定增长。

第八章

印度资源管理潜力

独立后，为发展民族经济，印度逐渐形成公营经济与私营经济并存的混合财产所有制，但更强调公营经济发展；实行计划机制与市场机制相结合的资源配置方式和经济管理机制，但更强调国家在资源配置和经济管理中的作用；注意把国内资源与国外资源结合起来，逐渐形成内外经济相结合的经济发展模式，但更强调自力更生，主要依靠国内资源发展经济。可见，印度经济是公营经济与私营经济并存、计划机制与市场机制同在、国内资源和国外资源都有的混合经济管理模式。20 世纪 90 年代经济改革以来，印度缩小公营经济的活动范围，放松对私营经济的限制；减少政府对经济发展的干预，增加市场机制的调节动能；扩大对外经济联系，增加对国外资源的利用。但印度公营经济与私营经济并存的混合经济体制、计划机制与市场机制相结合的混合资源配置方式和国内外资源相结合的经济发展模式没有改变，因此印度经济管理模式并没有发生本质的变化，具有挖掘各类资源潜力的能力。

第一节　印度混合经济体制的潜力

当代世界各国经济发展的历史表明，私营经济和公营经济都各有其利，也各有其弊。一般说来，私营经济以赢利为目的，注重个体经济效益良好。这虽有利于促进国家经济增长，但其也可能为追求个体经济效益而往往不顾国家利益和社会效益，影响甚至危及国家利益和社会效益，因此在一定程度上不利于社会发展。公营经济由于受国家控制，往往注重国家整体利益和社会效益，其社会效益较好，有利于社会发展，但却可能在一定程度上忽视个体经济效益而使其个体经济效益欠佳，因此在一定程度上不太利于促进国家经济增长。为克服私营经济弊端，国家需要发展公营经济，发挥公营经济之社会效益较好的特长；为克服公营经济弊端，需要发展私营经济，发挥私营经济之经济效益较好的特长，形成公营经济和私营经济并存的混合经济体制。第二次世界大战后，为大兴公营经济和私营经济之利，消除二者之弊，世界各国先后形成具有本国特色的公私并存的混合经济体制，实行公私并存的混合财产所有制形式。独立后，为促进民族经济发展，印度逐渐形成具有本国特色的公私并存的混合经济体制。但由于过多干预公营经济发展，过度限制私营经济发展，经过一段时间的实践，私营经济的长处没有得到发挥，其弊端依然存在；公营经济弊端逐渐明显，其长处也没有得到应有发挥。20 世纪 80 年代以来，世界各国掀起一股非国有化浪潮，对公私经济混合的程度进行了某些重要调整。90 年代初期经济改革以来，印度也对公私经济混合程度进行了某些必要调整，在一定程度上缩小了公营经济的活动范围，减少了政府对公营经济发展的干预，并在一定程度上扩大了私营经济的活动领域，放松了对私营经济发展的限制。但经过 20 多年内的经济改革实践，印度公私并存的混合经济体制依然存在，只是在一定程度上降低了公营经济在国民经济中的比重。

一、印度混合经济体制的构成

独立后，为实现“社会主义类型社会”的发展目标，消除殖民地经济性质，促进民族经济发展，印度允许私营经济存在和发展，逐渐形成公私并存的混合经济体制。

（一）公营经济

独立后，印度主要通过把英国殖民政府占有的财产收归国有、通过执行赎买政策把大型私营企业特别是大型银行变为国家所有（国有化）、通过财政投资和利用外援建立新的公营企业等多种方式，在本国建立起公有财产所有制形式的公营经济。根据印度社会经济具体情况，印度公营经济内部也实行多种组织形式：一是直属中央政府的司局级企业，如铁路运输、邮政通信和军工生产等战略性部门的公营企业，印度铁路、印度邮政、印度电信和印度原子能委员会、印度空间组织等国防生产机构；二是依据议会通过的有关法令建立的法定公司，如在银行金融、石油天然气、粮食购销、航空运输等重要领域的公营公司，印度国家银行团、印度石油公司、印度粮食公司等；三是各级政府投资组成的非司局级企业，涉及公营部门经营的其他领域。因此，印度公营经济主要活跃在铁路、邮政、电信、原子能、国防、银行、能源和粮食等战略性经济领域。

（二）私营经济

早在殖民统治时期，印度私营经济就在传统农业、银行、钢铁、机器制造、纺织、医药、运输、贸易、食品加工、珠宝等诸多领域发展。独立后，为促进经济发展，除将一些大型私营银行国有化外，印度依然允许私营经济的存在与发展。除少量公众有限公司和私人有限公司外，印度私营经济大都属于个体经济。按照工业政策的规定，除公营经济垄断经营的领域外，其他领域私营部门都可以发展。因此，独立后印度依然存在性质为私营财产所有制的私营经济，其主要活跃在农业、零售商业、公路运输、纺织服装、食品加工、小型企业、乡村企业、家庭手工业和各类服务等诸多关系人民大众基本生活需要的领域。

（三）合营经济

随着社会经济发展，除单纯的公营经济和私营经济外，印度社会中还逐渐出现了混合所有制形式的合营经济。经济改革前，除公营银行将其对私营企业的贷款转为股份而形成的混合所有制经济外，合营经济主要表现为集体性质的合作经济。一是城镇企业工人集资建立的工人合作社，生产并销售某类产品，印度学者将其称为工人部门；二是农村农民自愿组成的各种合作社，如农业生产合作社、销售合作社和信贷合作社、农产品加工合作社以及农产品生产、收购、加工和销售一体化合作社，如奶业合作社、蔗糖合作社等。这类合作经济规模不大，但是在人民生活中却具有越来越重要的作用。[①]

由此可见，印度在独立后混合经济的形成过程中，曾经历了“公进私退”的过程。在混合经济体系形成后，印度公营经济的地位十分重要，私营经济的范围非常宽广。

二、印度混合经济体制的特征

经过独立后30多年的艰苦努力，通过“公进私退”的方式，印度终于形成具有本国特色的混合财产所有制形式和混合经济体制。其主要特色表现在如下几个方面：

（一）公营经济比重较低，但关系国计

在印度混合经济中，公营经济所占的比重并不高。直到独立40年后的20世纪80年代末期，公营经济在印度国内生产总值中的比重也只有1/4左右。但是，由于公营经济在原子能、铁路、邮政、通信、军工、石油天然气、银行金融、水电供应、粮食储备等战略性领域占有垄断地位，在钢铁、铜、铝、铅、锌等重要矿物资源开采及冶炼、重要机床生产、机器设备制造、电力生产与分配、航空运输、国际贸易等关键领域占有统治地位，还在粮食收购、海洋运输、公路运输等许多重要领域占有重要地位，因此印度公营部门虽然不大，但是其在印度经济发展中的地位极为重要。到1986年，公营部门在印度国内生产总值中约占25%，在有组织部门劳动力就业中约占70%。由此可见，印度公营经济规模较小但地位极为重要。

（二）私营经济比重较高，且关系民生

在印度混合经济中，私营经济所占的比重一直较高。直到独立40年后的1986年，私营部门在全印劳动力就业总数中约占90%，在全印工业产

---

① 文富德：“论印度的经济计划与市场调节相结合”，《南亚研究》1991年第3期，第32—34页。

值中约占70%，在印度国内生产总值中则超过70%。印度私营经济活动领域非常广泛，其主要集中在粮食生产等有关的农业领域及与此有关的食品加工领域，纺织品、服装、食盐、食用油等生产领域，国内商业贸易领域，房地产开发领域及众多服务领域。这些领域虽不是国民经济的战略性领域，但却是国民经济的重要组成部分，也是与人民生活密切相关的重要领域。由此可见，印度私营经济规模较大，直接关系到人民生活和社会稳定，其作用十分重要。

（三）政府重视对公营企业的领导与监督

在印度，由于许多公营企业实际上为政府所有，从这个意义上讲政府也是企业家，其对公营经济进行管理主要运用指令性计划和政府直接控制的方法。在每个五年计划中，政府对公营部门投资实行分配制度；同时，对两类不同隶属关系的公营企业实行不同的管理方式。对司局级企业实行行政部门管理方式，管理人员由政府任命文官担任，生产什么、生产多少、产品卖给谁等均由政府确定，生产所需原材料由政府供应，生产资金由政府财政投资，企业盈亏由政府财政解决，企业财务受同级议会监督，使其成为半事业性质的单位。对法定公司和各类政府公司等非司局级企业，其管理人员不由文官担任，但由政府主管部门任命的董事长或总经理担任，也具有法人地位；生产计划由主管部门下达，但主管部门不管原材料供应；兴建企业所需资金部分由政府投资，部分由企业发行债券来解决；企业所需流动资金由公营银行发放贷款解决；除特殊产品外，其他产品价格由企业在政府主管部门指导下制定，但政府主管部门不管其产品销售；其财务也实行独立核算，在按规定交纳税收后自负盈亏。公营企业除受政府控制外，还要受国会控制，执行国会的有关决议。由此可见，印度政府与公营企业的关系十分密切，具有领导和被领导的隶属关系。

（四）政府注意对私营经济的指导与控制

由于印度私营经济活动领域广泛，与广大人民生活和国民经济发展密切相关，因此为消除私营经济的固有弊端，独立后印度虽然允许其继续存在与发展，但是却非常注意对其进行指导和控制，试图把其纳入印度经济发展计划的轨道之中，为实现国家社会经济发展计划规定的目标服务。同时，为发挥私营经济在经济发展中的作用，印度也注意运用市场机制杠杆的调节作用，对私营经济实行指导性计划与市场调节相结合的间接管理方式。在每个五年计划中，印度政府总是规定私营经济的投资规模及其在计划投资中的比例。同时，对私营经济的投资领域、投资地点、生产品种、生产数量、产品质量、产品价格及销售渠道等一系列问题，印度政府又主要通过工业许可证法、工业政策、反垄断法等行政法令和经济政策实行控制，并通过价格政策、信贷政策、税收政策等市场经济手段加以引导，使其为计划规定的社会经济发展目标服务。① 由此可见，印度政府注意对私营经济发展的引导，更重视对私营经济发展的控制。

综上所述，在独立后印度的国民经济中，公营经济比重较低，但是其关系国计；私营经济比重较高，且关系民生；公营经济发展受政府领导与监督，私营经济发展也受政府指导与控制。

三、印度混合经济体制的调整

独立后，印度建立和发展公营经济，既有社会目标，也有经济目标，但更注重社会目标；对公营企业投资，既考虑社会效益，也考虑经济效益，但更多考虑社会效益。尼赫鲁指出，印度发展公营经济的目的在于：获得控制经济的制高点，促进社会所得或战略价值而首先不是利润，产生商业剩余为经济进一步发展提供资金。② 随着公营经济规模不断壮大，印度公营企业亏损问题越来越严重，逐渐成为政府财政的一个沉重包袱。印度社会逐渐意识到有必要对偏重于社会效益而不是经济效益的公营经济发展目标进行必要调整，并对偏重于公营经济发展的公私混合经济体制进行必要调整。在20世纪90年代初期开始的经济改革中，印度逐渐触及到经济体制调整。

① A. N. 阿格拉瓦尔：《印度经济》，维斯勒出版有限公司2004年版，第369页。
② ［印］《主流周刊》1987年5月30日，第13页。

（一）缩少公营经济的垄断领域

20 世纪 80 年代后期，拉·甘地政府针对公营企业政策的调整主要表现在：减少其董事会中的政府代表；实行谅解备忘录制度，扩大公营企业经营自主权；不再将病态私营企业国有化，不再亏损公营企业投资，不再无限制扩大公营经济规模等。20 世纪 90 年代初期，拉奥政府发起经济改革，在这方面实行的重要举措是：大幅度缩小公营经济垄断经营的领域，规定只有原子能、铁路、军工等战略性领域才由公营部门垄断经营；同时，对个别严重亏损的地方政府公营企业实行破产处理；此外，还规定企业重大事务一律由董事会讨论决定；企业可以利用新增利润自行扩大生产门类，生产创新产品；并利用所得外汇，进口生产设备，扩大生产经营规模等。其后的高达政府虽然放慢经济改革步伐，但却成立专门负责处理政府从公营企业中减少所持股份的减资委员会，允许公营企业股票上市。到 20 世纪 90 年代后期，瓦杰帕伊政府加速经济改革，加速减少政府在公营企业的所持股份，实际上对公营企业逐渐私有化。在此期间，政府减持公营企业股份最多时甚至达到每年超过千亿卢比。2004 年印度国大党执政后，公营企业私有化的步伐放慢，政府每年减少公营企业持股的数量也降低到只有几百亿卢比，但是政府支持公营企业之间的合并。

（二）放松对私营经济的限制

20 世纪 80 年代，英·甘地政府对私营经济政策实行了某些调整，主要是允许私营企业每年自动扩大 5% 的生产能力；拉·甘地政府对私营经济继续进行经济政策调整，主要是允许私营企业在 5 年内自动扩大 25% 的生产能力。20 世纪 90 年代初期，拉奥政府发起经济改革，在这方面的做法主要是：第一，逐渐取消对私营经济生产许可证的限制，规定除个别重要的经济领域外，其余所有经济领域都取消生产许可证；第二，大幅度扩大私营经济的活动范围，规定除了继续为公营部门保留的军工等战略性领域外，其余所有经济领域均向私营经济开放；第三，逐渐减少为小型企业特殊保留生产的产品种类，从而向全社会开放；第四，基本上取消反垄断法，使大型私营垄断企业的投资领域、投资地点、投资规模等不再受到限制。瓦杰帕伊政府更进一步放松了对私营经济发展的限制，甚至试图修改劳动法，以支持私营经济发展。

（三）放松对外国资本的投资

在20世纪80年代经济政策调整过程中，印度政府对外国投资的政策基本上没有松动。20世纪90年代初期印度开始进行经济改革，拉奥政府逐渐放松了对外国投资的限制。其后的瓦杰帕伊政府和曼·辛格政府都进一步放松了对外国投资的限制：一是不再要求外方必须转让技术，取消长期执行的分阶段制造计划，不再要求外国投资者必须转让技术；二是不再限制外商汇出利润，允许外商在缴纳规定税收后自由汇出利润；三是不再把外商的进口与出口挂钩，允许外商直接接口生产所需机器设备；四是逐渐扩大外国投资的领域，许多过去根本不允许外资参与的领域如电力、通信、港口、机场等如今也允许外国投资参与；五是提高外国投资的比例，在允许其投资的领域可以投资的比例逐渐提高，有的领域甚至允许外商独资。同时，外资参与印度证券市场的条件也放松了，从而使外国投资者对印度的投资不断增多。

综上所述，印度经济调整与改革过程中呈现“公退私进”状况，即公营经济活动领域有所缩小，私营经济活动领域逐渐扩大。但是，印度公私并存的混合经济体制依然存在，公营经济依然在印度主要经济领域占有重要地位，私营经济发展依然受到一定程度限制。印度在经济改革过程中并没有从根本上改变公私混合经济体制，只是减少了政府对经济发展的干预，减少了对公私经济发展的限制，就使印度经济走上了加速发展的道路。从一定意义上可以说，在经济发展过程中，一个国家在不改变经济制度的情况下，可以通过调整经济体制来促进经济增长。可见，在未来经济发展中，印度在经济体制调整方面依然具有较大潜力。

第二节　印度混合经济管理机制的潜力

除财产所有制形式外，资源配置方式也是构成一国经济管理模式的重要内容。一般说来，有什么样的财产所有制形式，就应有什么样的资源配置方式和经济管理机制。传统上认为，实行财产公有制形式，就应成为利用经济计划配置资源的计划经济模式；而实行财产私有制形式，就应成为实行市场机制配置资源的市场经济模式。第二次世界大战后，西方发达国家一般实行市场机制配置资源的市场经济模式，苏联等社会主义国家一般实行经济计划配置资源的计划经济模式，但也有一些西方国家实行经济发展计划，把市场机制和计划机制结合起来。20 世纪 80 年代后期，苏联、东欧等社会主义国家先后转变为资本主义国家，实行市场机制配置资源的市场经济模式。在印度看来，市场调节机制和计划管理机制各有利弊。市场机制自由灵活，有利于经济增长，但经济自由发展的结果是经济发展可能失衡，并出现某些社会问题；计划机制易于把握，可能避免经济失衡和某些社会问题，但由于缺乏灵活性，实行经济计划发展可能不一定利于经济增长。在印度看来，市场调节与计划调节相结合的混合经济管理机制可能做到优势互补，消除弊端。独立后，为建成社会主义类型社会，印度形成公营经济与私营经济并存的混合经济体制，独特的混合经济制度决定印度的资源配置方式和经济管理机制也具有独特性。印度允许市场调节机制继续发挥作用，坚持实行国民经济发展计划，形成市场调节与计划调控相结合的混合经济管理机制，但更加强调政府对经济发展的干预；坚持实行经济发展计划，加强对市场机制作用的限制。20 世纪 90 年代经济改革以来，印度逐渐减少政府对经济发展的干预，不断增强市场机制对经济发展的调节功能，但却继续坚持实行经济发展五年计划，继续保留计划调节与计划调控相结合的混合经济管理机制。

一、印度混合经济管理机制的构成

独立后，印度政府领导人明确指出，为建立社会主义类型社会，必须实行计划。[①] 印度在构成混合经济体制的基础上，还坚持实行国民经济发展的五年计划，利用国家计划机制配置重要的生产要素；不放弃市场机制在资源配置中的作用，注意利用价格、利率等主要经济杠杆进行资源配置。因此，印度在国民经济管理中逐渐形成经济计划与市场调节相结合的混合资源配置方式和国民经济管理机制，但却更强调政府在经济管理中的作用，加强对市场配置资源行为的限制和干预。

（一）经济计划配置资源

为了利用经济计划机制配置资源和管理经济，印度政府在独立之后不久的1950年就成立国家计划委员会，负责全国性经济发展计划的制订，并由首任总理尼赫鲁亲自担任主任，因此长期以来国家计划委员会实际上成为印度政府的超级部门。同时，在中央政府定期制订全国经济发展计划的同时，各地方政府也要制订地方经济发展计划，甚至连各经济部门也要制订部门经济发展计划，从而在印度形成了一个完整的国民经济计划体系。全国经济发展计划是在广泛征求各方面意见的基础上制订的，也是在地方经济发展计划和部门经济发展基础上制订的。重要的是，印度全国经济发展计划还需经过国会的审查批准；地方经济发展计划在经过地方议会批准后，还要经过由国家计划委员会、财政部、中央银行等中央政府主要部门负责人和各邦首席部长组成的国家发展委员会的批准。因此，印度经济发展发展计划也是一项非常严肃的管理活动。为了加强对经济计划活动的执行，印度还在中央政府内专门设立了计划执行部。从1951年开始实行第一个五年计划以来，印度已经完成了11个五年计划和6个年度计划，目前正在执行第十二个五年计划。在每个五年计划文件中，不仅要规定计划期内国家应该实现的社会经济发展目标，而且要规定各主要社会经济部门应该

---

① ［印］《主流周刊》1988年5月24日，第31页。

达到的社会经济指标，同时也要规定计划期间的投资总额及公私部门、各政府部门和各地方政府的投资额等。可见，印度政府计划机构对各经济部门的生产与投资决策具有重大权力，印度这种把投资引入所希望渠道的计划方式不同于由市场力量决定资源分配的指导性计划。[①] 实际上，在1978年以前印度实行的前4个五年计划都具有某些指令性计划的特征。

（二）市场机制配置资源

在利用经济计划配置各类资源的同时，鉴于市场机制给西方国家经济带来活力的现实，为了发展民族经济，印度并未放弃对市场机制的运用，而是注意发挥市场机制在资源配置方面的作用，从而使市场机制继续在印度资源配置和经济发展中起着比较明显的作用。[②] 独立后，在印度不仅存在日用消费品的自由市场和重要商品的期货市场，而且存在比较发达的股票证券市场；同时，劳动力市场也逐渐得到发展，就业登记所等中介机构不断增多。为了发挥市场在经济发展中的的作用，印度注意利用各种市场机制配置资源，其主要体现在如下几个方面：一是利用价格机制配置资源。除粮食、基本药品、基本原材料、重要农业投入物和主要服务等实行国家规定的管理价格外，其他许多产品和服务均实行自由市场价格。二是利用税收机制配置资源。印度建立了比较完善的税收体系，既包括所得税、公司税、财产税、利息税、土地收入税和印花税等直接税，也包括商品税、关税、销售税、交通税、旅游服务税和特种商品税等间接税，以增加财政收入，调节收入分配，并调节某些部门经济发展，缩小个人收入分配差距，纠正部门经济发展的不平衡。三是利用利率机制配置资源。除了根据使用资金时间长短规定的利率外，印度还对不同用途的贷款规定了不同的利率，以促进或限制某些经济部门发展，平衡经济发展。四是利用汇率机制配置资源。根据印度社会经济发展情况、商品进出口需要和国际收支状况，印度政府不断调整货币对外汇率，鼓励或限制某些商品的进出口，以鼓励或限制某些部门经济发展。

---

① ［印］《主流周刊》1988年8月9日，第7页。

② 阿拉克·高斯：《印度经济》（英文版），世界新闻私营有限公司1987年版，第62页。

（三）政府参与资源配置

印度经济发展中的资源配置方式和经济管理机制既不是纯粹利用经济计划配置资源，也不是纯粹利用市场机制配置资源，而是综合利用经济计划和市场机制两种方式或机制配置资源。在印度政府领导人看来，纯粹的经济计划机制和纯粹的自由市场机制二者都有缺陷。为了弥补二者缺陷，印度在资源配置和经济管理中将计划机制和市场机制结合起来，形成计划管理和市场调节相结合的宏观经济管理机制。印度政府还积极参与资源配置：在决定政府财政对公营企业的投资数量、投资领域和投资地点等方面，政府拥有绝对权力；在限制私营部门的投资领域、投资地点和投资数量等方面，政府也拥有很大权力；在利用外国投资方面，对外资的投资地点、投资领域、投资比例等，政府同样拥有极大的权力；即使在利用市场机制配置资源和调节经济方面，政府也不是袖手旁观者，而是对市场机制在资源配置方面的作用加以某种引导甚至给予一定程度的限制。如长期以来，印度对关系国计民生的许多重要产品的价格实行国家控制的管理价格，以保证国家和人民的利益；对电力、汽油、酒精、医药、饮料、化妆品、烟草等许多特种商品征收特别税收，以限制其消费；对农业、小型工业、乡村工业、出口等优先部门按照优惠利率发放贷款，以支持其发展；对货币对外汇率长期保持下调趋势，以鼓励商品出口等。为了保证穷人的基本生活需要，印度还在全国各地建立起公共分配系统，把粮食、粗布、食盐、肥皂、火柴甚至茶叶等最基本的消费品纳入其中，保证生活在官方公布的贫困线以下的穷人可以得到平价基本消费品。

综上所述，独立后印度在允许市场机制配置资源和调节经济的同时，还实行计划机制配置资源和管理经济，更强调政府参与资源配置，从而形成计划机制和市场机制相结合的宏观经济管理机制，并强调国家在宏观经济管理中的作用。

二、印度混合经济管理机制的特征

为了加强对混合经济体制下经济发展的管理，长期以来印度实行经济计划和市场机制相结合的资源配置方式，但是更强调政府参与资源配置，因此印度资源配置方式颇具特色。

（一）计划在资源配置中的作用明显

尽管印度既利用经济计划也利用市场机制配置资源，然而却特别强调经济计划在资源配置中的作用。为此印度在经济计划工作方面做了大量工作：一是较早在中央政府中成立了专门从事经济计划制订的机构——国家计划委员会，同时还在各邦政府内也设立了类似的经济计划机构。在相当长一段时期内，中央政府计划委员会主席都由政府总理兼任，使计划委员会实际上成为一个具有权威性的政府机构。二是存在较为完整的计划体系，不仅中央政府设立了经济计划机构，各邦政府也设立了类似的机构；同时，除制订全国和地方社会经济发展总体计划外，各有关部门还要制订本领域的发展计划。三是经济计划制订过程是民主协商的结果，印度经济发展计划要经过各级政府多次讨论，在批准前还要交社会各界讨论，征求社会各方面的意见，以保证计划的可靠性。四是政府还专门设立了经济计划执行机构。在印度中央政府，这个经济计划执行机构叫作计划执行部，专门处理经济计划执行过程中出现的问题，从而保证经济计划规定的社会经济发展目标和经济增长指标的实现。

（二）市场在资源配置中的作用受到限制

独立后，尽管印度允许市场的存在与发展，然而政府对产品收购、商品价格、银行利率、货币汇率等也有诸多限制，某些产品市场、劳务市场和资本市场等依然很不完善。首先是商品市场不完善。由于印度各邦市场之间还存在某些隔离，完全统一的国内市场还没有真正形成；石油天然气市场完全为公营石油天然气公司垄断，国际贸易也为公营贸易公司垄断经营，垄断的存在实际上意味着市场的消退；粮食等农产品和某些重要的工业品依然为政府收购，因此许多商品市场也不完善。其次是劳动力市场不很健全。印度是一个人口众多的国家，劳动力市场应该是一个非常重要的市场，但是印度劳动力市场的发展却受到诸多限制，甚至连就业登记所数量也不多，劳动力依然难以自由流动。第三是资金市场、资本市场等虽然已经存在，但是也不完善，政府对资金价格、资本投向等仍有诸多限制，外汇市场甚至不存在。可见，印度经济中的市场体系还是不完善的。因此，尽管市场机制在资源配置中也发挥着重要作用，然而由于市场体系不完善，市场机制在印度资源配置中的作用受到极大限制。

（三）政府在资源配置中的作用较大

长期以来，印度政府直接参与资源配置，如对公营部门的投资，还利用各种经济政策实行间接管理。一是劳动工资政策。印度劳动法规定，100 人以上的企业解雇工人必须经过政府批准；同时，政府相关政策也规定了雇员最低工资和基本福利等。这虽然在一定程度上缓和了劳资关系，但是也在一定程度上限制了劳动力流动。二是收购价格政策。印度规定对部分粮食实行收购，还要求公营部门必须购买小型企业的产品；同时，对一些重要工业品还实行政府规定的管理价格，对重要服务价格也实行政府管理，从而极大地限制了价格在资源配置中的作用。三是金融利率政策。规定各银行必须将其吸收存款的相当一部分用于购买政府核准的债券，将放款的相当一部分给予农业、小型企业、乡村工业等政府规定的优先发展行业，还对存贷款利率有诸多限制，如对发放给优先部门的贷款必须实行低于通行利率的优惠利率。可见，印度政府在资源配置中的作用是较大的。

由此可见，尽管印度实行经济计划和市场机制相结合的资源配置方式，然而计划在印度资源配置中的作用非常明显，市场在印度资源配置中的作用受到严格限制，政府在资源配置中的作用较大。

三、印度混合经济管理机制的调整

长期以来，印度被认为是非中央计划经济中经济计划性最强的国家，极大地限制了市场机制在经济发展中的调节作用，使印度经济缺乏必要活力。印度社会逐渐意识到，对过分强调经济计划和国家干预的资源配置方式需要进行必要调整。20 世纪 90 年代经济改革以来，印度对资源配置方式和经济管理机制进行了重要改革，不断减少政府对经济发展的干预，逐渐增加市场机制对经济发展的调节功能等。

（一）逐渐取消对企业生产的限制

一是放松对私营企业生产投资的限制，在允许私营企业自动扩大生产能力的基础上，逐渐取消对私营企业生产能力的限制，不再过问私营企业生产多少的问题；二是通过扩大私营企业生产经营领域，大幅度减少对私营企业生产什么的限制；三是放松对大型私营企业投资地点的限制，除城市中心外，一般允许其在其他地方投资，甚至允许其到国外投资。早在拉·甘地时期，政府就通过与公营企业签订“谅解备忘录”，扩大了公营企业生产经营自主权，对企业生产什么、生产多少等已经不再干预，从而逐渐放松了对公营企业生产的限制，更多地让市场机制影响公营企业的生产经营活动。

（二）逐渐放松对商品、服务和资本价格的控制

在经济调整与改革过程中，政府逐渐减少对商品价格的控制。到20世纪90年代末期，通过经济改革，政府逐渐减少实行管理价格的商品种类，只对钢材、水泥等几种重要商品依然保持管理价格，对其他商品价格则逐渐放开，让市场决定其价格。同时，对大多数服务收费价格也逐渐放开，只保留对铁路运费等关系广大人民生活的重要服务价格实行统一管理。此外，政府逐渐实行利率自由化，让市场供求决定资金价格的变动；逐渐放开本国货币对外汇率，让外汇市场供求来决定印度卢比对外汇率的升降。

（三）逐渐放松对资金来源的限制

经济改革后，虽然印度各银行依然必须按照规定将其吸收存款的一部分用于购买政府核准的债券，但是这个比例已经大幅度降低；同时，虽然政府对银行放款的条件依然存在某些限制，但是必须按照政府规定的对象和规定的优惠利率放款的比例已经大幅度下降。对公营企业生产经营活动所需要的资金，政府也不再硬性规定由公营银行发放贷款解决，而是由企业自己决定，可以向国内银行借款，也可以到证券市场上筹集资金，甚至可以到国际市场上借款和发行证券；允许其将发行股票所得资金用于进口

机器设备、在国内购买厂房设备等。可见，印度政府逐渐减少了对企业生产经营活动所需要资金来源的限制。

（四）逐渐放松对产品销售的限制

经济改革以来，为了保证穷人的最低生活需要，印度继续保留公共分配系统和平价商店，但还是逐渐放松对产品销售的限制。这主要表现在如下方面：一是修改主要商品法，使国家控制的商品逐渐减少；二是对公营企业产品销售的限制逐渐减少，让企业的更多产品可以在自由市场上销售；三是逐渐取消对公营企业对进出口贸易的垄断，私营企业特别是外商合资企业逐渐可以涉足进出口贸易，从而逐渐放松对产品销售的限制。

经过经济改革，政府对经济发展的干预减少，市场机制的调节作用增强，但是依然坚持实行经济计划发展，经济计划在资源配置中的作用依然存在；同时，对商品、资本、劳动力等多方面的限制依然存在；保留了政府作用，增强了市场机制的调节功能，资源配置方式和经济管理机制并没有发生本质变化。传统经济学认为，经济制度与经济体制是一致的：公营经济需要计划管理，私营经济应该由市场调节。但正如社会主义不必与公营经济和计划经济划等号、资本主义也不必与私营经济和市场经济划等号一样，在一定条件下，公营经济不必与计划管理划等号，私营经济也不必与市场调节划等号；公营经济可在一定程度上实行市场调节，私营经济也可在一定程度上实行计划指导；公营经济既可实行计划管理也可实行市场调节，而私营经济也既可实行市场调节也可实行计划管理。印度在经济改革过程中，并没有从本质上改变计划调控与市场调节相结合的资源配置方式和经济管理机制，就使印度经济走上了加速发展的道路。因此从一定意义上可以说，在经济发展过程中，一个国家在不改变经济制度的情况下，可通过调整或改革经济管理机制来促进经济增长。在未来经济发展中，印度在这方面依然具有较大的潜力。

第三节 印度混合经济发展模式的潜力

独立后，为促进经济发展，印度既充分利用国内资源，也注意利用国外资源，逐渐形成混合经济发展模式。殖民统治者长期的残酷剥削和掠夺对印度经济发展造成严重后果，印度社会各界对此记忆犹新。独立后，为发展民族经济，印度注意发展对外经济联系，但却更强调自力更生，强调依靠自己力量发展国民经济，因此长期实行“进口替代”经济发展战略，严格限制商品进出口、外国对印度投资和印度对外投资，使经济发展具有比较明显的内向性。这虽然在一定程度上促进了经济发展，但却在相当程度上未能充分利用国外资源，在一定程度上致使经济长期增长缓慢。20世纪90年代经济改革以来，印度逐渐减少对商品进出口、外国投资和对外投资的限制，促使经济逐渐全球化，使国民经济发展更多依靠国外资源。但在经济发展中，内外资源相结合的经济发展模式并没有发生根本变化。印度经济发展依然主要依靠国内资源来保证，依靠国内需求来拉动。

一、印度混合经济发展模式的形成

长期殖民统治期间殖民者对印度的残酷剥削和掠夺，在相当程度上促使独立印度在经济发展中坚持自力更生的方针。为解决经济发展中资金短缺和技术落后等问题，印度也注意发展对外经济联系，把国内经济和国外经济结合起来，形成内外结合的经济发展模式。

（一）坚持发展对外经济联系

长期殖民统治期间，为加强对印度的剥削和掠夺，殖民政府垄断印度对外贸易，还鼓励殖民者增加对印度投资。这在相当程度上破坏了印度曾经发达的农业和繁荣的手工业，严重阻碍了印度经济发展；但同时，其也为印度带来投资，带来先进技术和先进文化，在一定程度上促进了商品经济在印度发展。长期殖民统治使印度农业生产落后，粮食产量下降，造成饥荒不断，饿殍遍野。1947 年政治独立后，为解决众多人口的吃饭问题，印度依然不得不大量进口粮食。1951 年和 1952 年，印度粮食净进口量分别高达 410 万吨和 390 万吨。① 长期殖民统治使印度工业生产落后，印度人民生活所需大量日用工业品不得不依靠进口解决，印度经济发展所需机器设备等也只有依靠从国外进口。印度社会各界对殖民统治对经济造成的危害记忆犹新，但为加速发展民族经济，印度依然保持一定程度的对外开放，没有割断与西方发达资本主义国家的经济技术联系，并在相当程度上保持和发展这种联系；还注意发展与苏联、东欧等社会主义国家和第三世界国家的经济技术联系。直到 20 世纪 60 年代末期，英国依然是印度最主要的对外贸易对象和外国投资主要来源地，苏联也成为印度的主要援助国。70 年代后，美国和苏联逐渐成为印度主要的对外贸易对象，美国则逐渐成为印度外国投资主要来源地。长期以来，印度也注意引进外国投资，但却总是把外国投资作为引进国外先进技术的媒介。重要的是，为利用国外资源加速国民经济发展，印度长期成为西方发达国家和世界银行等国际组织的主要援助对象。自 20 世纪 60 年代初期国际开发协会成立后，其每年发放优惠贷款的一半以上都给了印度。独立后，苏联、西方发达国家和世界银行等国际组织对印度进行经济援助，在一定程度上有助于印度经济恢复和发展。如苏联经济援助帮助印度建设 100 多个大型经济项目；世界银行帮助印度发起“绿色革命”，促使其逐渐建立起一个比较完整的工业体系和国民经济体系，也使其终于从一个吃粮靠进口的国家转变为粮食基本自给并有少量出口的国家。

（二）坚持自力更生的发展方针

由于长期殖民统治对印度社会经济发展造成严重破坏，因此独立之初印度经济具有浓厚殖民地性质。独立后，为改变殖民地经济性质，印度在

---

① 印度政府：《2002—2003 年度经济调查》，印度政府财政部经济处，新德里，2003 年，第 S－21 页。

社会经济发展中始终坚持自力更生的基本方针。从经济学角度来看，自力更生就是在经济发展过程中依靠本国力量发展经济。印度经济学者认为，自力更生包括国际收支长期平衡，食物和基本原材料、军火武器、高技术劳动力和资本货物等的自给自足。[①] 这实际上把自力更生与自给自足联系起来，并基本上在二者之间划等号，印度学者把这种经济称为自我维持的经济。印度政府认为，自力更生意味着免除对外援的依赖，包括确定一个可以接受的群众最低生活标准并不断提高这个标准。[②] 在印度社会各界和印度政府看来，自力更生就是要在社会经济发展过程中不断降低直至消除对外依赖，并通过经济发展提高人民生活水平。为此，印度必须依靠自己力量，即本国资金、技术、劳动力和资源等，加速经济发展，扩大社会经济发展和人民生活所需各种产品的生产，逐渐降低并最终停止外国产品进口，以不断提高全体人民的生活水平。独立后，历届印度政府领导人都十分重视自力更生在印度社会经济发展中的重要性，并把其作为印度社会经济发展的主要目标。独立印度首任总理贾瓦哈拉尔·尼赫鲁明确指出，只有在经济上独立，才能在政治上完全独立；而经济上的独立又取决于能否自力更生发展科术。英迪拉·甘地总理强调，政府的注意力在于把自力更生作为经济政策的一个目标。她指出，在引进国外资金和外国技术时，要不损害自力更生原则，努力达到自力更生。拉·甘地总理在主张对外开放时也强调要坚持自力更生原则。[③] 因此独立后，自力更生实际上已成为独立印度社会经济发展的重要指导思想。

（三）确立内需主导型的经济发展模式

为不断提高自力更生发展社会经济的能力，实现自力更生发展社会经济的基本目标，独立后印度逐渐确立内需主导型的经济发展模式，注意完善财政税收体系和银行金融体系，积极扩大国内储蓄和积累；开展土地改

---

① ［印］鲁达尔·达特、K. P. M. 桑达拉姆：《印度经济》（英文），新德里，1974 年，第 244 页。

② 印度政府：《1987—1988 年度经济调查》，印度政府财政部经济处，新德里，1988 年，第 54 页。

③ 文富德：“自力更生与印度经济发展”，《南亚研究季刊》1989 年第 3 期，第 1 页。

革，发起“绿色革命”，大力发展农业；积极建立现代工业，鼓励小型企业发展，扩大工业品生产。这使印度比较成功地打破了国外商品对印度市场的垄断和控制，逐渐形成投资品和消费品的有形市场，并建成全国性商品分销网络体系，推动印度城乡商品市场发展。全国超过百万人的市场经纪人、批发商、仓储运输商和零售商从事各种消费品流通，在全国约3800个城镇和50万个乡村中经营。随着民族经济不断发展，印度中产阶级队伍逐渐扩大，其拥有持续稳定增长的购买力，成为消费品市场稳定发展和结构不断升级的主要推动力；农业不断发展也使印度农村地区市场需求不断增长。正是由于注意国内市场发展，印度大幅度降低了对国外市场的依赖。20世纪80年代初期，出口在印度国内生产总值中的比重不到5%。为实行以内需拉动经济增长的经济发展模式，独立后印度把始终自力更生作为社会经济发展的基本目标，并采取一系列政策措施。一是始终把农业放在优先地位，不断增加粮食生产；二是努力发展民族工业，建立完整的民族工业体系；三是大力发展科技教育，不断扩大科技人员队伍；四是发展经济以国内资金为主，适当利用外国资金。独立后，印度实行以国内资金为主的资本形成战略，经济发展主要依靠国内资金，国民储蓄率从1950年的8.9%大幅度提高到2001年的25%。独立后，印度一直积极使用外国援助，也注意引进外国投资，使外资在印度经济发展中起到一定的促进作用。然而，为坚持自力更生的基本方针，印度政府也一直坚持在社会经济发展中坚持以国内资金为主，并为此采取一系列重要政策措施，不断完善财政税收体系，逐渐健全银行金融体系，促使印度储蓄率和投资率有所提高。如为扩大财政收入，印度根据经济发展情况，每年适当调整税种或税率，以增加额外财政收入。依靠这种办法，印度政府增加的税额从“二五”计划期间的105.2亿卢比增加到“三五”计划期间的289.2亿卢比、三个年度计划期间的90.8亿卢比，“四五”计划期间的428亿卢比、“五五”计划期间的1030亿卢比、“六五”计划期间的3297亿卢比和“七五”计划期间的4470亿卢比。其在公营部门计划费用中的比例一般都保持在20%以上，在“二五”计划期间甚至高达33.6%。[①]

---

① A. N. 阿格拉瓦尔：《印度经济》，维勒东方有限公司1987年版，第447页。

二、印度混合经济发展模式的特征

作为经过长期殖民统治的发展中大国，为彻底改变殖民地经济性质，经过独立后的艰苦努力，印度逐渐形成内外经济结合的混合经济发展模式，并使其具有十分明显的印度特色。

（一）坚持自力更生的发展方针

自力更生方针充分体现在印度经济发展五年计划中。在“一五”计划文件中印度政府强调，优先发展农业，实现粮食自给；发展电力，为实现工业化创造必要基础设施。在“二五”计划文件中政府强调，把迅速工业化和经济多样化作为经济发展核心，重视资本部门发展，加速自力更生进程，摆脱殖民统治的影响。[①] 在“三五”计划文件中政府提出，把自力更生和自生经济作为社会经济发展的重要目标，决定把钢铁、燃料、机器制造和化学工业等作为发展优先，以创造尽早消除对外依赖的某些条件。[②] 在“四五”计划文件中政府要求，努力发展农业生产，增加国内储蓄，开发当地技术等，以大力降低对外依赖。[③] 在“五五”计划文件中，英·甘地政府把自力更生作为社会经济发展的两个主要目标之一，为此把发展重点放在农业、基础工业和消费品生产部门上，并强调实行进口替代和出口促进的政策。在“六五”计划文件中，前期人民党政府也把保证国家朝着自力更生方向发展作为社会经济发展主要目标之一，并把发展重点放在农业和乡村工业等方面，以保证人民生活必需品的供应；而后期英迪拉·甘地政府则强调现代化对经济发展和技术自力更生的促进作用，提出加速当地技术的开发和传统工业的技术改造。[④] 在“七五”计划文件中，拉·甘地政府依然把自力更生和社会公平作为社会经济发展的主要目标，并提出

---

① 印度政府计划委员会：《第二个五年计划》，新德里，1956 年，第 25 页。

② 印度政府计划委员会：《第三个五年计划》，新德里，1961 年，第 48—50 页。

③ 印度政府计划委员会：《第四个五年计划》，新德里，1970 年，第 24—39 页。

④ S. N. 巴塔查亚：《印度五年计划的理论与实践》，维勒东方有限公司 1987 年版，第 133—158 页。

要加速粮食生产和提高经济增长率的战略指标。[①] 因此，尽管在每个经济发展五年计划文件中，印度政府都反复强调把工业化、经济增长、社会公平、平衡发展、自力更生等作为印度社会经济发展的主要目标，但是在这些发展目标中只有一个目标得到了特别优先，“这就是自力更生”。可见，自力更生成为独立后相当长一段时间内印度社会经济发展的基本目标。

（二）实行“进口替代”的发展战略

发展经济学家把世界各国分为经济发达的中心国家和经济落后的外围国家。中心国家主要包括过去实行殖民政策的宗主国（即西方发达国家），外围国家主要包括过去曾是殖民地或半殖民地而现在获得独立的国家（即发展中国家）。他们认为，中心国家经济之所以发达，是因为靠剥削外围国家才发展起来的；外围国家经济之所以落后，是由于中心国家的长期剥削。政治独立后，外围国家要发展经济，必须摆脱中心国家的剥削和对国外进口品的依赖。为此，发展中国家政治独立后必须大力发展民族工业，实现工业化，增加国内工业产品生产，用国内生产的工业品取代进口工业品，以满足社会经济发展和人民生活对工业品的需要，促进发展中国家经济发展。这种经济发展战略叫作“进口替代战略”，其实质是在社会经济发展中减少对国外产品的依赖。长期殖民统治严重破坏了印度经济发展，致使印度饥荒频仍、饿殍遍野。1947 年政治独立时，为满足人民生活的基本需要，印度需要进口大量粮食，还需要进口日常工业消费品。在印度看来，自力更生就是在社会经济发展和人民生活需要方面逐渐减少对外部世界的依赖，为此其必须逐渐减少有关商品的进口。这就意味着印度必须增加过去需要进口产品的生产，用国内生产的产品取代过去需要进口的产品，以满足社会经济发展和人民大众生活的需要。因此，独立后印度政府领导人意识到，印度必须尽快建立自己的工业体系，充分利用本国工业生产更多的工业品，以尽快取代不断增加的进口工业品，并满足社会经济发展和人民生活对工业品不断增长的需求。在独立印度政府领导人看来，为

① A. N. 阿格拉瓦尔：《印度经济》，维勒东方有限公司 1987 年版，第 673 页。

降低社会经济发展对国外产品的依赖，印度必须实行进口替代发展战略，建立本国的现代工业基础，这对于印度社会经济发展和人民生活改善都十分重要。长期以来，印度通过高关税和许可证制度等手段严厉控制进口，打破英国及其他外国商品对印度市场的垄断。随着完整工业体系的建成和工业品自给能力的提高，印度政府规定，凡是国内已生产的或在短期内能生产的产品一般不准进口，以保护民族工业，防止外国商品进占印度市场。为减少社会经济发展和人民生活对国外产品的依赖，印度经济发展战略目标之一就是，要把印度从一个技术落后的农业国建设成为一个技术先进的工业国。为尽快建立起工业基础，印度从1956年起就实行优先发展重工业和基础工业的经济发展战略。其目的在于，通过增加国内生产，减少社会经济发展对国外的依赖。这在客观上削弱了对外经济联系，放慢了经济全球化进程。

（三）严格限制商品进口和外国投资

独立后，为保证人民生活基本需要，促进民族经济的建立和发展，印度注意发展对外贸易，但却对商品进口实行严格限制。一是实行对外贸易统制制度。除由商务部通过制定对外贸易政策统一管理对外贸易外，还设立资本货物委员会管理与资本货物进口有关事务，设立诸多公营贸易公司垄断主要商品进出口。二是规定商品进口原则。凡国内已生产或在不久将来能生产的产品一律不准进口；严格限制奢侈消费品进口。三是把进口商品分为禁止进口品、限制进口品和允许进口品，并在年度对外贸易政策中详细列出目录清单，以加强对禁止和限制进口商品的控制。四是实行商品进口许可证制度。在国家规定进口数量内，要进口这些商品，须从政府部门获得进口许可证。五是实行商品进口审批制度。在发放商品进口许可证前，政府部门要对商品进口申请进行严格审批。六是对商品进口征收高关税。长期以来，印度商品进口平均关税率保持在100%以上，最高关税率高达300%，有时甚至高达500%。为限制商品进口，印度还长期实行外汇管制，规定所有单位和个人获得的外汇必须按国家规定外汇牌价将其卖给指定银行，其需要外汇时必须向国家外汇管理部门提出用汇申请，方能获得国家批准数量的外汇。严格控制商品进口使对外贸易发展缓慢，印度在世界贸易中的占比从独立初期的2%下降到20世纪80年代中期的不到0.5%；商品出口在印度国内生产总值中的比例也从独立初期的10%以上下降到80年代初期的约5%。独立后，为发展民族经济，印度也注意利用外资，但长期以来，印度政府都把利用外资的重点放在利用世界银行、国际货币基金、国际开发协会等国际组织和西方发达国家的援助上。因此，长期以来国外援助在印度各五年计划的开支中都占有一定地位。外援在印度公营部门计划费用中的比例从“一五”计划的9.6%上升到“二五”计划的22.5%、“三五”计划的28.3%和三个年度计划的36.4%，“四五”计划下降到12.9%，“五五”计划为12.8%，“六五”计划为7.7%，“七五”计划为10%。① 但是，政府对外国直接投资却实行严格限制。一是限制外国投资领域，印度留给外资可以参与的经济领域不多。即使那些允许外国直接投资的领域，如外国直接投资没有带来先进技术，政府也通常不予批准。二是限制外资在企业股份中的比例。规定外资参与企业的主要股权应控制在印度手中，如根据1973年《外汇管理法》，要求外资比例减少到40%以下。三是要求外资必须转让技术。政府对外国合资企业实行分阶段制造计划，规定外国投资者必须向印方转让技术，并允许印方将此技术在印度国内进行横向转让。长期以来，印度始终坚持把引进外国直接投资作为引进外国先进技术的一种手段。四是坚持本地化政策。要求外国投资企业逐渐本地化。20世纪70年代末期人民党政府执政期间，印度实行严格限制外国投资政策，对那些不按规定降低其在合资公司中股份比例或不向印度方转让技术的外国公司，勒令其退出印度。美国商用机器公司因为不愿降低其在合资公司中比例而被勒令退出，美国可口可乐公司也因为不愿向印方转让技术而被勒令退出。严格限制外国直接投资使印度吸收的外国直接投资一直不多，直到20世纪90年代初期，国际货币基金组织都还没把印度列为吸引外国直接投资的国家。

① A. N. Agrawal, Indian Economy, WILEY EASTRN LIMITED, New Delhi, 1987, p. 638.

三、印度混合经济发展模式的调整

独立后，印度虽然坚持实行内外经济相结合的经济发展模式，但更强调自力更生发展民族经济，坚持严格限制商品进口和外国投资，实际上形成比较内向型经济发展模式，在一定程度上不利于经济增长。20 世纪 90 年代经济改革以来，印度逐渐放松对商品进出口、外国投资和对对外投资的限制，使印度经济逐渐全球化，但印度依然坚持依靠国内资源拉动经济增长。

（一）放松对商品进口的限制

20 世纪 80 年代后半期，拉·甘地政府把某些商品进口从限制进口清单转移到开放进口许可证单上，但依然保持对商品进口的诸多限制。1991 年经济改革后，拉奥政府放松对商品进口的限制，把更多商品进口从限制进口清单转移到开放进口许可证单上，不断取消商品进口许可证，简化商品进出口手续。1992—1997 年，进口政策使大部分商品在交纳规定关税后就可自由进口。1993—1994 年度，印度几乎完全取消商品进口许可证，并逐步取消公营企业商品进口专营权。1997—2002 年，进口政策进一步放宽对商品进口的限制。1998 年，印度把 340 种商品从限制进口单转到一般开放许可证单上。从 2001 年 4 月 1 日起，印度取消对商品进口数量的限制。印度还大幅度降低商品进口关税，使商品进口最高关税率从 1991—1992 年度的 150% 下降到 1992—1993 年度的 110%，1993—1994 年度下降到 85%，1994—1995 年度更降到 65%，1995—1996 年度再降为 55%，1996—1997 年度达到 50%，1997—1998 年度为 40%，1999—2000 年度最高关税率名义上已降为 35%。2004 年 1 月 9 日起，印度平均最高关税降为 20%。2005 年 1 月 1 日起，印度对电脑、通信、半导体和科学设备等 115 种产品实行零关税。印度还简化关税计算方法，把关税率由过去的 7 级简化为 4 级，即 5%、15%、25% 和 35%。印度商品进口逐渐自由化，只要缴纳规定关税，就可比较自由进口。

（二）大力促进商品服务出口

20 世纪 80 年代中期，拉·甘地政府就制定了促进软件出口的政策；80 年代后期，其又制定了软件科技园区政策。拉奥政府大力促进出口发展：一是允许出口生产所需技术设备进口；二是对出口生产等给以税收减免，并给予信贷支持；三是对地处内地各邦出口商品运输费用实行补贴；四是吸引外国投资，加速新技术产业的建立和传统产业的技术改造，以增加出口；五是建立高新技术产业园区，促进软件开发等新技术产业发展，以扩大软件等服务出口；六是对软件开发等服务出口企业提供基础设施支持，在软件技术园的国内外公司可享受政府对出口加工区的所有优惠等。瓦杰帕伊和曼·辛格执政期间，印度开始建立经济特区。曼·辛格政府还采取许多促进出口的政策：积极开展经济外交，把发展经济外交作为印度对外政策的核心，世界主要国家领导人相继访问印度；同智利和东盟等国家和地区签署贸易协定；设立直接由总理领导的高级贸易经济关系委员会，负责协调印度对外经济贸易联系等。① 2005 年取消纺织品配额后，美国等西方国家对中国纺织品设限，为印度纺织业发展提供了新契机。印度纺织业目标是全球市场份额占 8%—10%，② 为此印度出台鼓励黄麻生产和出口新政策，并成立全国黄麻委员会，对黄麻产业技术改造给予 25% 的补贴。③ 2010 年在应对国际金融危机进程中，印度更推出“出口倍增计划”，争取在 3—5 年内使印度出口增加 1 倍。

（三）放松对外国投资的限制

1991 年经济改革以来，印度建立外国投资促进委员会，实施一系列吸引外国直接投资的政策。拉奥政府取消外国投资必须进行技术转让的规定，如技术引进一次性总付费用在 1000 万卢比以内，或从开工之日 7 年内，专利费占国内销售额的 5% 或出口值的 8% 以内，这类引进项目可获自动许可；允许在国内市场使用外国商标出售商品；向外商开放 35 个优先发

---

① ［印］《金融快报》2005 年 5 月 12 日。
② ［印］《金融快报》2005 年 5 月 16 日。
③ ［印］《经济时报》2005 年 4 月 16 日。

展工业部门，出口贸易、旅游等服务部门，以及铁、锰、金、铜、铀等13种矿物开采等；允许外资在上述工业和服务部门参股率达51%，采矿业参股率达50%；电力、石油提炼、计算机和软件等外商可独资；外国机构投资者可在印度股票市场购买股票，上限为30%；外国公司税率从65%降为55%等。1996年联阵政府将外国投资促进委员会划归工业部领导，授权其可直接审批不超过60亿卢比的外国直接投资申请。该部制定扩大外国直接投资的新政策，在采矿、服务、冶金、电力、非常规能源、交通、仓储等9个行业外资比例不超过74%的合资项目申请将自动获准；将外资比例不超过51%的合资项目申请可自动获准的行业范围扩大，新增采矿、纺织、化工、食品加工、机械制造、家用电器及市场调查等16个行业。瓦杰帕伊政府进一步放松对外国投资的限制，外国机构投资者在印度股票市场投资最高限额从所投资印度公司实收资本的24%上升至40%；外国对印度非金融公司直接投资，在个案审批条件下允许设立外商独资公司，但需将其中25%的股权转让给印国度内投资者，如果此种投资总额超过5000万美元，则可保持其全部股权；加快外商投资申请审批速度，外商直接投资申请电力、电信、道路、机场、石油、采矿等基础设施，保证7天内审批完毕；提高外资所占比例，将银行、保险的外商直接投资比例由26%提高到49%，将电信业由49%提高到74%；在自动获得批准路线下外资在允许的绝大多数部门的比例上升至100%；向外资开放房地产和零售商业等诸多领域，允许其以合资形式投资单一品牌零售业；向外国机构投资者开放印度证券市场，允许其购买印度上市股票和印度政府发行的各种债券；[①] 设立自由贸易仓储区，扩大出口加工区，建立经济特区等，对经济特区开发商和区内企业在经营前5年免征所得税，随后5年免征50%的所得税，再后5年出口利润的50%可用于再投资；[②] 为吸引外国投资，还放松资本项目下货币流动的限制，取消ESOP计划中对外汇款2万美元的限制，允许外国投资者在印度获得的利息或利润在完清各种税收后自由汇出等。

---

① ［印］《贸易标准报》2005年4月5日。

② ［印］《经济时报》2005年5月11日。

（四）鼓励国内企业走向世界

印度政府鼓励企业走出去，并为此采取了诸多政策措施：一是加强对海外企业发展的统一领导，政府在商业部下设立海外工程开发委员会；二是允许有条件的大公司在国外发行股票和债券，放宽本国公司到国外发行股票的限制；三是放松外汇资制本账户管，鼓励公司对外投资，逐渐提高每家印度公司每年海外投资标准。为适应经济全球化需要，拉奥政府成立货币改革委员会。20 世纪 90 年代初期，印度实现卢比在经常项目下可自由兑换，并计划实现卢比在资本项目下可自由兑换，但 1997 年亚洲金融危机使印度放慢了卢比可自由兑换进程。进入 21 世纪以来，政府继续放松对货币流动的限制：允许印度企业从海外美国存款计划和全球存款计划获得收入，并逐渐取消对其用途的限制；允许在海外建立分支机构和办事处的公司，并为其在海外开展业务和工作人员在海外居住之目的，允许其在海外获得不动产；允许印度表列公司在海外承认的股票市场上市，允许社会保障基金在海外股票市场上市，允许个人在海外股票市场投资。① 2006 年初印度决定尽快实现卢比完全可自由兑换，但美国爆发的国际金融危机使其放缓了货币自由化的步伐。现在，印度企业积极“走出去”，到海外建立合资企业或分支机构。印度主要软件企业进军欧洲和美国市场，也在中国设立分支机构；印度钢铁企业在国外展开收购兼并活动，扩大生产规模；印度石油天然气企业在国外收购相关企业。仅 2004 年，印度公司海外收购数量就达 316 项，收购金额多达 93 亿美元。

可见，经过经济改革，印度放松了对商品进口、外国投资和对外投资等的限制，还积极鼓励商品劳务出口，扩大对外经济联系，对外贸易和外国投资在印度经济发展中的地位有所提高。到 2013 年，对外贸易额占国内生产总值的比例已经超过 40%，但内外经济结合的经济发展模式并没有发生根本变化，对商品进口和外国投资的限制依然存在。印度较多地使用反倾销措施，成为世界上反倾销最多的国家之一。印度依然注意对外国投资

---

① 印度政府：《2002—2003 年度经济调查》，印度政府财政部经济处，新德里，2003 年，第 117 页。

的管理，许多外国投资依然需要得到政府批准；农业、多品牌零售业等领域仍不向外国投资者开放；坚持打击外国投资者违法乱纪行为，禁止外国投资者违反劳工法；禁止外国公民购买印度不动产；坚持保护农业和小型工业政策。正如拉奥总理认为，印度经济增长要走“中间道路”，要“均衡地实行自己的经济模式”。辛格总理也表示，新政府在继续以往的经济改革的同时更要重视劳动力就业和经济的平衡增长。这不但反映出印度对本国力量的依靠，也体现出印度政府不愿把经济增长的重心放在外向型经济上，印度混合经济发展模式的潜力依然巨大。

第 三 编

印度经济发展中的问题

考察一个国家经济发展的前景，不仅要考察其具有的诸多经济发展潜力，还要考察阻碍其经济发展的诸多问题。因此，要把握印度经济发展的前景，除了考察可能促进印度经济发展的诸多潜力，还有必要分析阻碍印度经济发展的某些问题。当然，某些潜力和某些问题不是绝对的，而是相对的，如印度人口众多，既是潜力，也是问题。本部分主要分析阻碍印度经济发展的人口问题、社会政治问题、基础设施问题和产业结构问题四种问题。

第九章

印度人口问题

在第四章论述印度经济发展潜力时，我们讲到印度人口众多，人力资源潜力巨大，但这也存在某些问题。如：众多人口无法接受教育，成为文盲，就不可能转变成丰富的劳动力资源；而众多人口需要劳动力就业，但社会经济发展不能吸收众多劳动力就业，就会产生劳动力失业问题；而劳动力失业就意味着其没有收入，可能陷入生活贫困状态，产生贫困问题。而无论是文盲问题，还是劳动力失业问题和贫困问题，都是重要的人口问题，都严重影响印度挖掘丰富劳动力资源潜力的能力发挥，都是影响社会经济发展的重大问题。独立后，印度人口增长迅速，无疑为印度社会经济发展提供了充足的劳动力，但是人口增长过快也给印度社会经济发展造成了诸多问题，如文盲人数众多、劳动力失业问题、贫困问题等。这些问题无疑成为未来印度社会经济发展的沉重负担，严重地制约着未来社会经济发展。

第一节　印度文盲问题

独立后，由于种种原因，印度人口迅速增长。虽然人口迅速增长为印度提供了充足的劳动力，但是长期以来也给印度社会经济发展造成了一系列问题，文盲人口众多就是其中最为重要的问题之一。

一、印度文盲问题严重

独立后，印度注意发展教育事业，大力扫除文盲，促使印度人口识字率不断上升。到2011年，印度人口识字率已经提高到74.04%，而同年世界人口平均识字率为84%。尽管印度在发展教育事业方面取得了长足的进步，但是其现在仍是世界上文盲人口最多的国家。据联合国教科文组织2014年1月29日发布的《全民教育全球监测报告2013—2014》报告，全世界72%的文盲人数集中在10个国家，这些国家的文盲人数达5.57亿，其中印度排名第一，文盲人口达2.87亿，占全球文盲总数的37%。不仅如此，印度男女识字率也存在较大差异，二者相差20多个百分点，女性的识字率低于男性。这不仅不利于家庭教育和人口控制，也不利于未来社会经济发展。

（一）总人口中的文盲

文盲问题是目前印度社会面临的重大而紧迫的问题之一，据2011年印度人口普查数据，印度文盲人数为2.72亿，这个庞大的数字占印度总人口的23%，接近于美国人口数。独立以来，印度在重视发展正规教育事业的同时，也注意在成人中开展扫盲教育，并取得了一定成效，全国7岁以上识字人数一直呈稳步上升趋势。1951年印度总人口的平均识字率为16.67%；之后，印度人口识字率不断上升，1961年为24.02%，1971年为29.45%，1981年为36.23%，1991年为42.84%，2001年为64.83%，2011年为74.04%。与此相对应的是，独立后印度人口文盲率一直处于稳定下降趋势，1951年为83.33%，1961年为75.98%，1971年为70.55%，1981年为63.77%，1991年为57.16%，2001年为35.17%，2011年为25.96%。但是，由于独立后印度人口快速膨胀，同期印度的文盲绝对人数经历了一个先上升后下降的过程。1951年文盲人数为3亿，1981年则增长到4.31亿，2001年又下降至3.04亿，2011年文盲人数为2.72亿。印度文盲率虽然从2001年的35.17%下降到2011年的25.96%，文盲人数也下降了3200万，但是印度文盲问题的形势依然严峻。

（二）女性中的文盲

毋庸置疑，独立后印度的扫盲努力取得了一定成效，促使印度人口文盲率处于下降趋势，从1951年的83.33%下降到2011年的25.96%，但男女文盲比例失调问题仍十分严重。印度人口中，5名男性里仍有1人为文盲，3名女性里也有1人为文盲。从总体分析，女性文盲率一直高于男性。1951年全国7岁以上人口平均识字率为18.33%，其中男性为27.16%，女性为8.86%，女性低于男性18.3个百分点，男女文盲率之比为1∶1.25。1961年全国7岁以上人口平均识字率为28.3%，其中男性为40.4%，女性为15.35%，女性低于男性25.05%，男女文盲率之比为1∶1.42。1971年全国7岁以上人口平均识字率为34.45%，其中男性为45.96%，女性为21.97%，女性低于男性23.99个百分点，男女文盲率之比为1∶1.44。1981年全国7岁以上人口平均识字率为43.57%，其中男性为56.38%，女性为29.76%，女性低于男性26.62个百分点，男女文盲率之比为1∶1.61。1991年全国7岁以上人口平均识字率为52.21%，其中男性为64.13%，女性为39.29%，女性低于男性24.84个百分点，男女文盲率之比为1∶1.69。2001年全国7岁以上人口平均识字率为65.38%，其中男性为75.85%，女性为54.16%，女性低于男性21.69个百分点，男女文盲率之比为1∶1.89。与此对应，女性文盲人数也高于男性。2001年印度文盲人数为3.04亿，其中女性文盲为1.94亿，女性文盲比男性文盲多8400万。2011年文盲人数下降到2.72亿，其中女性文盲为1.76亿，女性文盲比男性多8000万。这反映出印度社会男女教育机会不均，各项社会权利不平等，扫除女性文盲的任务十分艰巨，尤其是在一些邦的农村地区，女性中文盲占到50%以上。

（三）男性中的文盲

虽然印度人口中男性文盲率比女性低，独立后印度男性文盲率也呈下降趋势，但形势仍不容乐观。1951年全国7岁以上人口平均识字率为18.33%，其中男性为27.16%。1961年全国7岁以上人口平均识字率为28.3%，其中男性为40.4%。1971年全国7岁以上人口平均识字率为

34.45%，其中男性为45.96%。1981年全国7岁以上人口平均识字率为43.57%，其中男性为56.38%。1991年全国7岁以上人口平均识字率为52.21%，其中男性为64.13%。2001年全国7岁以上人口平均识字率为65.38%，其中男性为75.85%。可见，从1951年到2001年的50年里，印度7岁以上人口平均识字率大幅度提高，提升了47.05个百分点，但男性文盲的人数依然巨大，2001年仍接近1亿。

二、印度文盲众多的原因

导致印度文盲人数众多的原因是多方面的，既有人口快速增长和种姓制度的影响，也有教育结构不合理等方面的原因。

（一）人口的快速增长抵消了政府的扫盲努力

独立后，印度人口数量激增，从独立初期1951年的3.6亿增加到1961年的4.39亿、1971年的5.48亿、1981年的6.83亿、1991年的8.46亿和2001年的10.28亿，截至2011年3月1日，印度人口达到12.1亿，60年间人口增加8.5亿，增幅之大令人惊叹。如今，印度不仅是世界上第二大人口大国，而且也是出生率最高、人口增长速度最快的国家之一。目前，印度每分钟增加30人，每月增加130万人，每年增加1700万人，人口年度增长率长期保持在2%以上，高于世界人口的平均速度。同时，印度人口在世界总人口中的比重也不断提高，1960年占比为14.17%，1970年占14.78%，1980年占15.31%，1990年占15.99%，[①] 2001年占16.9%，2011年占17.5%。人口的过快增长使印度文盲的绝对数量难以大幅减少，1951年印度文盲人数为3亿，1981年则不减反增长到4.31亿，2001年下降至3.04亿，2011年进一步下降到2.72亿，但仍处于高位。人口迅速增加导致对教育师资和经费的需求不断扩大，缺口也随之增大，尤其是学龄儿童的不断增长致使国家投入初等教育的人力物力更是捉襟见肘。目前，印度每年新增人口1700万，这就意味着印度每年需增加38万

① 马翠元："印度的人口增长与经济发展"，《人口与经济》1993年第4期，第59页。

名教师和12万所学校，这对本来就没有普及初等教育的印度更是雪上加霜。印度政府教育部在1985年公布的《教育的挑战—政策透视》的报告中坦率地承认：尽管印度政府独立以来努力普及初等教育，但“初等教育和成人教育的积极成果已经在很大程度与人口的迅速增长相抵消”。[①] 很明显，如果印度政府不能有效控制人口增长，印度扫盲教育的目标就无法实现，印度的文盲人数仍将处于高位。

（二）教育结构严重不合理和经费不足

独立后，印度政府片面认为就推动社会经济发展而言中等和高等教育的作用远比初等教育大，这种认识导致印度政府从20世纪60年代起至70年代末在教育发展战略上大力推进高等教育而忽视了初等教育和中等教育的发展。英国著名的教育学家埃德蒙·金分析：“战后印度的主要问题之一是离开了初等教育的坚实基础去大力发展高等教育，这是一种‘蘑菇云’状况。”[②] 这样的发展政策使有限的教育资源向高等教育倾斜，导致初等教育和中等教育发展缓慢，数百万儿童不能接受义务教育。而初等教育的普及程度和文盲数量有着密切联系，初等教育是基础，其一旦普及就能从根本上杜绝新文盲的产生。印度的高等教育发展迅速，高等教育学生在校人数从1950—1951学年的26.3万人增加到1997—1998学年的707.8万人，高等教育机构从1950—1951学年的30所大学和750所学院增加到1997—1998学年的229所大学和10555所学院。在这近50年中，印度大学数量增长了7倍多，学院数量增长了14倍，在校大学生人数也增长了近27倍。而同时，初等教育的普及率在1960年为50%，1980年也只有64%。[③] 相对应地，政府对高等教育经费的投入仅次于初等教育，成人教育经费则微乎其微。初等教育经费占总教育经费的比例从“一五”期间到“七五”期间（1951年到1990年）呈下降趋势，其中“一五”为56%，

① 赵中建：“略论初等教育、扫盲教育、和人口增长的关系”，《教育科学》1991年第4期，第13页。

② ［英］埃德蒙·金，王承绪等译：《别国的学校和我们的学校》，人民教育出版社1999年版，第488页。

③ 安双宏：“印度高等教育规模快速扩充的规模及其启示”，《教育研究》2000年第8期，第23页。

"二五"为35%，"三五"为34%，"四五"为30%，"五五"为35%，"六五"为33%，"七五"为37%，"八五"47%，[①] 而这段期间正是印度文盲率最高的时期。高等教育经费占总教育经费的比例则一直较大，"一五"为9.1%，"二五"为17.6%，"三五"为14.8%，"四五"为24.8%，"五五"为22.7%，"六五"为19.2%，"七五"为16%，"八五"为8%。由于高等教育占有太多教育经费，政府没有足够的经费去提高中小学教师的素质，教师待遇差、流失率高，基础教育严重不足。

（三）种姓制度的后遗症阻碍了扫盲进度

种姓制度起源于印度教，已有3000多年的历史。种姓制度是印度传统文化的核心内容，规范着一切社会关系。古代印度人被分为四大种姓，即婆罗门、刹帝利、吠舍和首陀罗。各个种姓职业世袭，互不通婚，界限森严。除四大种姓外，还有一种被排除在种姓外的人，即所谓"不可接触者"，又称"达利特"，在英印殖民当局的官方文件中被称为"表列种姓"，他们的社会、经济、文化地位最低，最受歧视。印度独立后就废除了种姓制度，1950年印度颁布的第一部宪法第15条规定："任何人不得因种姓、宗教、出生地而受歧视"；第17条明文规定废除"不可接触制"。虽然现在的种姓制度已与古代有所不同，各个种姓之间的限制也不再那么严格，但是作为政治身份和社会地位的象征，种姓制度依然在印度盛行不衰，对印度社会结构和人们意识影响已根深蒂固，短期内很难消除不利影响。这种影响在印度文盲中分布也极为明显，表列种姓和表列部落识字率远远低于全国平均水平。表列种姓和表列部落仍被视为不可接触者，被社会歧视，他们与其他种姓相距而居，远离扫盲中心，无法接受扫盲教育，即使进入了扫盲中心也与里面的高种姓文盲保持一定的距离。从识字人数的增长率来看，表列种姓和表列部落识字人数的增长速度不如印度总识字人数的增长速度。根据1991年人口普查数据，印度全国人口识字率为52.21%，表列种姓人口识字率为37.41%，低于全国平均值14.80%，而

---

① 安双宏："印度高等教育的经费紧缺及其对策"，《外国教育研究》2001年第3期，第48页。

表列部落仅为29.60%，低出全国平均值22.61个百分点。到2001年全国人口平均识字率提高为68.81%，表列人群的识字率也有所提高，但仍低14.11个百分点，其中表列部落识字率与全国平均水平的差距也出现拉大的趋势。

（四）妇女处于弱势地位

在印度，妇女地位低下。80%以上的印度居民信奉印度教，从印度教教义中衍生出来的重男轻女观念已经宗教化，这导致一系列社会问题，如男女比例失调、女婴出生比例过低、嫁妆制度盛行等。这也反映在男女教育不平等的问题上，致使女性接受教育的机会远远低于男性，接受教育的权利得不到根本保障，尤其是失学、辍学现象更加严重，导致女性文盲占很大的比重。在性别歧视的条件下，全国人口中女性文盲的人数越多，比例越高，扫盲教育的难度就越大，扫盲效果也不尽理想。到2011年，印度文盲人数为2.72亿，其中女性文盲为1.76亿，比男性文盲多8000万。文盲的增加尤其是女性文盲的增加与人口的快速增长相互促进，形成一个恶性循环，因为女性的文化程度和她们的实际生育相联系。一般说来，女性文化程度程度越低，生育的孩子就越多。同样，人口尤其是女性人口的增加使得文盲人数难以减少。1971年，女性识字率为23.60%，男性识字率为39.45%，前者比后者低15.85个百分点。若将这一比例与2001年的同类比例相比，男性识字率增加了41.78个百分点，而女性增加了30.56百分点，仍然比男性低了11.22个百分点。因此可以认为，打破这一恶性循环的关键，主要在于减少女性的文盲数量。

三、文盲众多与印度经济发展

文盲众多阻碍了印度国民经济发展，特别是农村经济发展，加大了城乡差距。文盲、贫困人口、经济发展水平三者紧密联系，经济水平低也就意味着劳动力失业多，贫困人口多，而贫困人口多也是造成文盲人数高的主要原因之一。

（一）阻碍印度农村经济发展

作为农业经济发展变革和迈向农业现代化的重要条件之一，提高人口素质是必要因素。2011 年印度文盲人数为 2.72 亿，长期以来农村集中了印度人口的 70% 以上，这意味着农村就有接近 2 亿的文盲人口。印度农村的高文盲率一方面意味着农业人口素质偏低，其对现代科研知识的接受与掌握有限，使现代化生产方式难以有效地使用与普及；许多农民依然沿袭传统的种植方式，使用极为传统甚至原始的农业生产工具进行生产，从而导致农业生产效率低下。另一方面，具有较低文化素质的农民思想观念陈旧落后，市场意识不强，自主意识较差，不能正确分析自身的资源优势，只是盲目跟从进行生产。这些使印度农业发展相对缓慢，城乡之间发展不平衡，使印度农村总是处于比较落后的状态。因此，文盲问题是农村经济发展的巨大障碍。

（二）导致农村劳动力转移困难

独立后，虽然印度的文盲率一直处于下降趋势，从 1951 年的 83.33% 下降到 2011 年的 25.96%，但文盲人数仍然高达 2.72 亿，而农村中的文盲占据了大多数。农村劳动力转移是解决农村剩余劳动力问题的重要途径，但由于这些劳动力素质较低，难以适应城镇产业化工作，因此劳动力转移相当困难。只有小学、初中文化程度的劳动者学习能力较差，很难通过再学习掌握新的技能。即使印度不少企业存在熟练劳动力需求缺口，但低素质的劳动者也无法满足企业提供的工作岗位的素质要求，导致农村劳动力无法向城市地区流动。世界各国经济发展的基本趋势是，随着经济逐渐发展，越来越多的农村人口将逐渐转移到城镇地区，促使世界各国人口城镇化水平不断上升。大部分人口只好滞留在农村，带来了土地、就业等巨大压力，拖住了印度经济快速发展的步伐。同时，农业技术进步也会使相当多农业劳动力从农业中游离出来，这些低素质的农业人口为寻找就业机会大量涌进城市，一方面产生贫民窟现象，另一方面一部分人无法在城市中生存，最终还是回流到农村中。

（三）产生贫困问题的根源之一

造成人民生活贫困的原因有很多，而文盲众多、人口素质低下是造成经济贫困的主要根源之一。从人口质量上看，虽然印度人口的预期寿命、识字率等指标在独立后取得了重大进步，但是与其他国家相比，印度人口素质仍然较低。根据联合国的统计报告，2014 年印度的人文发展指数在世界上仅排名 136 位。纵观印度经济发展的轨迹，经济发展速度、文盲率、贫困人口三者间有着密切的联动关系。印度从 1951 年起实行五年计划，中间除了有短暂的中断（1990—1992 年）以外，到目前为止已经实施了 11 个五年计划，目前正处于“十二五”计划（2012—2017 年）期间。从计划绩效来看，印度 11 个五年计划的经济增长率平均为 5.2%，有 6 个五年计划没有实现计划的经济增长目标，占全部计划数的一半以上。20 世纪 80 年代印度经济年均增长率缓慢加速提升到 5.8%，这个时期也是印度人口增长最快的时期，更是文盲率和文盲人口最多的时期。1951 年文盲率高达 83.33%，到 1991 年文盲率仍为 57.16%，文盲人口超过 3 亿。经济发展缓慢使贫困人口和贫民窟普遍存在，这些贫困人口生活水平处于社会底层，接受教育的机会和程度更是无法保证，也致使文盲人口大量存在。目前，印度的贫困状况虽有所改善，贫困人口下降到 30% 以下，但脱贫速度和程度与预期目标还有相当差距，印度仍是世界上贫困人口和贫民窟最多的国家之一。截至 2011 年，25.96% 的文盲率无疑是印度社会经济发展的沉重负担，同时它也严重制约着印度的大国化进程。

第二节　印度失业问题

独立后，印度人口迅速增长，经济缓慢增长，难以吸收迅速增加的劳动力，势必导致劳动力失业人数不断增加，形成庞大的劳动力失业大军，成为阻碍社会经济发展的重要问题之一。劳动力失业问题继续存在，依然将对未来印度经济发展产生某些重要影响。

一、印度失业问题严重

独立60多年来，印度经济发展取得令人瞩目的成就。印度社会经济发展五年计划的重要目标之一是消除失业和向失业者提供就业机会，然而印度社会经济发展历程表明，印度这一目标未能实现。2011年，除已公布的近4000万失业登记人口外，印度至少还有4000多万没有登记的失业人口，近8000万失业与半失业人口使失业问题成为印度社会经济发展一大痛楚。为解决劳动力就业问题，印度政府出台大量与劳动就业相关的法律法规，规范劳动力市场，大力推行多种就业机会计划，虽然取得了一定的成效，但劳动力失业状况仍日趋严重。严重的失业阻碍了印度经济的健康发展，也加剧了困扰印度社会的种姓、教派、种族冲突等问题。

（一）失业问题严重

劳动力失业是印度经济难以治愈的顽症，历届政府都把增加劳动力就业作为执政的重要目标，但是却一直收效不大。关于印度劳动力失业人数虽没有精确的统计，但失业率节节攀升却是不争的事实。1971年全国失业登记人数为1870万，1991年为3460万，2001年增加到3485万。而据印度劳动和就业部2010年10月公布的《就业与失业调查报告（2009—2010）》显示，印度的劳动人口（15—59岁）约占总人口的63.5%，劳动力参与率为359‰，工作人口比率为325‰，失业人口达3996万，其中男性失业人口为3646万，女性为1350万，劳动人口（15—59岁）的失业率为94‰。[①] 除了已公布的近4000万失业登记人口外，至少还有4000多万没有登记的失业人口以及数目庞大的部分失业人口。失业率也随着人口的增加而不断攀升，从1999—2000年度的7.31%上升到2009—2010年度的

---

① 印度政府劳动与就业部：《就业与失业调查报告（2009—2010）》，http://labourbureau.nic.in。

9.4%。根据国际上较为流行的划分标准，失业率在7%—8%为失业问题突出型，9%以上为失业问题严峻性。可见，印度当前的失业问题已然相当严峻，失业人口一直处于高位。

同时，劳动力就业情况也反映了印度失业情况的严重性。印度每年新增的劳动力以2.84%的速度高速增长，新增的劳动力在800万左右。印度国家样本调查组织每5年发布一次的《全国就业与失业调查报告》是反映印度就业状况的唯一详细资料，根据该项报告，在1993—1994年度至1999—2000年度新增就业人数共2510万，年均增加418万，之后两年的新增就业人员达2330万，年均增加932万，比前6年增加1倍多。2000—2001年度至2007—2008年度印度每年创造的就业机会约为400万，而印度每年新增的劳动力以2.84%的速度高速增长，每年新增的劳动力在800万左右，保守估计印度每年增加的失业人数在400万以上，保守估计就业与失业之间存在着400万的缺口。此外，印度还存在大量的难以统计的半失业或不充分就业人口。由于劳动力失业者基数庞大，印度要彻底解决劳动力失业问题确实不易。

（二）农村失业严重

当前，印度劳动力失业问题集中表现在农村地区。经过独立后60多年的发展，印度建立了一定的工业基础，工业结构也发生了很大变化，但是其经济结构的基本格局并未发生根本性变化。农业在印度国民经济中既占主导地位，也是印度经济中最脆弱的部门，印度农村劳动力失业率一直高居不下。

印度农村失业人口在全国人口中的比例、印度农村人口失业率与全国人口失业率的比较以及印度农村失业人口与全国失业人口等的比较，可以从不同方面反映出印度农村失业问题的严重性。1983年印度全国失业率为8.3%，农村失业率为7.96%，全国失业人口为2176万，农村失业人口为1626万。1993年全国失业率为5.99%，农村失业率为5.61%，全国失业人口为2013万，农村失业人口为1434万。2000年全国失业率为7.32%，农村失业率为7.21%。全国失业人口为2658万，农村失业人口为1950万。2010年全国失业率为9.4%，农村失业率为10.1%，全国失业人口约为4000万，农村失业人口为2950多万，占全国失业人口的73.7%。①2013年，印度农村人口高达8亿，即使每个家庭安排一个人去工作，也需要创造至少6000万个就业机会，任务非常艰巨。

（三）城市失业严重

印度不仅农村劳动力失业问题严重，城市劳动力失业问题也很严重。独立后，人口的快速增长、农村人口向城市转移、城市的范围扩大等都导致印度城市人口增长稳步提升。1921—1951年，印度城市人口年均增长率为3.47%。1951—1961年，城市人口年均增长率有所回落，但从1961年开始，城市人口年均增长率为3.79%。与此同时，印度城市劳动力失业问题也日益凸现，失业人数呈逐年上升趋势。

印度城市失业人口在全国中的比例和人数反映出了城市失业问题未有改观。1983年印度全国失业率为8.3%，城市失业率为9.64%，全国失业人口为2176万，城市失业人口为551万。1993年印度全国失业率为5.99%，城市失业率为7.19%，全国失业人口为2013万，城市失业人口为579万。2000年印度全国失业率为7.32%，城市失业率为7.65%，全国失业人口2658万，城市失业人口711万。2010年全国失业率为9.4%，城市失业率为7.3%，全国失业人口约为4000万，城市失业人口约1050万。②

二、印度失业问题严重的原因

造成印度劳动力失业率长期居高不下，劳动力失业问题日趋严重的原因涉及多方面，其主要原因有以下几个：

（一）人口和劳动力的迅速增长以及劳动力就业增长率偏低

19世纪末到20世纪20年代，印度人口一直保持在2.5亿左右，但是

① 根据印度政府财政部经济处出版的历年《印度经济调查》整理。
② 同上。

自1921年以后，印度人口开始逐渐增长，到1951年独立初期已增加到3.6亿，自此开始迅速增长。1961年印度人口为4.39亿，1971年为5.48亿，1981年为6.83亿，1991年为8.46亿，2001年为10.28亿，截至2011年3月1日，印度人口已达到12.1亿。自独立初期1951年到2011年，印度人口增加了8.5亿，翻了3.36倍。同时，印度人口历次10年间的增长率都相当惊人，从1951年到2001年的50年间，增长率都在20%以上。2001到2011年这10年间的增长率虽有所降低，但仍然达到17.64%。

印度人口迅速增加的一个直接后果就是劳动力急剧增加。1951年印度劳动力为1.36亿，1961年增加到1.58亿，1971年增加到1.94亿，1981年增加到2.47亿，2000年增加到4.06亿，2010年增加到4.67亿，50年里印度劳动力增加了3.31亿，接近1951年印度人口总数。劳动力的急剧增加必然导致劳动力市场的需求量远大于供给量，大批未能被吸收的劳动力必然失业。1983—1993年期间印度劳动力就业年均增长率为2.7%，高于劳动力的年均增长率2.43%；但1994—2000年期间印度劳动力就业年均增长率仅为1.07%，低于劳动力的年均增长率1.31%，失业状况大大恶化。失业人口绝对数和相对数的增加表明社会经济发展既没有吸收净增的劳动力，也没有消除积压的失业人口，这使印度政府不堪重负。

（二）经济发展模式导致劳动力吸收过弱

印度产业结构的发展并没有遵循一、二、三产业顺次发展的普遍规律，而是走了一条独具特色的印度产业结构变动与演进之路。第一产业（农、林、牧、渔业）始终处于低速发展态势，第二产业（制造、矿业、建筑、水电气供应）发展缓慢，第三产业（交通、通信、金融、行政管理及各种服务业）快速发展，占国内生产总值的比重超过50%，甚至已经达到中等发达国家的水平。第一产业产值占国内生产总值的比重呈现持续下降趋势，从1950—1951年度的56.5%下降到2010—2011年度的18.2%；第二产业产值占国内生产总值的比重从1950—1951年度的13.6%上升到2011—2012年度的26.8%；第三产业产值占国内生产总值的比重从1950—1951年度的29.5%上升到2010—2011年度的55%。其中，第三产业中的金融、保险、信息、商务等现代服务业呈跳跃式发展，服务业国内生产总值增长始终高于全部国内生产总值的增长速度。第二产业中的制造业长期在低水平发展和徘徊，其为印度这样的人口大国劳动力就业作出的贡献十分有限。尽管服务业发展迅速，但由于其主要吸收的是具有劳动技能和专业知识的人才，无法解决和吸收文化教育素质普遍较低的一般劳动力就业。同时，在印度独立后的60多年里，作为第一产业的农业在国民经济中一直占主导地位，农业人口一直在总人口的70%以上，而在一般西方资本主义国家中，随着资本主义的发展，农业人口均急剧下降。印度农业及相关部门吸收的就业人口比率超过50%，但在国内生产总值中所占比重却较低，2010—2011年度仅为14.2%，农业增长缓慢。印度的这种经济产业结构决定了它不可能为劳动力提供充足的市场，更不可能赶上日益膨胀的人口增长速度。

（三）工业化发展战略不利于劳动力就业

独立后，印度在经济发展中实行的是公营经济与私营经济并存的混合所有制经济体制，虽然私营经济在印度发展较早，规模较大，能够吸收较多的劳动力，但是长期以来印度对私营经济单位的发展管制比较严格，私营经济必须服从国家制定的较为严格的法令和政策，市场机制作用在很大程度上受到制约。受苏联模式的影响，印度自1956年开始实行优先发展公营重工业的发展战略。1991年以来，印度在经济改革进程中虽然改革了工业保护过度的管理机制，转向实行自由竞争机制，但是国家政策重点依旧是扶持资本产业，重点发展新兴电子、计算机软件工、制药等产业，这些产业呈现快速增长态势，但是吸收的劳动力并不多。在这种发展模式下，两极分化日益突出，二元经济结构状况更是凸显。作为劳动力密集型产业的基本消费品制造业长期发展严重滞后，吸纳农村劳动力的“海绵效应”不足；而技术密集型产业创造的就业机会有限，无法吸纳年轻的普通劳动力，整个印度信息技术行业每年只能创造100万个就业机会，制造业每年吸纳的就业人口总共也只有700万，公共部门和其他私有企业吸纳劳动力的能力也非常有限。经济发展过程中的资本—技术密集化趋势，导致经济发展增速而劳动力就业机会相对较少，进一步加重了劳动力就业压力，使印度劳动力失业问题日益突出。同时，印度对外资利用一直采取比较严格的限制措施，过低的投资增长也是导致劳动力失业率攀升的原因。

（四）传统价值观念制约女性就业

印度近80%的居民信仰印度教，从总体看印度教是歧视女性的，将妇女定为男人的附庸，女人没有独立的人格和法律地位，重男轻女的观念在印度社会中已经根深蒂固，妇女不被鼓励工作。同时，印度的种姓制度规定了严格的社会等级，抑制了劳动力的流动，从而使很多人尤其是女性丧失了就业和接受教育的机会。这些宗教和习俗导致女性劳动力就业困难，失业率较高。截至2011年3月1日，印度人口为12.1亿，其中男性人口为6.24亿，女性人口为5.86亿，男女比例差距明显缩小；而女性劳动力的失业率达14.6%，大大高于男性劳动力8%的失业率。不管在农村还是城市，女性劳动力的参与率都低于男性。女性劳动力参与率在农村为27%，在城市为15%，而男性劳动力参与率在农村与城市都约为56%。正规部门[①]的就业情况也反映出女性劳动力参与率低的问题，如2000—2008年期间，印度在正规部门就业的男性人数就是女性人数的约4倍。2000年，印度在正规部门就业的男性人数为2303.7万，女性为492.3万；到2008年，印度在正规部门就业的男性人数为2203.7万，女性为551.2万，差距没有明显变化。

三、失业与印度经济发展

严重的劳动力失业问题加重了贫困问题，给印度社会经济发展造成诸多影响，且仍将影响未来印度经济发展，造成人力资源的浪费，阻碍印度大国化进程。

（一）加重了贫困问题

失业和贫困是印度经济社会发展中严重而长期存在的问题，造成贫困的重要原因之一就是劳动力失业问题或就业不充分，解决失业问题与消除

① 正规部门是指享有相应劳动保护和社会保障的有组织就业。

贫困问题之间有着密切联系。独立后特别是20世纪70年代后期以来，虽然印度历届政府都把增加就业和消除贫困作为执政的重要目标，但一直收效不大。1991年印度实行经济改革以来，经济增长率虽然不断提高，但与此同时劳动力失业队伍也在扩大，这种现象被印度经济学家称为“无就业的”增长。劳动力失业一方面扩大了数以亿计的贫困人口队伍，另一方面又增加了解决就业问题的难度，从而继续阻碍印度经济发展，特别是现代化进程。同时，一部分城市失业人口倒流到劳动力过于饱和的农村，形成了庞大的城乡劳动力失业队伍，这进一步加重了农村贫困问题，从而引起农村社会的动荡，“纳萨尔运动”农村武装斗争就是例证。失业和贫困已成为印度农村社会动荡的根本原因，其导致印度国家财力相当多部分被用于扩大劳动力就业机会、吸收增加和积压的劳动力失业人口。未来印度经济要实现9%—10%的增长率才能解决失业问题，这使印度政府面临着巨大挑战。

（二）造成人力资源的巨大浪费

人力资源浪费主要体现在数量和质量两个方面。印度是全球劳动力数量增长速度最快和最丰富的国家，在相当长的时期内，印度人口将继续处于“年轻状态”，其将继续享受人口红利。据2011年人口普查数据显示，在12.1亿总人口中，有50%以上的人口年龄低于25岁，而处于35岁以下的人口则高达65%，并且预计到2020年其人口平均年龄将只有29岁，未来10年内将新增劳动力1.1亿。但人口红利并不等于经济增长。在人口红利期，劳动力失业等原因促使劳动力资源无法得到充分利用，人口红利将逐渐消失，而印度每年新增人口及新增劳动力都在1500万人以上，但能够提供的就业岗位却只有800多万个，这意味着有近700万的劳动力处于失业状况，人口红利将变成“人口陷井”。

从质量看，印度劳动力失业呈现出的特征之一就是受教育程度越高，失业率越高。印度各教育层次失业率统计反映出了这种状况：1987年印度文盲失业率为1.1%，其中小学文化的占1.9%，初中文化的占5.3%，中学文化的占8.7%，大学学历及以上的占9.9%；1993年文盲失业率为0.2%，小学文化的占0.9%，初中文化的占3.4%，中学的占6.2%，大学学历及以上的占 9.3%；2000 年文盲失业率为 0.2%，小学文化的占 1.2%，初中文化的占 3.3%，中学的占 5.5%，大学学历及以上的占 8.8%。[①] 这显然是人力资源的巨大浪费，而相反的是，文化层次越低的人员越容易就业。

（三）增加了非生产消费者的庞大基数

印度人口总体上分为生产消费者和非生产消费者。生产消费者是指劳动力，他们创造国民收入；而非生产消费者是指没有就业的那部分人口，老人、0—14 岁年龄组的儿童和 15—59 岁年龄组当中没有就业的人口都包括在非生产消费者中。这三组人口都是净消费者，对社会的贡献是负数。印度非生产消费者的绝对数量呈上升趋势，从 1961 年的 2.56 亿增加到 1971 年的 3.72 亿、1981 年的 4.64 亿，而 1991 年则高达 5.29 亿；而非生产消费者在总人口中的比重也从 1961 年的 57% 上升到 1991 年的 62.4%。[②] 显然，国家必须耗费很大部分财力来解决失业人口和非消费者的就业和基本生活物资需求，这必然影响到印度国家财富的积累，降低了资本形成率，从而影响经济增长率的提高和经济发展。

第三节 印度贫困问题

独立以来，贫困一直是困扰印度经济社会发展的重大问题之一。圣雄甘地曾经一针见血地指出："贫困是最严重的暴力。"[③] 近年来，印度政府正致力于通过包容性增长解决贫困问题，但如何让经济增长惠及广大贫困

---

① 沈开燕：《印度经济改革发展二十年：理论、实证与比较（1991—2010）》，上海人民出版社 2011 年版，第 289 页。

② ［印］鲁达尔·达特、K. P. M. 桑达拉姆著，雷启淮等译：《印度经济》，四川大学出版社 1994 年版，第 114 页。

③ Quotes for Mahatma Gandhi（Character）from Gandhi（1982），http：//www. imdb. com/character/ch0010083/quotes.

阶层，是印度政府所面临的最为迫切的问题之一。

一、印度贫困问题严重

独立以来，印度历届政府都致力于消除贫困，但贫困问题依然没有得到根本性解决，依然十分严重。

（一）贫困问题严重

目前，印度的贫困人口数量依然居全世界首位，占世界贫困人口总数的1/3。印度政府制定的最低生活标准（即贫困线）为：农村居民每人每天摄取热量2400大卡，城市居民每人每天摄取热量2100大卡。家庭收入不足以维持这种最低生活标准的居民即为贫困人口。世界银行每3年统计一次世界贫困人口，统计结果显示，印度32.67%的人口生活在国际公认的极端贫困线以下，即每天生活费不足1.25美元（38美元每个月），人数接近4000万。1981年印度总人口为7.16亿，人口总贫困率为59.83%；1984年印度总人口为7.67亿，人口总贫困率为55.65%；1987年印度总人口为8.19亿，人口总贫困率为54.07%；1990年印度总人口为8.73亿，人口总贫困率为51.31%；1993年印度总人口为9.28亿，人口总贫困率为49.74%；1996年印度总人口为9.82亿，人口总贫困率为47.16%；1999年印度总人口为10.36亿，人口总贫困率为45.62%；2002年印度总人口为10.88亿，人口总贫困率为44.47%；2005年，印度总人口为11.42亿，人口总贫困率为40.82%；2008年，印度总人口为11.90亿，人口总贫困率为37.37%。[①] 由此可以看出印度贫困程度变化的两个特点：第一，印度的贫困程度在不断地下降。贫困率从1981年的59.83%降至2008年的37.37%，下降了22.46个百分点。第二，贫困人数的绝对量变化不大。印度贫困人口1980年为4.28亿，1984年为4.27亿，1987年为4.42亿，1990年为4.48亿，1993年为4.61亿，1996年为4.63亿，1999年为4.72亿，2002年为4.83亿，2005年为4.65亿，2008年为4.44亿，2010年为

---

① 根据世界银行数据整理，http：//iresearch.worldbank.org/PovcalNet/index.htm。

3.99亿。从1980年到2008年，贫困人口数量增长了1600万，即使2010年有所下降，但仍然接近4亿，仅比美国和俄罗斯两个大国人口的总和少一点，脱贫速度和程度与预期目标还有相当的差距。

（二）农村贫困严重

20世纪70年代后期以来，印度政府坚持在农村实施反贫困计划，并取得了很大成绩。1981—2010年期间，印度农村贫困程度呈下降趋势，贫困率从1981年的62.51%降至2010年的34.28%，降低了28.23个百分点。但是，印度农村贫困问题仍然较为严峻，主要体现在两个方面：一是农村贫困程度高于总贫困程度。1981—2010年期间，印度农村贫困率大多年份高于总贫困率。1981年印度总贫困率为59.83%，农村贫困率为62.51%，高于总贫困率2.68个百分点。经过近30年的反贫困努力，到2010年印度总贫困率已降至32.67%，农村贫困率为34.28%，仍然高于总贫困率1.61个百分点。二是农村贫困程度远远高于城市。1981年农村与城市贫困率分别为62.51%和51.03%，农村高于城市11.48个百分点；在4.28亿贫困人口中，农村贫困人口为3.43亿，城市贫困人口为0.85亿，农村比城市多2.58亿人。经过30年得反贫困努力，2010年农村与城市贫困率分别为34.28%和28.93%，农村高于城市5.35个百分点；在3.99亿贫困人口中，农村贫困人口为2.93亿，城市贫困人口为1.06亿，农村多城市1.87亿人。

（三）城市贫困严重

20世纪50年代以来，印度的城市化进程与城镇人口增加出现加速发展态势。从1951年到2001年的50年里，印度的城市与城镇人口数量从0.62亿增加到2.85亿，增长了近5倍。城市与城镇数目几乎翻番，从2797个增加4378个，其中城市有394个，城镇3984个。居住在城镇的人口比率也从17.29%提升至27.78%，提升了10多个百分点。[①] 由于印度城市化进程与工业发展、总体经济发展水平并不同步，其城市化进程带来了

---

① 李文：《印度经济数字地图—2011》，科学出版社2012年版，第93页。

诸多问题，城市贫困问题就是其中之一。印度城市总体贫困程度虽然呈下降趋势，城市人口贫困率从1981年的51.03%降至2010年的28.93%，降低了22.10个百分点，但城市人口贫困问题仍然较为突出，主要体现在两个方面：一是城市贫困人口不降反升，呈不断上升趋势。1981—2010年的30年间，城市贫困人口逐渐攀升，从1981年的0.85亿上升至2010年的1.06亿，人数增加了2100万。二是出现城市贫民窟现象。贫民窟是城市贫困人口的聚集区，根据印度政府2001年进行全国人口普查时为贫民窟下的定义，印度的贫民窟具有以下必要特征：60—70户人家，300人以上，住房简陋，空间狭小，缺水少电，环境肮脏。随着人口的增长、经济的发展、城市化进程的加快，印度存在着大量城市贫民窟。据印度国家抽样调查办公室2010年发布的报告显示，近年来印度城市贫民窟数量虽然呈逐年下降趋势，但数量仍然惊人。1993年贫民窟数量为5.6311万个，2002年为5.1688万个，2009年为4.8994万个，印度是世界上贫民窟最多的国家之一。印度城市贫民窟数量虽然有所下降，但贫民窟人口数量却呈递增态势。从1981年到2001年，印度城市贫民窟人口从2790万增至7526万；到2011年底，城市贫民窟人口达到9306万人，甚至超过了德国的人口总数。其中，首都新德里的贫民窟人口达316万人，金融中心孟买的贫民窟人口达1815万人，位居全国各邦之首。消灭贫民窟需要耗资约4万亿卢比，要建设大约2400万套住房才能满足印度贫民窟人口的住房需要。

二、印度贫困严重的原因

贫困是一种复杂的社会现象，是经济、政治、文化、基础设施等多方面综合作用的结果。造成印度贫困的原因是多方面的，如下：历史的根源即英国殖民者的掠夺和剥削；农业水平发展相对落后；工业在国民经济中不占主体地位；城镇化水平发展有限，城镇贫民人口过多，缺乏就业培训；全国基础设施发展滞后，成为经济发展的“瓶颈”；文盲率高，种姓制度影响；脱贫措施效率低下等。除此以外，导致印度人民生活贫困的主要原因有如下几点：

（一）经济发展水平较低

经济发展水平较低是导致印度普遍贫困的根本原因，主要表现在经济增长率和人均国内生产总值都较低。独立以来，印度经济发展虽然取得了长足进步，但其贫穷程度仍然决定了其是亚洲最贫穷国家之一。独立后，印度在经济上效仿苏联，实行的是社会主义计划经济，导致印度经济发展停滞不前，没有赶上第二次世界大战后的世界经济腾飞。1950—1980 年的 30 年中，所谓的“印度增长率”年均只有 3.5%，如果把人口膨胀的因素考虑进来，印度在这 30 年里的人均国内生产总值增长率仅为 1.3%，远低于大部分亚洲国家；20 世纪 80 年代印度经济年均增长率为 5.6%；1991 年经济改革后第十年，印度经济年均增长率上升到 6.3%；21 世纪的前 10 年，印度经济年均增长率达到年均 7.5%。近几年来，印度经济发展放缓，遭遇最严重的“增长困境”，年均增长率仅为 6% 左右，这与东亚新兴体的增长速度相比逊色不少。经济增长率表现不佳的同时，通货膨胀持续攀高，卢比连续贬值，外贸逆差居高不下，推动了贫困人口的迅速增长。1960 年印度人均国内生产总值为 70 美元，中国为 92 美元；1991 年印度人均国内生产总值为 330 美元，中国为 330 美元；2012 年印度人均国内生产总值为 1592 美元，中国则为 6094 美元，是印度的近 4 倍。除少数几个国家以外，印度的人均国内生产总值在世界上排名最低。

（二）生产资料所有制与收入分配不公平

个人财产所有制结构与收入分配不公平是印度贫困深刻的经济根源，首先体现在土地分配严重不公平。独立后，印度土地改革的不彻底性导致农村土地所有结构没有根本改变，土地改革没有直接或间接地阻止穷人贫困化进程。印度绝大数土地被地主和富农占有，不到农村人口 15% 的地主与富农实际上占有 85% 土地，绝大所数农民基本处于无地或者少地的状态，他们主要依靠租佃大地主的土地和富农的土地。不公平的土地制度造成对广大农民的残酷剥削，农民的大部分收入都被地主占有。长期以来，印度农业生产方式落后，导致农业生产效率很低。尽管印度开展了旨在提高农业生产效率的“绿色革命”，但是由于印度农村根深蒂固的不公平社会生产关系的影响，“绿色革命”也收效甚微，而且其成果主大多被大地主所享受，广大小农依旧以落后的农业生产方式进行生产，农民的贫困问题始终无法得到彻底解决。其次是收入分配的不公平。独立后由于允许私营经济的存在和发展，印度社会中形成了一些大工业财团。由家族掌控大财团是印度经济的一个显著特征，社会财富高度集中在大财团手中。印度50名亿万富翁控制着其国内生产总值20%的财富，印度股市80%的市值也由他们所控制。2012年印度最大的财团塔塔集团的财富市值高达4.32万亿卢比，约占印度国内生产总值的4%；第二大财团信实集团的市值总额为3.46万亿卢比，占印度国内生产总值的3%。这表明印度有着非常显著的贫富差距，由此导致收入分配不公平。2000年城市中最富的人口平均花费（或收入）是最穷的人口的12倍，在2012年上升到了15倍。在农村，富人与穷人之间的这个差距在12年间从相差7倍增加到9倍。2012年，农村地区最穷阶层的人均每月开支只有521卢比，一个四口之家每月开支约为2084卢比；最富阶层的人均每月开支为4481卢比，一个四口之家每月开支约为1.7925万卢比。在城市地区，最穷阶层的人均每月开支为700卢比，一个四口之家每月开支为2802卢比；最富阶层的人均每月开支为1.0282万卢比，一个四口之家每月开支为4.1128万卢比。[①] 由此可见，导致这一时期大部分时间国内生产总值高速增长的经济政策并没有惠及社会中有最迫切需要的这部分人群；相反，却是富人更富。

（三）突出的二元特征

印度经济社会发展过程中形成了一种十分特殊的现象，即具有明显的二元特征，主要表现在城市和农村之间经济发展不平衡、地区之间经济发展不平衡和收入分配方面严重不平衡，这三个方面的不平衡导致印度贫困问题更加严重。印度农村集中了印度70%以上的人口，而农业发展又相对缓慢，从而使印度农村总是处于比较落后的状态。印度城市人口在总人口中的比例虽然不高，但是城市地区却集中了印度主要的工业和服务业，而

① “印度富人与穷人之间差距有多大”，印度中文网，2013年7月29日，http://www.indiacn.com/news/shehui/17153.html。

这些都比农业发展得快得多，从而使印度城市地区比农村地区更为发达，经济发展的不平衡导致大部分贫困人口都在农村。2010 年印度农村与城市的人口贫困率分别为 34.28% 和 28.93%，在 3.99 亿贫困人口中，农村贫困人口为 2.93 亿，城市贫困人口为 1.06 亿，农村贫困人口比城市多 1.87 亿人。由于自然条件、社会历史和政府政策等多方面原因，印度一些地区的经济发展较快，而另一些地区的经济发展较慢，从而造成地区之间经济发展极为不平衡，致使印度贫困人口的地理分布不平衡，经济发展水平低的地区也是贫困人口较多的地区。这些地区长期受贫困的困扰，产业结构通常以农业为主，如奥里萨邦、比哈尔邦和北方邦，而工业较发达的德里邦、古吉拉特邦和马哈拉施特拉邦的人均收入则均位居前列。收入分配不平衡不仅表现在城乡之间、地区之间、农村之间和全国各阶层之间，个人收入分配方面也存在巨大差别。目前印度的贫困人口仍有 4 亿多，占印度人口总数的比例仍为 30% 以上；而另一方面，大工业财团寡头的形成占据了印度国内生产总值的 20%，造成印度贫富差距十分惊人。

（四）严重的失业问题

失业和贫困问题如影随形。失业问题的经济后果是多方面的，其中重要的影响之一就是加重了印度社会的贫困问题。因为失业意味着失去收入来源，因此人口、失业人数、贫困人数三者间呈联动正比关系，即人口增加致使失业人数增加，失业人数增加又导致贫困人数增加，加重了贫困程度。1983 年印度劳动力失业率为 8.3%，全国失业人口为 2176 万。1993 年印度劳动力失业率为 5.99%，全国失业人口为 2013 万。2000 年印度劳动力失业率为 7.32%，全国失业人口为 2658 万。2010 年印度劳动力失业率为 9.4%，全国失业人口约为 4000 万。失业人口的不断增加必然导致印度贫困人数的绝对量稳定增加，从 1980 年的 4.28 亿上升到 1990 年的 4.48 亿和 2002 年的 4.83 亿。近年来，印度贫困人口有所减少，2010 年下降到 3.99 亿。从 1980 年到 2008 年，印度贫困人口数量增长了 1600 万。可见，失业问题与贫困问题是紧密相关的，不解决失业问题，印度贫困问题也就不能得到根本性解决。

三、贫困问题与印度经济发展

贫困不仅是经济问题，长期的贫困更是社会问题。贫困问题给印度经济社会发展带来了一系列问题，如导致城乡差距不断扩大，阻碍人口城市化进程，加重劳动力失业问题，阻碍印度经济的可持续发展等。

（一）导致城乡差距不断扩大

独立后，印度经济发展取得了一定成效，虽然城乡之间人口贫困率的差距在缩小，但农村贫困人口没有显著变化。1981 年印度农村与城市人口贫困率分别为 62.51% 和 51.03%，农村高于城市 11.48 个百分点，农村贫困人口为 3.43 亿。2010 年印度农村与城市贫困率分别为 34.28% 和 28.93%，农村高于城市 5.35 个百分点，农村贫困人口为 2.93 亿。经过 30 年的反贫困努力，印度农村贫困人口仅下降 5000 万，目前印度大多数贫困人口生活在农村。2010 年，在印度 3.99 亿贫困人口中，农村贫困人口为 2.93 亿，城市贫困人口为 1.06 亿，农村贫困人数是城市的一倍多，而且其贫困程度远高于城市居民。农村中大量贫困人口的存在使本就发展相对较慢的农业更是步履蹒跚，从而使印度农村总是处于比较落后的状态。印度城市人口在总人口中所占比例本来就不高，但城市地区却集中了印度主要的工业和服务业，而工业和服务业比农业发展要快得多，如 2005—2006 年度印度国内生产总值增长率达 8.4%，其中服务业增长了 10.3%，工业增长了 7.6%，而农业仅增长 3.9%。这使得印度城市地区比农村地区更为发达，而一些农村地区的经济则出现萎缩甚至濒临破产的现象。城乡差距不断扩大导致农村贫困人口继续上升，贫困问题日趋突出。这不仅削弱了印度的社会凝聚力，而且已经成为社会动乱的主要根源。

（二）阻碍人口城市化进程

独立以来，印度的城市化进程明显加快。目前，印度人口城市化率为 28% 左右，但从世界范围考察，其城市化水平仍然较低，城市化进程也较为缓慢，严重的城镇居民失业、贫穷以及贫民窟现象是阻碍印度城市化进程的原因之一。印度城市人口贫困程度呈下降趋势，城市人口贫困率从1981年的51.03%降至2010年的28.93%，降低了22.1个百分点。近年来，印度城市人口贫困率一直在30%左右波动，但城市贫困人口的数量却呈不断上升趋势。从1981—2010年的30年间，城市贫困人口逐渐攀升，从1981年的0.85亿升至1.06亿。同时，城市贫民窟现象也成为印度城市化进程中的特有现象。2008—2009年度印度共有4.8994万个贫民窟，是世界上贫民窟最多的国家之一。虽然印度政府一直努力改善城市贫困人口的生存状态，试图减少贫民窟问题对城市发展产生的制约作用，但根据印度国家抽样调查办公室2010年发布的报告，在过去的5年中，53.1%的贫民窟道路没有得到改善，甚至有2.6%进一步恶化；49.3%的贫民窟供水设施维持现状，5.3%进一步恶化，5.4%根本没有供水设施；59.7%贫民窟电力设施没有得到提高，1.7%恶化，4.6%没有电；50.5%的贫民窟厕所维持现状，而15.3%则根本没有厕所；此外，在排水、污水与垃圾处理、教育、医疗等其他公共设施方面，改善的幅度也很有限。[①] 城市中大量贫困人口的存在致使印度的城市化率较低。20世纪90年代之前，印度的城市化率高于低收入国家（包含印度在内）的平均水平，但是90年代后却低于低收入国家的平均水平。2005年低收入国家（包含印度在内）的城市化率水平为29.95%，比印度高出1.26个百分点。如果与不包含印度在内低收入国家的城市化率水平相比，差距则更大。同期，印度城市人口贫困率为35.25%，城市贫困人口达1.15亿，处于城市贫困人口的第二高峰，这表明贫困人口与贫困率两者有着密切关系。

（三）加重劳动力失业问题

长期以来，失业和贫困都是印度经济社会发展中难以治愈的两大顽疾。失业问题是造成印度贫困问题的重要原因之一，同时，贫困问题也加重了印度失业问题。虽然印度历届政府都致力于消除贫困，但贫困问题依然十分严峻，贫困率、贫困人口与失业人口呈正比关系，即高贫困率、贫困人口多，失业人口也多。1981年印度人口贫困率为59.83%，1984年为

① 李文：《印度经济数学地图—2011》，科学出版社2012年版，第105页。

55.65%，1987 年为 54.07%，1990 年为 51.31%，1993 年为 49.74%，1996 年为 47.16%，1999 年为 45.62%，2002 年为 44.47%，2005 年为 40.82%，2008 年为 37.37%，2010 年为 32.67%。高贫困率导致印度贫困人口一直居高不下。1980 年印度贫困人口为 4.28 亿，1984 年为 4.27 亿，1987 年为 4.42 亿，1990 年为 4.48 亿，1993 年为 4.61 亿，1996 年为 4.63 亿，1999 年为 4.72 亿，2002 年为 4.83 亿，2005 年为 4.65 亿，2008 年为 4.44 亿，2010 年为 3.99 亿。高贫困率、贫困人口多导致印度失业率和失业人口长期居于高位。2000 年印度全国失业率为 7.3%，全国失业人口 2700 万。2005 年失业率为 9.1%，失业人口 3600 万。2010 年失业率为 9.4%，失业人口约为 4000 万。

第十章

印度社会政治问题

世界各国经济发展经历表明，经济发展依赖于社会政治稳定，社会政治稳定也有赖于经济发展，二者相互依存，相互影响。稳定的社会政治局面促进经济发展，动荡的社会政治形势阻碍经济发展。印度人口众多，民族复杂，社会的基本特征是多元化、多民族、多宗教、多种姓和多政党。印度社会的这种多元化特征往往会引起错综复杂的社会矛盾，而如果政府不能妥善处理这些社会矛盾，就可能造成社会政治动荡局面，从而影响印度经济发展，这也正是独立以来印度经济发展的重要教训之一。因此，要考察印度经济发展前景，有必要分析印度社会政治问题及其对印度经济发展的影响。长期以来，印度社会中存在大量的社会问题，许多新的社会问题还在不断出现，这些问题在不同程度上影响着印度经济发展。本章主要研究严重影响印度经济发展的宗教文化问题、民族问题和政治问题。

第一节　印度宗教文化问题

作为四大文明古国之一的印度，其人口众多，社会多元化，堪称人类民族和宗教的博物馆。世界上主要宗教在印度都有信徒，印度信教人口占总人口的90%以上，其中印度教占80.5%，穆斯林教占13.4%，基督教占2.3%，锡克教占1.9%，佛教占0.8%，耆那教占0.4%，其他占0.6%。与宗教息息相关的是种姓制度，长期的历史演变使印度文化与宗教、种姓等紧密地结合在一起。宗教已深入到印度社会每个角落和几乎所有人的灵魂，印度社会、政治、经济、文化、科技、教育、医学等都与宗教密不可分。在争取民族独立斗争中，印度教徒和伊斯兰教徒曾经联合起来，但在独立后如何建国的问题，二者却出现分歧，并最后导致印度和巴基斯坦的分治和印巴战争。长期以来，印度存在严重的宗教冲突，而长期缓慢增长的经济也使宗教冲突更加明显。宗教文化在一定程度上影响印度社会经济发展，并将继续影响印度社会经济发展。要研究印度经济发展前景，就应该研究印度宗教文化。

一、印度宗教文化的基本特征

外部入侵使印度文化与外来文化融合在一起，特别是近代西方殖民入侵后，他们推行奴化教育，传播西方文化。印度虽在一定程度上接收了西方文化先进部分，但依然保留了传统文化，使印度文化具有明显的特征。

（一）具有浓厚的保守性

文化是人类在发展进程中所创造的物质财富和精神财富的总和，人类创造物质财富的能力与其所掌握的知识之间存在着极为密切的联系。在古代以至中世纪，印度虽在自然科学领域取得了许多重要成果，但其往往和神秘的祭祀等宗教活动联系在一起。低下的物质条件不可能正确地认识和反映其生活的世界，因此宗教便充斥于各种文化形式之中。古代和中世纪诸多印度哲学学派的共同点就是，都认为宇宙精神“梵”是第一位的，其又直接源于婆罗门教教义。在印度，影响极大的《摩奴法典》，其主要内容就均与宗教特别是婆罗门教有关。早期的吠陀文学也正是婆罗门的艺术再现。阿陀石窟等艺术主要反映了佛教艺术。在印度人民的生活中，《摩珂婆罗多》及《罗摩衍奴》等均被认为是印度教及婆罗门教的全部实质及宗教经典而受到人民的崇拜。

（二）具有明显的保守性

印度哲学家 S. 拉达克里希纳说，“在新文化或新知识突飞猛进的时刻，印度人决不屈从于一时的诱惑，而是坚守传统信仰，尽可能把新东西纳入旧的轨道，这种保守的自由主义是印度文化和文明成功的秘诀”。[①] 印度传统文化的这种保守性突出地表现在其文化发展的历史连续性和继承性，即后世文化是在集成前世文化传统的基础上发展起来的。印度中世纪文化之所以取得了一定发展，就因为全面继承了古代文化遗产，包括在上古时代印度河流域文明的全部古代文化遗产都再现于中世纪印度文化之中。婆罗门教、印度教与印度河文明存在某种渊源关系，就连丰富多彩的中世纪印度哲学也没有超出古代印度哲学思想的范畴。这种文化的连续性表明了印度中世纪文化思想上的僵化，旧思想成为不可侵犯的权威。

（三）对外来文化的融摄性

印度传统文化不排斥外来文化，但却对后者具有包容、吸收、消化和改造之功能。公元前后出现的贵霜文化就是古代印度、波斯和希腊文化的融合，10 世纪后进入印度的伊斯兰文化也为印度文化所包容和吸收，连英国殖民者带进的西方文化也不能消灭印度传统文化，而是在新环境中获得新发展。英国入侵印度后，在印许多地方建立接受英国教育的学校，出版和发行大量英语报刊杂志，使印度传统文化受到巨大冲击，也在一定程度上促进印度近代文化发展。西方文化培植维护殖民统治社会基础，也传播资产阶级民主思想，在印度一大批知识分子中激发民族民主情绪。他们积极传播近代科学文化，主张将西方文化中的先进因素吸收到印度传统文化中。尽管印度近代文化受到西方文化的深刻影响，但它毕竟在印度土地上产生，不可避免地会带有印度传统文化的特色。许多印度优秀知识分子对西方文化不是简单模仿，而是积极汲取其精华。正如罗・泰戈尔所说，印度人不应该忘记自己的民族尊严和民族文化，不应该用借来的西方“羽毛”装饰自己。如果只是一味地抄袭、模仿，那就意味着印度民族的慢性自杀。[②] 因此，近代印度文化虽汲取近代西方文化的先进成分，却又植根于悠久的民族传统文化沃土中。第一次世界大战后，高潮迭起的民族解放运动把印度文化推向新的阶段，反映人民民族民主要求的新文化运动使印

---

① ［印］S. 拉达克里希纳：《印度哲学》，1923 年版，第 46 页。

② ［印］苏・乔杜里：《印度民族的成长，1857—1918》，新德里，1947 年版，第 401 页。

度文学艺术走上现实主义道路。罗·泰戈尔等为印度现代文化振兴作出了极为重要的贡献。在思想领域，以罗姆摩罕·罗易为首的知识分子继承印度传统哲学，吸收某些西方资产阶级思想。纵观印度近代哲学发展，其基本特征可大致概括为三点：复兴印度古代宗教哲学；将西方哲学与印度哲学、唯心主义和唯物主义、宗教与科学等结合在一起；将哲学思想与宗教、伦理及社会政治学说紧紧结合在一起。

二、印度宗教文化冲突

印度多民族、多宗教的存在与结合难免产生民族文化冲突。

（一）单独建语言邦运动

印度民族众多，各民族都有自己的语言。据 1961 年调查显示，共有 1549 种语言被列为母语，使用较为广泛且在《宪法》中列出的有 14 种。英国在殖民统治时期对印度实行分而治之的政策，把印度分为英属印度和土邦印度。这样，同一语言地区被分割得支离破碎，有的属不同省，有的属英属印度和土邦印度。在民族运动中，各地领导人早就提出希望按语言分布调整行政区划，国大党早在 1920 年就决定把国大党省级组织按语言地区建立，并把按语言建立行省作为未来施政纲领内容之一。独立后，国大党领导人担心这样调整可能导致地区间领土争夺和地区分离主义因素增长，不利于全印团结和统一，因此迟迟不准备实行。1949 年起，讲泰卢固语地区要求建立讲泰卢固语的安得拉邦，掀起群众性政治运动，他们采取集会和示威游行及绝食等手段，导致该地区大规模骚乱。此举还得到达罗毗荼语各地区的支持，致使这些地区也发生大规模群众游行示威活动，迫使印度人民院于 1949 年 8 月通过建立安得拉邦的法令。受此鼓舞，为捍卫本民族利益，许多民族都要求按照语言分类来建立邦政府，并为此与印度中央政府展开持续多年的激烈斗争。随着各地方政党在各地区执政，各地按照语言建邦的呼声不断高涨，印度中央政府不得不同意各民族按照语言建立邦政府的要求，最终导致印度大多数邦都有自己独特的官方语言。印度人民院于 1956 年 8 月通过邦改组法，从 1956 年 2 月 1 日起，全印按照语言重新划分为14个邦和6个直辖区，各邦以该邦主要语言为官方语言，满足部分地区的要求。但是，邦改组法仍有三个问题没能解决：第一个是孟买省分邦问题，直到1960年5月，印度议会才通过孟买省改组法，将其分为马哈拉施特拉邦和古吉拉特邦；第二个问题是锡克人要求建立单独的旁遮普邦（这将在本节“锡克人的自治运动”中阐述）；第三个问题是阿萨姆邦山区和边境地区部族要求单独建邦（这将在第二节中阐述）。

（二）种姓歧视与种姓矛盾

印度种姓实际上为等级制度。无论子女今后干什么工作，其都属于父母所属种姓。总之，高级种姓子女是高级种姓，低级种姓子女仍为低级种姓，这已成为宗教信条，深入人心，成为各层次人们不可抗拒的天命。低种姓处在社会最底层，种姓歧视依然存在，种姓矛盾和种姓冲突不可避免。长期以来，低级种姓受到社会多方面的歧视，在经济方面处于极不公平的地位，导致不同种姓间矛盾冲突不断。仅在比哈尔邦，种姓间集体屠杀事件从1971年起到1999年2月共发生59起，600多人被杀。以种姓为借口的谋杀、绑架、强奸、抢劫等案件频繁发生，在广大农村地区尤为突出。由于农村地区人口对土地和资源的压力日益增大，在未来二三十年中，以土地关系为核心的种姓暴力冲突可能继续增加。独立后，政府宣布取消种姓制度，并颁布立法保障社会底层的“贱民”，并在教育、公营企业和国家机关中对低种姓人群给予某些优惠政策，为其保留一定名额。目前，受法律保护的“贱民”按地位来讲主要分为3类，第一类享有15%名额，第二类享有7.5%，而第三类仅享有2.7%。但这种保护“贱民”的政策却遭到高种姓人士的强烈反对，他们认为“保留”政策对其不公平，甚至在公开场合“自焚”抗议，也引起“贱民”内部矛盾冲突。长期以来，拉贾斯坦邦古贾尔人以牧羊人和农夫居多，他们一直被划为第三类“贱民”。为从政府倾斜政策中获取更大利益，拉贾斯坦邦古贾尔人要求调低其种姓级别，但政府对此予以拒绝。古贾尔人要求调低级别，该邦现有第二类“贱民”担心损失既有配额，因此也坚决反对。2008年5月，古贾尔人发动大规模抗议活动并与警察发生冲突，截至5月31日，已有42名古贾尔人和警察在冲突中丧生。声援印度拉贾斯坦邦古贾尔人活动迅速扩大到印度东北部地区，位于印度东北部的梅加拉亚邦和阿萨姆邦等地均发生当地古贾尔人声援拉贾斯坦邦古贾尔人的活动。

（三）宗教冲突难以消除

印度有宗教博物馆之称，世界上的主要宗教在印度都有其信徒。印度教徒约占印度人口的80.35%，其中穆斯林信徒约占13.34%，还有信仰基督教、佛教、犹太教、拜火教、耆那教等的信徒。由于各宗教教义不同，各宗教信徒间依然存在矛盾冲突。例如，独立初期印巴分治引起的印度教徒和伊斯兰教徒间的冲突就使数十万人丧生，圣雄甘地就是因为阻止巴基斯坦分立可能造成的暴力而被印度教极端分子枪杀。尼赫鲁作为独立印度上的首位领导人，顶住不少人要求宪法体现印度教政体特征的巨大压力，极力主张建立世俗政体，保护所有宗教，反对建立国教。但独立后，印度社会中宗教冲突此起彼伏，从未间断。特别是印度教徒和穆斯林教徒之间的矛盾冲突尤为尖锐激烈，且常常演变为大规模暴力冲突，砸毁商店，烧毁工厂，阻断交通，造成工厂停工、商店关门、交通瘫痪，社会秩序遭到严重破坏，正常经济活动难以开展，严重影响经济发展。1969年，印度教徒与伊斯兰教徒间冲突造成数十人伤亡。20世纪80年代末期，印度教与伊斯兰教徒间冲突愈演愈烈，到90年代初期席卷全印各地，迫使政府出动大量警察甚至军队平息事件。1992年12月6日，在印度北方巴布里小镇上发生的印度教徒与穆斯林间的寺庙之争中，几十万狂热的印度教徒在5小时内把一座有着464年历史的清真寺夷为平地，随后导致全国印度教徒与穆斯林的流血冲突。据不完全统计，在这场冲突中，共有1150人死亡，5000多人受伤，财产损失不计其数。2001年伊斯兰教徒袭击印度教徒乘座的列车，造成数百名印度教徒死亡；接着印度教徒采取报复行动，又造成大量伊斯兰教徒伤亡。印度教徒与伊斯兰教徒间的冲突延续至今，仍看不到尽头。而锡克教徒与印度教徒间的冲突迫使政府军攻入锡克教圣地阿姆利则金庙，伤害锡克人宗教感情，导致英·甘地总理被锡克卫兵杀害。随着印度对外开放的深入，印度传统文化和价值观念也前所未有地经受着现代西方文化和价值观念的冲击。为反抗这种趋势，具有浓厚民族主义色彩的印度教极端势力迅速崛起。印度教极端势力增长对印度国内政治产生重要影响，使宗教政治化和政治宗教化问题日益严重。由于印度民族、宗教、种姓与政治问题相互交织，因此一个环节处理不当就容易引发其他环节的连锁反应，引起社会动荡。印度宗教冲突在短期内难以解决，随时有爆发的可能。“在这个拥有10亿人口和多宗教的国度，宗教矛盾很可能动摇国家的根基。”①

三、宗教文化对印度社会经济发展的影响

印度文化与宗教种姓等紧密相连，给印度社会经济发展造成十分深刻影响。其对印度社会经济发展既有积极作用，也有消极影响。其积极作用主要表现在如下方面：

（一）传统宗教文化与印度社会稳定

社会稳定有利于经济发展，传统宗教文化在一定程度上利于印度社会稳定。作为宗教文化的重要成分，种姓制度在印度根深蒂固，虽法律上早已废除，但实际生活中仍无处不在。印度教种姓制度把人分为四个等级，还有很多地位更低的印度人，即“贱民”。种姓世袭，不同种姓从事不同工作，难以逾越。现在，印度还有2.4亿多“贱民”，为消除种姓歧视，印度政府将其称为“表列种姓”，采取很多措施帮扶“贱民”，但其地位依然很低。印度社会的持续稳定与种姓制度密切相关。②在印度，99%以上的人都是宗教信徒。虔诚的宗教信仰使印度流行忏悔文化，广大民众安于现状，注重来世。在低种姓人看来，自己前世造孽才导致今天的果报，只有修好今生才能有来世幸福，因此人们都恪守种姓规范。尽管不同种姓的人之间存在深刻隔阂、歧视和不平等，但其生活在各自种姓社会，互不干扰，相安无事。穷人也不仇视富人，二者平安相处，社会比较和谐。③ 印度人不管贫与富，其愉快指数都非常高。民调显示，在被调查的大都市中，若论国内生产总值，印度首都新德里

---

① ［日］《朝日新闻》2002年4月9日。

② 任彦：“印度，一个不可思议的国家”，《同舟共进》2007年第10期。

③ 黄军军：“印度人穷得‘滴血’为何不仇富”，《中国青年报》2006年10月22日。

只能排名第108位，但其居民幸福指数却排名第4位。印度传统文化及其长期形成的生活态度，可能将印度在经济改革和经济发展进程中社会转型的阵痛降至最低。绝大部分人把一切都寄托在神灵身上，即使生活贫困，也几乎没人找政府麻烦，印度社会仍然很稳定。由于印度宗教势力很强，对人们的生活影响很大，许多生活在底层的人安贫乐道，宿命感强，造成不思进取和无心攀比的习性，使得国家虽然发展较慢但却步履平稳。

（二）传统宗教文化与印度经济可持续发展

印度传统文化的主体印度教是一种“出世”文化，重在精神修炼，不甚重视物质文化。在经济发展中，印度注重和谐发展、可持续发展。一是致力于追求人与自然的和谐。在印度，超过一半人口的宗教教徒都信奉不杀生、不伤生，也不吃生，坚持素食。这在一定程度上减少了资源消耗，有利于经济的可持续发展，因此印度的快速发展也并未造成生态环境严重恶化。印度人的发展理念是：任何发展绝不能以牺牲环境为代价。20世纪80年代，美国通用电器公司准备在印建立一个大型火力发电厂，计划投资数亿美元。印度对此求之不得，但在论证过程中考虑到对当地多处生态环境的破坏和对当地居民利益的损害，当地政府和居民最终否决此了项目。在印度城市，建筑物多在两三层以下，林木掩映，百年古木随处可见，老牛可与车流并进，猴群可在街边尽情嬉戏，鸟儿有人定点义务投喂，人与自然在发展中保持和谐，造成城乡之间的界限不甚明朗，城乡差别相对较小。二是追求人与人的和谐。印度教教义强调，为人要仁慈宽厚，人与人之间要宽容，不要斤斤计较。印度人乐天知命，人与人关系中复杂、紧张因素较少，社会稳定程度较高。在印度街头，两车相撞，些微小伤，只要无大碍，双方拉拉手，笑一笑，打个招呼，各走各的路。为保障可持续发展，印度人特别注重教育公平原则，从小学到中学到大学，基本上做到免费或低费，穷人孩子一样有机会上大学。其次，印度为保障可持续发展，追求与周边国家和谐相处，追求共赢，越来越具有大国风范。印度洋大海啸发生后，印度在自己受灾的情况下，仍向其他受灾国提供慷慨援助。巴基斯坦大地震发生后，印度不计旧怨，在第一时间致电慰问，并提供大量援助。①

印度宗教文化其对社会经济发展的消极影响主要表现在如下方面：

1. 种姓冲突影响印度社会经济发展

按照种姓制度，等级不可逾越，世代相传，永不改变，不同种姓间不能通婚，不能交往，甚至不能同位而坐、同席而食。尽管种姓制度在一定程度上有利于社会稳定，然而它毕竟体现社会歧视和社会成员不平等，因此独立印度宪法明文规定废除种姓制度。独立后，"贱民"通过个人奋斗，最后也可成为印度总统，如前总统纳拉亚南，但这毕竟是凤毛麟角。独立以来，印度政府极力反对印度教种姓制度。为平缓教派、种姓和种族间的冲突，印度把世俗主义作为政府发展经济、解决贫困、增加就业和稳定社会的立国之策，并专门制定一系列措施来提高低种姓的社会地位和经济水平，使一部分人得以受益。但种姓之间的矛盾和歧视还没有根本性改变，其依旧影响着社会稳定和经济发展。在印度，只有2%—5%人口的婆罗门却占据全国60%的工作岗位，而占总人口25%的达利特人却只有不到1%的工作岗位。种姓制度人为地造成不平等，使社会隔离开来。印度政府试图实行人人生而平等的社会，但却遭到高种姓阶层强烈抵制，并由此引发激烈流血冲突。由于仍存在高种姓对低种姓的剥削与压迫现象，高种姓一般生活富有，而低种姓则大多贫困。经济改革以来，印度贫富差距没有缩小，反而在不断扩大，这使高种姓与低种姓间的矛盾更为突出和激化。随着经济发展与民主意识增强，低种姓对平等和权利渴求增强，对传统分配方式提出日趋激烈挑战。在政府无法妥善解决的情况下，许多地方种姓冲突越来越多地带有暴力倾向，这种暴力冲突的加剧对社会稳定与经济发展的影响和危害不小。在将来很长一段时期内，种姓制度仍将制约印度社会经济发展。

2. 教派冲突阻碍印度社会经济发展

教派冲突阻碍印度社会经济发展主要表现在两方面：一是宗教教义有阻碍社会经济发展的功能。曼·辛格总理说："我们已经越过了许多障碍，但仍有许多障碍要跨越……现在，我看我们的问题是：我们的体制不珍惜

---

① 林利民："印度'崛起'提供的发展模式"，《瞭望》2006年第2期。

时间，这是印度体制中一个让我很担忧的毛病。”辛格总理把印度人不珍惜时间的毛病归咎于体制。实际上，这一毛病的养成与宗教某些理论与观点有关。如生死轮回、因果报应是印度教核心教义之一。该教义认为，人在轮回中生，又在轮回中死，时间对于人生来说是无限的。人生最崇高的目标是求得解脱，达到与神合一的最高境界。要实现人生最高目标——解脱，首先要不作业。“业”指一切身心活动，一般为三业，即身业（行动）、语业（言语）和意业（思想）。若自性者，应唯一业，所谓语业。印度教教义还强调，为人要仁慈宽厚，人与人之间要宽容，不要斤斤计较。这当然是美好道德传统，但也容易导致错误言行自由放任。在印度，人与人之间关系一般都非常友好，以致人们对在单位迟到早退、聊天喝茶、工作效率不高等现象习以为常，一般也不会有人对不遵守规章制度的行为予以严厉批评，这也不利于印度经济发展。二是教派冲突严重阻碍社会经济发展。在印度，印度教徒与伊斯兰教徒之间的冲突尤其严重影响印度社会经济发展。英国殖民者统治印度次大陆后，利用印度教与伊斯兰教之间的仇恨进行离间，并实行重用印度教徒而歧视穆斯林的政策，使印度教徒和穆斯林教徒之间的矛盾进一步深化。印巴分治引起的宗教性复仇大屠杀导致59万多人死于非命，120多万人无家可归，死于民族大迁移途中的人数更是难以估计，财产损失也无法用数字来表达。独立后，印度国内仍有1亿多穆斯林散居在各个地区。尽管印度历届政府都强调宗教平等和团结，反对教派歧视和仇恨，但国内印度教徒和穆斯林之间的矛盾与冲突仍持续不断，从来没有停止过。为各自宗教利益而引发生的争斗造成大量生命财产无端损失，也阻碍着印度经济发展。

第二节　印度民族问题

印度人口众多，民族复杂，人民肤色各异，身材高低迥异，具有鲜明的人类学和社会学特点。在印度，从雅利安人、印欧人到地中海达罗毗荼人，还有蒙古人种、原始澳大利亚人、黑人以及西部布拉齐塞发尔人，地球上所有人种的肤色几乎都有。因此，印度素有“民族博物馆”之称。而长期以来，民族问题也给印度社会造成一些难以解决的问题，严重影响印度社会政治稳定，也在一定程度上影响印度经济发展。

一、印度是多民族国家

印度是多民族国家，除 13 个较大的民族外，还有数十个少数民族。按照语言分类，印度民族可分为印度语族民族、达罗毗荼语族民族、藏缅语族民族和蒙巴语族民族等。

（一）印度语族民族

在印度，属印度语族的主要民族有 8 个：（1）印度斯坦族，是人口最多的民族，有 3 亿之众，约占全印人口的 30%。其主要分布在北方邦、比哈尔邦、中央邦、哈里亚纳邦、喜马偕尔邦和拉贾斯坦邦等地。历史上其是由达罗毗荼人、雅利安人、土耳其人、伊朗人和匈奴人等长期混居融合而成，讲印度官方语言——印地语。该民族大多数信仰印度教，少数人信仰伊斯兰教、佛教、基督教和耆那教等。（2）孟加拉族，为印度古老民族，由原始澳大利亚人、达罗毗荼人、蒙古人和雅利安人等长期融合而成，还有史前期居住在该地区的尼格利陀人的基因。该族人口接近 1 亿，使用孟加拉语，主要分布在西孟加拉邦、比哈尔邦和奥里萨邦。其与孟加拉国境内主要居民属同一民族，但宗教信仰不同，印度孟加拉族主要信仰印度教。（3）阿萨姆族，人口为 1500 多万，主要分布在阿萨姆邦，讲阿萨姆语，属东印度语族，与孟加拉语接近。其族源复杂，至少融合了原始澳大利亚人、柬埔寨人、尼科巴人和阿豪马人等。其大多数人信仰印度教湿婆神，少数人信仰伊斯兰教。（4）奥里雅族，集居于奥里萨邦，人口超过 3000 万，使用奥里雅语。其大多数人信仰印度教，保留典型的印度教传统和风俗，低级种姓较多。（5）比哈尔族，人口接近 1 亿，主要居住在比哈尔邦，讲比哈尔语。其大多数人信仰印度教，部分人信仰伊斯兰教，有少数人信仰基督教。（6）锡克族，人口约 3000 万，使用旁遮普语，主要分布在旁遮普邦，少数人分布在哈里亚纳、新德里、加尔各答等地，还有相当数量的锡克人散居在马拉西亚、新加坡、英国、美国和加拿大等地。旁遮普族主要居住在巴基斯坦旁遮普省和印度旁遮普邦，锡克族是旁遮普族中信仰锡克教的人，其民族属性和宗教信仰一致。锡克族中也存在种姓制度，但不严格。(7) 克什米尔族，主要分布在克什米尔河谷地区，属雅利安人种，大多数人信仰伊斯兰教，少数人信仰印度教，有些人信仰佛教和基督教等。(8) 马拉地族，人口800多万，主要分布在马哈拉施特拉邦，有的居住在古吉拉特邦和中央邦，讲马拉地语。其为雅利安人、达罗毗荼人和古希腊人混合而成的民族，现在还混杂很多拉其普特人、古吉尔人和可黑尔人等后来民族。该族80%的人信仰印度教，少数信仰伊斯兰教和佛教。

（二）达罗毗荼语族民族

印度属达罗毗荼语族的主要民族有：(1) 泰米尔族，为世界上古老民族之一，属达罗毗荼人种。其在印度的人口约7000万，集居在泰米尔纳德邦，少数分布在喀拉拉邦、卡纳塔克邦和安得拉邦等地，在斯里兰卡、马来西亚、新加坡、斐济、毛里求斯、南非等国家也有超过1000万泰米尔人。其使用泰米尔语，原信奉耆那教，后来绝大部分人改信印度教，但仍有部分人信仰基督教徒、伊斯兰教和耆那教。(2) 泰卢固族，人口约9000万，主要居住在安得拉邦，在卡纳塔克邦和泰米尔纳德邦部分地区也有分布，使用泰卢固语。其大多数人原信仰佛教和耆那教，后来改信印度教和基督教。(3) 马拉雅拉姆族，人口3000多万，集居在喀拉拉邦。其属达罗毗荼语系民族，从事海上航行和对外贸易；大多数人信仰印度教，种姓制度严格；较多人属于不可接触者，许多人改信伊斯兰教和基督教。该邦人口识字率为印度最高，已消除文盲。(4) 卡纳达族，主要居住在卡纳塔克邦，人口超过5000万，讲卡纳达语，大多数为印度教徒，也有不少伊斯兰信众。(5) 贡德族，原为中央邦印度教徒和穆斯林教徒对他们的称呼。其为南印度一迁徙农业部族，分布在中央邦、奥里萨邦、马哈拉施特拉邦和古吉拉特邦等地，人口500多万，分布在许多部落。其基本保持原始宗教信仰，崇拜各种各样的自然现象和物体，普遍信仰地母神、老虎神和雨神，祖先崇拜很盛行。

（三）藏缅语族民族

印度藏缅语族的主要民族有：梅泰族、那加族、米佐族、加洛族、米基尔族等。其总人口为 300 多万，其中梅泰族 100 多万、那加族 70 多万，主要生活在印东北部几个邦中。梅泰族主要在曼尼普尔邦，那加族主要在那加兰邦和曼尼普尔邦，米佐族主要在米佐拉姆邦，加洛族主要在梅加拉亚邦加洛山区和阿萨姆邦戈尔帕拉县，米基尔族主要在阿萨姆邦米基尔山区。这些民族多为跨境民族，少量加洛族和梅泰族居住在孟加拉国，在缅甸也有那加族等；那加族的共同特点是都来自中国云南和西藏。这些民族都有自己的语言，但梅泰语、那加语、米佐语、加洛语、米基尔语等均属藏缅语系。加洛语近似藏语。基督教传教士为米佐人创造了文字，梅泰语是曼尼普尔各民族交流的语言。近代以来，英语逐渐成为印东北地区各民族知识分子中流行的主要语言。这些民族都有自己的宗教信仰，但彼此差异巨大，如加洛族人崇拜创世主，也崇拜雷神、雨神等各种神灵，为万物有灵之崇拜者；那加族人是祖先和自然崇拜者，天、地、日、月、星、山川、河流、大树等都是其崇拜对象；米佐族人信仰原始宗教，相信万物有灵，基督教传入后，大多数米佐人都成为基督教信仰者；米基尔人信仰原始宗教，主要神灵有火神、太阳神、月亮神、山神等，但不崇拜树木和兽类；基督教在其中传播得并不成功。19 世纪，印度教传入梅泰族，土王强行推行印度教化，迫使梅泰人接受印度教。

（四）蒙巴语族民族

印度属蒙巴语族的主要民族有蒙达语民族，其中桑塔尔族人约 400 万，蒙达族人 100 多万。蒙达族人讲蒙达语，桑塔尔族人讲桑塔尔语，均属南亚语系蒙达语族。两民族主要分布在西孟加拉邦、奥里萨邦、比哈尔邦和阿萨姆邦等地，其中，蒙达族人集居在比哈尔邦乔塔拉格普尔高原上，桑塔尔族人的居住区则从西孟加拉邦延续到奥里萨邦。蒙达族人从北印度迁徙到乔塔拉格普尔高原，为此地最早的居民。蒙达族人和桑塔尔族人为万物有灵论者和祖先崇拜者。蒙达族人每家每户都有专门祭祀祖先的屋子，供家庭成员进行祭祀活动。桑塔尔人每年播种、收割、花节、狩猎、捕鱼等活动时，为整个血缘集团祭祀共同祖先的节日，崇拜以大山为象征马兰、布鲁神、太阳神、石头神等。他们相信神灵无处不在。

二、印度民族运动此起彼伏

独立后，为改变各自地区的社会经济落后面貌，某些民族曾经接连不断地爆发民族解放和民族独立的运动，致使独立后印度国内民族运动此起彼伏，接连不断。

（一）南印度达罗毗荼人的民族运动

早在独立前，南方达罗毗荼人就要求建立达罗毗荼人的国家。当时，达罗毗荼人掀起了一场声势浩大的反婆罗门运动，向婆罗门在政治、社会和文化上的垄断地位提出挑战。独立初期，达罗毗荼人形成达罗毗荼联盟，在首先提出按照语言单独建立政府邦的同时，他们还要求建立单独的“达罗毗荼斯坦”国家。印度政府逐渐满足了他们单独建立语言邦的要求，使他们与中央政府的矛盾有所缓和。但是，当印度政府准备将印地语作为国语时，达罗毗荼人在达罗毗荼联盟的领导下发起了反对北方民族沙文主义运动，提出打倒印地帝国主义，反对将印地语作为印度的官方语言，主张将英语作为官方语言、复兴泰米尔文化，反对印度教对社会生活各方面的束缚，要求废除种姓制度。印度中央政府实行一系列缓和性政策措施，致使运动逐渐萎缩。达罗毗荼联盟章程也由要求成立单独的“达罗毗荼斯坦”国家修改为争取成立地方分权的政府。由于达罗毗荼联盟的分裂，达罗毗荼人的民族运动逐渐消沉下来。但是，20 世纪 80 年代以来，他们要求中央政府向地方政府放权的呼声一直不断。他们联合起来，在财政分权方面和行政管理方面等诸多领域与中央政府讨价还价。20 世纪 80 年代后期，印度政府与泰米尔人之间因政府在斯里兰卡国内民族冲突中所采取的立场而发生矛盾，最后导致印度政府总理拉·甘地被一名泰米尔妇女的自杀性爆炸袭击炸死，成为继英·甘地遇刺身亡后印度发生的又一重大悲剧。

（二）锡克人的民族自治运动

为安抚锡克教徒，国大党领导人答应独立后保护锡克教徒利益，然而独立后政府却没有落实诺言。1950 年 5 月，锡克教徒阿卡利党通过决议，要求建立由以旁遮普语为官方语言的大旁遮普邦，尼赫鲁政府和印度政府 1955 年邦改组委员会否定锡克人建立单独旁遮普语邦要求后，阿卡利党表示要誓死抗争，决定开始实行大规模政治运动，争取实现建立语言邦要求。阿卡利党自 1955 年起组织游行示威，1.2 万多人因此被捕，紧张气氛白热化，政府不得不撤消禁令。1956 年，阿卡利党乘国大党在阿姆利则举行会议之机举行游行示威活动，要求允许建立旁遮普语邦。政府与阿卡利党谈判，达成一些妥协性协议，但阿卡利党中许多人和印度教徒都反对这种办法。20 世纪 60 年代初，阿卡利党重新发动单独建邦运动，在遭到尼赫鲁政府的拒绝后，该党领导人决定发动向德里进军的运动，数以万计锡克人被捕入狱。直到 1966 年，英·甘地政府才答应建立单独讲旁遮普语的旁遮普邦。分邦时，旁遮普邦和哈里亚纳邦都希望把昌迪加尔划归本邦，政府决定将其作为中央直辖区和两邦共同首府，还以不便分配为由，把大型水利综合工程等控制在中央。阿卡利党对中央政府的决定十分不满。1969 年 8 月，该党联合其他反对党举行 50 万人大游行。1970 年 1 月，该党领导人法泰赫·辛格再次宣布绝食并准备自焚，政府被迫同意 5 年后将昌迪加尔划归旁遮普邦，但由于哈里亚纳邦反对而未能实现。阿卡利党内有人提出要争取旁遮普有更大的自主权，极端分子甚至提出建立独立的锡克国家。1973 年 10 月，全印阿卡利党会议决议指出，阿卡利党的目的是要确立锡克教的社会主导地位。20 世纪 70 年代末期，少数阿卡利党狂热分子提出建立“卡利斯坦”。1980 年 6 月，全印锡克学生联合会总书记宣布建立卡利斯坦政府。20 世纪 80 年代，阿卡利党不断向中央施加压力，迫使其接受该党要求。1981 年 9 月，阿卡利党发起反对歧视锡克人运动，向中央提出 15 点要求。宗教狂热分子和分裂主义者行为嚣张，在政府逮捕涉嫌进行暗杀活动的锡克教“圣人”宾德兰瓦拉时甚至发生流血骚乱。1982 年 4 月，阿卡利党决定开展大规模不服从运动，各地骚乱和暗杀事件接连不断。阿卡利党邀请锡克教“圣人”宾德兰瓦拉参加不合作运动，迫使政府释放被捕者，并派出政府特使与阿卡利党谈判，但英·甘地总理迟迟不批准协议草案，促使阿卡利党内一些人观点趋于极端化，提出在旁遮普邦建立平行政府。为此，政府对该邦实行总统治理。锡克教“圣人”宾德兰瓦拉等极端分子逐渐形成一个武装小集团，公开鼓吹武装斗争，不断与警察交火，并以阿姆利则锡克教金庙为暴乱基地和策划中心。1984 年，阿卡利党与中央政府对立加剧。英·甘地政府决定采取坚决的军事行动，镇压和清剿武装恐怖分子，下令数万政府军进入旁遮普，包围金庙。但宾德兰瓦拉及所有武装恐怖分子拒绝投降，于是政府军坦克向庙内开炮，发动进攻，占领金庙。最终，554 名锡克教武装分子被打死，121 人受伤。这激怒了大量锡克教徒，狂热分裂主义者歇斯底里，国外锡克分裂分子鼓吹建立“卡利斯坦国”。政府军撤出金庙后，锡克教徒心灵创伤却难以愈合。后来，英·甘地被其锡克警卫刺杀身亡。拉·甘地政府成立后，成立内阁专门委员会处理旁遮普问题。1985 年 7 月，拉·甘地与阿卡利党温和派领导人达成协议，希望和平解决旁遮普问题。1985 年 9 月，温和派候选人赢得选举，建立邦政府，旁遮普问题才告一段落。

（三）东北地区部族的独立运动

印度东北地区包括西孟加拉、阿萨姆、那加兰、梅加拉亚、特里普拉、米佐拉姆及曼尼普尔等诸多邦。该地区人民在民族、语言、文化等方面与印其他地区民族不同。独立后，印东北地区各民族人民反对中央政府，争取民族独立的斗争更是此起彼伏、从未停止，不断高涨的民族独立运动严重影响到印度国家统一。早在按语言建邦期间，这些地区就提出单独建邦甚至独立建国的要求，并为此开展武装斗争。居住在西孟加拉邦大吉岭地区的尼泊尔人也提出单独建立“廓尔喀邦”的要求，并成立武装组织“廓尔喀民族解放阵线”，向中央提出要像那加人有那加兰邦一样拥有属于其自己的邦。在按语言分邦前，阿萨姆邦是印东北地区民族最多的邦，那加兰、梅加拉亚、特里普拉、米佐拉姆、曼尼普尔等邦都是从阿萨姆邦分离出来的部落民族居住区。独立前，该地区为隔离区，禁止非部落民进入。独立后，该地区民族独立意识不断增强，民族独立斗争不断高涨。其中，那加人和米佐人的民族意识最强，提出要求也最高。在按语言分邦时，他们就提出单独建立邦甚至单独建立国家的要求。1962 年，那加兰邦成立；1972 年，米佐地区划为中央直辖区，称米佐拉姆。但两个地区仍有些人坚持成立单独国家，并为此展开武装斗争。随着民族地区教育的普及，大多数人放弃单独建国的主张，但是他们提出的经济、文化要求却更具体、更强烈。他们提出不要中央政府财政补助，而要求政府实行开放自由的经济政策，允许他们发掘当地丰富的自然资源，发展与缅甸、中国的陆上交通，进行对外贸易，并要求中央拨款修建高速公路、发电站和机场等基础设施。

三、民族问题与印度经济发展

民族问题不仅直接影响一个国家的经济发展，而且还通过影响该国的社会政治稳定影响其经济发展。

（一）民族问题影响社会稳定

经济发展有赖于社会政治稳定，而社会政治稳定可以促进经济发展，社会政治动荡则阻碍经济发展。如前所述，印度民族的基本特征即多民族性，独立后印度要求民族自治甚至民族独立的斗争此起彼伏，从未间断。为了本民族的利益，独立后印度各民族之间不仅常常发生冲突，而且某些民族与政府之间的矛盾冲突还愈演愈烈。印度南方地区和东北地区额一些民族还曾经提出了“民族自治”、“民族独立”的口号，甚至也开展过民族独立的武装斗争，从而严重影响这些地区社会稳定和经济发展，造成曾经繁荣的印度南方也是长期经济落后，而长期经济后的印度东北地区则更加落后。长期以来，民族问题始终是困扰印度社会经济发展的重要问题。1991 年实行全球化经济改革以来，印度东北地区要求政府实行自由化经济政策，允许他们发展与中国和缅甸之间的经济贸易联系。由于政府迟迟不开放东北地区，该地区极端民族主义分子甚至采取恐怖行动。难怪印度政府内政部长穆克吉曾指出，恐怖活动是南亚发展的最大威胁。[①] 因此，在

① 陆春华：“恐怖活动是南亚发展的最大威胁”，新华网，2007 年 9 月 1 日。

经济改革和经济全球化进程中，民族问题仍将在一定程度上和一定范围内影响印度经济发展。

（二）民族问题影响经济发展

经济研究显示，民族构成复杂会阻碍经济发展。20世纪60年代以来，非洲经济一直处在停滞或负增长的状态，形成所谓的“非洲悲剧”，而其重要原因就是非洲大陆的多民族特征。所有战后经济发展水平赶上西方发达国家的国家或地区，其人口构成都比较单一，如日本、韩国和台湾地区，即使新加坡也是以儒学文化为中心的。同时，印度民族问题也与地区间发展不平衡密切相关。独立后，为解决诸多社会政治问题，印度采取一系列政策措施，加速落后地区建设。如确定重点扶持贫困的落后地区，成立援助落后地区的咨询机构，增加对落后地区的资金援助，实施落后地区发展计划，加大对落后地区投资，把“绿色革命”引向落后地区，加速落后地区发展等。1991年经济改革以来，发达地区经济发展加速，地区发展不平衡问题更加突出，印度提出诸多新政策、新措施以促进落后地区发展。如取消受反垄断法控制公司到落后地区投资的限制，帮助落后地区修建公路、桥梁等基础设施，扩大落后地区与外界的联系，加速落后地区开发等。1996年以来，印度还加大了对东北地区的投资力度，加速该地区开发，以缓和该地区长期存在的民族问题；还适当放权给地方，缓和中央与地方的矛盾。长期以来，中央政府集中了最为重要的财权，地方政府经常出现资金缺口，造成中央与地方间矛盾不断加深，并使某些地方民族独立倾向时有增强。经济改革以来，地方民族主义有所抬头，中央与地方间矛盾一度比较尖锐。为缓和中央与地方间的矛盾，印度不断增加对地方的援助，也适当放权给地方。地方政府在引进外资方面也有一些权力，使各邦能根据本地的具体情况更多地利用外资，加速本地区社会经济发展，缓和民族矛盾及中央与地方的矛盾。

第三节　印度政治问题

历史上，印度几乎从未实现国家完全统一，从未建立强大的中央集权统治。英国殖民者声称统一印度，但仍有数百个大大小小的土邦占领了印度约四成的领土，这种传统多少限制了印度中央高度集权的联邦体制进一步发展。独立后，印度虽然把建立“社会主义类型社会”写进宪法，但却坚持实行西方议会民主制。为夺取中央政府和地方政府的权力，各种社会势力都成立代表本集团利益的政党，使得印度成为世界上政党最多的国家。至今，印度已举行十六次全国大选。20 世纪 90 年代以前，除人民党政府在 70 年代后期短暂执政外，其余时间都是印度国大党在中央执政。20 世纪 90 年代中期后，以印度民众党为首的联合战线和以印度人民党为首的联合政府先后在印度中央执政。2004 年第十四次大选后，印度国大党重新上台执政。但由于政治中依然官僚主义盛行，贪污腐败严重，2014 年大选后中，印度国大党惨败下台。印度实行的议会民主政治很不成熟，既影响社会稳定，也影响经济发展。

一、印度议会民主制度与政党制度

独立后，印度宪法确定印度的政体为议会民主制，建立联邦制国家，实行立法、司法和行政“三权分立”的政治制度。印度允许自由建党，所以其也是世界上政党最多的国家。

（一）联邦行政机构

按照宪法，联邦行政机构及政府机构应有总统、副总统及以总理为首的部长会议。总统为国家元首、国家权力的最高执掌者和国家对外关系中的最高代表，由总统选举团间接选举产生，该团由联邦院和人民院中非总统任命议员组成。作为国家元首，印度总统除有处理联邦政府一切内政外交及各种任免权外，还有国防最高统率权、相应立法权、司法权和宣布紧急状态权等。但实际上，印度总统的权力是总理以总统名义行使的。1977年宪法修正案规定，总统必须按照以总理为首的内阁的建议行使职权。副总统为当然议长，因各种原因出现总统空缺时，副总统在按照规定选出新总统就职前暂行总统职权。总统因故不能执行职权时，由副总统代行其职权，直到总统恢复职务时为止。联邦设以总理为首的部长会议来协助总统并向其建议行使职权。总理为印度政府首脑，由总统任命人民院多数党领袖担任。总理既有议会多数支持，又领导部长会议和控制内阁，为印度政府机构的核心。总理有权组织和领导政府，部长由总统根据总理建议任命，但实际上，部长会议全体成员由总理提名任命，总统只是履行批准手续。总理有权提请总统免去任何部长职务甚至改组政府，政府在制定和执行政策时都以总理的意志为转移，作出重大决策。在紧急状态下总理的权力更大，其既能行使宪法授予的权力，还能行使总统治理地区的行政权力。部长会议由总理和全体部长、国务部长和副部长组成，主要是协助政府总理并向其提出建议，总统在行使职权时根据部长会议的建议行事。内阁为印度政府权力的核心，是由政府总理和内阁部长组成的较小的但最有权力的决策机构。通常部长会议很少召开，而内阁会议却经常召开。其主要职责是：作出决策决定，提请议会讨论或提请总统直接颁布执行；对议会通过的法律和总统颁布的法令行使行政权力；协调各部权限，监督政府政策的贯彻执行等。各邦政府的组织形式和职能等与联邦政府相似。

（二）联邦立法机构

印度联邦的立法机构是联邦议会，由总统、联邦院和人民院组成。联邦院即上院，由总统提名 12 名议员（为文学、科学、艺术和社会服务等领域的杰出人才），各邦和中央直辖区选出的代表不超过 228 名，总共不超过 250 名。联邦院采取的是间接选举的方式。各邦在联邦院的议员，由各邦立法院选出的议员按比例代表制以单记名可转让投票权方式选举；联邦院为常设机构，每届任期 6 年；其设议长和副议长，副总统为其当然议长。法律上议会两院地位平等，但联邦院实际地位低于人民院。设联邦院的目的是代表和维护各邦利益，并对人民院起一定制约作用。人民院即下院，各邦直接选举议员不超过525人，各中央直辖区产生不超过20名议员，总统有权任命不超过2名英裔印度人为议员，议员总数不超过547人。其选举按比例代表制把名额分配给各邦和中央直辖区，分配原则是其议席与各邦人口比例一致；一律实行单议员选区制，为表列种姓和表列部族保留议席。每5年选举一次，为大选；在紧急状态期间可以延长，每次延长不超过1年。其设议长和副议长，规定其由人民院选举产生，实际上由政府总理亲自出面提名。其在议会中地位非常重要，是“国家尊严和自由的象征”，应不带色彩，但实际上其党派色彩特别浓。议会的主要职责是制定法律，立法范围包括几乎所有国家重大事项，但其通过的任何法律都必须通过总统签名批准才能成为法律。议会还有财政权、行政监督权、修改宪法权和弹劾总统权等。

（三）联邦司法机构

印度司法机构由最高法院、高等法院和县法院等组成。最高法院由7名（1996年增加2人）法官组成，全部由总统在征得首席法官同意后任命，享有议会以法律形式提供之特权，并不得被免职。如议会两院都认为其行为失检或能力不能胜任，经各院议员之多数及投票议员2/3多数支持，可由总统免除其职务。最高法院是印度最高司法机构，所有法院都须遵照执行其裁决和指导。宪法规定各邦都设立高等法院，但议会可通过法律由两个或几个较小邦共设一个高等法院。如阿萨姆高等法院同时对阿萨姆、曼尼普尔、梅加拉亚、那加兰和特里普拉等邦行使司法管辖权。中央直辖区只有德里设有高等法院，其他中央直辖区分属几个高等法院。每个高等法院由一个首席法官和若干法官组成，其均由总统任命。印度每个法官都享有议会随时以法律形式规定的特权、津贴及休假和年薪等，就任后不能对这些权力做对其不利的变更。在高等法院之下，还在各县或相当于县的地区设立县法院或下级法院，其法官由邦长和高等法院法官协商后任命，受高等法院领导、控制和监督。

（四）印度行政官制度

印度行政官制度基本上沿袭英在印殖民时期实行的文官制度。1956年制定中央文官法，各邦也制定文官法规，规定文官须保持绝对忠诚，忠于职守，不得参加党派政治活动和竞选活动，不得泄漏政府机密，不得擅自向媒体发表讲话和投稿，其子女或赡养人不允许在与其公务往来的私营企业中工作，不得接受或不得允许其家庭成员接受任何人馈赠，不得从事商业和投机活动等。印度文官按归属分为全印文官、中央文官和邦文官三类。全印文官为联邦和各邦通用文官，联邦和各邦重要行政管职务都由其担任。中央文官分为科技性文官和非科技性文官。中央文官供中央各部使用，各邦文官为各邦政府使用。各类文官分为四等：第一等为副秘书和下秘书；第二等为股长和主办级官员；第三等为办事员；第四等为勤杂人员。文官一般通过竞争考试、提升和选拔三种方法任用，但以第一种为主。

（五）政党制度与主要政党

为实行议会民主制，印度允许自由建党，因而成为世界上政党最多的国家。早在1999年8月，印度各类政党总数就达712个，其中全国性政党7个，邦一级政党49个。印度主要的全国性政党有：印度国大党、印度人民党、人民党、印度共产党、印度共产党（马）、民众党、印度共产党（毛）等。印度主要地方政党有：全印安纳德拉维达进步联盟、阿卡利党、泰卢固之乡党、阿萨姆人民同盟等。考虑到不少选民连政党的名字都不认识，各政党都需要用最精练的符号来概括政纲和目标，甚至用简便易识的图标代表党派。印度党派有一个显著特征，那就是选举标志五花八门，油灯、手表、缝纫机、汽车、自行车、飞机、拖拉机、老鹰、鸽子、花卉等应有尽有。国大党的标志是一只“手”，表达用手投票的喻意。印度人民党的标志是“莲花”，是印度国花，也很有印度教的象征意味。

二、印度议会民主制的缺陷

民主本身是好的，民主制度也是较好的政治制度，但在印度却发生变异，这大概与印度的历史、文化等有关。独立初印度就废除了种姓制度，也照顾少数民族的利益，但种姓观念根深蒂固，在选举中难以体现公平、公正等民主精髓。对许多底层人来说，生存是最大追求，而民主则是奢侈品。经过60多年的实践，印度的民主制度逐渐完善，但并不成熟，仍是有缺陷的民主。

（一）存在家族式统治

从1947年独立之初到2012年，国大党除短暂下台外统治了印度50多年。而长期以来，国大党又主要是由尼赫鲁家族把持着党内一切核心事务。从近年来索尼娅·甘地长期担任国大党主席一职看来，这种局面一直延续到今天。有人说目前印度政坛是垂帘听政，有人说印度有两个总理府，也有人说辛格总理只是个“听差的”，决定国家大政方针的是“后座驾驶员”索尼娅。不管怎么说，导致政坛出现“家天下”色彩的民主体制显然是有缺陷的。实际上，是印度传统保守势力和封建意识为家族式统治提供了肥沃土壤。在印度，实行“家长制”的并非国大党一家，许多地方党派“子承父业”的现象也十分普遍，这就是人们对国大党家族式统治见怪不怪的原因之一。

（二）民主制度质量不高

印度人口众多，国民素质相对低下，过多民主和过少集中使党派利益之争十分严重，结果导致权力分散、相互掣肘、政令不畅、效率低下，阻碍生产力发展和人民生活水平提高。苏联解体后，印度虽摆脱冷战阴影，但却进入多党派联合执政的民主时期，造成党派之争日趋严重；有民主而无集中，导致权力分散、效率低下，对国家发展和民族进步弊多利少。因为太多穷人没有受过良好教育，不知道如何去参选，也没有能力去参与社会公平竞争，对社会状况、经济发展和政治前景都不甚了解，在选举时难以作出正确判断，选出真正合适的代表。如2004年大选，当时执政的印度人民党本来在内政、外交上都取得了可喜成绩，但却愣是败下阵来。事后调查显示，这次选举投票率只有55%左右，且主力军是占合法选民人口70%以上的底层选民，中产阶级以上人士本来比例就小，投票率还很低，结果选举是底层百姓说了算。一些知识分子说知道选举基本上是由少数政客操作的政治游戏，而政客从本质上关心的只是自己的一党私利或一己私利而非国计民生，因此中产阶级多数都对选举漠不关心，历次投票都不踊跃。底层选民虽投票踊跃，但对国家政治状况没有清醒的认识，很容易受地方上有钱有势的人操控，也容易被眼前的蝇头小利所诱惑和收买，糊里糊涂地将票投给地方上当权派或有钱人。这种“有奶便是娘”的选民丧失个人理性，也丧失选举公正性。

（三）选举成为花钱闹剧

印度每次选举，各党派用于竞选宣传等方面的花销都相当巨大，一般用于选举组织、安全维护、投票监督等工作。以议会大选为例，2004 年印度选民人数达 6.6 亿，中央选举委员会开支近 100 亿卢比，合 2 亿多美元。由于实行简单多数计票制，参选政党多，选民分布不均，因此在印度人民院中占据多数议席的政党未必就得票率高。如 1999 年大选中，国大党得票率为 28.3%，高于人民党的 23.8%，但国大党议席仅有 114 席，人民党却获得 182 席。在全国范围内选民最支持的政党在议会中并不一定得到最多席位。由于议席多少决定能否执政，多数政党都将获选作为终极目的，造成贿选、欺选、诈选等舞弊行为在选举中时有发生，甚至还出现暴力丑闻。如 1998 年大选中就发生 1500 多起暴力事件，造成 250 多人死亡。一些政党为获胜，不惜代价拉拢和动员种姓、教派和区域等割裂的选民群体，造成相当数量的选民不是自主投票，要么将选票作价待沽，哪个党派给的好处多就把票投给哪一方，要么按特定利益集团要求进行集体式投票。由于印度选举法允许面临犯罪指控的政治家参与竞选，因此印度每次选举选出的议员中都有不少有犯罪记录的人。如第 14 届印度议会的 543 名成员中，就有 128 人曾面临刑事指控或调查，其中 83 人涉及谋杀。在一个贫困社会，黑帮分子能够凭借武力和金钱进入议会。有的候选人当选时还在监狱里服刑，于是堂而皇之地走出监狱进入议会大厅，参政议政。“民主”竟然产生如此荒唐的闹剧。印度民主制度下还产生某些怪异现象，直接对经济发展造成伤害。如政客为争取选民支持大搞短期效益工程，不敢关闭几近破产的企业，不敢实行控制人口的政策，不敢修改劳动工资法等。

（四）民主与政治腐败

印度官僚和文牍主义极其严重，腐败现象十分普遍。黑钱问题是印度“白领”犯罪和贪污腐化的根源之一，是印度比较典型的社会问题，对社会发展危害极大。黑钱是指通过非法途径、采取不正当手段产生的钱财。在印度房地产产业、大型制造业、建筑业、批发业、电影业、专门职业、走私等许多行业或部门都存在着黑钱问题。在现实生活中，难以估量的不法行为常与黑钱有染，这其中贿赂最具代表性。如为使合法正常活动较为顺利快速地展开而付出小费；为在受到国家干预的生产、消费和分配领域里捞取好处而送出酬金；为获取公职或大学录取资格而赠送礼金等等。①总之，黑钱已深入到印度社会的每个角落，最高年份甚至达到印度国民生产总值的48.76%。长期执政的印度国大党之所以下台，主要是由于其失误的经济政策不得人心，而黑钱则是腐蚀国大党的“罪魁祸首”。由于国大党的经费（大部分为黑钱）大部分来自于工商财团，当国大党实行经济社会发展政策时，往往置广大中下阶层人民利益于不顾而屈从大工商业阶层利益。黑钱活动大大助长了腐败现象的蔓延发展。2006年初，两则腐败丑闻和如何处置涉案议员成为印度议会辩论的主题。一次是11名议员接受贿赂帮行贿者在议会说话和游说，另一次是7名议员卷入一桩工程项目腐败丑闻。② 2010年英联邦运动会腐败案、阿达什安居项目腐败案、电信丑闻等重大腐败现象激起印度有识之士的愤慨和抗议，2011年著名的反腐斗士安纳·哈扎雷发起自称为“第二次独立斗争”的反腐运动，促使政府尽快通过强有力的反贪腐法案，并成立能代表多数人意见的独立监察机构。反腐游行示威活动从新德里蔓延到全印主要城市，有数百万人参加，一直延续到2012年，导致多名高官落马，内阁被迫两次改组，政府施政严重受制，执政党形象严重受损。③

① 陈峰君主编：《印度社会述论》，中国社会科学出版社1991年版，第418页。
② 江亚平：“印度民主的傲与慢”，新华网，2006年3月2日。
③ 拉玛昌德拉·古哈：“腐败在拖印度后腿”，［英］《金融时报》2011年7月26日。

三、印度民主政治与社会经济发展

由于重视协商，民主政治一定程度上可能会减少经济决策失误，从而有利于经济发展，但其却给印度经济发展造成了诸多的不利影响。

（一）政党斗争影响社会稳定

目前，印度社会中的大小政党约为200个，他们代表着不同地区人民的利益、不同群体人民的利益甚至不同派别或种姓的利益。各政党间为争夺在中央政府执政或地方政府执政而展开激烈斗争，使各政党不断分化和改组。近十几年来，地方性政党力量增强已大大削弱全国性政党势力，后者也只有在他们的支持下才能上台执政。2004年大选，印度共产党（马克思主义）占据人民院的70席是国大党联盟胜利的主要原因之一，而印度共产党（马克思主义）长期在西孟加拉邦执政带有明显的地区特征。而这次大选中执政党联盟失去的90多个席位中，有半数属于那些地方掌权的、与人民党结盟的党派。20世纪70年代末期人民党执政以来，特别是90年代中期联合阵线执政以来，印度政治已从一党执政转向多党联合执政的局面。90年代以来，印度社会政治出现不稳定形势。一直盘踞印度政坛的国大党于1989年11月被赶下台，而后执掌政权的大多是一些少数派政权联盟，包括瓦杰帕伊人民党政府。这种少数党派联盟政府缺乏巩固的执政基础，很容易因政府内部矛盾激化而瓦解。90年代以来，印度政府6次易主，政府内阁频繁更迭，成为印度政坛的特色景观。长期以来，在民族矛盾十分严重、教派冲突非常激烈的情况下，印度政治斗争也变得更加激烈。印度一些政党为了自己的狭隘利益，利用种姓歧视、民族矛盾和教派冲突等社会问题为其捞取政治好处，常常激化已经严重的民族矛盾，恶化根深蒂固的教派冲突，使民族矛盾和教派冲突愈演愈烈，加剧对印度社会经济发展的不利影响，阻碍印度社会经济顺利发展；而长期缓慢增长的经济也加剧了印度各政党之间的斗争。中央政府的做法常常与某些地方政党所代表的地区或人群的利益发生冲突，于是某些地方政党往往也要求中央政府下台，导致中央政府更替频繁，造成社会政治动荡。90年代以来，政党斗争逐渐与宗教冲突和其他社会矛盾结合在一起，相互影响，错综复杂，影响印度社会经济发展。2004 年以来的 5 年间，纳萨尔叛乱活动不断抬头，火车、矿山和工业基地遭遇垄击的事件不断增多。①

（二）民主政治影响经济发展

印度主流媒体《印度时报》的副总编辑桑贾伊曾对中国《环球》杂志记者说，印度目前状况根本不配拥有民主制度，在贫困落后地区，金钱可以收买选票，使民主程序失真。民主制度应该建立在一个经济比较发达、国民素质比较高的国家。作为一个还很不发达且民族主义嚣张、宗教势力强大的国家，印度在经济起飞阶段需要更多的是集中而不是民主，只有集中才能带来效率，只有效率才能保证印度不会在全球化浪潮中被边缘化。另一位著名的经济学家也说，民主制度本身并无不妥，它使得政府在决策过程中失误较少，至少不会犯重大的政治错误，有稳妥的一面。但民主制度也有缺陷，那就是决策过程相对漫长，各派政党需要反复论证争辩，在未达成空前一致的情况下很可能造成议而不决现象，延误时机，影响发展。且选举过程中耗资巨大，这是落后印度难以承受的开支。民主制度并非普世制度，是需要付出代价的。关键是像印度这样贫困落后的国家，没有这样的财力、资本和时间来供这样的制度消耗。不少政党和政治家为争取选民而大搞短期效益工程，对国家长期发展极为不利。许多政治家因为害怕丢掉选票，不得不搞形象工程，对大胆改革畏首畏尾。一位印度经济学家承认，印度有世界上最糟糕的劳动法，过分保护劳工利益，使工厂效率低下，导致制造业产生诸多问题。但至今没有哪位政治家敢修改这部劳工法，也没有一个政府敢关闭效率低下的企业。政治家为能稳住政权，只好求助于保守的民粹主义。这在经济上可以说是慢性自杀，因为许多外国投资者不敢到印度投资建厂。此外，政治腐败而来的黑钱问题也成为印度经济正常发展中的一大障碍。黑钱由于其周转快速活跃而常常破坏国家正常的投资安排和商品管制；严重逃税导致国库收入锐减；猖獗的黑钱活动致使物价恶性上涨，商品出现人为短缺；黑钱持有者的奢侈消费影响大众

---

① 吉迪恩·拉赫曼：“印度民主丑陋的一面”，［英］《金融时报》2009 年 5 月 29 日。

消费品生产，扰乱国家计划的生产结构和消费结构；外贸中的黑钱活动导致资金外流等等。总之，黑钱是印度国家经济发展中的“肿瘤”。

实际上，印度式民主是一种“政治民主”、“经济集权”的民主。长期以来，政府对经济发展的高度行政控制导致经济长期处于短缺状态。印度经济发展在很长一段时期内实行类似于苏联计划经济模式的做法，尽管在政治上实行政党竞争和轮流执政的政治民主，但仍具有非常浓厚的计划经济特色。其也有五年计划，政府计划委员会制订经济发展计划以及专门负责决定所有对经济进行管制的措施。印度专家一直抱怨导致印度发展长期滞后和贫困人口居高不下的根本原因在于政府对于经济实行过度的行政管制和控制。印度式民主是一种建立在经济集权式基础上的政治民主。尽管20世纪90年代以后印度开始放松政府管制，实行自由市场经济改革，但由于受到国内不同党派和不同利益派别之争，自由化和市场化改革至今举步维艰。印度式民主有其民主制度的合理内核，但其民主实践的不适当形式和方式却造成印度民主制度的低效和种种问题，在一定意义上抑制本应表现更好的经济增长。在印度民主制度架构下，不同政党间常常围绕经济政策、改革方略等进行无休止的争论，尽管这种争论有助于决策民主性和科学性，但大多数情况下却成为官僚主义甚至不同政党权力斗争的工具和牺牲品。印度经济增长和社会进步还受制于民主制度下宗教主义和世俗化的冲突，受制于民主平等精神的影响与其客观存在的种姓制度和不平等社会结构的矛盾，也受制于民主开放的内在要求与传统社会保守势力的斗争。在这种情况下，印度式增长实际上是在分权与集权、民主与种姓、竞争与低效、世俗与宗教、开放与保守的冲突、较量和斗争环境下缓慢成长的。因此，印度式民主影响和造就了印度式增长，印度式增长宽容成就了印度式民主，二者在相互影响和相互作用中互为条件，互为因果，共同维系和支撑着印度社会在长达半个世纪中缓慢但却始终稳定和正常的运行和发展。

第十一章

印度基础设施问题

基础设施能带动经济增长、提升劳动生产率、奠定经济长期发展的基础，还可在短期内迅速扩大就业、增加国民收入并提升社会总需求，在长期内扩大供给。促进经济增长的基础设施包括两个方面：一是硬件基础设施，包括能源和铁路、公路、水运和航空等交通运输；二是软件基础设施，主要包括经济制度、法律和政策等。独立后，印度一直采用政府集中管理方式进行硬件基础设施开发、建设和管理，但效率极低。长期以来，印度硬件基础设施发展滞后。1990年早期，印度开始向私人资本开放基础设施建设领域，但结果不尽如人意，能源短缺加剧。近几年来，印度经济年均增长率达8%左右，对能源、交通运输等基础设施产生的压力迅速增大，基础设施瓶颈现象随处可见。尽管看到印度硬件基础设施方面的问题，但国际社会却对其软件基础设施赞不绝口，认为印度有优越的民主制度和健全的法律体系等。民主制度与印度经济发展的关系已在第十章中有所论述，本章将对法律制度进行论述。印度有比较健全的法律制度，就法律制度与经济增长的关系而言，印度软件基础设施建设还是存在某些问题的。这些法律的存在在一定程度上影响了印度经济发展。

第一节　印度能源短缺

电力等商品能源是现代各国经济增长必不可少的动力。印度能源资源禀赋并不高，而且人口众多，随着社会经济不断发展，能源需求迅速扩大，导致印度存在能源短缺的问题。长期以来，能源短缺严重影响印度经济发展，且仍将继续影响未来的经济发展。

一、印度能源发展

目前印度的人口总数已超过 12 亿，位居世界第二。印度在未来的 20 年中，人口将以年均 1.58% 的速度增长，到 2030 年前后将超过中国成为世界上人口最多的国家，人口将超过 15 亿。同时，随着经济持续增长，印度经济规模也将不断增大，促使印度成为世界主要的经济体。随着人口规模与经济规模不断增大，社会经济发展对能源的需求也随之增强。目前，印度人口占全球总人口的 1/5，是世界第五大能源消费国，亚洲第二大能源消费国，但其能源消费仅占世界的 1/30，其人均能源消费量维持在世界平均水平的 1/4—1/3。印度的能源发展呈现以下特点：

（一）能源资源禀赋不高

印度虽然拥有比较丰富的自然资源，但能源禀赋并不高，最丰富的能源资源是煤炭，油气资源储量非常匮乏。截至 2012 年，印度已探明的煤炭储量为 606 亿吨，占世界储量的 7%，仅次于美国、俄罗斯、中国，位居世界第四，75% 的煤炭用于电力生产。印度石油资源十分有限，储量为 8 亿吨，仅占世界储量的 0.3%，储采比为 35 年，属贫油国。印度天然气储量为 13 万亿立方米，占世界储量的 0.7%，储采比为 29 年。[①] 21 世纪以来，印度能源产业取得一定成就。2002—2012 年，印度石油产量从 3720 万吨提升到 4200 万吨，增长 12.9%。同期，天然气和煤炭产量分别从 276 亿立方米和 1.385 亿吨油当量增长到 402 亿立方米和 2.288 亿吨油当量，[②] 增长幅度分别为 45.7% 和 65.2%。2012 年印度煤炭贡献了印度能源总量的 52.9%，石油和天然气分别占能源消费比重的 30.5% 和 8.7%。实际上，印度能源储备很难支撑印度经济增长的长期需要。

---

① BP：《BP Statistical Review of World Energy》，June 2013.

② 根据历年《BP Statistical Review of World Energy》整理。

（二）能源对外的依赖度不断提高

受自身能源资源匮乏、经济发展加速发展、人口增长过快等因素的影响，长期以来，印度对能源的进口不断增长，面临能源短缺的严重挑战。20 世纪 60 年代中期，印度国内生产总值只有大约 300 亿美元，年经济增长率长期在 3% 徘徊。此时，印度国内的原油生产就已达到 2000 万吨，大体上能应付国内社会经济发展的需要。1990 年以后，印度国内生产总值已由 2000 亿美元上升到 2009 年的 1.2 万多亿美元，导致能源需求急剧增长。这期间，印度的石油工业虽也取得了长足发展，但每年的原油产量只有 3000 万—3500 万吨。进入 21 世纪以来，受经济增长、工业化与城市化水平提升等影响，印度能源缺口不断扩大，绝大部分能源都需进口。印度能源的总体对外依赖度已升至三成，其中尤其以油气对外依赖度为最高，达到了八成左右；其次是煤炭，进口约占二成。2013—2014 年度，印度能源净进口额为其国内生产总值的 6.3%。在未来 10 年内，印度能源进口额将从 2014 年的 1200 亿美元增至 2300 亿美元。未来 15 年到 20 年，印度能源的自给率还将下降到 15% 左右。据美国能源信息局预测，2012—2040 年，印度石油消费量将以 3% 的复合年均增长率增长，增速为世界最快。2030 年，印度石油消费量将达到 611 万桶/天，2040 年将达到 833 万桶/天。2020 年，印度就将成为世界最大的石油进口国。2025 年，印度将超过日本成为第三大石油消费国，仅居美国、中国之后。① 严重的对外依赖将使印度在未来能源进口中必须面对沉重的经济负担、复杂的地缘政治环境和风险。

（三）煤炭成为能源生产、消费中的主力

由于能源资源的禀赋所限，煤炭在印度能源生产结构中成为主力军。2012 年，煤炭贡献了印度能源消费总量的一半以上，达到 52.9%，石油、天然气、水电分别占能源消费比重的 30.5%、8.7%、5%。作为煤炭消费大国，2012 年印度用于发电的煤炭消费量正在以过去 31 年来最快的速度

---

① “2025 年印度将超过日本成为第三大石油消费国”，［印］《金融快报》2014 年 5 月 14 日。

增长。煤炭消费量同比增长10.2%，增幅创下自1981年来的新高。与此同时，印度天然气产业则十分不景气，天然气产量自2010年11月开始逐年下降。作为替代煤炭的主要能源之一，天然气在亚洲市场上的需求正不断增加。但在印度，煤炭消费量增长速度反而不断提高。这两种截然相反的趋势令印度很可能成为全球最大的煤炭消费国之一。在煤炭消费结构中，电力需求是煤炭消费的核心。2012财年印度电力行业煤炭消费量约4亿吨，占煤炭总消费量的68.6%。此外，钢铁行业的煤炭消费量约为6700万吨，占煤炭总消费量的11.4%。印度煤炭需求的20%均来自进口，而这一需求到2017年将增长至23%。煤炭具有高排放和高污染的特征，在缺乏传统能源利用技术升级和改造的情况下，使得印度能源产业能效水平偏低。其中一个重要表现是，目前印度已经是世界第三大碳排放国，在世界气候变化谈判中承受着来自发达国家和许多发展中国家的巨大压力。在未来，随着人均碳排放水平的提高，其总体碳排放水平将继续上升，印度在世界气候变化谈判中将继续承受来自发达国家和发展中国家的更大压力。

二、印度能源短缺

21世纪以来，印度经济发展取得了令人瞩目的成就，但经济快速增长也加剧了对能源资源的需求。目前，印度石油消费量居世界第六，在亚洲仅次于中国和日本，70%以上的石油需要依靠进口。据印度权威机构预测，到2030年印度90%的石油和天然气将依赖进口。能源问题日益紧迫、能源供求矛盾突出成为制约印度经济快速可持续发展的瓶颈。2011年8月，印度北方地区大面积停电事故的发生已给印度能源短缺问题敲响严厉警钟。

（一）煤炭需求难以自足

自20世纪70年代煤炭工业国有化以来，印度煤炭产量稳步增加。2002—2012年间煤炭生产量分别为1.38亿吨油当量、1.44亿吨油当量、1.55亿吨油当量、1.62亿吨油当量、1.70亿吨油当量、1.81亿吨油当量、1.95亿吨油当量、2.10亿吨油当量、2.17亿吨油当量、2.15亿吨油当量、

2.28 亿吨油当量。[①] 2009 年印度煤炭生产量突破 2 亿大关，随后逐年提高。2012 年与 2002 年相比，煤炭生产量增加了近 1 亿吨油当量，涨幅为 65%。虽然煤炭产量较大，但印度煤炭消费量同样惊人，大部分煤炭被快速发展的电力工业消耗掉。由于煤炭是印度能源需求的主要组成部分，未来可预见的一段时间内，这个状况不会改变。2002—2012 年间印度煤炭消费量逐年提高，分别为 1.51 亿吨油当量、1.56 亿吨油当量、1.72 亿吨油当量、1.84 亿吨油当量、1.95 亿吨油当量、2.10 亿吨油当量、2.30 亿吨油当量、2.51 亿吨油当量、2.62 亿吨油当量、2.70 亿吨油当量、2.98 亿吨油当量。[②] 2007 年印度煤炭消费量比煤炭产量提前两年突破 2 亿吨油当量大关。在 2012 年印度经济放缓，仅增长 5% 的情况下，煤炭消费量同比增长 10.2%，这一增幅创下自 1981 年来的新高。到 2012 年 3 月底，印度有 32 家电厂的煤炭库存降至政府设定的“急缺”水平，即库存仅能发电 7 天；有 20 多家电厂在以低于 60% 产能的水平运营。受夏季炎热、罢工频繁、自然灾害等影响，如今印度仅靠自产已很难满足其国内日益增长的煤炭需求，只有不断增加煤炭进口。印度煤炭需求的 20% 均来自进口，而到 2017 年这一需求将增至 23%。2002—2012 年，印度煤炭进口量分别为 13.3 亿吨油当量、12.3 亿吨油当量、16.6 亿吨油当量、22.3 亿吨油当量、25.2 亿吨油当量、29.3 亿吨油当量、34.8 亿吨油当量、40.7 亿吨油当量、45.2 亿吨油当量、54.9 亿吨油当量、69.5 亿吨油当量。10 年间，印度煤炭进口量增加 56.2 亿吨油当量，增幅达 4.2 倍多。

（二）油气消费依赖进口

目前，印度是第四大石油消费国、第三大原油进口国。美国能源信息局能源展望年度报告显示，2012 年前四大石油消费国石油消费量分别为：美国 1821 万桶/天、中国 1036 万桶/天、日本 475 万桶/天、印度 368 万桶/天。2025 年，前四大石油消费国石油消费量将分别为：美国 1897 万桶/天、中国 1570 万桶/天、印度 519 万桶/天、日本 438 万桶/天。2012—

① 根据历年《BP Statistical Review of World Energy》整理。

② 同上。

2040 年，印度石油消费量将以 3% 的复合年均增长率增长，增速为世界最快。2030 年，印度石油消费量将达到 611 万桶/天，2040 年将达到 833 万桶/天。① 随着印度城市化进程加快及中产阶级的壮大，印度汽油需求快速增长，高度依赖进口汽油已是必然趋势。由于印度石油资源相对贫乏，石油储量仅占世界储量的 0.3%，石油产量几乎长期停滞不前。2002—2012 年的石油产量分别为 3720 万吨、3730 万吨、3820 万吨、3660 万吨、3780 万吨、3790 万吨、3790 万吨、3720 万吨、4080 万吨、4230 万吨、4200 万吨。② 2012 年与 2002 年相比，产量仅增加 480 万吨。虽然石油产量较小，但消费量则强劲增长，分别为 1.13 亿吨、1.16 亿吨、1.19 亿吨、1.21 亿吨、1.28 亿吨、1.38 亿吨、1.44 亿吨、1.52 亿吨、1.55 亿吨、1.63 亿吨、1.71 亿吨。③ 石油产量远远跟不上需求增长速度，石油进口也呈迅速增长态势。2002—2012 年，印度石油进口量分别 7600 万吨、7920 万吨、8130 万吨、8530 万吨、9005 万吨、1 亿吨、1.06 亿吨、1.15 亿吨、1.14 亿吨、1.20 亿吨、1.29 亿吨。④ 10 年间，进口量增加 5300 万，增长了 69.7%。由此可见，印度石油 70% 以上的消费需要来自进口。在进口渠道方面，印度主要从中东地区进口原油，但随着其在南美洲及里海等地区不断增加投资，其石油进口将向着渠道多样化、总量不断增加的趋势发展。

（三）天然气缺口亟待填补

印度天然气探明储量为 1.3 万亿立方米，占世界储量的 0.7%。印度对天然气进口的依存度不高，但由于现行的相关政策把国内天然气价格压得很低，生产企业积极性受挫，印度天然气产量增幅有限。2002—2012 年分别为 276 亿立方米、295 亿立方米、292 亿立方米、296 亿立方米、293 亿立方米、301 亿立方米、305 亿立方米、392 亿立方米、508 亿立方米、461 亿立方米、402 亿立方米。⑤ 2012 年与 2002 年相比，产量增加了 126

---

① “2025 年印度将超过日本成为第三大石油消费国”，［印］《金融快报》2014 年 5 月 14 日。

② 根据历年 BP：《BP Statistical Review of World Energy》整理。

③ 同上。

④ 同上。

⑤ 同上。

亿立方米，增幅为45.7%。但近年来印度天然气产量处于下降状态，2011年和2012年与2010年的最高产量508亿立方米相比，分别为下降了47立方米和106立方米。同时，印度天然气消费量需求也在不断增加，2002—2012年分别为276亿立方米、295亿立方米、319亿立方米、357亿立方米、373亿立方米、401亿立方米、413亿立方米、510亿立方米、619亿立方米、611亿立方米、546亿立方米。[①] 2012年与2002年相比，天然气消费量增加了270亿立方米，增幅达97.8%，几乎翻番。从2004年开始，印度天然气供需平衡开始被打破。为应对短缺情况，印度液化天然气进口量连年上升。2004—2012年天然气进口量分别为27亿立方米、61亿立方米、80亿立方米、100亿立方米、108亿立方米、118亿立方米、111亿立方米、150亿立方米、144亿立方米。[②] 2012年天然气依存度升至40%，未来依存度仍将继续上升。近年来，印度天然气产量不断下滑，但需求在不断增加，从而导致进口量也在上升，开始出现天然气贸易逆差状况。同时，电力行业对天然气依赖程度较高，如何满足天然气需求将是印度亟待解决的问题。

（四）电力出现严重赤字

电荒已成为困扰印度经济发展的重大问题之一。自1951年以来，印度每年电力产量都不达标。20世纪80年代初期，印度缺电率上升到10%，有的地区甚至高达30.5%。90年代末期，印度缺电率仍为6.2%，用电高峰时更高达12.4%。[③] 根据印度电力部统计，1998—2013年间，印度平均缺电率为9%。印度发电量增速缓慢，现有发电能力为1.87亿千瓦，还不到中国发电能力的20%。2007—2012年间，印度发电量年均增速仅为5.7%，导致需求始终难以得到满足。虽然目前印度拥有全球第五大装机容量，但仍有约2.89亿人口（即1/4的人口）无法获得电力供应。而从人均消费量来看，目前印度人均年用电量为778千瓦时，仅相当于全球平均水平的约1/5。印度夏季停电事故频繁发生，用电高峰期间电力短缺现

---

① 根据历年BP：《BP Statistical Review of World Energy》整理。

② 同上。

③ 印度驻华大使馆：《走进印度——商机无限》，印度驻华大使馆2000年版，第28页。

象更为凸显。每年6—7月，印度全国缺电量达3600万千瓦，相当于现有发电装机总容量的18%左右。另外，印度电力峰值赤字也高达12%。2012年印度连续两次大停电成为全球迄今为止规模最大的停电事故，震惊世界，造成了巨大的经济损失和社会影响。7月30日，印度北部地区发生大停电事故，造成首都新德里在内的1/3国土、3.7亿人口电力供应中断；7月31日，印度再次发生大停电事故，造成首都新德里在内的过半国土、6.7亿人口受到停电影响。由此可见，在印度快速增长的电力需求面前，其电力供应量严重不足。电力短缺已导致许多印度企业蒙受经济损失，一些企业不得不暂时关停生产线，另一些企业则由于不得不支付额外的电费而使运营成本增加。

三、能源短缺影响印度发展

由于国内煤炭、石油和天然气供应不足，印度不得不加大进口力度，但仍无法满足国内生活、生产需求。能源进口成本高企不仅给国家财政带来负担，加速通货膨胀，还削弱整体经济竞争力。以印度前国家天然气委员会主席N. B. 普拉萨德为首的能源政策调查组指出，能源短缺“轻则使国民经济停滞不前，重则会带来经济和社会制度全面崩溃的危险”。①

（一）推高经常账户赤字

能源短缺的威胁可能会把印度推离经济增长的正常轨道。印度能源需求大部分依靠进口，促使印度成为世界第四大石油进口国，每日石油需求为350万桶，其中80%都依赖进口。20年后，印度的能源年需求预计将翻两番多，相当于60亿桶石油当量。石油进口支付大量外汇不断推高印度经常账户赤字。2011—2012财年，印度石油进口额占总进口额的30%以上，达1400亿美元，只有在原油价格下降10%—12%，并且印度本国货币卢比维持现状时，石油方面的消费才会出现下降。但是，这两者目前都不可能发生。石油进口已成为印度经常账户赤字扩大的最大风险因素。2011—

① 鲁达尔·达特等：《印度经济》（英文版），新德里，1989年版，第86页。

2012财年前三个季度，印度经常账户赤字创下223亿美元的纪录水平，占国内生产总值的5.4%。经常账户巨额赤字令印度卢比承受巨大压力，2012年卢比对美元贬值3%。2012—2013财年，印度石油进口增长9%，共支出1690亿美元，占国内生产总值的5%左右。高成本的进口已给印度财政带来负面影响，成为推动经常账户赤字的一大因素。即使国际原油价格有所下调，但印度并没有从中受益，因为印度卢比对美元一直在贬值，而美元是国际原油的计价货币。2013—2014年度，印度能源净进口额为其国内生产总值的6.3%，未来10年内年度能源进口额将从2014年的1600亿美元增加至2300亿美元。2012年6月，标准普尔公司曾考虑将印度国债从投资级降至垃圾债级别，原因是印度财政赤字占国内生产总值的比例高达5.8%，并且无法改变其能源补贴政策。

（二）巨额补贴加重了财政负担

近年来，国际原油价格一直呈上涨趋势，但印度三大国有石油公司却没有上调成品油价格，而是按国家统一价格销售汽油，以此帮助政府控制通货膨胀。这使国际原油与国内成品油价格倒挂，需要政府给予财政补贴，无疑加大了政府财政压力及企业负担。印度石油产品中就有柴油、煤油和液化天然气享受政府的低价补贴，三者合起来占印度政府所有财政补贴的23%。2011—2012财年，这类补贴额度高达6850亿卢比。企业虽然获得了大量补贴，但也蒙受了巨额亏损，印度国营能源企业正遭受数以十亿美元计的损失。由于以人为设置的低价格出售汽油、家用天然气和电力，以保护消费者不受全球能源成本上升的冲击，2011—2012财年印度各国有炼油厂亏损1.8万亿卢比，远高于政府6850亿卢比的补贴，这让国有石油公司明显无法承担。当然，这部分损失也只能由政府财政买单。由于巨额亏损，印度石油公司被迫向政府施加更大压力，声称如不提价，其将面临年内破产危险。印度天然气价格同样受国家的价格管制，化肥生产和发电所用天然气占总消耗量的60%以上，天然气价格一旦上涨就意味着尿素和用电销售价格增长，最终影响企业生产和人民生活。2012年5月，印度石油公司将汽油价格上调11.5%，为有史以来的最大涨幅。虽然在遭遇民众强烈反对后价格又下调3%，但这一举动表明，印度政府急于改善石油企业的经营状况。

（三）加入世界能源竞争的行列

由于对能源的需求处于高速增长态势，为了弥补国内能源先天不足，印度只好在海外天然气和石油资源方面大力实施能源战略与外交，加入世界能源竞争的行列。印度能源战略实施的是一个“丁”字型战略：向北获取俄罗斯油田开采权，向西建立从伊朗到印度的能源安全通道，向东则占有缅甸天然气的大部分出口市场。这是印度能源战略的内环，而其外环则扩展到非洲、拉丁美洲，形成全球规模的能源战略，这在一定程度上必然与也需要海外石油的美国、日本、中国等国在能源领域引发激烈竞争。如2005 年，中石油集团出价 32 亿美元竞购中亚石油生产商哈萨克斯坦石油公司，而与印度工业集团米塔尔钢铁有合作关系的印度石油天然气公司也投标竞购该公司，其报价约为 43 亿美元。经过艰苦努力，印度已在苏丹、越南、缅甸、利比亚等国获得油气开采或勘探项目的股份，总投资额达 30 亿美元。印度还计划在 2015 年前，每年投资 10 亿美元用于中东、中亚、北非、东南亚和拉美等地区的油气项目。印度海外能源布局与中国、日本等世界能源消费大国的海外能源布局高度重合，与这些国家的能源竞争无处不在，竞争也日益白热化。竞争加剧的结果是进一步抬高了能源价格，出现了“亚洲溢价”问题，导致包括印度在内的亚洲国家在国际石油市场定价话语权更弱，抗御国际能源价格大幅震荡风险的能力更差，对印度构建立体化、多元化的能源安全体系产生不利影响。

第二节　印度交通瓶颈

当代世界各国经济发展的经历表明，经济发展和人民生活都需要铁路、公路、机场、港口等现代交通基础设施的支持；而交通基础设施短缺也在很大程度上影响经济发展和人民生活。由于交通基础设施建设需要投入大量资金，因此许多发展中国家都可能出现交通基础设施短缺问题。独立后，印度比较重视交通基础设施建设，但由于资金短缺，印度交通基础设施长期增长缓慢；而随着人口迅速增长，经济不断发展，交通基础设施方面的要求不断增多，从而造成印度交通基础设施严重短缺问题。这不仅严重影响印度人民生活，而且也已经严重阻碍印度经济发展，许多本国私人投资和外国投资都因为糟糕的交通基础设施而难以实现。由于交通基础设施改善需要投入大量资金，作为资金严重短缺的发展中国家，印度交通基础设施短缺的问题在短期内难以解决，其仍将继续阻碍印度经济发展。

一、印度交通发展

经过40多年的努力，印度初步建立了现代交通系统，促进了印度社会经济发展，方便了印度人民生活。但就交通整体状况来言，印度交通仍然滞后于社会经济发展的要求，已经拖住了印度经济发展的步伐。发展交通运输仍是印度今后的一项重要任务。

（一）公路交通

印度拥有世界上最大的公路网之一，形成了联系各大城市和乡村的全国公路网。印度公路里程超过420万公里，位居世界第二，承担着国家85%的客运量和70%的货运量。客运年增长率为12%—15%，货运年增长率为15%—18%。公路大致可分为3类：一是高速公路和国道；二是邦道和地方主要道路：三是其他道路和村道。印度政府制定并执行了两个公路建设发展规划："国家公路开发项目"是一个综合的建设南北通道、东西走廊，总里程约1.5万公里的大型建设计划；"乡村道路计划"是一个总建设里程为17万公里、连接居住人口500人以上所有村庄的农村道路发展计划。

截至2007年，印度国道总长度为6.7万公里，邦内公路为12.8万公里，地方主要道路为47万公里。在全国范围基本上形成了以"金四角"（新德里、孟买、加尔各答、金奈）为中心、包含"南北走廊"（开司米—坎亚库马瑞）和"东西走廊"（希尔杰尔—博尔本德尔）、共50多条干线的国道网。总体上，印度公路等级较低，全国高速公路仅200余公里，运输效率不高，40%交通运输量由国家级公路完成。印度“十二五”基础设施发展规划的一个重点是加强各种方式的运输能力。在公路建设方面，除完成当前在建的国道外，切实发展高速公路网；提升对国道的维护标准，并对有关道路进行扩容；为实现道路全面联通，提出了优先发展乡村道路通道建设计划。具体计划如下：国家公路发展计划1——东西和南北走廊7498公里，已完成7420公里；国家公路发展计划2——东西和南北四至六车道的公路，计划建设6647公里，已完成5115公里；国家公路发展计划3——升级四至六车道的公路，计划建设1.2109万公里，已完成2242公里；国家公路发展计划4——有紧急停车带的双车道公路，计划建设2万公里；国家公路发展计划5——六车道的黄金四边形公路和高密度公路，计划建设6500公里，已完成582公里；国家公路发展计划6——高速公路，计划建设1000公里；国家公路发展计划7——环路、支路、立交桥等，计划建设700公里。①

（二）铁路交通

印度铁路已经有190多年的历史，拥有较为庞大的铁路网。1947年印度铁路里程就已达到5.4366万公里，2012年达到近6.4万公里，在全世界位列第四。其中复线铁路1.685万公里，占26.28%；电气化铁路1.6308万公里，占25.44%。印度铁路系统轨距不统一，由宽轨（5.1082万公里）、米轨（9442公里）和窄轨（2749公里）组成，其中最主要的是1676毫米的宽轨，占铁路线网总长度的一半，大量的换装业务降低了铁路运输效率。2005年，印度铁路完成货运周转量4073.98亿吨公里，完成客运周转量5757.02亿人公里。印度铁路承担了全国近2/3的货运量和50%以上的客运量。连接新德里、孟买、加尔各答和金奈的铁路网被称作高密度网络，完成全国铁路货运总量的65%和客运总量的55%。印度铁路货运量的90%是煤、铁矿、肥料、水泥、石油、谷类、钢制品等原料性产品。

---

① 商务部对外投资与经济合作司：“印度十二五基础设施发展规划”，2012年6月8日，http://hzs.mofcom.gov.cn/aarticle/xxfb/201206/20120608168218.html。

印度“十二五”基础设施发展规划在铁路方面计划新增线路1万公里，双轨线路5800公里，轨距转换5000公里，电气化6500公里；此外，还计划建设部分高速通道。到2020年远景规划，新增线路2.4万公里，双轨线路1.1万公里，轨距转换9500公里，电气化1.2万公里。为此，印度将制定有关政策，鼓励以公私合营制形式的私人投资，初步计划以这种形式建设2000公里的高速铁路通道和50个世界一流水平的火车站。①

（三）水运交通

印度拥有7517公里海岸线，海运能力居世界第十八位。目前，印度有12个主要港口（东西海岸各6个）和184个中小港口，印度对外贸易总量的95%和总价值的75%是通过港口完成的。除恒河中、下游等局部地区外，印度内河运输水平相对较低。如何将海洋港口与腹地紧密连接起来是印度水运面临的一个重要问题。近年来，在商品出口增长、石油和煤炭进口上升以及世界经济强劲增长的推动下，印度港口吞吐量节节攀升，年增长率为10%—12%。2012年印度196个港口的货物吞吐量达到10.08亿吨。为提高港口吞吐能力和完善内陆交通网络，2005年印度开始名为“国家海运发展计划”的港口设施现代化计划。“十二五”期间，印度将简化和便利港口建设的各项手续，吸引私营资本参与港口现代化建设及扩建；修建或改造部分港口成为深水码头，以适应运用新型船只运输的需要。印度计划在2015年前投资90亿美元建设111个航运项目，2016—2025年在沿海6个行政区新建24个港口项目，届时印度港口货物吞吐量将有大幅度提高。

（四）航空交通

目前，印度共有127个飞机场，其中有80个国内机场、7个海关机场、13个大型国际机场（分别设在新德里、孟买、加尔各答、金奈和特里凡特琅等）。尽管2002—2008年印度机场年平均投资增长率为35%，远高

① 商务部对外投资与经济合作司：“印度十二五基础设施发展规划”，2012年6月8日，http：//hzs. mofcom. gov. cn/aarticle/xxfb/201206/20120608168218. html。

于全球9%的年增长率，民航飞行里程从3140万公里增加到1.05亿公里，但总体而言，目前印度的机场基础设施仍远落后于社会经济发展和人民生活的实际需求。

进入21世纪后的2005年，印度空运完成货运周转量7.73亿吨公里。航空货运主要集中在孟买、新德里、加尔各答和金奈等几个主要城市的机场，其承揽了全国70%的空运货物。目前，印度快递市场以每年20%—25%的速度增长，而普货增长速度只有12%—15%。快递迅速发展将有力地推动航空运输事业扩大，航空货运市场前景广阔。2008年，印度放松对航空等行业的外资限制，将货运和特许空运航线的外资限额从49%提高到74%，对飞机维护企业允许100%外资控股。由于印度政府采取了更加自由化的航空业政策，汉莎、新加坡航空、法航等国外主要航空公司大举进入印度市场。印度社会经济发展“十一五”计划期间，印度利用公私合营制形式改造了新德里和孟买的机场；利用私人资本新建了班加罗尔和海德拉巴机场；由印度民航局管理和改造了加尔各答和金奈的机场。印度社会经济发展“十二五”计划期间，印度计划以公私合营制形式新建两个机场——新孟买机场和果阿机场；在二、三线城市新建机场8个，完成21个机场的升级改造工作。此外，印度还将建设大量灯光照明降落跑道和短距离起飞跑道，以适应迅速发展的航空事业的需要，促进印度经济更加快速发展。

二、印度交通瓶颈

在殖民统治时期，为加强对印度的掠夺和剥削，英国殖民者在印度大量修建铁路、公路、机场、港口等交通基础设施。独立后，为促进民族经济发展，印度进一步加速交通基础设施建设，使各类交通基础设施都获得了重要进展。但随着人口迅速增长和经济不断发展，印度交通基础设施已远远不能适应社会经济发展和人民生活需要。

（一）铁路交通存在的问题

虽然号称世界上最庞大的铁路网之一，但是印度铁路依然存在诸多问题。首先是印度铁路轨道不统一，因为铁路有宽轨、窄轨和米轨3种不同轨道，严重影响了列车在全国各地顺利通行，也制约了印度工农业生产的发展。因此，印度铁路发展的趋势是重点发展宽轨铁路。这不仅有利于国内运输，也有利于与国际铁路网络接轨。但是，这要求印度必须对铁路轨距进行根本改造，这是一项极其艰巨的任务。印度电气化铁路增加幅度较大，但在铁路总里程中所占比重仍较低，还需要继续加强建设。其次是印度许多铁路年久失修，设备陈旧，路况较差，通信落后，不仅导致火车运行速度缓慢，运输效率低下，而且铁路安全也是最令人担心和迫在眉睫的问题。印度铁路事故频发，据印度官方统计，每年发生近300次大小事故，单是2000年就发生大小车祸464次。在2012年过去的5年内至少1200人死于各类火车事故。面对如此严重的铁路交通事故现实，印度政府决心改变这种令人尴尬的局面。早在2008年庆祝印度铁路诞生150周年纪念日的前夕，印度政府总理瓦杰帕伊就重申了铁路在国家发展和一体化中的重大作用，强调了安全行驶的极端重要性，并宣布了政府向“铁路安全基金”拨款1700亿卢比的决定。印度国会常设委员会也向下院提出了一个全面支持铁路发展计划的报告，强烈要求提高铁路现代化技术水平，更换陈旧过时的设备，增加运行安全，以增强整个铁路运输的能力和质量。

（二）公路交通存在的问题

印度公路交通发展依然存在一些问题。（1）印度道路网络所提供的服务水平非常低。首先，道路状况较差，无法通过载重车辆，明显跟不上经济发展的需要；其次，快慢车辆混合行驶，城市交叉路口高度拥挤和不安全，沿途路权范围内存在侵占活动，以及邦道检查站频繁地强迫停车检查许可证和收税。大约25%的国道和邦道处于拥挤状况，客货运输车辆在国道上的平均速度为30—40公里/小时。第三是道路的标准太低，即使是国道也远远低于国际衡量标准。在印度全部国道中，56%的两车道公路需要加固改善，44%需要加宽成四车道公路，其中3%需要建成高速公路。（2）道路设施覆盖还不完善。许多偏僻、边远地区、山区和农村地区还没有和全国公路网连接。目前，约1/3的村庄还没有通公路，70%的村还没和全天候公路连接，这种状况严重阻碍了人员、货物的流动和经济的发展。

(3) 公路建设经费欠缺。印度公路改造和新建需要大量的资金，按亚洲开发银行估计需要5200亿卢比，但是目前印度国家财力远远满足不了需要。(4) 公路运输营业成本高，税收负担重。这些沉重税收负担包括进口税、销售税、登记注册费、汽车税、零部件销售税、通行税和货物入城税等。这些税收负担导致经营公路运输的成本一直很高。同时，公路质量差造成的车祸频繁、轮胎和零配件磨损严重以及高油耗也致使公路运输企业营业成本升高。

(三) 水运交通存在的问题

在商品出口增长、石油和煤炭进口上升及世界经济增长的推动下，印度港口吞吐量节节攀升。但印度港口存在两个主要问题：第一是港口基础设施不足和设备老化，需进行彻底整修以提高货物处理能力。以尼赫鲁港为例，该港目前有3个码头，每个码头的岸线长约600米，同时作业的船舶数量不超过9艘。相比之下，新加坡港的4个集装箱码头岸线总长11.75公里，允许41艘集装箱船同时作业。为应对货流激增的情况，印度计划投资180亿美元对12个主要港口和184个中小型港口进行大规模整修，其中对主要港口的投资额为135亿美元（64%来自民间资本），对中小型港口的投资额为45亿美元。民间资本的加入使印度港口设施有所加强，其生产效率逐步得到改善，船舶平均在港时间从6天以上缩短到4天以下。尽管如此，印度港口方面仍需提高基础设施水平，才能提升码头生产效率。第二是港口之间缺乏竞争。印度重要的港口都是由中央政府管理，而次要的港口则由地方政府管理。国内12个主要港口垄断全国4/5以上的货物吞吐量。港口费率和投资等重大事项的决定权归中央政府所有，国营港口对进出口贸易口岸形成了垄断，企业完全依赖于国营港口。同时，这些主要港口之间缺乏竞争，战略目标和市场定位雷同，管理、效率、盈利等能力较差。

(四) 航空交通存在的问题

近年来，随着印度经济快速增长，航空业也发展迅猛，促使机场软硬件基础设施无法满足需求，导致安全隐患成为印度航空业的一大弊端。

2008年，印度政府放松了对航空业的外资限制，外国航空公司大举进入印度市场，推动印度航空业开始快速扩张，但是一些配套设施未能同步跟上。如印度机场的雷达设施数量不足，只有大型机场才有先进的低能见度着陆引导系统。印度在培训空中交通管理员、飞机维修工程师、飞行员、航空安全监管员等专业人员方面也远达不到国际标准。目前，印度有10家商业航空运营商和大约600架飞机，但安全巡视人员严重不足，而且资质不达标。印度航空业所面临的另一个问题是行业亏损严重。印度航空交通运输业年增长量达到两位数，是全球增长最快的经济体之一。然而，据亚太航空中心估计，截至2012年3月份的12个月里，全印度的航空公司总亏损达20多亿美元，一些航空公司不得不通过增加航班、减少服务、增加收费等来达到减亏的目的。

三、交通瓶颈影响印度经济发展

目前，印度经济处于快速发展阶段，国内生产总值增速较快，居民可支配收入也大幅增长，从而对完善便捷的交通基础设施提出了更高的要求。但是，印度的交通运输网络、港口和机场等基础设施比较薄弱并低于国际标准，交通设施供给能力不足的问题已逐渐显现，成为印度经济持续快速发展的瓶颈，在一定程度上影响了印度经济发展。

（一）影响经济增长

印度缺少高速铁路、高速公路、高效率港口和世界一流的机场，不仅影响人员流动、物资往来的效率，还影响整个经济正常运转的效率。首先，由于在交通基础设施方面印度比中国等其他经济体至少落后10年，因此其在全球商品贸易中所占的比重非常小，这在一定程度上归因于不够完善的交通基础设施。例如，2010年印度出口在全球贸易中所占的比例为1.5%，2011年提升至1.9%；而2010年中国出口在全球贸易中所占的比例为7.7%，2011年提高至10.8%。其次，导致印度国内生产总值增长率少增长了1.5—2个百分点，原因在于交通基础设施建设对国内生产总值的拉动作用十分显著。据交通专家测算，高速公路投资与经济增长的相关比例约为1∶3，假如印度投入1000亿卢比建设高速公路，那就意味着可带动国内生产总值增加3000多亿卢比。第三，印度对交通基础设施的投资欠账较多。据世界银行统计，印度国内生产总值的4%用于基础设施投资，而中国用于基础设施的投资占国内生产总值的9%。印度要保持现在的发展速度，需在交通基础设施方面增加约相当于现在国内生产总值2%—3%的投资额，在未来5年内需投入1万亿美元。由于印度对外资限制较多，投入的资金需由自身筹集，这无疑加重了印度的财政负担。第四，增加了商业运营成本。在印度经商要比中国多支出2%—5%，出口商品的平均时间多16天。同时，因为基础设施不足，消费者也加重了花费成本。

（二）影响经济结构与就业

交通基础设施建设既是资金密集型行业，也是劳动密集型行业，就业容量大，吸纳劳动力能力强。印度过去几十年增长缓慢的交通基础设施对经济结构与就业产生了严重影响，阻碍了工业基础的形成。目前，印度农业占国内生产总值的比例依然高达18%。在就业方面，农业的重要性更为突出，其吸收了70%左右的劳动力人口。近年来，印度服务业占国内生产总值的比例不断提高，从1980年的40.32%上升为2011年的56.37%，成为印度的支柱产业，但其吸收的劳动人口有限，就业人口占劳动总人口的比例仅为25%左右。农业与服务业两者合计占印度国内生产总值的80%左右，吸收90%左右的的就业人口与交通基础设施发展缓慢息息相关，交通基础设施作为劳动密集型行业，吸收劳动力的巨大能量完全没有得到释放。印度工业占国内生产总值的比例约为20%（其中包括建筑和能源行业），但就业人口只占劳动总人口的12%左右。这与中国相比有一定的差距，中国工业领域的就业人口占劳动总人口的25%左右。由此看见，缓慢发展的印度工业抑制了就业需求，引起劳动力大量失业。只有强大的工业基础才能缓解印度由于人口数量过快增长产生的就业压力，这就需要印度扩大交通基础设施建设规模以促进就业增长。印度每年在城市基础设施上的支出为人均17美元，而中国则达到人均116美元。虽然印度在劳动力和工资水平两方面也具有很大的优势，但要挖掘这些潜力也需要扩大交通基础设施方面的投入。

（三）影响反贫困

目前，印度有近4亿的贫困人口，其中城市贫困人口为1.06亿，农村贫困人口为2.93亿，比城市多了1.87亿。基础设施薄弱的问题导致印度经济增长减少2个百分点，同时延缓了城市化进程，导致农村劳动力转移困难，大量农村劳动力失业以及农村贫困的广泛存在。如今，印度城市数量增长迅速，但缓慢发展的城市交通基础设施建设却延缓了城市化步伐。在将来的20年间，印度城市将承载本国40%的人口，为此印度需要投资1.2万亿美元，主要用于基础设施建设。印度城市交通基础设施的发展已无法满足居民高质量生活的要求，这在一定程度上加重了印度城市的反贫困难度。同时，由于印度农村经济发展仍然滞后，农村的交通基础设施建设水平相对落后，增加了农村人口流动的成本和农产品的运输成本，从而降低了农民的收入，对农村的反贫困工作也非常不利。

第三节　印度制度设施问题

除了在硬件基础设施方面存在诸多问题外，印度在软件基础设施方面也存在某些问题，尽管其在某些软件方面存在一定优势。这些软件基础设施方面的问题不仅表现在官僚主义盛行，腐败问题严重，而且也反映在某些制度方面存在缺陷，在一定程度上影响印度经济发展。

一、印度制度设施不断完善

与其他发展中国家不一样，印度具有比较良好的制度设施。目前，印度是世界上最大的民主体制国家，实行民主制度已经超过60年。印度也号称有比较好的法律体系和执行机制，1991年开放后又实行了自由化的政策，促使制度设施不断完善。

在建国初期，印度一方面效仿苏联和中国，另一方面兼顾资本主义民主的政治体制，建立起了公私经济并存、公营成分占据国民经济制高点、国家干预经济的混合经济体制。混合经济体制的基本特征是计划经济，国家意志处于经济决策的中心，并以法律形式来规范经济生活。在工业发展方面，1951 年印度颁布《工业发展管理法案》，赋予政府以工业许可证为工具控制工业发展；1956 年印度颁布《工业政策决议》，进一步扩大了强制实行许可证行业的范围，给印度工业发展带来了制度障碍。在外资领域，1951 年印度颁布《公司法》，限制英国公司在印度的运营；1969 年印度颁布《垄断与限制性贸易行为法》，进一步对大资本（包括外国企业）进行控制。在贸易领域，印度长期实行高关税和进出口许可证政策，进口关税率一度超过 300%；1947 年《外汇管制法案》对所有对外交易实施全面的管制，这种管制在 1973 年《外汇管制法案》中得到进一步强化。在劳动力方面，1947 年印度颁布《产业争议法》，对解雇工人和关闭企业作出严格限制。

20 世纪 80 年代末，印度财政状况不断恶化，外汇储备严重不足等问题促使拉奥政府于 1991 年实施经济改革。经济改革的主要内容包括：改变混合经济中公私营经济的比例，激发私营经济的活力，对公营企业内部进行体制改革，大力发展新兴科技工业；减少对对外贸易领域的管理和许可证的控制，逐渐实现国内外商品贸易自由化，创造有利于参与国际竞争的制度环境；更广泛开放外国对印度的直接投资领域；重整社会公共部门和金融部门。经济改革以来，长期的计划经济和民主体制造成对制度变迁的路径依赖，无效率的磋商机制和僵化的审批制度在开放后逐渐开始消除。印度政府修改有关工业政策，简化政府审批手续，削减对外国投资的诸多限制，以吸引外资和引进外国先进技术。在贸易领域，通过简化进口许可程序、降低进口关税等措施，在一定程度上减少对进口贸易的约束。从 1992 年起，印度放宽了对进口半成品和资本货物的许可要求。2001 年，印度废止了特殊物品进口许可制度和限制进口物品清单，只保留了一小部分不允许进口的物品。在外资领域，印度加大了招商引资力度，1990 年《外汇管理法》和 1991 年《工业政策》是其外国投资指导性法规。2000 年，印度准许外国直接投资进入航空业和邮政业，除了公司所得税比印度本土公司稍高以外，给予进入邮政业的外资与国内邮政业相同的待遇。2000年底，印度取消了对某些自动许可行业的红利平衡要求。在劳动与社会保障制度方面，印度于2005年颁布了《工资支付补偿法》，2006年颁布了《国家农村社会保障法案》，2008年颁布了《非组织化部门社会保障法案》。经济改革以来，诸多法律的修改和新法律的公布使印度的法律基础设施不断有所完善。

二、印度制度设施依然存在问题

虽然印度的法律基础设施在不断完善，但是其依然存在某些问题。如劳动关系是社会生产和生活中人们之间最重要的联系之一，如何从制度安排上建立劳动关系协调机制以适应现代工作环境的变革是世界范围内劳动关系调整面临的共同难题。近年来，印度经济飞速发展，但时而传来的罢工消息也反映出了印度劳动法体系的不足与问题。

印度的劳动立法多而复杂，总计有20多个，且立法的时间从殖民地时期直至现在。早在1881年英国殖民当局就颁布了第一部涉及劳动关系的法律——《工厂法》，随后又有多部法律得以颁布，即1923年《工人赔偿法》、1926年《工会法》、1929年《印度劳动争议法》、1946年《产业雇佣（常规）法》、1947年《产业争议法》、1948年《职工国家保险法》、1948年《工厂法》、1952年《职工准备基金及杂项规定法》、1970年《合同工（规定和废除）法》、2006年《国家农村社会保障法案》、2008年《非组织化部门社会保障法案》等。其中，联邦一级关于劳动报酬和福利的法律规定就包括1923年《劳动者报酬法》、1942年《周假日法》、1936年《工资法》、1948年《最低工资法》、1965年《分红法》、1972年《感谢费法》、2005年《工资支付补偿法》等，还有牵涉产假、童工和合同工报酬的立法。印度政府在劳动关系领域中的作用举足轻重，在很大程度上主导并控制了劳动关系的发展方向。由于劳动关系领域牵涉社会经济的很多方面，以及党派政治、工会组织的强烈反对等各种原因，因此印度至今未进行大幅度劳动关系领域的改革，劳动关系领域的矛盾依然很突出。

（一）劳动关系领域的改革缓慢

独立之后，印度劳动关系表现为以国家控制为主导，国家采取各种途径介入劳资关系，预防和解决劳资纠纷，避免罢工、关厂造成生产活动中断。其相应的政策目标主要有三个：为弱劳工提供保护性的法律；保证产业和谐，促进工业化快速发展；建立不同于殖民地时期的劳资关系体系。[①] 1991 年印度进行自由化经济改革后，政府虽然想弱化其在劳动关系中的主导地位，但在涉及劳动关系中的劳工政策和劳工立法这个核心问题上一直没有取得重大突破。其原因是，在目前印度的劳动关系体系下，雇主、劳动者和政府三方之间经常存在冲突，政府缺乏平衡各方利益的机制。工会强烈反对、政党间纷争、党内分歧迫使政府无限期推迟通过劳动关系改革。印度政府早已意识到此问题迫在眉睫，20 世纪末期瓦杰帕伊政府就打算修改劳工法，但却难以在议会获得通过。印度政府新任总理莫迪上任刚满一个月，便雄心勃勃地计划对该国沿用数十年的劳动法规进行大刀阔斧的改革。

（二）劳动立法进程严重滞后

印度的劳动法规自英国殖民统治结束后就一直沿用至今，在所有的劳动立法中，影响最大、最具争议是 1947 年的《产业争议法》（Industrial Disputes Act），该法案对印度的就业、经济增长产生了深远影响。该法案在印度独立前夕通过，于 1947 年 4 月生效，其后分别于 1965 年、1976 年和 1982 年进行了三次修订，包括七章四十条，涉及产业争议的很多问题。第一章阐述名称、定义等；第二章是相关权利机构，包括调解庭、劳工法院和法庭；第三章是该法案的主要部分，如向劳工法院和法庭提及争议；第四章是在该法案下各权力机构的程序、权力和义务；第五章是关于禁止罢工和关厂及解雇、裁员和停业相关的规定，只有在法律规定的某些特定条件下才可以举行罢工和关厂；第六章是关于各种惩罚的规定；第七章是

---

① 陈玉杰、杨伟国：“印度劳动关系的变迁：国家主导和自由竞争的平衡”，《教学与研究》2013 年 6 期。

其他。该法案设立了众多的争议处理机构，如工作委员会、调解委员会、调查庭、劳动法庭、国家法庭等。[①] 凡雇佣 100 名以上工人的工业企业必须建立工作委员会，调解劳资纠纷；如果调解失败，则交付工业法庭裁决。在争议解决的程序方面，该法案规定争议解决包括两个方面：调解和仲裁。之后的三次修正案均对该法案非核心内容进行调整，而对该法案的核心内容——规范企业招聘和解聘员工的条件和程序一直未有重大改革和突破。1965 年修订的《产业争议法》给通过调解和仲裁而达成的协议以“更高的法律地位”。1976 年《产业争议法》修正案规定，员工人数超过 300 人的企业在解雇工人时必须得到政府批准，但政府批准很少能实现。1982 年修订的《产业争议法》规定，雇佣 100 名以上工人的公司解雇或辞退工人需要得到政府的允许。

1991 年印度开始进行自由化经济改革，改革政策的核心是开放私有制企业以及改革国有企业以拉动经济增长，推进社会福利改革。但是由于受工会的强大阻力、政党纷争的影响劳动政策与立法上并没有取得显著改变，劳动政策的发展滞后于经济改革的步伐，协调劳资关系的法律仍然沿用独立之前或独立之后颁布的一些法律，或是在原来法律的基础上做了些修改，并没有颁布系统的劳动法规。

（三）劳动力市场在工资、就业、配置方面比较僵化

长期以来，印度劳动力市场在工资、就业、配置方面比较僵化，这主要表现在三个方面。首先在向市场经济转型的过程中，劳动关系政策与经济政策、工业化战略不相适应，政府对劳动关系干预和管制过多，企业雇人的自主性受到严重制约。如 1947 年颁布的《劳资纠纷法》规定，雇佣员工数量超过 100 人的企业在解雇员工时必须获得政府的同意，而政府批准的可能性却微乎其微；雇佣员工数超过 100 名的企业必须获得政府批准后才能继续增加员工规模。1970 年颁布的《劳动合同法》则规定，员工数量超过 20 人的企业在雇佣合同工之前必须获得政府的批准。1948 年颁布

① 陈玉杰、杨伟国：“印度劳动关系的变迁：国家主导和自由竞争的平衡”，《教学与研究》2013 年 6 期。

的《工厂法》禁止妇女在夜间工作，并对女性就业做了其他许多严格限制。其次，劳动立法与一些商业企业法律发生冲突。如1948年《工厂法》要求雇主提供“干净、卫生的工作环境，为避免在工厂内感染传染，需在便利的地方配置足够的痰盂”，但《药物管理法》从卫生和药物产品的安全有效考虑出发，不允许在工作场所放置痰盂，法律的冲突导致企业在具体操作中处于两难境地。第三，印度政府允许各邦制定本邦内的劳工政策，加上各邦资源、历史背景和文化上的差异导致各地区社会经济发展不平衡，也导致劳工政策的差异化和复杂化。企业必须要遵守各种繁复不同的法律，法律的执行机制也不尽如人意且执法程序冗长。

三、制度问题影响印度经济发展

近年来，“金砖四国”之一的印度经济发展得到了快速增长，但不可忽视的是，随着经济持续开放，来自各方面的竞争压力使得当前印度劳动法体系无法有效地应对劳动力市场的灵活性和就业保障的双重需求。由于政党的纷争和工会的强大阻力，劳动法体系的改革无限延期，劳动政策的发展远滞后于经济发展的步伐，在一定程度上阻碍了印度经济发展。在此仍以劳工法为例，对某些制度设施也影响印度经济发展进行论述。

（一）抑制制造业的发展

印度政府的过度立法、严格就业管制扩大了政府寻租的空间，极大地限制了印度制造业的发展空间，也严重制约了整个经济的发展。与亚洲其他邻国相比，印度制造业的发展相形见绌。1980年以来，印度制造业占国内生产总值的比重始终徘徊在15%—16%，而亚洲其他经济体则高达25%—34%。1960—1995年，印度尼西亚制造业占国内生产总值的比重从9%增加到24%，马来西亚从8%增加到26%，泰国从12.5%增加到28%，而同期印度制造业在国内生产总值中的比重却从原来高于上述国家的13%仅仅增加到18%。制造业的增长缓慢也使这一时期印度整个经济增长慢于上述国家。近20年来，印度经济虽然发展迅速，但该国企业在生产中更重视资本密集而非劳动密集，这些资本密集型行业的发展需要的是高技能的劳动力，这只能使极少数精英分子受益。印度目前的状况是整体教育水平和劳动力素质很低，这使广大没有受过良好教育的民众无法参与制造业活动，无法在发展过程中找到工作并从中受益。因此，印度经济也被称为“无就业的增长”。

（二）影响劳动力就业

《产业争议法》作为保护员工权益的立法，在招聘和解聘方面有严格限制。该法案明确规定，所有超过100人的企业在解雇员工时都必须获得邦政府的批准。印度是一个民主国家，否决一个雇主的解雇请求，损失的是一票；而批准一个解雇请求，损失的则是成百上千或更多的选票。印度政治家从自身利益出发，几乎从来不批准雇主要求解雇员工的要求，因此印度多数企业被迫保持较小的规模。雇主尽量将企业规模控制在100人以下，超过100人的企业雇人时慎之又慎。咨询机构麦肯锡的一项调查显示，2009年印度84%的制造企业雇佣的人数少于50人。2014年世界银行一份报告也显示，印度的劳动法使其成为全球管制最严厉的劳动力市场之一。报告指出，“尽管劳动法的相关规定旨在提高工人福利，但事与愿违，大多数企业因为惧怕触犯劳动法而宁愿不扩大生产规模”。由于《产业争议法》过度保护在职工人的利益，使有工作的人有了绝对的工作安全，劳动的积极性、主动性与效率大为降低；同时也阻碍了尚未就业的工人进入，加剧了社会底层的贫困。目前，印度15—59岁之间的工作年龄人口比例高达60%，拥有世界上最好的人口红利，也正因为如此，印度必须在未来10年内创造足够多的就业机会，截至2025年至少应创造2.2亿个就业机会，以满足人口红利的需求。制造业在就业机会上理应打头阵，创造一个制造业岗位将带来相关行业2—3个工作岗位。此外，还需通过发展制造业促进农业发展。受制造业发展较慢、吸收劳动力有限以及人口增长过快等因素影响，印度劳动力失业率节节攀升。大量研究表明，印度每年需要创造1200万个新岗位，以吸纳数量庞大的年轻人，不过其目前的就业状况远远不能达到这一目标，从而也导致绝对贫困人口没有大幅度下降。

（三）导致收入分配不公平，贫富差距加大

印度滞后和复杂繁多的劳动法律导致在分配关系上，发展的红利向少

数精英倾斜，大众不能充分参与发展的过程和分享发展带来的益处。这些旨在保障工人权益的法规不仅对工作条件做了规定，还对招聘和裁员进行了限制。不过在实际操作中，上述法规并未起到应有的效果：由于93%的劳动者在非正规部门就业，工作安全得不到保障，因此劳动法规仅让一小部分人受益。在印度，就业形式分为正规就业和非正规就业。正规就业是指享有相应劳动保护和社会保障的有组织就业，非正规就业则指在非正规部门就业或虽在正规部门工作但不享受相应劳动保护和社会保障的就业。非正规部门的就业质量普遍低下，劳动力素质也不是很高，雇员大部分是临时工、合同工，收入也很微薄，属于劳动力市场体制中的脆弱阶层。而公务员与从事高科技的企业员工等属于正规就业，他们或收入稳定或收入较高，但却是劳动力市场中的少数人群，因此在一定程度上导致收入分配不公平，贫富差距也随之加大。2000 年印度城市中最富人口的平均花费（或收入）是最穷人口的 12 倍，2012 年上升到了 15 倍。在印度城市地区，最穷阶层的人均每月开支为 700 卢比，一个 4 口之家每月开支为 2802 卢比；最富阶层的人均每月开支为 1. 0282 万卢比，一个 4 口之家每月开支为 4. 1128 万卢比。由此可见，印度城市贫富差距之大。

第十二章

印度产业结构问题

在一国经济发展过程中，产业结构模式是其经济发展模式的重要方面。其在一定程度上关系到该国经济增长速度和经济可持续发展，也在一定程度上关系到该国劳动力就业、消除贫困和社会发展。20 世纪 90 年代印度经济改革以来，服务业迅速发展，农业和工业发展相对缓慢，导致农业在经济中依然占有较高比重，第二产业在经济中比重始终不高，第三产业在经济中占有很高比重，进而促使印度经济形成第一产业和第二产业比重较小、第三产业比重很大的产业结构模式。作为一个人口众多的发展中国家，印度在经济发展过程中，在以工业为主的第二产业没有获得重大发展、没有形成强大工业基础的情况下，形成了一个以第三产业即服务业为主的产业结构模式。这对印度社会经济既存在有利影响，也有不利影响。其与印度社会经济发展中存在的诸多问题，如财政赤字居高不下等密切相关。因此，进入 21 世纪以来，印度政府开始加速制造业发展，调整产业结构以弥补存在的不足。但是，印度以服务业为主的产业结构模式短期内难以改变，并仍将在相当一段时期内阻碍印度经济发展。

第一节　以服务业为主的产业结构的形成

根据印度经济统计分类，第一产业包括农业、林业、牧业、渔业和矿业，第二产业包括制造业、建筑业和水电气供应，第三产业包括贸易通信和交通运输、保险金融和房地产、社会服务和劳务等服务业。独立后，历届印度政府都决心把印度建设成为工业现代化强国，但是为解决众多人口的吃饭问题和劳动力就业问题，印度政府也坚持大力发展农业和服务业，促使印度农业、工业和服务业都获得了重要发展。但是，由于印度政府在各时期强调的经济发展重点不同，三次产业在各时期的增长幅度也不同，因此三次产业在印度国内生产总值中的比例不断变化，最后促使印度经济形成以服务业为主的产业结构模式。

一、独立后印度三次产业的发展

从1947年独立到1955年“一五”计划结束，印度经济发展得重点是促进农业恢复和发展，增加粮食生产。1956年开始的“二五”计划和此后的“三五”计划期间，印度实行优先发展重工业和基础工业的经济发展战略，促使印度工业有较大发展。在完成未完工业项目的同时，1965年印度发起“绿色革命”，20世纪70年代起实行农村消除贫困计划，推动印度农业和农村有一个较大的发展。1980年起，印度政府对经济政策进行重大调整，促使经济加速增长，年均增长率上升到5.5%。20世纪90年代初印度发起自由化、市场化和全球化经济改革，推动服务业迅速发展和经济快速增长。进入21世纪后，印度服务业年增长率连续多年达到两位数，年经济增长率连续多年超过9%。只是受2008年国际金融危机影响，印度经济增长率才有所放缓。

（一）印度农业发展

印度自然条件优越，50%以上的国土属于可耕地，但由于缺少农田水利设施，60%以上的土地依旧靠天吃饭。从1965年到20世纪80年代初，印度实施以提高农业技术和引进高产品种为特点的“绿色革命”，农业生产特别是粮食生产有较大提高，粮食产量从独立之初的1500万吨增至2013年的2.4亿吨。印度实现粮食自给，在丰收年份还可有少量出口。20世纪80年代后印度开展“白色革命”和“蓝色革命”，促进畜牧业和渔业发展。现在，印度大米、小麦、豆类、棉花、甘蔗、茶叶、烟草、黄麻和奶等12种农作物产量均位居世界前列。但由于20世纪80年代农业投资下降，印度农业一度不景气。1990年印度开始自由化改革，农业发展受到忽视。农民从金融机构可获得的贷款越来越少，农业投入品价格飞速上涨，促使一些农业邦破产，农民自杀人数不断上升，2006—2007 年度达到 1.7 万名。农业占印度国内生产总值的比例虽然不到 1/5，但其却吸收全国 60% 的就业人口，是全国 8 亿多农村人口主要生活来源，印度农业应该说还有很大的增长空间。印度农业发展的关键是开垦荒地、选育良种、改造农业基础设施、建设水利设施网、增加灌溉面积、保证电力供给、提高粮食加工储藏能力、完善粮食市场流通环节，使农业走可持续发展之路。曼·辛格总理承认，印度农业必须有大规模的农业投入，需要“第二次绿色革命”。“绿色革命”虽使农业增产增收，但科技兴农仍然任重道远。

（二）印度工业发展

目前，制造业占印度工业产值的 80%，占国内生产总值的 20%，占全部劳动力的 12%，占有组织部门劳动力的 24%，约占全部商品出口的 80%。由于印度政府一直强调优先发展重工业，因此轻工业发展相对落后，但重工业资金周转慢、积累少，影响工业发展速度。1991 年，印度政府进行经济改革，包括产业政策的调整，目的在于使政府干预的工业保护体制转向自由竞争的市场机制。在宽松经济环境下，印度企业焕发新活力，企业效益提高，工业增长开始提速。目前影响印度制造业发展的两大因素是：落后的基础设施和过于严厉的劳工法。由于电力缺乏，印度 69% 的企业自备发动机；劳工法使人数超过一定规模的企业解雇工人成为不可能，在经济特区里，劳工法的束缚依然存在，从而造成制造业企业规模普遍偏小。由于 70% 以上的正规就业都在公营经济部门，工会政治影响力十分巨大，因此劳工法修改成为议会中的禁忌。从 2003 年开始国家增加对基础设施建设得投资，私营企业开始增加生产性投资，使资本货物供应快速增长。随着银行放宽对消费信贷的限制及居民收入的增加，消费需求持续走高，消费品供应保持较高增长速度，促使制造业也一直保持着较高的增长速度。印度第二产业的现状是：新兴工业实力渐强，但协调发展不容忽视；制药、汽车等领域在国际市场上竞争力雄厚；能源工业（包括煤炭、石油和电力）发展较迅速，石油、天然气仍严重短缺，电力供应仍然很紧张。医药工业和纺织业是印度制造业的两个亮点。印度是非专利药品生产和出口大国，其药品占全球药品销售量的8%，排第四名，是世界第五大散装药生产国。纺织业是印度规模最大的行业，其产出占国内生产总值的6%左右。机械产品多为低端产品，重载设备、食品加工、塑料、纺织品和珠宝加工品等长期依赖进口。轻工业主要为纺织工业和食品工业，其中食糖、茶叶和纺织产量在世界上占有重要地位。

（三）印度服务业发展

印度服务业一般可分为两大类：一类是现代服务业，包括通信、金融、商务、教育、医疗等；一类是传统服务业，包括零售、交通、社区和家庭服务等。目前，前者占服务业的40%以上，后者约为60%。进入21世纪以来，印度服务业年均增速达9%，而现代服务业年增长率更是超过10%。传统服务业增长主要是由于经济连续多年高速增长，城镇居民可支配收入增加，促进零售业繁荣及与家庭服务、保健等相关行业发展。开放的金融环境使印度拥有发展中国家最大的资本市场，其股票交易种类也是发展中国家中最多的。印度在教育方面加大经费投入，普及八年初等教育，重视培养和保护高素质科技人才；通过建立三级医保网络，改善饮水供应等措施，促进文化卫生事业发展；旅游服务发展使其度有望成为世界旅游市场中心。印度现代服务业迅速增长最重要的原因是，新技术应用和自由化改革提高行业劳动生产率。从20世纪80年代中期开始，印度服务业生产率普遍提高，现代服务部门表现更为突出；外包服务市场不断扩大为行业发展提供新空间。80年代以来，印度积极抓住国际信息技术及服务市场的几次大机遇。90年代网络出现千年虫问题，欧美企业寻求商务流程外包服务，印度企业抓住这些市场机遇，扩大自己规模，树立自己品牌。印度对外资开放取得突破，促使信息服务部门软件业异军突起。目前，印度软件及信息服务行业产值已接近800亿美元，约占国内生产总值的5.4%，其中70%通过出口实现。服务业产值（包括建筑业）占国内生产总值的比重由2004—2005年度的60.2%增长到2008—2009年度的64.5%。

20世纪80年代后期以来，印度经济增长最明显特征就是服务业增长最为强劲，工业紧随其后，农业增长相对疲软。印度农业生产技术落后，工业基础相对薄弱，服务业相对较发达，在国民经济中所占比重较大。在印度国内生产总值中，2005 年以来，服务业（包括建筑业）所占比重超过 60%，对国内生产总值增长平均贡献率超过 70%。由于基础设施落后和投入不足，印度选择了一条绕过制造业、依靠服务业发展推动经济增长的道路。其中，软件和软件服务外包经多年扶持发展，取得举世瞩目成就，成为印度国际竞争力的集中体现。近年来，印度政府认识到制造业发展落后的弊端，大力发展对基础设施依赖相对较低的产业，并取得不俗成绩，其汽车零配件制造、生物制药、化工、食品加工在国际市场上的竞争力日益凸显。

二、独立后三次产业在印度国内生产总值中比例的变化

由于每年三次产业的发展情况不同，其在印度国内生产总值中的比例也会发生某些变化。独立后，印度经济发展大体上可以分为四个主要时期，其间三次产业在国内生产总值中比例也都发生了某些变化。[①]

（一）1950—1951 年度到 1965—1966 年度期间三次产业比例的变化

1950—1951 年度到 1965—1966 年度期间，第一产业在印度国内生产总值中的比例从 53. 34% 下降到 40. 93%，下降 12. 41 个百分点；同期，第二、三产业在国内生产总值中的比例分别从 13. 74% 和 32. 92% 上升到 19. 60% 和 39. 47%，分别上升 5. 86 个百分点和 6. 55 个百分点。在这 15 年中，印度第一产业在国内生产总值中的比例下降，且下降幅度较大；第二、三产业在国内生产总值中的比例上升，第三产业的上升幅度比第二产业大。

---

① 根据印度政府财政部《2012—2013 年度经济调查》统计表提供的资料计算。

（二）1965—1966 年度到 1980—1981 年度期间三次产业比例的变化

1965—1966 年度到 1980—1981 年度期间，第一产业在印度国内生产总值中的比例从 40.93% 下降到 37.46%，下降 3.47 个百分点；同期，第二、三产业在国内生产总值中的比例分别从 19.60% 和 39.47% 上升到 22.93% 和 39.61%，分别上升 3.33 个百分点和 0.14 个百分点。在这 15 年中，印度第一产业在国内生产总值中的比例有所下降，但下降幅度不大；第二、三产业在国内生产总值中的比例都在上升，但上升幅度较小，且第三产业上升幅度比第二产业小得多。

（三）1980—1981 年度到 1990—1991 年度期间三次产业比例的变化

1980—1981 年度到 1990—1991 年度期间，第一产业在印度国内生产总值中的比例从 37.46% 下降到 31.95%，下降 5.51 个百分点；同期，第二、三产业在国内生产总值中的比例分别从 22.93% 和 39.61% 上升到 24.21% 和 43.84%，分别上升 1.28 个百分点和 4.23 个百分点。在这 10 年中，印度第一产业在国内生产总值中的比例有较大幅度的下降；第二、三产业在国内生产总值中的比例都在上升，但第三产业的上升幅度比第二产业的大。

（四）1990—1991 年度到 2010—2011 年度期间三次产业比例的变化

1990—1991 年度到 2009—2010 年度期间，第一产业在印度国内生产总值中的比例从 31.95% 降到 16.66%，下降 15.29 个百分点；同期，第二、三产业在国内生产总值中的比例分别从 24.21% 和 43.84% 上升到 26.02% 和 56.32%，分别升 1.81 个百分点和 12.48 个百分点。在这 20 年中，印度第一产业在国内生产总值中的比例有较大幅度下降；第二产业在国内生产总值中的比例略有上升，但幅度非常小；第三产业在国内生产总值中的比例大幅度上升。

三、印度产业结构模式的基本特征

世界各国产业结构变动的一般趋势是，随着各国经济不断发展，第一产业在各国经济中的地位呈不断下降趋势；第二产业在各国经济中的地位逐渐上升，达到一定程度后则呈现逐渐下降趋势；第三产业在各国经济中的地位则一直呈现不断上升趋势。独立后，印度产业结构变动的趋势与世界各国的大体相符，如第一产业在印度经济中的地位逐渐下降，第二、三产业在印度经济中的地位逐渐上升，但其也表现出明显的不同特征。

（一）第一产业在印度经济中的地位逐渐下降，但依然占有较高比重

按照1993—1994年度的价格计算，第一产业在印度国内生产总值中比重从1950—1951年度的53.34%下降到2009—2010年度的20.27%。虽然第一产业在印度经济中的地位有所下降，但是其至今依然在印度经济中占有比较重要的地位。特别是从劳动力就业和人民生活来源来说，印度至今仍有60%以上的人口生活在农村，仍有60%左右的劳动力在农业中就业，以农业为主要生活来源。因此，第一产业特别是农业依然在一定程度上影响印度经济发展，并在一定程度上影响印度绝大多数人的生活。如由于2003—2004年度气候条件好，印度农业增长率超过10%，该年度印度经济增长率达到8.5%。可见，对于人口众多的发展这种国家来说，在未来相当长的时期内，农业在一定程度上依然是印度经济发展的基础。因此，直到2009年，曼·辛格政府依然强调，要把农业发展放在政府工作的首位。

（二）第二产业在印度经济中的地位逐渐上升，但其所占比重不是太高

按照1993—1994年度的价格计算，第二产业在印度国内生产总值中的比重从1950—1951年度的13.74%上升到2009—2010年度的24.45%。可见，尽管独立以来印度大力发展工业，使第二产业在印度经济中的地位逐渐上升，但与中国第二产业在国内生产总值中比例超过50%相比，印度第

二产业在印度经济中的地位依然太低。这在一定程度上反映出印度第二产业至今依然比较落后，也将在一定程度上继续影响印度经济发展。因此，进入21世纪以来，印度政府提出加速制造业发展。但是由于制造业发展需要良好的交通运输等基础设施的支持，需要大量的资金投入和先进制造技术的使用，在基础设施和资金技术都比较短缺的情况下，印度制造业发展不是短期内就能顺利完成的，印度工业化在未来还有很长的路要走。

（三）服务业在印度经济中的地位逐渐上升，成为印度经济的主要组成部分

按照1993—1994年度的价格计算，第三产业在印度国内生产总值中的比重从1950—1951年度的32.92%上升到2009—2010年度的55.28%。独立后第三产业在印度经济中的地位一直呈现逐渐上升的趋势，特别是经济改革以来，由于服务业迅速发展，第三产业在印度国内生产总值中的比例大幅度上升。2000—2001年度，其占国内生产总值的比例超过第一和第二产业之和，成为印度经济中最大的产业部门和经济发展的主要动力。正是经济改革促使印度以服务业为主的产业结构逐渐形成。第三产业对印度经济增长的影响有所增强，但是，如果随着加速制造业发展逐渐取得成效，促使第二产业获得突破性进展，那么，在一段时期内，第三产业对印度经济增长影响的程度则将可能有所减弱。

总之，独立以来印度产业结构发生很大改变。印度产业模式的基本特征是，作为发展水平不高的欠发达经济，第三产业已在印度经济占有比较突出的地位，并已成为印度经济的主要组成部分和印度经济增长的主要动力。印度似乎正在形成一种依靠服务业拉动经济增长的模式。印度以服务业为主产业结构模式是在没有第二产业特别是工业高度发达的基础上形成的，这实际上超越了世界上大多数国家产业结构演变的规律，形成独具特色的产业结构形成方式，必将对印度经济发展产生十分重大而深远的影响。

第二节　以服务业为主的产业结构对经济发展的利弊

在《迈向2050年》报告中，高盛公司预测印度在未来50年里有望成为世界主要经济体中经济发展最快的国家。许多学者看好印度未来饿发展，认为印度经济制度与市场结构更能保证长期发展潜力。但是，作为一个国家的产业结构，一般说来应该是遵循世界各国产业结构演变的规律、在该国经济发展过程中自然形成的产物，形成后必然对该国经济发展产生某些重要影响，一方面促进该国经济发展，但也会在一定程度上对其形成阻碍。而印度以服务业为主的产业结构是在经济改革以来逐渐形成的，是在制造业并不发达、第二产业在国内生产总值中的比例还较低的情况下形成的。从表面上看，印度产业结构更像是中等发达国家，但实际上讲，印度仍是比较贫穷的发展中国家，其以服务业为主的产业结构虽然对其经济发展利弊兼有，但是在一个较长的时期内，这种产业结构对印度经济发展的不利影响可能比较明显。

一、以服务业为主的产业结构对印度经济发展的有利影响

作为印度经济的主要成分，服务业对经济发展具有十分重要的作用。由于第三产业通常包括商业贸易、旅馆旅游、交通通信、银行金融、社会服务等诸多服务性领域，因此服务业本身的经济性质在一定程度上决定了以服务业为主的产业结构模式的长处，即对印度经济发展的有利影响。

（一）可以推动服务出口扩大

随着科技进步、交通工具改进和各国经济发展，国际贸易获得迅速发展。第二次世界大战后，国际贸易增长速度甚至超过世界生产增长速度。

长期以来，世界上大多数国家都比较注意发展对外商品贸易，而相对忽视对外服务贸易。随着各国服务业迅速发展，国际服务贸易也在迅速扩大。第二次世界大战后特别是20世纪90年代以来，世界服务贸易增长速度甚至超过国际商品贸易增长速度。随着国内服务业迅速发展，印度对外服务贸易也在不断扩大。以信息技术服务为例，从90年代中期到现在，软件及其相关服务出口以年平均40%的速度扩大。20世纪90年代初期，印度软件服务出口额还不到1亿美元，2010年就增加到200亿美元。近年来，印度信息技术外包行业也从无到有，逐渐发展壮大。目前印度已经成为仅次于美国的世界第二大软件出口国和世界软件外包行业第一大国。2003—2004年度，印度国际收支贸易账户中，软件出口贸易所占的比例上升为73%。同时，随着印度服务业的发展，越来越多的外国服务工作也将转移到印度。英国《旗帜晚报》撰文说，未来5年内，英国银行和保险界将辞掉3万名员工，把服务部门转到印度设立；美国一大型咨询公司发表报告说，到2015年左右，美国企业将裁掉330万白领职员，把部分工作外包给印度公司。现在，如果一个美国客户打电话或发电子邮件给瑞士航空公司，处理这个电话或电子邮件的十有八九是印度人，而且他可能就在新德里。据统计，全球500强企业中有一半已经把“办公室”转移到印度，大多办公应用软件和财务软件也是在印度研制开发的。随着外国服务工作逐渐向印度转移，一些经济界人士认为，就像中国压低制造业成本、沃尔玛压低零售成本一样，印度将压低服务业的成本。廉价劳动力使中国成为“世界工厂”，而廉价脑力将使印度服务业成为全球最具竞争力的产业。未来印度将成为“世界办公室”和“世界科技实验室”的说法并非完全是夸夸其谈。

（二）有利于经济可持续发展

1. 可以减少对资源的需求量

随着世界经济发展，特别是世界各国工业现代化进程加速，各国经济发展对铁、锡、铝、铜、硅、石油、天然气等矿物资源的需求量越来越大，导致相关自然资源产品的价格大幅度上涨，影响需要大量进口的国家的经济发展，也引起世界各国对相关自然资源的争夺，在一定程度上造成国际关系紧张。服务业由商业贸易、银行金融、交通运输、邮政通信、文化卫生、科技教育、旅馆饭店、旅游娱乐及政府行政服务等诸多领域组成。与以制造业为主的产业结构相比，服务业具有一个重要性质，即其发展对能源、厂房和运输等基础设施的需求较少，在一定程度上对土地资源的需求也较少。因此，大力发展服务业可在一定程度上减少经济发展对自然资源的需求。印度单位国内生产值的能源消耗只有中国的60.6%，每万美元产值消耗的铜、铅、锌、锡、镍等金属只有中国的35.7%。印度幅员辽阔，自然资源丰富，但经济发展所需的某些重要资源如石油却明显不足。独立后，印度石油产量有所上升，但随着国民经济发展和人民生活水平提高，对石油等能源的需求也不断增加。长期以来，印度不得不从国外进口石油来满足国内日益增长的需求。随着国民经济发展和人口增加，印度石油进口量不断上升，进口石油占石油消费量的比例不断提高。到2013年，这个比例甚至接近80%。如不大力发展服务业，印度石油进口量还要增大，进口石油占石油消费量的比例还要提高。在世界石油价格大幅度上涨情况下，过度依赖进口石油对经济可持续发展极为不利。由于这些服务部门所需的劳动力一般还需要具有一定的文化科学知识，并经过一定程度的训练，因此独立后印度政府大力发展教育特别是高等教育事业，培养了一大批具有一定文化科学知识的熟练劳动力。大力发展服务业也使印度经过教育的熟练劳动力资源得到比较适当的运用，并能较好地发挥其作为人力资源的潜力，在一定程度上促进社会经济和谐发展。

2. 可以减轻对环境的污染程度

世界各国经济发展的经历表明，随着现代工业的建立和工业现代化水平的提高，各国人口城市化水平不断上升。但随着现代工业增多，工业废弃物也相应逐渐增加；随着城市人口逐渐增多，城市化水平逐渐提高，生活废弃物也相应增加。这些废弃物不同程度地污染着城市地区和工业集中地区的环境，特别是空气和水。严重的水污染影响到人们生活用水，造成清洁饮水紧张，还严重影响工农业生产发展。在世界各国经济发展过程中，许多国家都程度不同地经历过环境遭受污染阶段。独立后，印度建立了一些现代工业企业，人口城市化水平也不断提高。在一些工业集中地区和城市人口较多地区，空气污染和水污染情况也比较严重。一些河流水由于受到污染而不能供人们饮用，造成许多城市饮用水紧张，给人们生活带来极大困难。一些被污染的河流中鱼虾死亡，河水甚至也不能用于农业灌溉，也在一定程度上影响了印度农业发展。世界各国经济发展的经验表明，服务业的性质也在一定程度上决定其对环境污染的程度较低，没有工业对环境造成污染的程度高。目前，对环境污染程度较大的工业在印度国内生产总值中的比例较低，而对环境污染程度较小的服务业在印度国内生产总值中比例较高。因此，服务业较快发展在一定程度上减轻了经济发展对印度环境的污染程度，保护了印度经济发展所需要的生态环境。

3. 可以保持国民经济稳定增长

世界经济发展的经历表明，随着工农业生产发展和人民生活水平提高，各国服务业也不断发展起来，并逐渐成为各国经济中的主要组成部分。由于服务业发展主要建立在国内经济发展和人民生活需要的基础上，因此当其在一国经济中占有较大比重后，其对一国经济发展的作用也将逐渐增大。在现代社会中，一般说来，人民生活水平总是呈现逐渐提高的趋势，使服务业在一定程度上也呈现出不断发展的趋势。独立后，印度大力发展服务业，使服务业在经济中的比例不断提高，在一定程度上减轻了经济发展波动。20 世纪 90 年代以来，印度服务业呈现加快增长趋势，年均增长率达到 7.8%，大大高于同期农业 4.5% 的年均增长率，也明显高于工业 6.4% 的增长率。这一时期印度经济取得较高增长，在很大程度上应归功于服务业的快速发展。2003—2004 年度，服务业对印度国内生产总值增长的贡献度达到 62%，成为经济增长的主要动力。① 2004—2005 年度，印度农业只增长了 1.1%，但由于工业和服务业分别增长了 8.4% 和 8.9%，因此当年度经济增长率才保持在 6.9%。印度这种以服务业为主的经济结构的变化和经济增长方式的转变，在一定程度上有利于印度经济实现较高和稳定的增长。一是因为服务业增长率高且增长稳定，二是因为服务业在印度国内生产总值中比重已经超过一半，这将在较大程度上减轻印度经济增长的波动幅度。

归结起来，以服务业为主的产业结构可以在一定程度上推动印度服务出口扩大，保持国民经济可持续发展和稳定增长。无论是减少对自然资源

---

① ［英］《金融时报》2004 年 9 月 1 日。

的需求，降低对生态环境的污染，还是保持经济适度稳定增长，都在一定程度上有利于经济可持续发展。

二、以服务业为主的产业结构对印度经济发展的不利影响

第三产业特别是高技术服务业的性质也在一定程度上决定以服务业为主的产业结构模式，对一国经济发展既有利也有弊。印度以服务业为主、第三产业突出发展的产业结构模式虽在一定程度上有利于印度经济发展，但也在一定程度上决定了印度产业结构模式的短处。正如道格拉斯·曾所指出的那样，从知识经济的角度来看，印度转向的服务业和科技产业都是高附加值产业，其方向是对的，但是也有自身的问题。

（一）增加劳动力就业有限，难以消除大众贫困

世界各国经济发展的经验表明，服务业是吸收劳动力较多的行业，其发展能创造较多的就业机会。但在印度情况却恰好相反，服务业创造的就业机会并不多，因为其服务业快速发展主要因为银行保险服务、证券金融服务、信息软件服务等发展特别迅速。目前，印度具有比较发达且健康的银行系统，不良资产比例较低，业务运转良好；证券市场较多，分布于全印各地，制度健全，运转正常。经济改革以来，印度信息技术服务发展最为迅速，许多西方国家大企业都要求印度公司提供软件服务，并将软件研发中心和寻呼中心之类得部门迁往印度。但这些特殊服务行业创造的劳动力需求并不大，目前印度从事这类服务的人员约为300万。此外，从事这类服务的人员还需要具有较高素质，受过良好文化教育，必须得到良好专业技术训练。而独立后的教育发展已使印度人民文化水平大为提高，但至今印度成人识字率仍未达到70%，还有许多人没有接受文化教育的机会。在印度，文盲人数依然多达数亿之众，他们不可能在高技术服务领域就业。因此与印度民众就业需求相比，这些服务企业创造的就业机会很有限。所以，以服务业为主的产业结构模式特别是突出发展高技术服务业的服务业发展模式，在一定程度上不利于印度众多农村剩余劳动力的转移。

未来几十年中，印度每年新增劳动力将达到1300万，解决其就业是经济问题，更是严肃的政治问题。考虑到受过高等教育者只占同年龄段人口的1/10左右，这些新增劳动力中大多数人受教育程度第一不高，且还有30%的文盲，将他们吸收到信息技术服务行业几乎不可行，因此印度必须大力发展制造业以缓解就业压力，特别是解决低技术劳动力的就业问题。

由于服务业和制造业都已成为印度经济增长的主要引擎，在一定程度上削弱了农业波动对整个经济增长带来的冲击，因此尽管农业增长较20世纪90年代前期有所下降，但印度经济增长水平却大有提高，这也是印度已进入高速、稳定增长阶段的一个主要依据。与处在同等发展水平上的其他国家相比，印度服务业占国内生产总值的比重平均高出近10个百分点，但其服务业从业人员的比例却明显低于这些国家的平均水平。这说明这些年印度服务业的增长更主要地是来自劳动生产率不断提高，而不仅是劳动力投入的增加。进度有近2/3的人口居住在农村，还有30%左右的人口生活在官方公布的贫困线以下，是世界上农村贫困人数和无地农户最多的国家，农业增长缓慢将会加剧农村贫困，更会拉大已有的城乡差距，对长期社会发展和政治稳定将是一个巨大威胁。从大多数发达国家走过的发展轨迹来看，农业产值在整个经济中的比重、农业人口在整个就业人口中的比重必然会下降，这既是经济结构现代化的结果，也是一个重要标志。但对于有着庞大农业人口和贫困人口的印度来说，要想实现经济赶超，就必须在较短的时期内平稳转移大量农村剩余劳动力，消除贫困特别是农村贫困，这是一项难以回避的巨大挑战。印度已形成的以服务业为主产业结构对增加劳动力就业非常有限，也难以真正帮助印度消除大众贫困。

（二）第三产业发展基础不牢，难以持续发展

以服务业（特别是高新技术服务业）为主的产业结构既是印度感到最值得骄傲的方面，也是其对未来增长能否持续而感到最为担忧之处。到目前为止，世界上还没有一个发展中大国可以绕过工业化道路直接进入发达国家行列，对于印度这样人口众多且拥有庞大农业人口的大国来说，更难以例外。世界各国经济发展历程表明，像印度这样人口众多的大发展中国，第三产业是在第一产业和第二产业高度发展的基础上发展起来的。在

经济发展的不同阶段，三次产业需要按照一定比例协调发展。如果在第一产业和第二产业没有一定发展的基础上第三产业过度超前发展，则其发展的基础就可能不够牢固，影响其健康发展。独立后，由于发起“绿色革命”、“蓝色革命”和“白色革命”，印度农业有一定程度的发展，使印度基本实现粮食自给，但由于人口众多，对农产品的需求非常大，因此从根本上讲，印度农业基础比较脆弱。印度实行优先发展重工业和基础工业经济发展战略，形成门类比较齐全的工业体系，但实际上，印度工业化进程才刚刚起步。至今，第二产业在国内生产总值中的比例还在25%左右，其中制造业在国内生产总值中的比例在20%左右。因此，以服务业为主的产业结构是在没有强大的农业和工业基础上形成的，印度服务业发展的基础是不牢固的。

如果印度过分强调发展服务业，忽略农业和制造业发展，以服务业为主的产业结构将会成为未来经济增长的瓶颈，可能使服务业成为无源之水、无本之木。实际上，从产业结构来看，印度试图以发展高新技术产业为动力来实现工业现代化的产业结构模式，但这种模式基本上没有成型。印度仍处在工业化初级阶段，以软件产业为龙头的新经济成分只占其国内生产总值的5%；农业和工业在国内生产总值中的比重仍各占20%左右，仍有60%的劳动力投入农业部门。正是由于基础不牢，印度现代新技术服务业发展主要依靠国外市场，其中软件服务业70%—80%依靠国外市场来发展，外包服务业更甚。这严重影响印度服务业特别是出口服务业的健康发展，也在一定程度上可能造成国际关系紧张。2008年国际金融危机爆发后，国外市场需求下降影响印度软件和外包服务业发展；同时也引起美国国内一些人对印度的抱怨，认为印度人抢了美国人的饭碗。因此，在今后很长一段时间内，印度经济仍将依赖传统部门。从城乡结构来看，由于没有实体经济特别是制造业高度发展，印度工业化水平较低，城市化水平也只有32%，68%的人口仍生活在经济落后的农村地区。这也不利于商品出口扩大，以服务业为主的产业结构模式对印度经济发展难以产生“滚雪球”效应。因此近年来，印度大力引进外国投资，通过吸收新技术、以出口市场为重点，获得国外大量委托加工制造合同，促使印度制造商相应增加，制造业也不断发展。印度在全球汽车和汽车零部件、化学品、药品及一系列工程及资本货物等诸多领域具有竞争力，印度经济并不是人们普遍认为的那种仅靠信息技术服务、后勤事务及外包来驱动增长的经济。[①]

（三）缺乏对基础设施建设的刺激，影响实体经济增长

长期以来，印度经济发展中存在能源、交通运输等基础设施严重短缺的问题。这个问题的存在拖了印度经济发展的后腿，严重到可能导致经济崩溃的程度。无论是第一产业还是第二产业的迅速发展，都将对能源、交通运输等基础设施提出更大需求，使基础设施短缺问题更加严重，甚至可能导致基础设施崩溃。而第三产业特别是现代服务业迅速发展，对能源和交通运输等基础设施的需求较小，不会给基础设施造成过大的负担。因此经济改革以来，印度服务业特别是软件和服务外包业之所以获得迅速发展，重要原因之一就是，由于印度经济发展中存在能源、交通运输等基础设施严重短缺的问题，因为制造业发展对能源、交通运输等基础设施的需求很大，能源、交通运输等基础设施严重短缺在一定程度上制约了制造业的发展。但也正是由于服务业对基础设施的需求不大，其对能源和交通运输等基础设施的刺激作用也较小。正是由于服务业在经济中占有比较突出的地位，印度经济发展在相当程度上靠服务业推动，但是，在印度服务业中增长最快的两个领域却为银行金融和软件与服务外包业。印度公营商业银行和私人商业银行共存，银行部门坏账率低于10%，反映印度金融部门良好的运行制度和严格的监管水平；由于软件和服务外包业高速发展，印度成为世界重要的软件研发中心，也成为世界外包服务的重要基地；还因为风险投资增长迅速，成为仅次于日本而拥有世界第二大规模风险投资基金的国家。因此，印度现代服务业的迅速发展对能源和交通运输等基础设施的需求并不大。与经济改革以来中国经济增长主要由物质基础设施和制造业扩张推动不同，印度经济主要是由外国市场与其企业家和受教育者的劳动来推动的。印度经济增长主要是依赖于印度知识分子的智力资源和良好的金融资源，而不需要像传统制造业需要投入大量资本，修建高大宽敞的厂房，购买先进的机器设备，甚至修筑必要的铁路、公路、机场、码头

① ［新加坡］《海峡时报》2004年1月6日。

等交通运输基础设施。因此，与制造业为主的第二产业发展比较起来，印度以金融服务和信息技术服务等服务业为主的第三产业迅速发展所需要的基本投资较少，对基础设施建设的刺激作用较小，也在一定程度上使印度经济增长缺乏足够的推动力，难以推动印度经济高速增长。由于第三产业对基础设施的刺激作用较小，因此基础设施短缺的问题长期得不到解决，必然在一定程度上影响作为实体经济的第一产业和第二产业的发展，从而难免影响印度经济快速增长。

三、中印产业结构模式优劣的比较

经济改革以来，印度逐渐形成以服务业为主的产业结构模式，而中国的产业结构模式则以制造业为主。同时，经济改革以来，中印两国经济都出现加速增长的势头，中印经济都在崛起，只不过中国经济崛起的强度比印度大得多。

（一）产业结构模式在特定环境中逐渐形成

世界各国的产业结构模式在一定程度上都是在各国特定的环境中逐渐形成的，都是各国具体国情作用的结果。中印都是人口众多的发展中国家，都存在着大量的廉价劳动力，两国都一直在探索符合本国国情的现代化道路，虽然过程曲折，但也都走出了适合本国国情的现代化道路。在经济发展过程中，中国和印度形成了不同的产业结构模式。长期以来，中国一直保持着40%左右的较高国内储蓄率。经济改革以来，中国利用高储蓄率加上迅速增加的外国直接投资，加大对基础设施和制造业等资本密集部门的投资，从而推动基础设施建设和制造业的迅速增长，形成以制造业为主的产业模式。而长期以来，印度一直保持着20%左右的较低国内储蓄率。经济改革以来，印度每年利用的外国直接投资也不多，年外国投资量仅为中国的1/10，因此印度难以发展资本密集型的基础设施建设和制造业，只好把发展重点放在投资较少的服务业，从而促进服务业较快发展，形成以服务业为主的产业结构模式。可见，中印产业结构模式是在中印特定环境中逐渐形成的，因此还是在一定程度上适应了中国和印度的基本国情。

（二）每种产业结构模式都各有长处与短处

在国际社会中，部分学者认为印度选择的发展路径比中国的发展路径更健康、更持续性。如果说“硬”是中国产业结构模式的特色，即中国经济增长是由物质基础设施和制造业扩张推动的，主要属于体力劳动驱动型；那么，印度产业结构模式就是以“软”为特色、由其法律等制度基础设施与企业家精神和知识分子劳动来推动的。中国经济实力更多地物化在建筑物（包括厂房）上面，“硬”且看得见；而印度经济实力则由其潜力决定，“软”而看不见。中国以制造业为主的产业结构模式对经济增长的推动力较大，工业在中国国内生产总值中的比重已超过50%，在国内生产总值累计增加值中的比例也超过50%。而以服务业为主的产业结构模式对印度经济增长的推动力也不小，其在印度国内生产总值中的比重超过50%，在国内生产总值累计增加值的比例也超过50%。可见，制造业对中国经济增长贡献最大，而服务业对印度经济增长贡献也最大。因此，与任何事物都利弊同在一样，每种产业结构模式都各有长处与短处。实际上，中印产业结构模式的长处都掩盖了其产业结构模式的短处。如中国以制造业为主的产业结构模式可能对自然资源和环境造成巨大压力，而印度以服务业为主的产业结构模式的基础不牢。

（三）需要相互借鉴产业结构模式的长处

中国和印度产业结构模式各有长处和短处，而实际上世界各国的产业结构模式也都各有利弊，没有十全十美的产业模式。印度以服务业为主的产业结构模式的特点是第一产业比重较大、第二产业比重偏小、第三产业较大，表明印度存在发展制造业的巨大空间。中国以制造业为主的产业结构模式的特点是第一产业比重适度、第二产业比重较大、第三产业比重较小，表明中国存在发展服务业的巨大空间。因此，中印都要借鉴对方产业模式的长处，促进各自产业结构模式逐渐完善。目前，印度正在借鉴中国产业结构模式的经验，加速制造业的发展。中国也应借鉴印度的经验，加速服务业发展。

正如新加坡内阁咨政李光耀所说的那样，“中国和印度都在努力使自己跻身前列，但哪一种发展模式更好，只有到本世纪中叶才能见分晓”。[①]

第三节　以服务业为主的产业结构短期内难以改变

在印度引以为豪的服务业中，增长最快的是软件业。印度是世界上五大计算机软件供应国之一，是仅次于美国的第二大计算机软件出口大国，软件出口额占全球市场份额的20%，美国客户购买的软件产品有60%是印度制造的。世界经济论坛2004年3月9日发布的2004—2005年度《全球信息技术报告》显示，印度在全球信息技术中由2003年的第45位升至第39位，在发展中国家居于前列。印度经济已经走上快速发展的轨道，经济增长逐年提高，而其幕后推手主要是服务业特别是信息产业和软件技术，其均在国际上处在领先地位。印度有廉价的劳动力，官方语言是英语，具有语言优势，所以外资开始纷纷流向印度。发达国家开始把印度作为一个在国外办公的地方，有人称印度是新兴的“世界办公室”。

一、以服务业为主的产业结构形成的原因

剖析印度这个人口众多的发展中大国得基本国情，我们不难发现，促进印度较早形成以服务业为主的产业结构的主要原因有如下几个方面：

（一）人口众多，服务需求量大，供给能力强

印度人口众多，劳动力资源丰富，因此需要更多的教育培训服务以及医疗保健服务、更多的交通运输服务以及更好的邮政通信服务、更多的休闲娱乐服务以及清洁卫生服务、更多的银行金融服务以及更好的保险信托

① ［新加坡］《海峡时报》2005年4月5日。

服务、更多的商品零售服务以及维修保养服务、更多的社会服务以及家庭服务等，从而在印度社会中产生出巨大的社会服务需求，促使各类服务的需求不断增长，推动服务供给能力逐渐增强。因为人口众多，劳动力资源丰富，所以在市场经济条件下，只要存在某种服务需求，就有充足的劳动力为其提供相应的服务，从而促使印度服务业持续不断发展。实际上，作为人口众多的发展中国家，印度劳动力就业和资金短缺始终是困扰其社会经济发展的重要问题。长期以来，为促进经济发展，印度政府不断增加计划投资，建立经济发展所需固定资产。印度政府工业计划投资从“一五”计划的 12 亿卢比增加到“六五”计划的 2305 亿卢比，其间政府农业投资从 60 亿卢比增加到 2470 亿卢比。与农业投资相比，工业投资并不多；若与其他国家此类投资相比，印度固定资产投资则显得更少。长期以来，在经济发展过程中，考虑到人口众多、劳动力资源丰富、失业问题严重等具体问题，印度尽量少用资本，多用劳动力，导致印度生产机械化程度不是很高。以农业机械化为例，到 1980—1981 年度，印度农用拖拉机产量仅为 7.1 万台。在经济活动中，印度鼓励尽量多地使用劳动力，在农业活动中使用得最多。政府坚持鼓励农业发展，提出要把农业建设成为最好职业。在工业发展过程中，政府鼓励和支持吸收劳动力就业多的小型企业和乡村工业的发展，并为此采取一系列政策措施。在众多建筑活动中，印度也尽量多使用劳动力，较少使用建筑机械如推土机等。到 1980—1981 年度，印度推土机年产量只有 1000 台。考虑到劳动力资源丰富、劳动力失业问题严重和发展资金短缺的基本国情，印度在经济活动中尽量降低资金投入，增加劳动力投入，从而形成独特的经济增长方式。

（二）实行对外开放时，新科技革命在世界上蓬勃兴起

独立后，印度社会对长期殖民统治给经济发展造成的危害记忆犹新。在经济发展过程中，印度虽没有割断与发达国家的经济联系，但为保护和发展民族产业，从独立之初至 20 世纪 70 年代末，印度实行“进口替代”的发展战略和比较封闭的经济政策。独立后，印度出口贸易额有所增加，但出口总额在国内生产总值中的比例却有所下降。在社会经济发展过程中，印度也注意利用外国资金，但总是把外国资金在政府五年计划支出中

的比例控制在一定范围内。在经济发展过程中，印度注意充分利用各种资源。以比较短缺的石油资源为例，印度加速本国石油资源开发，注意节约使用，积极开发替代资源，把本国经济发展对进口石油的依赖保持在最低程度。印度逐渐形成主要依靠内需来拉动的经济增长模式。第二次世界大战后，以原子技术等为主要标志的第三次科技革命爆发，由于实行比较封闭的经济政策，印度基本上错过了这次科技革命的浪潮。20 世纪 80 年代，以信息技术为主要标志的新技术革命爆发并在世界各地蓬勃兴起。印度抓住这个机遇，开始实行“进口替代”与“出口促进”并重的贸易政策；为使软件开发等新技术产业不受传统经济体制的约束，政府对其发展实行特殊政策。90 年代经济改革后，印度实行“出口导向型”的对外贸易政策，大幅度减少政府对经济发展的干预，对软件开发和服务外包等高新技术产业实行特殊的支持政策，有力地推动软件技术产业发展和软件服务出口扩大，最终使印度形成以服务业为主的产业结构模式。

（三）精英教育为印度培养大量的科技人才

为获取最大限度的利润，西方国家跨国公司在国外设立研发中心，首要考虑的是能否以较低工资在当地聘到优秀的科技人才。当地廉价而优秀科技人才有利于跨国公司降低巨额的研发成本，也有助于新产品开发，使其在激烈的国际竞争中处于有利地位。这些促使西方国家大型公司把研发工作委托给科技人才众多、劳动力成本低廉的发展中国家，甚至在这些国家建立新的研发中心，促使研发外包迅速扩张。随着劳动力工资不断上涨，西方国家企业和机构愿意将其部分工作（如电话寻呼、税收计算、开立处方、代为试验等）转向科技人才众多、劳动力成本低廉的发展中国家，促使国际外包服务迅速发展。独立后，印度大力发展高等教育，培养了一大批优秀的科技人才。尽管印度科技发展总水平不是太高，但在参与科技国际竞争方面已具备一定实力。目前，印度在空间技术、核能技术、信息技术、生物技术、海洋科学、超导材料和农业科技等领域的某些研究成果已达到世界先进水平，属于“科技发展中国家”，在数学和基础科学教育方面甚至还超过了不少科技较发达国家和地区。印度对高等教育非常重视，确立了世界第二人才大国的地位。受到良好教育、会说地道英语的专业人才大军极大地吸引了外国投资者的兴趣，使印度成为炙手可热的科技乐土，西方国家大型跨多公司竞相在印设立研发中心。西方国家跨国公司之所以投资在印设立其研发机构，主要目的还是为了获取最大限度的利润。据估计，跨国公司将研发中心迁往印度后能减少30%的研发成本。以新药临床试验费用为例，在印度的试验费用不到在西方国家试验费用的1/3。长期以来，印度一直凭借为欧美信息技术机构和科技公司提供低成本技术服务而享有盛誉。如美国国际商用机器公司在印收入迅速增长，但其仍然需利用印度外包商的成本优势以保持自身的竞争力。正如印度维普罗科技公司人力资源高级副总裁帕拉提·库玛所说，如果他们还想继续走这条路的话，就别无选择。美国国际商用机器公司执行官表示，国际商用机器公司不想错失在印度的机遇。国际商业机器公司印度公司战略总监英德普里特·图克拉尔指出，国际商用机器公司及其他一些美国大型咨询公司仍然期望能吸引印度最优秀信息技术人才。微软公司负责研发工作的高级副总裁里克·瑞斯特表示，印度科技人员普遍有良好的数学功底。基于这个优势，公司班加罗尔实验室的本土研发人员正在发挥自己的特长，专研密码技术问题。美国一些创业公司从创建伊始就有计划地吸纳印度本土研发力量；摩托罗拉公司在印南部创建实验室也是因为那里具有丰富的人才储备，是最为理想的研发地点。正是由于拥有大量的科技人才，印度才成为世界软件研发中心和外包服务基地，推动现代服务业迅速发展，最终形成以服务业为主的产业结构模式。

（四）基础设施落后阻碍印度工业发展

长期以来，印度一直存在基础设施严重短缺的问题。公路、铁路、港口、机场、通信等基础设施发展严重滞后，问题重重；电力供应严重不足，缺电率通常在10%以上，部分地区有时缺电率甚至高达30%—40%；国内能源分布不均，石油贮藏主要分布在西部和北部，煤大多分布在东南部，运输压力大，造成基础设施短缺问题更加严重，甚至导致电力部门和运输部门相互指责。由于工业发展需要建设规模宏大的厂房，安装各类大型机器设备，投入大量的原材料和劳动力，耗费大量电力，销售大量的产品；而这些活动都将产生大量的运输需求，需要有充足的公路、铁路甚至机场和港口等交通运输基础设施的支持；而交通运输基础设施的运转又离不开充足电力、石油等能源的支持。总之，工业发展需要交通运输基础设施和能源基础设施的大力支持和密切配合。长期以来，糟糕的基础设施严重阻碍了印度工业发展。软件和服务外包等服务业发展虽也需要工作室，但其规模一般较工厂小；需要安装一些设备，但远不如工业设备笨重；需要一些纸张，但远没有工业原材料多；需要投入大量劳动力，但也可能没有工业需要的工人多；需要耗费一些电力，但远不如工业需要量大；需要把服务提供出去，但不可能对交通运输和能源电力提出巨大需求，甚至通过互联网就可以完成接受任务和完成服务。服务业需要投入的资金也不如工业投入的资金多。在经济改革进程中，在新技术革命浪潮不断高涨的情况下，基础设施严重短缺阻碍了企业家大力发展工业，其自然选择大力发展软件和服务外包等现代服务业，促使印度逐渐形成以服务业为主的产业结构模式。

二、印度经济发展中存在诸多问题

印度经济发展中存在诸多问题，概括起来有如下几点：

（一）政府财政赤字居高不下

独立后，印度财政一直处于赤字状态，且财政赤字越来越高。如加上国内外借债，20 世纪 90 年代前印度财政还能保持一定数量的赢余。1980—1981 年度，印度中央、各邦和直辖区财政盈余达 345.1 亿卢比；1990—1991 年度，各级财政盈余上升到 1148.6 亿卢比。2000—2001 年度各级财政赤字达到 90.9 亿卢比，2002—2003 年度各级财政盈余 304.3 亿卢比，2003—2004 年度各级财政赤字高达 1257.6 亿卢比，2004—2005 年度各级财政赤字上升到 7657.4 亿卢比，2005—2006 年度各级财政盈余 2775.3 亿卢比，但 2006—2007 年度各级财政又出现赤字，达 1058.2 亿卢比。为削弱国际金融危机的影响，印度连续实行 3 套财政金融刺激计划，致使财政赤字越来越高。仅中央政府财政赤字占国内生产总值的比例就从 2007—2008 年度的 2.6% 上升到 2008—2009 年度的 5.9%，2009—2010 年度再上升至6.5%。加上各邦政府财政赤字，印度财政赤字占国内生产总值的比例从2007—2008年度的4%上升到2008—2009年度的8.5%和2009—2010年度的9.7%。2009—2010年度中央政府预算赤字4.01万亿卢比，估计占当年度国内生产总值的6.8%。

（二）经常项目赤字越来越大

从1947年独立到20世纪90年代初期，印度外贸除两年有少量顺差外，其余年份连续出现逆差。经济改革以来，印度外贸年年逆差，且逆差额不断增加。1990—1991年度印度外贸逆差为94.38亿美元，2000—2001年度增长到124.6亿美元。进入21世纪以来，印度外贸逆差迅速增加，从2003—2004年度的137.18亿美元增长到2004—2005年度的337.02亿美元、2005—2006年度的519.04亿美元、2006—2007年度的617.82亿美元和2007—2008年度的916.26亿美元。2008年国际金融危机后，印度外贸逆差越来越大。2011—2012年度，印度出口额为3037.19亿美元，进口额达4886.40亿美元，贸易赤字1849.21亿美元，同比增长55.88%。当年度印度经常账户赤字782亿美元，占国内生产总值的4.2%。2012年1—11月印度出口2678.67亿美元，进口4411.99亿美元，贸易赤字1733.32亿美元，同比增长20%。2012年第三季度经常账户赤字占国内生产总值的比例上升至5.4%；第四季度经常账户赤字为326亿美元，占国内生产总值的比例高达6.7%，远高于上年同期的4.4%。①

（三）通货膨胀始终高位运行

独立后，由于长期实行赤字财政政策，印度财政赤字不断增加，通货膨胀压力逐渐加大。经济改革之后特别是进入21世纪以来，由于依然实行刺激经济政策、国际能源价格大幅度上涨和国内劳动工资持续上升等种种因素的影响，印度经济长期高速增长积累了巨大的通货膨胀压力。由于食用油、粮食、蔬菜和部分工业品价格大幅上涨，2008年以来印度通货膨胀率连续几个月持续上升。尽管通货膨胀率仍在两位数运行，然而为削弱国

---

① 中国驻印度经商参处："印度经常账户赤字创新高引发广泛关注"，2013年4月3日。

际金融危机对印度经济的影响，印度政府果断调整政策重点，从控制通胀转向“保增长”，出台一系列财政货币刺激措施。受国际市场石油等能源价格高涨、经济刺激计划和粮食等食品价格暴涨等诸多因素的影响，2009年印度通货膨胀问题逐渐严重起来，虽然到年底有所缓和，但全年通货膨胀率仍高达11.9%。2010年印度食品价格暴涨16.91%，印度也因此成为全球食品价格增长最高的国家。食品价格暴涨导致2010年印度消费物价上涨率仍然保持在10%以上。2011年，由于食品通货膨胀率居高不下，印度整体通货膨胀率仍保持在8%以上的较高水平。2012年，印度通货膨胀率仍在8%左右的高位运行。

（四）诸多经济问题与产业结构密切相关

作为一个人口众多、国内需求旺盛的发展中大国，印度欠发达的农业和制造业成为其经济问题的根源。相对滞后的农业难以满足印度国内因人口增加而逐渐扩大的农产品需求，造成农产品价格不断上涨。在印度长期存在的通货膨胀问题中，农产品价格上涨始终是主要因素。为促进农业发展而不断增加的农业补贴不仅使政府财政赤字不断增加，而且使政府财政赤字居高不下，从而不断加大通货膨胀压力，并在一定程度上使通货膨胀成为一种常态。同时，相对落后的制造业也难以满足印度国内因人口增加和人民收入增多而逐渐扩大的工业品需求。为此，印度只能通过从国外进口来满足广大人民不断扩大的工业需求，促使印度进口不断增加。而另一方面，由于制造业相对落后，造成印度商品出口难以同步增加，从而导致印度外贸连年逆差，且逆差不断扩大，并导致印度经常项目连年赤字，且赤字不断增加。由此可见，印度存在的诸多经济问题与其经济结构都存在一定的联系。

三、印度难以在短期内改变经济结构

由于印度经济中存在的财政赤字、经常项目赤字和通货膨胀等问题都与经济结构存在一定联系，因此要消除这些问题，必须彻底改变现有的经济结构。为此，印度必须大力发展农业，加速制造业发展，使国内工农业生产能够满足国内市场对农产品和工业品不断增长的需要。进入21世纪以来，印度政府注意到仅靠发展服务业难以解决不断增加的劳动力就业，必须加速制造业发展；为了满足人民对农产品不断增加的需要，必须把农业发展放在政府工作的首位。但是，无论是发展农业和制造业，印度都面临巨大的困难，经济结构调整都将因诸多限制而难以在短期内完成。

（一）基础设施短缺问题短期内难以好转

无论是工业还是农业发展，都需要电力等能源基础设施和公路、铁路、机场和港口等交通运输基础设施以及电话、互联网等现代通信基础设施的支持。但是长期以来，印度都存在电力和石油等能源严重短缺的问题，也存在公路、铁路、机场、港口等交通运输基础设施严重不足的问题，还存在电话等现代通信基础设施严重不畅的问题。进入21世纪以来，尽管印度政府注意加速基础设施建设，并取得一定成效，促使打电话难的问题得到一定程度缓解。然而，能源和基础设施短缺问题却不可能在短期内得到解决，因为解决这些基础设施短缺的问题不仅需要大量的资金和技术投入，而且需要占用大量土地，而大量资金和技术投入以及占用大量土地的问题，都不是在短期内容易家决的，因此基础设施短缺问题仍将在较长时期内阻碍印度工农业发展。

（二）资金短缺问题短期内难以解决

工业和农业的发展都还需要大量资金。长期以来，印度储蓄率和投资率都不高，没有超过25%。经济改革以来，印度储蓄率和投资率虽有所提高，但目前也仅保持在35%左右。由于印度在外国投资环境方面依然存在诸多问题，造成外国投资也难以大幅度增加；即使外国有所增加，然而也难以满足印度经济发展特别是基础设施建设对资金的巨大需求。在财政赤字巨大，基础设施建设、医疗卫生、教育培训等也需要大量资金投入的情况下，印度政府在短期内难以增加农业和工业发展所需要的资金，资金的限制也使印度农业和工业在短期内难以有突破性发展。据估计，仅在未来10年内，印度基础设施建设就需要超过1万亿美元的投资。在财政和经常项目双赤字的情况下，完全靠外国投资解决基础设施建设资金也是不切实际的。

（三）技术短缺短期内难以解决

工业和农业发展不仅需要大量资金投入，也不能没有大量先进技术的支撑。虽然印度在原子、电子、航空和生物等诸多高技术领域取得了诸多重要成就，但是印度在制造业技术和农业技术领域的进展却相对缓慢，相关技术也相对薄弱，因此需要大量引进国外先进的工农业生产技术。一个国家可以通过购买专利获得外国技术，但是这需要大量资金。对资金短缺的印度来说，大量购买外国技术显然难以实现，同时外国技术往往与外国投资结合在一起。但是，正如前述，由于印度在外国投资环境方面依然存在诸多问题，导致外国投资难以大幅度增加对印度的投资，印度也难以大量引进外国先进技术。因此，印度工农业生产技术短缺的问题也不是短期内能够解决的。

（四）制度改革短期内难以完成

工业和农业发展还需要制度改革的支持。正如前述，在印度，仍有诸多法律等制度性设施严重阻碍着印度经济发展。如要加速印度经济发展，必须对这些制度性法律进行修改。一是土地制度改革。无论基础设施建设、外国投资的利用，还是工业和农业发展，都需要有土地的支持。独立以来，印度一直都在进行土地改革，虽然获得一定进展，但成效不大，因此必须进行土地制度改革。在印度，由于土地私有制，土地制度改革难以获得实质性进展，因此要获得各类建设所需要的土地极为困难。二是劳工法修改。该法虽然在相当程度上保护了劳动工人的权益，但是也在相当程度上严重阻碍外国对印投资，也影响大型企业的建立，从而阻碍工农业发展。经济改革以来，印度政府试图修改劳工法，但都以失败告终。因此，现行的土地制度和劳工法等仍将在一定程度上阻碍印度工农业生产和基础设施建设，从而仍将阻碍印度经济发展。

第四编

印度经济发展的前景

考察一个国家经济发展的前景，不仅要考察该国经济发展的历史、潜力和存在的问题，重要的是要考察该国挖掘经济发展潜力的能力及解决经济发展问题的能力。因此，在分析了独立以来印度经济发展的历史、潜力和存在的问题的基础上，有必要考察印度挖掘经济发展潜力和解决经济发展问题的能力，从而把握印度挖掘经济发展潜力和解决经济发展问题可能达到的程度。本部分将从理论、趋势和数量三方面分析印度经济发展的前景。

第十三章

印度挖掘经济潜力的能力

印度具有丰富的自然资源潜力、巨大的人力资源潜力和科技进步潜力、广阔的商品服务市场潜力和良好的资源管理潜力。经过独立后60多年的艰苦努力，印度教育不断发展，科技明显进步，经济不断发展，市场逐渐完善。就经济潜力而言，印度和中国一样拥有令人兴奋的前景。[①] 但要研究印度经济发展前景，还应对印度挖掘经济发展潜力的能力和程度等进行深入分析。由于受到各种因素的制约，印度挖掘各类经济发展潜力的程度还将受到某些因素的约束，因此只有充分挖掘各类经济发展潜力，才能在更大程度上把各类经济发展潜力转变为经济发展动力，促进经济更快发展。印度拥有巨大的经济发展潜力，但是还没有充分挖掘其所具有的各种经济发展潜力。正如印度政府总理曼·辛格所指出的那样，“印度是一个具有很大潜力的国家，我们只挖掘了表面的一些潜力”。因此，未来印度经济发展的前景在相当程度上取决于印度挖掘这些经济发展潜力的能力和程度。经过独立后60多年的艰苦努力，特别是经过20多年的经济改革，印度挖掘经济发展潜力的能力大为增强，在一定程度上促进了经济快速增长。可以相信，随着科技不断进步，经济改革逐渐深入，印度挖掘经济发展潜力的能力将进一步增强，从而促进印度经济进一步增长。

① ［英］《独立报》1999年3月24日。

第一节　印度挖掘自然资源潜力的能力

印度幅员辽阔，国土面积居世界第七位，大部分地区处于热带或亚热带，阳光充足，雨量充沛，且三面靠海，拥有漫长的海岸线，因此印度拥有的土地资源、森林资源、矿产资源和气候资源等都比较丰富。独立后，印度注意对自然资源的开发利用，在一定程度上促进了农业、工业、交通运输业等服务业发展，但是却产生了环境污染、沙漠化等生态环境问题。正如前述，印度自然资源潜力巨大。未来印度经济发展前景在一定程度上取决于其挖掘自然资源潜力的能力，而这又在很大程度上取决于科技进步以及政府挖掘自然资源潜力的政策措施。可以相信，随着科技不断进步，经济改革逐渐深入，印度挖掘各类自然资源潜力的能力将进一步增强。

一、土地资源潜力与发挥

印度土地资源丰富，农业发展潜力巨大。随着科技进步和制度改进，印度发挥土地资源潜力的能力将不断增强。

（一）印度农业发展潜力相当巨大

独立后，印度利用丰富的土地资源，不断扩大耕地面积，发起“绿色革命”，逐渐提高农业劳动生产率，每公顷粮食产量从1960—1961年度的710公斤增长到2000—2001年度的1739公斤，增加了1倍多，而谷物和豆类产量也从1951年的4100万吨增加到2001年的1.621亿吨，[①] 把印度从一个吃粮靠进口的国家变成为粮食基本自给并有大量储备和少量出口的国

---

① 印度政府：《2002—2003年度经济调查》，印度政府财政部经济处，新德里，2003年，第S-21页。

家。这虽在一定程度上促进了印度经济发展，却也产生了诸多问题，如森林覆盖率逐渐下降，森林资源不断减少；草场质量逐渐退化，草地面积不断缩小；水土流失日益严重，土地荒漠化持续扩大等。同时，建设用地急剧增加，耕地面积不断减少，导致人均耕地面积逐渐减少。但到目前为止，与世界先进国家相比，印度的土地使用效率仍然不高，单位面积农作物产量还比较低。由于印度大部分地区地处热带和亚热带，有着充足热量和阳光；约一半的耕地分布在平原，土地肥沃，因此可以说印度农业还有巨大的发展潜力。

（二）科技进步将有效发挥土地资源的潜力

20世纪60年代中期后，以推广高产农作物品种等为主要内容的“绿色革命”有效地促进了印度农业发展，使印度从一个吃粮靠进口的国家转变为粮食基本自给并有大量储备和少量出口的国家，而未来印度农业发展潜力的发挥和农业的进一步发展也在很大程度上取决于农业技术进步。独立后印度农业技术不断进步，科技在印度农业发展中的作用不断增大。目前，印度人苏曼特·库马培育的高产水稻新品种的单位面积产量已经超过中国水稻育种专家袁隆平培育的超级杂交水稻的单产。如果将其在全印推广，印度水稻产量就将增加1倍多。可见，印度已具有挖掘农业发展潜力的能力。可以肯定的是，印度农业科技仍将继续进步。随着农业科技不断进步，科技促进印度农业发展的作用将进一步增强，印度将更加有效地挖掘土地资源的潜力，促进印度农业继续发展。

（三）制度变革将继续发挥土地资源的潜力

独立后，印度虽然进行了土地改革，但是由于进展不大，加上农业改革长期滞后，印度依然存在大量无地和少地农民，以家庭为生产单位的家庭农业在印度依然非常盛行，农业生产方式改进对推动农业发展的作用并不十分明显。因此，未来印度农业发展状况在一定程度上还取决于农业生产方式的改进。同时，土地私有制的存在也在一定程度上影响了交通运输、工厂和城镇等基础设施建设，造成许多基础设施难以有效改善。当然，传统习惯势力的存在和人口众多等因素仍将在一定程度上严重阻碍印度土地改革的进行，从而在相当程度上影响印度农业生产方式的改进。但是，随着世界贸易组织农业协定逐渐落实，农业全球化化程度也将逐渐加深，其对农业发展的影响也将不断增强，从而迫使印度农业生产方式进行必要的调整或改革，以增强印度农业适应世界贸易组织和经济全球化挑战的能力，进而增强挖掘土地资源潜力的能力。

二、森林资源潜力与发挥

印度森林资源丰富，林业发展潜力巨大。随着科技进步和制度改进，印度发挥森林资源潜力的能力将不断增强。

（一）印度具有发展林业的潜力

印度森林资源丰富并具有多样性特征，在茂密的森林中，还有丰富的动植物资源和药材资源。辽阔的国土和广袤的森林赋予了印度大片草地，为畜牧业发展提供了重要条件。独立后，印度利用丰富的森林资源建立起庞大的森林工业，基本满足了人民生活的基本需要；利用丰富的动植物资源和药材资源大力发展本地制药工业，满足了人民对本地药材的需要；利用丰富的草地资源大力发展畜牧业，特别是发起“白色革命”，努力发展奶业，印度奶产量从无到有，不断增加。2013 年，印度年奶产量超过 1 亿吨，成为世界上奶产量最高的国家。畜牧业的发展以及奶产量的增加满足了印度人民的生活需要，还使印度成为奶产品的重要出口国。但是，印度丰富的森林资源还没有得到充分利用，还存在巨大的发展潜力。

（二）科技进步将有效发挥森林资源的潜力

随着人口增加，对木材需求扩大，印度森林资源特别是木材资源逐渐减少，但是森林中还有各类药材资源和大量牛羊饲料资源。独立后，印度科学家培育出产奶量高且不需要多少精饲料的奶水牛，才使印度奶牛数量迅速增加，并促使奶产量迅速增加。印度本地药物的制造和发展，也与印度在这方面的科技水平不断提高密切相关。因此，未来印度森林资源潜力的充分发挥，也在相当程度上取决于印度在相关科技领域的进步。当然，可以肯定的是，未来印度在本地医药和奶制品等领域的科技水平仍将进一步提高，从而增强印度挖掘森林资源潜力的能力，促进印度森林工业及相关产业的发展。

（三）制度变革将继续发挥森林资源的潜力

在印度，除零星分散的少数林木属私人所有外，大多数集中成片的森林资源均为国有。长期以来，印度注重国有森林资源的开发，但对其保护却显得非常不够。由于大多数国有森林资源地处偏远，且分布在经济落后、人民生活极端贫困的农村地区特别是表列部落或表列种姓集中居住地区，这些地区的居民长期以来受生活基本需要所迫而靠山吃山，经常采取一些破坏森林资源的行动，从而削弱森林资源的固有潜力，因此如何加强对国有森林资源的保护成为印度迫在眉睫的难题。政府除了实行某些必要的政策措施，尽快消除这些地区居民生活贫困状态外，还可以在一定程度上实行某些重要的制度变革，如给个人一定的补贴，让其承担保护森林的任务，或将某些森林资源承包给个人进行保护，从而把森林资源的开发与保护结合起来，逐渐增强森林资源的潜力。同时，在林木分散的地区，在继续坚持实行社会林业政策的同时，适当增加造林者和护林者的利益，也可以把植树造林与保护树林结合起来，进一步增强印度森林资源的潜力。总之，制度的变革也将在一定程度上增强印度挖掘森林资源潜力的能力。

三、矿产资源潜力与发挥

印度矿产资源丰富，矿业发展潜力巨大。随着科技进步和制度改进，印度发挥矿产资源潜力的能力将不断增强。

（一）印度矿产资源潜力相当巨大

丰富的矿物资源为印度工业发展提供了十分重要的条件。独立后，为了建立民族工业基础，印度大力勘探和开发各类矿产资源，形成煤炭勘探与开采、石油勘探与开采、天然气勘探与开采、铁矿勘探与开采、铜矿勘探与开采、铝矿勘探开采、黄金勘探与开采、铅锌勘探与开采等产业，促进了各类采矿业与冶炼业的建立和发展，推动了印度完整工业体系的建立和发展。独立后，印度各类矿物产量都有程度不同的增加，特别是煤炭年产量从几百万吨增加到2013的5亿吨，在一定程度上满足了印度社会经济发展的需要，并促进了经济发展。当然，矿产资源属于不可再生资源。印度矿产资源品种虽然较多，但多数矿产资源的储量并不丰富，特别是被称为“现代经济体血液”的石油储量更是微不足道，因此只有靠增加进口来满足社会经济发展和人民生活的需要。尽管如此，但印度幅员辽阔，特别是还有数百万平方公里的海洋经济专属经济区，在这辽阔的海底蕴藏着各类重要的矿物这也在一定程度上保证了印度所拥有的矿物资源品种更加齐全，有的矿物储量还比较丰富。因此，印度经济发展所需要的矿产资源潜力依然巨大。

（二）科技进步将有效发挥矿产资源的潜力

独立后，随着科技进步，印度不仅发现了新的矿物品种，而且增加了对矿物的开采利用，在一定程度上满足了社会经济发展对矿物的需要。但是长期以来，印度社会经济发展所需石油的一半都得依赖进口解决，耗费了印度难得的外汇资源。同时，世界石油价格的波动不仅影响印度国内物价水平，而且影响印度社会经济发展。重要的是，随着社会经济进一步发展，印度对石油的需求将进一步扩大，石油资源对印度经济发展的影响还可能进一步加深，甚至在一定程度上影响印度对外关系发展。尽管从目前情况看，印度在短期内找到石油、天然气及其他矿产资源还要受到诸多限制，然而随着科学技术进步，印度将进一步发挥矿产资源的潜力，很有可能找到更多的石油、天然气以及某些替代能源，特别是很有可能进行页岩天然气的开采和利用，以多少解决石油短缺的问题；也可能找到更多的其他矿物资源，以逐渐满足印度社会经济发展对各类矿物资源的需要，减少社会经济发展对某些矿产资源进口的依赖，减轻世界经济波动和能源价格上涨对印度经济发展的影响。

（三）制度变革将继续发挥矿产资源的潜力

独立后，印度把所有矿产资源收归国家所有，尽管也允许私营部门和外国投资者开采某些矿产资源，如允许外国投资者在印度勘探和开采海洋石油，然而政府却把主要矿产资源的勘探与开采交给公营部门。由于矿产资源的勘探与开采需要投入大量人力和物力，特别是需要大量资金投入，具有相当大的风险性，大量资金投入很可能根本就没有回报，完全没有发现新的矿产资源，因此长期存在巨额赤字的印度财政和长期存在巨额亏损的印度公营部门都难以投入巨额资金进行矿产资源的勘探和开采。随着经济改革逐渐深入和国民经济不断发展，公营部门经济实力和国家财政实力将逐渐增强，从而可能不断增加对矿产资源的勘探和开采，增强印度矿产资源的潜力和开发矿产资源的能力。同时，随着经济改革的深入，印度政府也在不断允许私营部门包括外国投资者参与更多矿产资源的勘探和开采活动，从而可能进一步增强印度矿产资源的潜力和开发矿产资源的能力。现在，美国已经同意帮助印度建立更多的核电站，如果美国能够帮助印度进行页岩天然气的开采和利用，那么印度挖掘矿产资源潜力的能力就将进一步增强。

四、其他自然资源潜力与发挥

印度水资源、太阳能和风能等其他自然资源也很丰富，电力和养殖业等发展潜力巨大。随着科技进步和制度改进，印度发挥水资源等其他自然资源潜力的能力将不断增强。

（一）印度其他自然资源潜力巨大

在其他自然资源中，水资源对于未来印度社会经济发展和人民生活需要来说最为重要。印度大部分地区属于热带季风气候区，因此拥有丰富的太阳能资源和风能资源；印度大部分地区雨量充沛，还有漫长海岸线，在12海里领海和200海里经济专属区内拥有200多万平方公里的海洋国土，因此水资源极为丰富。独立后，为促进国民经济发展，印度利用丰富的水资源，促进农业灌溉面积逐渐扩大，也大力发展内河运输和海洋运输，推动印度农业和运输业发展。印度还利用丰富的水资源发起“蓝色革命”，不断增加鱼类产量，在一定程度上改善了人民生活，并扩大了鱼类产品的出口。重要的是，印度还利用丰富的水资源兴建水力发电站；利用丰富的太阳能资源开发太阳能发电；还利用丰富的风能资源不断开发风能发电，进一步扩大发电量，满足印度社会经济发展和人民生活需要。但是，无论从水资源还是风能资源和太阳能资源的利用和开发来讲，印度的利用能力和利用水平都还很低，因此印度其他自然资源的潜力依然巨大。

（二）科技进步将有效发挥其他自然资源的潜力

独立后，随着科技不断进步，印度逐渐增加对水资源的利用和开发，增加了水产养殖，扩大了内河航运和海洋运输，开始建设水力发电站，利用水力发电；印度也开始对太阳能和风能进行开发利用，利用其从事发电。可以说，印度在水利灌溉、水产养殖、海洋运输、水力发电、太阳能发电和风能发电等领域的科技已经取得重要进展。但是，现代工业的发展、现代工业品的使用和人类生活的丰富不断增加对水的使用量，也在相当大程度上造成了水资源污染，极大地影响了印度人民基本生活和社会经济发展。当然，可以肯定地说，未来印度在水利灌溉、水产养殖、海洋运输、水力发电、太阳能发电和风能发电等领域的科技仍将不断进步，污水处理和空气净化的技术也将不断进步，从而将进一步增强印度挖掘以上领域潜力的能力，并推动这些事业的不断发展。

（三）制度变革将继续发挥其他自然资源的潜力

水利灌溉、水产养殖、海洋运输、水力发电、太阳能发电和风能发电等都需要比较先进的科学技术，并投入大量的人力和资金。长期以来，除水产养殖主要依靠私人投资外，水利灌溉、海洋运输、水力发电等主要由国家投资兴办，太阳能发电和风能发电的研发等也主要由国家投资开展。由于国家财政实力的限制，其不可能将太多资金用于以上领域。因此，挖掘水资源、太阳能资源和风能资源等其他自然资源的潜力还需要政府进行制度改革，鼓励私营部门进入这些领域，以增强印度挖掘这些自然资源潜力的能力。随着经济改革的深入，印度将进一步鼓励私营部门进行水资源、太阳能资源和风能资源等其他自然资源的开发和利用，也将鼓励私营部门开展水污染和空气污染等环境治理，从而增强印度开发和利用这些自然资源潜力的能力。

第二节 印度挖掘人力资源潜力的能力

据估计，在不远的将来，印度人口将超过中国，成为世界上人口最多的国家。人口众多使人力资源成为印度最为丰富的经济资源，其也为经济进一步发展创造了重要条件。因此，印度经济发展前景在一定程度上取决于对人力资源的开发能力和开发程度。独立后，为开发丰富的人力资源，印度大力发展各类教育事业，促使教育不断发展；大力发展科技，促使科技不断进步。但是，无论是教育发展还是科技进步，印度仍然都存在巨大的发展潜力。可以肯定地说，未来印度教育和科技都将进一步发展。随着教育发展和科技进步，印度发挥人力资源潜力的能力将不断增强，从而增加人力资本投资，提高人力资源水平，促进印度经济继续保持增长。

一、印度人力资源潜力巨大

印度人力资源丰富并且潜力巨大特别是随着教育和医疗事业的发展，印度将逐渐增强发挥人口红利的能力，促进经济发展。

（一）印度人力资源潜力巨大

独立后，印度政府非常重视人力资源开发，大力发展各类教育，但目前仍有1/3成人为文盲，妇女文盲人口约占妇女总数的一半。由于教育经费严重不足，印度许多中小学办学条件极差。全印一半以上的小学没有合格的教室，也没有像样的桌椅和黑板；学校师资也严重缺乏，到1981年印度1/3的小学只有1个教师，还有数千所学校根本没有教师，20万个村庄没有小学。尽管独立后印度特别重视高等教育发展，在校学生多达700多万，但适龄人口进入高等学校的比例仍仅为10%左右，大量适龄青年没有机会接受高等教育。除部分高等教育机构教学质量较高，其毕业生可直接进入印度甚至发达国家劳动力市场外，大多数高等院校教育质量还有待进一步提高。因此，印度各级教育的问题严重影响人力资源开发。同时，独立后由于印度经济长期增长缓慢，国家财政资金严重不足，尽管各类医疗卫生事业有所发展，但医疗卫生服务总体水平还比较低下，缺医少药问题还比较突出，严重影响人力资源开发。重要的是，在印度受教育者中，还有不少人没有找到工作，他们的作用未能发挥出来。在公营企业和政府部门中，由于体制等种种因素的影响，往往人浮于事，即使已经就业的人口，其作用也未能充分发挥。重要的是，印度许多妇女结婚后就不再就业，致使劳动参与率至今较低，也严重影响人力资源作用的发挥。因此，印度人力资源的潜力依然巨大。要彻底扫除文盲，提高各类教育的质量，改善医疗卫生状况，提高劳动参与率，解决受教育者失业和公营部门人浮于事等问题，以充分挖掘丰富的人力资潜力，印度还有很长的路要走。

（二）人口红利与印度经济发展

独立后，印度人口增长迅速，从 1951 年的 3.61 亿增到 2001 年的 10.29 亿，[①] 仅次于中国位居世界第二，并且还在以较快速度持续增长。目前，印度人口年增长率仍保持在 1.5% 左右，这意味着每年新增人口仍将多达 1800 万左右，甚至超过世界上许多国家的人口总和。人口较快增长可能使印度人口在不远的将来超过中国，使印度成为世界上人口最多的国家。众多人口使印度劳动力资源极为丰富；较高的人口增长率使印度人口呈现出年轻型的特点，保证青年人口在人口总数中占有较高比重。目前，年龄在 15 岁以下的人口占印度人口总数的比例在 40% 以上。这意味着印度经济发展拥有丰富的人力资源，可以在相当长时期内享受人口红利。在一个相当长的时期内，印度劳动力工资都将可能保持在较低水平，在一定程度上节约投资者所承担的劳动力成本，保持甚至增加投资者所获得的利润。这在一定程度上能刺激印度国内资本增加投资，也能在一定程度上吸

---

① 印度政府：《2004—2005 年度经济调查》，印度政府财政部经济处，新德里，2005 年，第 S-115 页。

引外国投资者扩大对印投资，从而推动印度经济投资增加，促进经济增长。当然，由于大量文盲和大量穷人存在，劳动参与率低，劳动力失业问题严重，印度人口红利并没有得到充分利用。

（三）经济发展与人力资源潜力的发挥

独立后印度社会经济发展的历程表明，随着经济逐渐发展，劳动力就业将不断增加，教育和医疗卫生事业将继续发展，国家挖掘人力资源潜力的能力将逐渐增强，因此经济发展将增强国家人力资源开发力度，加速人力资源开发，增强挖掘人力资源潜力的能力。经济改革以来，随着经济加速发展，人民收入不断增加，印度贫困人口占总人口的比例逐渐下降；医疗卫生事业和教育培训事业也有较大发展。进入 21 世纪以来，印度注意加强基础教育投资，大力发展初等教育，促使成人识字率大幅度上升。在未来，随着经济改革逐渐深入，国民经济不断发展，国家财政收入将逐渐增多，人民收入将不断增加，贫困问题可能有所缓和，人民营养状况将有所改善；医疗卫生事业将有所发展，人民健康状况将有所改善；教育事业将不断发展，劳动者技术水平将逐渐提高；劳动参与率可能有所提高，劳动力失业问题将逐渐有所缓和，劳动生产率将有所提高。这一切都将促使印度挖掘人力资源潜力的能力进一步增强，推动巨大的人力资源潜力进一步得到充分发挥，从而促进印度经济继续保持较快增长。

二、教育发展与人力资源潜力的发挥

独立后，印度各类教育事业获得重要发展，但是发展潜力依然巨大。随着教育事业不断发展，印度发挥人力资源潜力的能力将不断增强。

（一）印度各类教育事业蓬勃发展

为挖掘人力资源潜力，独立后印度大力发展教育事业，不断增加教育投入。在政府计划支出中，教育支出从“一五”计划期间的 15.3 亿卢比增长到“八五”计划期间的 1960 亿卢比，其占印度国内生产总值的比例也从1951—1952年度的0.7%上升到1997—1998年度的3.6%。随着教育投入增加，印度各类教育机构迅速扩大。1950—1951年度到2002—2003年度期间，印度初等教育机构从20.97万个增加到65.138万个；同期，初级中等教育机构从1950—1951年度的1.3万个增加到24.53万个；高级中等教育机构从0.73万个增加到13.72万个。教育机构增加有效地促进了成人识字率的提高，从1951年的18.33%上升到2001年的64.84%。到2002—2003年度，印度各类普通高等学院共有9166所，高等职业教育学院2510所，大学和认定为大学的有385所，各高等院校在校学生人数从1950—1951年度的22.5万增加到2000—2001年度的741.8万。[①] 在众多高等教育机构中，还有一批国际知名大学和学院，如印度理工学院的优秀毕业生甚至可与美国麻省理工学院和法国综合大学的毕业生相比，该学院毕业生可直接进入美国等发达国家劳动力市场。

（二）各类教育发展潜力巨大

独立后，印度教育虽然获得重要发展，但到2001年成人识字率也仅为64.84%；有的邦成人识字率甚至更低，如比哈尔邦为47%，贾坎德邦为53.56%，安得拉邦为54.34%。这意味着印度至今还数亿人为文盲，有的邦近一半成人为文盲。从全印来说，1—5年级义务教育已普及，但此阶段儿童入学率拉克萨得维普中央直辖区为60.4%，哈里亚纳邦为90.4%，喀拉拉邦为92.3%，旁遮普邦为92.8%，安得拉邦为95.5%；6—8年级儿童入学率为78.1%，其中男童入学率为81.5%，女童入学率为74.4%，但此阶段儿童入学率比哈尔邦为46.2%，拉克萨得维普为54.5%，那加兰邦为60.1%，贾坎德邦为62.2%，北方邦为67.8%。可见，无论是1—5年级还是6—8年级义务教育特别是后者，印度全境还没有达到普及水平。这意味着新文盲可能在印度继续产生，初等和中等教育还有巨大发展潜力，特别在有的邦这类教育发展潜力更大。独立后，印度高等教育也有很大发展，但是目前印度高等院校入学率仅为10%左右，这意味着大多数印

① 印度政府：《2004—2005年度经济调查》，印度政府财政部经济处，新德里，2005年，第S-112—113页。

度适龄学生不能进入高等学校学习。印度高等教育发展潜力巨大，还需要大力发展高等教育，设立更多的高等教育机构。

（三）经济发展促进教育发展

无论是创办幼儿园，还是设立小学、中学和大学，都需要建设一定规模的校舍，购置一定数量的教学仪器设备，聘请一定数量的教师和管理人员，因此各类教育事业的发展都需要大量的资金投入。尤其是高等教育的发展，更需要投入更多资金，配置更加先进的科学仪器。一个经济发展水平不高的发展中国家，在经济发展初期难以投入太多资金来发展教育。但是随着国家经济逐渐发展，财政收入不断增加，政府有可能逐渐增加教育投入，从而促进各类教育事业发展。实际上，经济改革以来，随着经济加速发展，印度对教育的投资不断增多，有效地促进了印度教育事业发展。因此可以预见，未来随着科技不断进步，经济不断发展，印度政府财政收入将逐渐增加，政府也将逐渐增加教育投入，促进各类教育事业继续发展，特别是推动印度高等教育有一个较大的发展。

三、科技进步与人力资源潜力的发挥

独立后，印度科技事业获得重要发展，但是发展潜力依然巨大。随着科技事业不断发展，印度发挥人力资源潜力的能力将不断增强。

（一）印度科技蓬勃发展

1. 原子科技

1966 年，印度成为唯一拥有设计快速中子反应堆能力的发展中国家。1969 年，印度建成第一座核电站，现在已具有自己设计、制造、建设和管理核电站的能力。1988 年，印度建造 50 万千瓦核电站，计划到 2020 年使印度核电能力达到 2000 万千瓦。[①] 印度还将原子技术广泛运用于科研、农业、工业、医疗和军事等诸多领域。1998 年连续 5 次核试验后，印度已成

---

① 印度政府：《2000 年印度参考年鉴》，印度政府广播信息部出版处 2000 年版，153 页。

为事实上拥有核武器的国家。

2. 空间科技

1983 年印度开始实行国家卫星系统计划，并已成功研制并发射了 INSANT—1 至 4 型等各类卫星。1980 年，印度用自制火箭成功发射自制卫星，成为世界上第七个能自制火箭的国家。1990 年，印度成为世界上第六个用自制火箭把一颗遥感卫星成功送入极地轨道的国家。印度已掌握第一至四代火箭技术，最新型的火箭可将 2. 5 吨重的卫星发射入轨，印度也因此进入发射卫星的商业领域。同时，利用空间技术，印度还具有发射射程在 5000 公里以上远程导弹的能力。

3. 信息科技

印度 60% 的软件公司已掌握并运用世界上最先进的技术，如图形用户界面及面向对象编程等；100 多家软件公司通过 ISO9000 国际标准认证；几乎所有软件开发公司都把美国卡内基隆梅大学软件工程研究所设立的 SEI 软件品级作为质量管理标准。因此，印度软件公司开发的软件质量非常好，使世界各大公司纷纷向印度采购软件。此外，印度硬件技术也不断发展。1998 年，印度生产的帕拉玛（PARAM）10000 超级计算机可与美国生产的任何一台克莱超级计算机相比，使印度跨入当时只有美、日、欧等少数国家才能生产超级计算机的行列。

4. 生物科技

印度培育出许多抗病虫害的高产小麦、水稻等新品种，获得转基因水稻、烟草等新品种和保存

蛋白质及防止病虫害的基因。印度已获得利用谷糠、玉米杆、蔗渣等制造生物化肥的技术，还获得利用海藻和根瘤菌等制造生物化肥的技术。印度培育出用料少的优良奶牛和大量优良鱼种，并成功利用 DNA 技术和转基因遗传技术生产出抗病毒疫苗。

5. 海洋科技

印度已对专属经济区内 1000 米深水质进行研究，绘制各类鱼群活动图；创建海洋卫星信息系统，准确向渔民提供各海域鱼类活动情况；研究出多种海洋生物具有防治糖尿病等多种疾病的功能，已在动物身上进行实验；除海洋石油天然气开采外，还从海洋中提取碘、锰、溴、钾、盐、

金、锡、钛等多种重要物质，使其进入海洋开发先进行列。印度已进行20多次极地科学考察，并在南极建立科学考察站，获得有关南极方面的重要资料。

（二）印度科技发展潜力巨大

独立后，印度在各科技领域取得诸多重要成就，但与科技发达国家相比还有很大差距。作为经济落后的发展中国家，无论在传统制造科技，还是在高新科技的原子科技、空间科技、信息科技、生物科技和海洋科技，印度都还比较落后。印度虽能独立设计、制造、安装和管理核电站，但其核电站规模不大，发电能力较小；虽成为拥有核武器的国家，但其数量和质量都无法与美、俄等国相比。印度虽能发射极地卫星，但却还没有载人上天；虽能发射远程导弹，但还不具备发射超远程导弹的能力。印度虽成为软件超级大国，但独立开发的软件并不多；虽生产出超级计算机，但仍落后先进国家许多。印度虽在生物科技和海洋科技等高科技领域取得不少进展，但与西方先进国家相比仍相当落后。由于制造科技落后，印度制造业至今仍不发达，许多重要制造品依然靠进口来满足。印度科技发展还有很长的路要走，当然，这也显示出印度科技发展潜力巨大。印度科技研发主要集中在政府、高等院校和公营企业的科研机构中，尽管其发表了不少科研论文，但其中相当多的研究脱离社会经济发展实际，论文发表后就束之高阁，研究成果并未向生产转化，这势必严重影响印度挖掘科技潜力的能力。现代科技发展需要雄厚资金支持，资金短缺始终是印度经济发展中的严重问题，不可能在科技研发上投入太多资金也将影响印度发挥科技潜力的能力和程度。

（三）经济发展促进科技发展

近代世界各国经济发展的历史表明，科学技术对经济发展的促进作用越来越大。当今世界各国之间的竞争首先体现在经济实力方面，但实际上还是科技的竞争。独立后，科技进步有力地促进了印度经济发展，并为印度经济进一步发展奠定了重要基础。正如法国国际研究中心主任、印度问题专家克里斯托夫·雅弗勒塔指出，“同别的国家相比，在印度，高技术正在发挥更大的作用”。[①] 随着未来经济发展，经济实力增强，财政收入增加，印度将逐渐增加科技投入，促进科技水平进一步提高。重要的是，美国已解除对印度的高技术制裁，并承诺在核能、太空和其他高科技领域内加强与印度的合作，这对于印度科技特别是高技术进步无疑十分重要。科技在印度经济发展中的作用仍将进一步增强，推动经济进一步发展；而经济发展也将进一步推动科技发展。

第三节　印度挖掘资源管理潜力的能力

如上所述，印度已经具有挖掘自然资源潜力和人力资源潜力的能力。通过充分挖掘这些经济潜力，能够有力地推动印度经济发展。但是，要充分挖掘这些经济潜力，还要受到诸多因素的制约，特别是管理这些经济资源的经济制度的制约。因此，独立后印度允许私营经济存在和发展，大力发展公营经济，形成公私并存的混合经济体制，但更强调公营经济在经济发展中的作用；在保留市场机制的同时，又实行经济发展五年计划，形成经济计划与市场调节相结合的宏观经济管理机制，但是更强调国家对经济发展的干预；在保持和发展对外经济关系的同时，更强调自力更生发展国民经济。经过30多年的实践，印度经济虽然取得许多重要成绩，但是也存在不少问题，其中最大的问题是经济增长缓慢，财政斥资居高不下。1991年经济改革以来，印度逐渐减少对公营经济发展的控制，不断放松对私营经济发展的限制；逐渐减少对经济发展的干预，不断增强市场机制的调节功能；逐渐减少对发展对外经济联系的控制，大力发展对外经济联系，从而促使印度经济加速增长。因此，不断增强挖掘资源管理潜力的能力，逐渐消除影响经济潜力发挥的各种限制，最大限度地挖掘各种经济潜力，以尽可能地促进经济发展，仍然是摆在印度政府和人民面前的重要任务。当

---

① ［法］《世界报》2004年1月13日。

然，通过不断深化经济改革，最大限度地消除这些限制，充分发挥各种经济发展潜力，印度经济发展前景可能更加光明。

一、混合经济体制与经济潜力的发挥

印度混合经济体制促进经济潜力的发挥。随着经济体制改革的深入，印度将逐渐增强经济体制对促进经济潜力发挥的作用。

（一）私营经济与经济潜力的发挥

为了发挥私营经济对促进经济发展的积极作用，第二次世界大战后，世界许多国家都允许私营经济存在和发展。独立后，为促进国民经济恢复和发展，印度允许私营经济存在和发展。但是，为消除私营经济只顾追求经济利润而可能不愿承担社会责任，或违背社会公德，危害社会发展等诸多弊端，政府又对私营经济存在和发展施加诸多限制。通过工业政策，明确私营经济不能进入许多由公营经济垄断经营的工业领域；通过许可证政策，规定私营经济的建立和发展必须得到政府相关部门许可，甚至其生产规模也要事前得到政府批准；通过主要商品法，加强对主要商品生产、运输、储存、分配及其价格等的控制，从生产、流通、销售等诸多领域控制私营经济发展；通过反垄断法，加强政府对大型私营垄断企业发展扩张等诸方面的控制，防止经济权利集中。政府长期对私营经济发展的诸多限制和严格控制，严重影响私营经济促进经济发展作用的发挥，也在相当程度上造成独立后印度经济长期增长缓慢。

（二）公营经济与经济潜力的发挥

第二次世界大战后，为消除私营经济弊端，世界各国大力发展公营经济。独立后，为实现社会主义类型社会发展目标，占领国家经济制高点，印度通过多种渠道，投入大量资金，大力发展公营经济，在原子能、军工、铁路运输、公路运输、海洋运输、航空运输等运输领域，石油、煤炭、天然气等能源以及金、银、铜、铁、铝、锡、铅、锌、汞、铂等主要矿物的勘探与开采领域，汽车、火车、拖拉机、摩托车、自行车、轮船等交通工具的制造领域，甚至在纺织、造纸等轻纺工业和面粉、榨油、制糖等食品加工领域以及银行、金融、对外贸易、旅馆饭店等服务领域，都建立了公营企业。公营经济在印度军工、铁路运输、银行金融、对外贸易、邮政电信等重要领域占据垄断地位，还在机器制造、矿物勘探与开采以及海洋运输、航空运输、公路运输等领域占有十分重要的地位。但长期以来，过分强调公营经济在占领国民经济制高点、增加劳动力就业、促进社会公平、限制经济权利集中等方面的作用，加强对公营经济经济发展的干预却相对忽视其经济效益，致使公营经济促进经济发展的潜力没有充分发挥出来，并使公营经济长期处于亏损状态，成为政府财政的沉重包袱，导致政府财政赤字居高不下，进而在一定程度上致使独立后印度经济长期增长缓慢。

（三）经济体制改革与经济潜力的发挥

长期经济增长缓慢，财政赤字不断增多，给印度社会经济发展造成一系列问题。为加速经济增长，1991 年印度发起以经济私有化、自由化、市场化和全球化为导向的经济改革。经济改革以来，政府与公营企业签订“谅解备忘录”，明确企业的权利和责任，逐渐减少公营企业中的政府代表，不断减少对公营经济发展的限制，逐渐增大公营企业生产经营自主权；不断减少政府在公营企业中所持股份，把许多公营企业改造成上市公司；逐渐减少公营企业垄断经营的领域，让公私企业在同一领域自由竞争。印度也不断放松对私营经济发展的限制，修改工业政策，让私营部门进入过去由公营部门垄断经营的领域；修改许可证法，逐渐减少许可证控制，直到基本上取消生产经营许可证，让私营经济放手发展；修改主要商品法，大幅度减少主要商品种类，由几十种减少到只有几种，逐渐减少对主要商品生产、储存、运输、分配和消费等诸多方面的限制；废除反垄断法对大型企业发展的限制，促使大型企业发展；鼓励私营企业走出去，在海外开展兼并收购，促进私营企业迅速扩张等。经济改革既增强了公营企业的活力，使大多数公营企业扭转亏损状态，许多还实现赢利；也刺激了私营经济发展，旧的私营企业获得新生，大型企业迅速发展，还产生一批新的大型私营企业。总之，经济体制改革促进公营经济和私营经济发展潜力的发挥，有效地推动印度经济加速发展。因此，随着经济改革的深入，混合经济体制对经济发展的促进作用将进一步增强，印度挖掘经济体制潜力的能力也将进一步增强。

二、混合管理机制与经济潜力的发挥

印度市场经济与计划经济并存的混合经济管理机制促进经济潜力的发挥。随着经济管理机制改革的深入，印度将逐渐增强经济管理机制对经济潜力发挥的促进作用。

（一）市场经济与经济潜力的发挥

长期以来，西方资本主义国家实行自由放任的市场经济制度。世界各国经济发展历程表明，市场经济制度可最大限度地释放各类资源的经济潜力，保证经济效率提高，促进经济较快发展，但由于市场经济强调经济利润，可能忽视甚至不顾社会利益，影响社会稳定，也可能影响经济稳定，产生经济危机，破坏生产力，形成经济倒退。独立后，为发挥市场机制的积极作用，印度在经济发展中保留市场、价格、利率等市场机制，允许其在经济发展中发挥应有作用；但为消除其固有弊端，又注意限制市场机制的作用。印度虽保留商品市场，但政府积极介入主要商品市场和服务市场，除大量购买粮食等主要商品外，还对其价格及铁路运费等主要服务价格实行严格控制，规定管理价格，使商品和服务价格刺激生产扩大和服务增加的作用受到不同程度的抑制，不利于促进经济发展。印度虽也保留资金市场和资本市场，但却对其运行实行诸多限制或控制，如严格控制私营部门进入银行金融领域；各银行必须保持特别高的现金准备率和流动性比例；各银行必须将其相当部分贷款放给政府规定的优先部门，并对这些放款实行低于普通利率的优惠利率等，在一定程度上控制资金价格和资金流向，限制资金价格作用的发挥，不利于经济发展。此外，印度虽保留劳动力市场，但却通过严格的劳动工资法，规定雇员在100人以上的企业解雇工人必须获得政府批准，企业必须不断提高工人工资等。这虽在一定程度上保护了工人利益，却也在一定程度上阻碍了劳动力流动，在一定程度上不利于工人劳动积极性的发挥，从而不利于企业健康发展甚至经济发展。

（二）计划经济与经济潜力的发挥

第一次世界大战后，苏联成为社会主义国家，为消除市场经济机制的固有弊端，开始实行计划经济。第二次世界大战后，除中国等社会主义国家实行计划经济外，许多西方发达国家和获得民族独立的发展中国家也实行经济发展计划。独立后，为加速国民经济恢复和发展，把本国建设成为现代工业化强国，印度保留市场机制作用的同时，也仿照苏联的做法，从1951 年起实行国民经济发展五年计划。为实现五年计划规定的社会经济发展目标，印度加强政府对经济发展活动的干预，在相当程度上限制了价格、利率、税率等市场机制作用的发挥，从而严重影响了印度经济发展，在一定程度上导致印度经济长期增长缓慢，许多商品出现短缺，通货膨胀时常出现，并使印度财政赤字长期居高不下，国际收支赤字长期存在。

（三）管理机制改革与经济潜力的发挥

1991 年，印度发起以经济私有化、自由化、市场化和全球化为导向的经济改革，在继续实行国民经济发展五年计划，减少对公营经济发展控制，放松对私营经济发展限制的同时，通过修改工业政策以及许可证法、主要商品法和对外贸易法等，基本取消政府对生产经营许可证的控制，减少对商品价格和服务收费、银行信贷投向和信贷利率等的控制，减少对对外贸易和外国投资的限制等，从而不断增强市场机制的调节功能。经济改革以来，随着政府对经济活动干预的逐渐减少，印度公营经济经营情况不断改善，私营经济获得迅速发展，有效地推动印度经济加速增长。可见，经济改革使印度资源管理潜力得到比较充分的发挥。当前，印度莫迪政府正在考虑对宏观经济管理机制进行重大改革，削弱甚至撤消国家计划委员会，让市场机制更加充分地发挥作用。因此可以预见，未来印度政府仍将继续进行经济改革，通过继续深化经济改革改善经济管理机制，促进经济发展的潜力将进一步增强，从而进一步增强挖掘经济管理机制潜力的能力，促进经济持续增长。

三、对外开放程度与经济潜力的发挥

长期实行的封闭经济影响了经济潜力的发挥。随着经济改革的深入，印度经济逐渐成为开放经济，印度发挥经济潜力的能力也将逐渐增强。

（一）封闭经济与经济潜力的发挥

独立后，印度过度吸取殖民统治时期经济开放的教训，过分强调坚持自力更生发展国民经济的原则，实行“进口替代”发展战略，在继续发展对外贸易和允许外国投资的同时，却通过高关税形成的关税壁垒和进口数量限制等形成的非关税壁垒，严格限制商品进出口；通过限制外国投资领域、所占比例等，严格控制外国对印度的投资；还通过外汇管制，严格控制印度对外投资，从而基本上封闭起来发展经济，使印度经济在一定程度上成为半封闭经济。这严重影响印度对外贸易的发展和外国对印投资的增加，也严重阻碍印度公司对外投资活动的展开，导致不能有效利用国外资源。长期以来，印度对外贸易依存度都保持在10%左右，且长期处于贸易逆差地位；外国对印度投资断断续续，每年也不超过1亿美元，国际收支时常处于逆差状况，甚至不时发生严重国际收支危机，导致印度货币卢比出现大幅度贬值。这在相当程度上严重阻碍了印度经济潜力的发挥，并在一定程度上导致印度经济长期增长缓慢。当然，国际经济联系不多的半封闭经济的好处在于，可以增强本国经济抵御外部经济波动影响的能力，减轻甚至消除外部经济波动对本国经济发展的影响。

（二）开放经济与经济潜力的发挥

1991年以来，印度实行以经济私有化、自由化、市场化和全球化为导向的经济改革。在放松对经济发展活动干预，增强市场调节功能的同时，印度政府逐渐取消阻碍商品进口的进口数量限制等非关税壁垒，不断降低阻碍商品进口的关税水平，并逐渐简化商品进口程序，从而使对外贸易逐渐自由化；同时，也逐渐放松对外国投资的限制，不断扩大外国投资的领域，提高外国投资所占比例，改善外国投资的环境，从而促使外国投资逐渐自由化；此外，还逐渐允许印度公司对外投资，并对其对外投资给予适当支持。这一切在促使经济逐渐全球化的同时，也使经济对外开放程度不断扩大，从而促使印度对外贸易迅速发展，外国投资不断增加，对外投资迅速发展。目前，印度年对外贸易额超过 8000 亿美元，对外贸易依存度接近 50%；年外国投资额超过 200 亿美元，年对外投资额也超过 200 亿美元。可见，印度经济正在从半封闭经济逐渐转变为开放经济。经济对外开放促使各类经济潜力得到比较充分的发挥，推动印度经济加速增长。当然，开放经济也更容易受到外部经济波动的影响，如 2008 年国际金融危机就对印度经济发展产生了重要影响。

（三）坚持对外开放与经济潜力的发挥

由于已经偿到对外开放的甜头，未来印度政府还将坚持对外开放的方针，继续减少对审批进出口的限制，放松对外国投资的限制，减少对对外投资的限制，促使印度经济更加开放，更加全球化。随着经济对外开放程度的扩大，印度经济全球化程度也将逐渐加深，从而进一步增强挖掘各类经济资源潜力的能力，促使印度获得更多的自然资源、更好的人力资源、更先进的科技资源和更广大的市场资源，推动各类市场不断扩大，增强印度挖掘经济发展模式潜力的能力，推动印度经济进一步发展。2014 年大选后上台的印度人民党莫迪政府表示，将继续坚持经济改革，扩大对外开放。因此，未来印度挖掘经济发展模式潜力的能力将进一步增强，从而促进各类经济潜力得到更加充分的发挥，保证商品市场、劳务市场、资本市场、技术市场等各类市场得到进一步扩大，进而促进印度经济持续较快增长。

第十四章

印度解决发展问题的能力

印度经济发展中存在的诸多问题从不同侧面影响印度经济发展潜力的发挥，也影响未来印度经济发展。因此，未来印度经济发展也在一定程度上取决于印度解决这些问题的能力和程度。只有认真解决社会经济发展中存在的问题，印度才能充分发挥各类经济发展潜力。当然，印度解决经济发展中问题也存在诸多限制。在经济全球化时代，未来印度经济发展将更多地受到世界经济发展的影响。在削弱西方经济衰退对经济发展影响方面，印度有一定经验和能力。解决经济发展问题和挖掘经济发展潜力直接关系着未来印度经济发展前景，因此研究印度经济发展前景，有必要对印度解决社会经济发展问题的能力和程度进行分析。

第一节　印度解决人口问题的能力

独立后，印度人口迅速增长，给社会经济发展造成诸多问题，如劳动力就业问题、人民贫困问题、生态环境问题、教育问题和医疗卫生问题等。为促进经济发展，独立后印度重视控制人口增长，公布世界上第一个官方人口政策，但其人口增长率还是不断提高，20 世纪 90 年代才有所下降，但仍处于较高水平。印度注意解决人口增长引起的一系列问题，但收效不大。20 世纪 90 年代经济改革以来，经济发展加速，劳动力就业人口有所增加，生活在贫困线以下人口有所减少，教育事业继续发展，医疗卫生状况进一步好转，印度正享受着人口红利好处。但由于人口仍以较高速度增长，每年新增劳动力数以千万计，经济活动难以吸收；经济结构调整过程中也产生一些结构性失业；农业技术进步使更多劳动力从农业中游离出来，因此劳动力就业问题等仍将困扰社会经济发展。在较长时期内，印度失业人口还会增加，劳动力就业形势不容乐观。在社会保障体系不健全的情况下，贫困问题难以彻底解决，教育和医疗卫生事业难有突破性发展，印度可持续发展仍将面临巨大压力。

一、政府对人口问题的意识

印度政府逐渐增强人口意识，采取诸多政策措施，控制人口过快增长。

（一）印度人口问题严重

独立后，印度人口迅速增长，给社会发展造成诸多问题，也给经济发展带来极大影响。由于需要解决不断增加人口的衣、食、住行问题，印度政府不得不大力发展农业，努力增加粮食和棉花生产；不得不大力发展建筑业，修建更多的住房、更多的铁路、更宽的公路，从而给土地造成极大压力。此外，为解决不断增加人口的燃料问题，政府还需要砍更多得树，从而对生态环境造成一定程度的破坏；为解决不断增加人口的教育和医疗问题，需要修更多学校、更多医院，需要拿出更多资金发展教育和医疗卫生事业等，从而影响经济发展资金的筹集和国家经济发展。独立后很长一段时期内，印度人口增长迅速，经济增长缓慢。从 20 世纪 50 年代初期到 70 年代末期的近 30 年中，印度经济年均增长率仅为 3.5%。缓慢增长的经济难以吸收迅速增长人口形成的新增劳动力，导致劳动力失业问题逐渐严重，人民生活贫困问题难以改善。到 20 世纪 80 年代初期，印度贫困人口占总人口比例高达 50% 以上，这个比例在农村地区甚至超过 80%。人民生活贫困势必影响社会政治稳定，并进一步影经济发展，使印度长期陷入人口增长—失业贫困—人口增长的恶性循环中。1991 年经济改革以来，印度经济加速增长，劳动力就业有所增加，贫困率有所下降，但即使根据官方公布的数据，也还有数千万人失业，贫困率也在 20% 左右。如按世界银行每人每天 1 美元的生活标准，印度仍有超过 30% 的人生活在贫困线以下。

实现劳动力充分就业，消除人民生活贫困，印度还有很长的路要走。印度有世界上最多的学龄人口，但教育水平仍然落后：只有65%的印度人识字，各邦政府未能为这些学生提供高质量教育。缺乏合格教师也是困扰印度教育体系的一个主要问题。印度平均生师比为37∶1，可能符合世界银行建议标准。但是却有1/3以上儿童入学的学校生师比远高于平均水平，同时，印度还有一半以上小学教师没有达到中学毕业水平。印度每年共培养约400名公共卫生专业人员，但是印度却有200万—300万人感染艾滋病病毒，婴儿死亡率依然较高，清洁饮水和卫生环境对许多印度人来说仍可望而不可及。令人担忧的是，肥胖症、糖尿病等现代富人病和制度性医疗负担水平的提高正困扰着印度社会上下。在今后10年里，印度将需要上万名公共卫生专业人员，还需要培训50万名志愿者，以提供预防性医疗卫生服务。

（二）政府对人口问题的意识

数千万失业劳动力和数亿贫困人口的存在无疑给印度社会经济发展形成巨大压力，并使各种社会问题更加复杂化。印度对人口问题的意识正在经历着转变，从意识到人口问题的严重性逐渐转变为把人口增长看成为经济发展的一个优势。独立后，印度政府领导人决心把印度建设成为现代化工业强国和有声有色的世界大国，因此从“二五”计划开始，印度实行优先发展重工业和基础工业的经济发展战略。但是，人口持续快速增长，粮食危机频繁发生，严重影响优先发展重工业和基础工业的经济发展战略的实施，并使劳动力失业不断增加，人民生活依然贫困。印度政府由此意识到，人口迅速增长严重影响经济发展，也严重阻碍印度成为现代工业强国。但是，在一些印度学者看来，经济发展是控制人口增长的最好方法。1991年经济改革以来，随着经济加速增长，城市人口逐渐增多，印度人口增长率逐渐有所下降。特别是进入21世纪以来，当中国制造业逐渐出现民工荒，工人工资大幅度上涨，外资开始撤离中国后，印度政界普遍对本国经济形势感到满足。他们甚至乐观地认为：无论改革是否继续，印度经济发展都会加快；人口红利将使个人储蓄水平在今后5—7年内由2010年约占国内生产总值的29%上升至34%；外国投资也会接踵而至，印度经济仍能持续以8%以上速度增长。随着技术不断进步，经济逐渐发展，就业领域将有所扩大，就业人数将有所增加，就业人口收入水平将有所上升，贫困问题将得到一定程度缓解。因此，现在越来越多印度人并不把人口增长和人口众多看成是经济发展中的一个问题，而是将其作为经济发展的一个主要优势和印度成为世界大国的一个重要条件。

（三）政府采取措施解决人口问题

20世纪50年代初期，印度政府制定了世界上第一部官方人口政策，之后还不断修改和完善人口政策，试图使用政治、经济、法律和行政等多种手段控制人口过快增长。如提高法定结婚年龄，制定计划生育法，使人工流产合法化；对从事计划生育工作者和实行计划生育者均给予经济奖励和政治荣誉等；对超计划生育者不予晋升，并给予经济或行政处罚等；扩大计划生育队伍，做好计划生育服务；发展女子教育，提高妇女地位；把人口问题纳入社会经济发展计划，增加对计划生育的投资等。[①] 20世纪70年代中期，为了控制人口过快增长，印度政府甚至采取严格的人口控制政策措施，不断增加各级人口绝育指标，结果引起广大人民强烈不满，政府因此垮台。这在一定程度上表明，实行议会民主得国家难以实行强制控制人口增长的政策措施。当然，为了解决劳动力就业问题，并消除贫困，从70年代后期起，印度政府发起一系列农村发展计划。20世纪80年代起，印度进行经济政策重大调整，促进经济快速增长。20世纪90年代起，印度开始进行经济改革，促进经济加速增长。经过几十年的努力，印度人口年增长率已从20世纪70年代的2.22%逐渐下降到进入21世纪以来的1.6%左右，人口增长率已出现下降趋势。实际上，进入21世纪以来，随着印度经济加速增长，面对着人口红利的出现，印度政府实际上逐渐放松了对人口增长的控制。

二、经济发展与人口问题的解决

长期以来，印度控制人口增长，同时加速经济发展，试图通过经济发

① 文富德：“印度控制人口增长的政策措施”，《南亚研究季刊》1987年第1期。

展解决严重的人口问题。

（一）经济发展有助于增加劳动力就业

经济发展水平低下既是贫困的表现，也是造成贫困的原因。贫困表现为劳动力就业不足，人民收入低下。一般来说，经济发展可增加劳动力就业，有助于消除贫困。而要消除贫困，就必须增加劳动力就业，因此也就必须大力发展经济。独立后，印度坚持发展经济，增加劳动力就业，提高人民收入。独立后60多年来印度经济发展的实践表明，只有实现全面快速经济增长，才有可能逐渐增加劳动力就业，不断减轻贫困。经济长期增长缓慢时期，劳动力就业增加不多，人民收入上升不快，消除贫困速度缓慢；经济停滞时期，劳动力失业增多，贫困问题更加严重；经济增长较快时期，劳动力就业显著增加，贫困人口大幅度减少，贫困状况显著减轻。如20世纪50年代初期到70年代末期，印度经济长期增长缓慢，劳动力失业问题突出，人民生活贫困问题加剧。1991年实行经济改革以来，印度经济高速增长，劳动力就业大幅度提高，人民收入不断上升，贫困人口逐渐减少，贫困状况明显减轻。因此，加速经济发展对于增加劳动力就业、消除贫困具有重要作用。从长期看，以国民生产总值为标志的经济增长是缓解和消除贫困的必要条件。要尽快消除贫困，国家首先应该加快经济增长速度，不断增加国民财富，才能逐渐提高人民收入。经济增长方式对于减轻贫困也同样重要。由于贫困人口绝大部分集中分布在农村，以农业为主要收入来源，因此以农业和农村经济发展为先导的劳动密集型经济增长方式对于增加劳动力就业、减缓贫困的效果最为显著。

为消除贫困，解决劳动力就业问题，印度政府采取许多政策措施。一是实行促进劳动力就业的经济政策。在经济发展过程中，印度从劳动力就业问题突出的国情出发，走适合国情的工业化发展道路，实行促进小型企业和乡村工业发展的政策，创造更多就业机会，减缓劳动力失业压力。政府对吸收劳动力就业多的经济活动给予各种经济刺激，以增加劳动力就业。二是把充分就业列为经济计划目标。在“一五”至“五五”计划中，增加就业成为五年计划发展的目标之一，但由于没有专门的就业计划，实现充分就业的目标落空，失业率持续上升。[①]“六五”计划制定了专门的就业政策，通过提供有偿就业，减少就业不充分和经常性失业。计划期始印度劳动力失业人数为1200万，到计划期末仍为1200万；“七五”计划期始失业人数为920万，实现就业目标。“七五”计划预计期末失业人数为722万，但“八五”计划期始失业人数为2800万，“九五”计划把创造就业机会列为基本目标，决定实施国家就业保障计划以增加穷人就业机会。[②]三是鼓励对外劳务输出。独立后，印度人口增长迅速，经济增长缓慢，难以吸收不断增加的劳动力就业，因此政府一直允许印度人出国留学或工作。20世纪70年代石油危机后，政府鼓励对外劳务输出，缓解劳动力失业压力。喀拉拉邦依靠劳动力输出，推动经济发展，率先扫除文盲。80年代起印度促进软件产业发展，鼓励软件出口，成为世界软件开发中心。进入21世纪以来，印度大力发展外包服务业，赢得“世界办公室”的美誉。软件业和相关服务业均为知识性劳动密集产业，其迅速发展为印度广大知识分子创造了大量就业机会，在一定程度上减轻了受教育者失业的压力。

（二）经济发展促进各类教育发展

教育发展对于促进科技水平提高，增加劳动力就业，开发人力资源，促进经济增长，增加人民收入，消除生活贫困等都具有十分重要的意义。长期以来，由于经济发展水平低下，人民生活贫困，政府财政紧张，难以投入更多资金发展教育事业。独立后，随着经济逐渐发展，对各类人才的需求不断扩大，迫切要求国家扩大各类教育事业，培育经济发展所需的各类人才；同时，国家财政实力也逐渐增强，有能力投入更多资金发展各类教育事业。20世纪50年代起，为满足实行优先发展重工业和基础工业、促进现代工业建立和发展对各类工业技术人才的需要，印度在各个大学设立相关工业技术院系，还在各地建立一大批高等工业技术学院和中等工业技术学校，培养一大批各类工业技术人才。为满足发起“绿色革命”、促进农业发展对农业技术人才的需要，60年代起，印度在各地开设许多高等

① ［印］鲁达尔·达特等：《印度经济》，新德里，1996年英文版，第350页。

② 印度政府计划委员会：《第九个五年计划建议报告》（1997—2002），转引自［印］鲁达尔·达特等：《印度经济》，新德里，1998年英文版，第868—874页。

农业技术学院，基本做到每邦都有高等农业技术学院，有的邦甚至有3—4所高等农业技术学院；还设立许多中等农业技术学校，培养一大批各类农业技术人才。80年代，为满足信息革命、促进信息经济发展的需要，印度在各大学和高等学院中大量设立信息技术院系，在各地设立许多高等信息技术专业学院和中等职业信息技术学校；政府还鼓励私营部门积极参与信息技术人才培训。例如，印度信息技术有限公司等重要新技术公司就设立了技术培训机构，积极开展信息技术培训；还涌现出国家信息技术学院这样世界知名的信息技术培训机构，培养了一大批信息技术专业人才。可见，独立后印度经济发展促进各类教育发展，仅大学就从独立初期的18所增加到2013年的300多所，高等学院更从独立初期的600所左右增加到2013年超过1万所。各类教育事业发展促进了人民文化水平的提高，使印度成人识字率从1951年的18.33%提高到2011年的64.84%。[①] 各类教育事业发展为印度培养了许多技术人才，推动了经济发展，形成了经济发展促进教育发展、教育发展推动经济发展的良性循环。

（三）经济发展促进医疗卫生改善

独立后的很长一段时期内，印度经济发展增长缓慢，经济发展水平低下，导致印度医疗卫生事业发展缓慢，长期存在缺医少药的问题，大多数难以获得清洁饮用水。到1981年，印度只有38.2%的人能获得清洁饮用水，而在农村地区这个比例仅为26.5%。由于经济发展水平低下，印度人民生活贫困，营养不良、疾病缠身加上医疗卫生条件极差等导致婴儿死亡率极高，到1961年婴儿死亡率仍高达11.5%；而贫困使人民无钱寻医买药，导致人民健康状况恶化，预期寿命始终不高，到1981年印度人口预期寿命也只有56岁。20世纪80年代经济政策调整和90年代经济改革以来，经济加速增长，人民收入有所增加，贫困问题有所缓和；随着经济加速增长，医疗卫生事业有所发展，能获清洁饮用水的人口占全印总人口的比例有所提高。到2001年，这个比例提高到77.9%，城市地区提高到90%。

---

① 印度政府：《2010—2011年度经济调查》，印度政府财政部经济处，新德里，2011年，第S-122页。

随着经济加速发展，印度贫困人口大幅度减少，贫困率也大幅度下降。进入21世纪后，印度人口贫困率已降到30%以下。随着贫困率逐渐下降，人民营养水平和健康状况也有所改善，促使印度婴儿死亡率降到2008年的5.3%，印度人口预期寿命提高到2011年的65岁。

三、经济改革与人口问题的解决

当代世界各国经济发展的历程表明，经济改革能够有效地促进经济发展，因此也在一定程度上有助于人口问题的解决。

（一）经济改革有助于减少贫困

独立后，印度形成公私并存的混合经济体制，但对私营经济发展施加诸多限制；实行市场调节与经济计划相结合的宏观管理机制，但对市场机制的调节作用实行诸多限制；保持和发展对外经济联系，还长期坚持自力更生的发展方针和进口替代的发展战略，严格限制商品进口和外国投资。这在一定程度上导致印度经济长期增长缓慢。不过，印度发起的“绿色革命”还是推动了农业发展。经过长期努力，印度基本实现粮食基本自给，并建立了比较完整的工业体系。但由于社会经济制度等方面的缺陷，经济发展并不能使每个印度人都可自然享受经济发展的成果；也不可能自然消除贫困，依然存在大量贫困人口，农村贫困人口有增无减。1991年的经济改革为印度人民增加劳动力就业和提高人们收入水平提供了许多重要机会，这些机会在过去曾经被太多的控制所抑制并遭到各种许可证的限制。然而，能抓住这些可能增加收入摆脱贫困的机会却不是社会各阶层都能做得到的，因为要抓住这些机会的必须为此做好必要的社会准备。为促进经济发展、消除贫困，必须进行经济改革；在经济改革进程中，必须设法增加全体人民的收入。印度经济改革的显著特点是，在完全支持的社会背景中扩大全体人民增加收入的机会，包括较高的教育水平、普遍的卫生保健和彻底的土地改革等。1991年初期的经济改革最为突出，其对公营企业实行整顿，减少对企业经营的干预，在一定程度上实行私有化；向私营经济开放更多经济领域，逐渐取消对私营经济发展的限制，在一定程度上鼓励私营经济发展；大幅度降低商品进口关税，完全取消商品进口数量限制，逐渐开放商品市场；鼓励出口商品生产，支持商品出口；扩大外国投资领域，提高外资所占比例，减少对外国投资的限制；逐渐减少对商品价格的控制，逐渐降低对银行利率及货币汇率的管制，进一步发挥市场机制的作用等，使经济逐渐自由化、市场化和全球化。经过市场化经济改革，印度经济增长速度加快，年均增长率从20世纪50年代初期至70年代末期的3.5%增加到80年代的5.6%和90年代的6%。进入21世纪后这一数据进一步提高，2003—2004年度后印度经济连续4年保持8%以上的高速增长，[①] 印度经济进入高速增长时期。随着经济逐渐发展，印度人民收入不断增加，贫困人口所占比例有所降低。20世纪70年代末期，印度人口贫困率高达50%，到2013年，印度人口贫困率已降到20%左右。

（二）继续加强消除贫困

经济改革有助于消除贫困，但随着经济逐渐发展，人民收入不断增加，贫困标准也将不断提高，可能导致贫困人口的增加。如根据2010年人口普查，印度贫困人口总数达3.72亿，比1994年的2.75亿增加了近1亿。为此，印度通过新的食品安全法，规定贫困家庭可以极低价格购买限量粮食，每户每月限购25公斤，每公斤售价3卢比（约合6美分）。政府补贴计划预计耗资数十亿美元。[②] 印度人口将继续增长，预计到2035年，印度将成为世界上人口最多的国家。为解决不断增加的劳动力就业问题，消除数亿人民的生活贫困问题，并提高人民生活水平，印度必须加速经济增长，这导致自然资源与人口增长和经济增长间的矛盾更加突出。在人民贫困、技术落后、资金短缺的情况下，荒漠化等生态环境问题短期内难以从根本上得到解决。当然，印度已是世界上最年轻的国家，已占全球24岁以下人口的1/5。虽然这种人口增长代表着巨大机遇，但也突出显示出对人力资源开发（特别是教育和医保）和创造充足就业机会的实际投入需求，因此印度必须继续消除贫困，促进教育和医疗卫生事业发展。虽然从

---

① ［印］《经济时报》2006年6月8日。

② “印度贫困人口增1亿”，新华网，2010年4月21日，http：//world. people. com. cn/GB/11415761. html。

概念上将贫困定义为能力不足而不是收入低下非常重要，但二者之间仍然存在必然联系，因为收入是能力非常重要的因素，且获得较高收入有助于增强个人生产能力，使其获得更高收入，从而实现从较高收入到能力提高再到较强获取收入本领的途径。这种途径对于消除收入贫困特别重要，因为收入较多的人能获得更好的基础教育和卫生保健，直接提高生活质量，并增强其获得收入的能力，使其免于收入贫困。较好基础教育和卫生保健使潜在穷人可能有较好机会脱离贫困。

（三）加强教育和农村发展

印度人口众多，只有制造业才能吸纳如此众多的劳动力，减少贫困。作为人口众多的发展中大国，如果没有强大的制造业，印度难以加速经济发展；但是要发展制造业，印度却缺乏熟练的劳动力。据预测，到 2015 年，美国将有 340 万个服务行业工作机会流向海外，印度服务业无疑将大受其益。印度每年有 300 万学生从大学毕业，但只有 10%—15% 的大学毕业生适合直接进入外国信息技术公司和业务流程外包行业。人才短缺将影响以知识为基础和依靠服务推动的经济增长，因此印度必须加速教育改革与发展。印度绝大多数人口生活在农村，农村人口问题突出。为解决农村人口问题，消除农村贫困，印度政府从“四五”计划开始实施诸多乡村发展计划：一是农村工程计划，以修筑永久性工程为重点，缓解计划地区落后状况；二是边际农和农村劳动力计划，对边际农等贫困家庭发放专项贷款，帮助从事养殖和园艺等行业，扩大自谋就业；三是小农发展机构计划，向小农提供专项贷款，帮助其采用最新技术，从事多种经营活动，减少季节性就业不充分；四是综合旱地农业开发计划，实施土壤保护、水利建设等劳动密集型项目；五是农村服务中心计划，帮助失业大学毕业生自谋职业，在农村从事技术服务工作；六是地区发展计划，在大型灌溉工程地区建设公路等基础设施，以增加就业；七是农村就业现金计划，对包括治理水土流失、造林、饮水和道路建设等劳动密集性发展项目提供资金，以创造新的就业机会。然而，这些计划的效果却并不显著，只是暂时提供了一些就业机会，项目完后失业或就业不充分又会恢复；乡村发展计划扩展不均匀，过分集中在少数地区；承包人和中间人卷入解困计划，资金出现渗漏；选择工程类型缺少轻重缓急，约有10%受益者属于误定等，大大削弱扶贫解困效应。1991年经济改革以来，印度改进农村发展计划，增加农村发展投资，鼓励农民更多面向市场，大力发展特色农业，发展农产品加工业，增加农产品附加值和农民收入，进一步消除农村贫困。

第二节　印度解决社会民族问题的能力

经济发展有赖于社会政治稳定，而社会政治稳定又可促进经济发展。长期以来，印度社会政治基本特征是多民族、多宗教、多种姓、多政党等，这种多元化常常引起错综复杂的社会政治矛盾，导致印度社会政治问题多而突出。在印度社会政治问题中，主要有民族问题、宗教问题、中央和地方间关系问题等。除宗教文化等因素外，地区发展不平衡等问题，也加剧民族问题的严重性。印度注意加大对民族地区发展的投资，但落后地区的经济在短期内难有太大发展，地区发展不平衡问题仍将存在，民族问题难以在短期内得到解决，仍将困扰社会经济发展进程。印度是一个宗教盛行的国家，宗教问题由来已久、根深蒂固。20世纪80年代以来，印度教原教旨主义呈现出抬头迹象，宗教暴力活动此起彼伏。90年代以来，印度教徒与伊斯兰教徒之间纷争持续不断，不时爆发大规模骚乱。2001年爆发的骚乱迫使政府出动数万军警，虽暂时平息事态，但并未从根本上解决宗教冲突。印度宗教冲突在短期内难以解决，且随时有爆发的可能。“在这个拥有10亿人口和多宗教的国度，宗教矛盾很可能动摇国家的根基。”①印度解决社会民族问题的能力和程度仍然有限，但却可能随着经济不断发展而逐渐增强。

---

① ［日］《朝日新闻》2002年4月9日。

一、政府对社会民族问题的认识

印度政府逐渐增强社会民族意识，采取诸多政策措施，缓和社会民族矛盾。

（一）社会民族问题严重

独立后，印度民族运动此起彼伏。一是建语言邦运动。随着各地方政党在各地执政，印度各地按照语言建邦的呼声不断高涨，迫使国大党政府重新划分邦界。二是南印度达罗毗荼人民族运动。独立后，南印度地区主张复兴泰米尔文化，甚至提出建立独立“达罗毗荼斯坦”国家的主张。三是锡克人自治运动。独立初期，印度锡克人提出建立独立“锡克斯坦”国家的要求；20 世纪 70 年代，锡克人阿卡利党又提出建立“卡利斯坦共和国”的主张，并得到锡克教徒的支持，使民族运动与宗教活动结合起来。四是东北地区部族独立运动持久不断。在按语言建邦期间，这些地区就提出单独建邦甚至独立建国的要求，并为此开展长期武装斗争。五是克什米尔问题。为此，印度曾与巴基斯坦三次兵戎相见。印度虽在军事上获得胜利，但该地许多穆斯林教徒却要求从印度独立出去，并与政府展开武装斗争。六是农民武装斗争问题。早在 20 世纪 60 年代初期，印度纳萨尔巴里地区广大农民就为争取基本生存权力而展开武装斗争。政府不断对其进行镇压，然而农民武装斗争还是不断向其他地区蔓延，并形成从东北地区到西南地区的一条红色农民武装地带。长期以来，这些社会民族问题始终是困扰印度社会经济发展的重要问题。印度绝大多数人都信仰宗教，但个人信仰的宗教却不同，因此印度有“宗教博物馆”之称，宗教已渗透到印度社会经济发展和政治斗争等诸多领域。宗教教义分歧、历史冲突和利益矛盾致使某些教派教徒为捍卫本宗教教义和利益而与政府发生冲突，甚至发展成为大规模武装冲突。锡克教与印度政府之间的冲突在世界宗教史上极为罕见，政府军攻打锡克教金庙，打死锡克运动主要领导人，最后导致总理英·甘地被锡克卫兵刺杀。印度教徒与伊斯兰教徒在独立初期分治过程中发生激烈冲突也造成大量人员伤亡，甚至引发印巴战争。1969 年，印伊教徒之间的冲突造成数千人伤亡。20 世纪 80 年代末期，印伊教徒间冲突愈演愈烈，到 90 年代初期更席卷全印各地。2001 年，印度伊斯兰教徒袭击印度教徒乘座的列车，造成数百印度教徒死亡；接着印度教徒的报复行动又造成大量伊斯兰教徒伤亡。这一切都表明，印度社会民族问题严重，影响印度社会经济发展。

（二）政府意识到社会民族问题的严重性

社会民族问题影响经济发展，危及社会政治稳定。独立以来，印度政府意识到社会民族问题的严重性，谨慎处理社会民族问题，防止引起国家分裂或危及政治稳定。独立后不久，印度各地提出按照语言分邦的要求，尼赫鲁政府既意识到按语言分邦问题本身的复杂性，也意识到其背后可能诱发民族独立等严重危及国家统一的问题，因而对此采取尽可能稳妥的解决方法，并对不同要求采取不同方式回应，比较妥善地解决了按照语言分邦的大多数问题，但仍然遗留了不少问题，特别是印巴为争夺克什米尔地区爆发第一次战争。英·甘地政府意识到民族问题可能引起民族独立甚至国家分裂，而民族问题与宗教问题相结合甚至更可能引起民族独立，因此在发起第三次印巴战争后，不惜动用军队对聚集在锡克教金庙的锡克人独立势力展开大规模军事打击。政府还意识到广大农民武装斗争对社会安定和政治稳定的危害性，也不惜出动军队和警察对纳萨尔巴里地区农民武装进行武装镇压，但效果却非常不佳，农民运动如星星之火，形成燎原之势。拉·甘地政府意识到民族问题的严重性，吸取历届政府的经验教训，满足锡克人以及东北地区少数民族单独建邦的要求。但印度社会民族问题错综复杂，常常引起严重社会动荡，甚至可能引起国家执政党更替。从 20 世纪 70 年代末期人民党执政特别是 90 年代中期联合阵线执政以来，印度政治实际上已从一党执政转向多党执政的局面。各政党间为争夺在中央政府执政或地方政府执政而展开激烈斗争，并使各政党不断分化和改组。20 世纪 90 年代以来，印度政党斗争逐渐与宗教冲突、民族矛盾和其他社会矛盾结合在一起，相互影响，错综复杂，影响印度社会经济发展。1991 年经济改革以来，印度东北地区各邦纷纷要求中央政府实行自由化经济政策，允许他们发展与中国和缅甸之间的经济贸易联系，促进该地区社会经济发展。因此在经济改革和发展进程中，社会民族问题仍将在一定程度上和一定范围内影响印度经济发展。

（三）政府采取措施解决社会民族问题

为解决社会民族问题，独立后印度政府采取诸多政策措施。一是收买土邦与军事打击相结合。独立初期，分治后印度由英属印度和土邦印度两部分组成。在殖民统治时期，土邦印度对其所辖地区保持独立统治地位。独立后，一些土邦愿意接受独立印度政府领导，但也有一些土邦不愿意这样做，希望在其辖区保持独立统治。印度政府对其实行区别对待政策：对愿意接受政府领导的土邦王公给予政府供养待遇；对拒绝接受政府领导并要求独立的土邦则采取军事打击。如海德拉巴土邦王公拒绝接受印度政府领导并要求独立，印度政府派军队对其实行严厉的军事打击，以军事手段统一最大土邦，致使许多观望的土邦纷纷表示接受印度政府领导。后来，锡克人要求独立，印度也不惜采用军事打击手段。二是不断增加地方政府的数量。独立初期，英属印度部分实际上由孟买省、马德拉斯省等组成。独立后，为满足按语言分邦的要求，印度增加邦的设置；将有关省撤分两个邦，如将孟买省分为马哈拉施特拉邦和古吉拉特邦等。印度还在大土邦地区设置邦政府，如在海德拉巴土邦设置安得拉邦等。为加强对一些特殊地区的控制，印度也在这些地区设置邦政府，如 20 世纪 60 年代军事收复果阿后，先在该地区设置中央直辖区，后来又转变成邦。进入 21 世纪后，印度还从人口较多的邦中分出部分地区，增设 3 个新邦，使地方邦政府增加到近 30 个，实际上削弱了各地方政府的实力。三是中央集权与地方分权结合。1950 年，印度通过宪法规定其为联邦制国家。宪法详细规定中央政府和地方政府的权力，中央政府在国防、外交、货币等方面拥有绝对权力，地方政府权力则在于发展地方经济、维持地方社会秩序等，把中央集权和地方分权结合起来。为保证中央政府和地方政府行使权力，印度宪法规定实行联邦财政分税制，赋予中央政府和地方政府相应财权。宪法将收入较多的重要税收分给中央政府，收入较少的零星税收分给各邦政府，还规定实行统一的财政政策和统一的货币政策，迫使各邦必须接受中央政府领导，甚至在一定程度上必须依赖中央政府财政援助。这种中央集权和地方分权相结合的联邦管理体制在一定程度上遏制了印度地方分裂势力，也在一定程度上保证了国家统一。

二、经济发展与社会民族问题的解决

社会民族问题在一定程度上都是经济问题。促进经济发展特别是民族地区经济发展，在一定程度上有利于社会民族问题的解决。

（一）经济发展有利于缓和社会矛盾

许多社会问题实际上都与经济发展密切相关。独立后，为了缓和并逐渐解决诸多社会问题，历届印度政府都注意经济发展，从整体上提高全体人民收入水平。独立后，印度实行优先发展重工业和基础工业发展战略，逐渐形成门类比较齐全的民族工业体系；不断扩大耕地面积，开展农业合作化运动，实行土地改革，20 世纪 60 年代中期发起“绿色革命”，推广优良小麦品种，扩大水利灌溉，加强农作物保护，促进粮食产量增加和农业发展，使印度逐渐成为粮食基本自给的国家。20 世纪 80 年代印度把“绿色革命”引向深入，在东部和南部地区大力推广优良稻谷种植，在中部山区地带积极推广豆类及粗粮等作物优良品种的种植，促进农作物产量提高；印度还开始进行经济政策调整，推动印度经济增长加快。20 世纪 90 年代初期，印度开始把经济发展作为政府工作的重心，发起以自由化、私有化、市场化和全球化为导向的经济改革，推动印度经济加速增长，促使劳动力就业增加，生活贫困率有所下降，人民生活水平有所提高，从而在一定程度上缓和了印度错综复杂的社会矛盾。

（二）落后地区发展与社会问题解决

印度一些社会问题特别是民族问题与地区间发展不平衡密切相关。由于各地自然资源和社会条件的差异，印度经济发展很不平衡，南北间、东西间、城乡间存在很大差别。为消除由此引发的社会问题，独立后印度采取诸多政策措施，加速落后地区发展。如实施落后地区发展计划，增加对落后地区的资金援助，加速落后地区发展。1968 年印度国家发展委员会根据人均收入等5项指标，确定安得拉等邦和中央直辖区为工业落后地区，在工业发展方面给予优惠。该委员会还根据人均粮食占有量等7项指标，确定246个落后县可享受金融方面的优惠。1980年，印度还建立国家落后地区发展委员会，审查和鉴定落后地区，检查现有资金优惠、投资补贴及运输补贴等的执行情况。财政委员会把经济落后程度作为中央向各邦提供财政援助的主要依据之一，计划委员会对落后邦援助以赠款为主，赠款与贷款比例为9∶1；对其他各邦的计划援助以贷款为主，赠款与贷款比例为3∶7。为鼓励私营部门向落后地区投资，政府提供诸多刺激：一是税收优惠，1974年起在落后地区建立工业，允许扣除20%利润后征所得税；二是投资补贴，1970年起对落后地区固定投资超过50万卢比按10%给予补贴，后提高到20%；三是运输补贴，1973年起在山区及边远地区建立工业，原材料和产品运费补贴50%；四是许可证优先，1972年起优先发放落后地区工业许可证；五是其他费用补贴，无工业县超过2千万卢比的基础设施项目，中央补贴1/3的建设费用；六是放松对反垄断法控制公司在落后地区的投资限制。各邦对发展落后地区也提供诸多刺激，如保本提供备用水电开发，在一定年份内免除水费、货物上市税及财产税等；对购买库存品给予优惠；对住房计划给予补贴等。印度工业发展银行等金融机构还向落后地区提供优惠信贷，比一般利率低2个百分点，偿还期长5年；还免费为落后地区前景良好项目提供可行性研究，为中小企业家提供培训，对其提供技术咨询等。① 1991年经济改革以来，印度地区发展不平衡问题更加突出，为此印度提出诸多新政策措施，促进落后地区发展。如取消受反垄断法控制公司到落后地区投资的限制，帮助落后地区修建公路、桥梁等基础设施，扩大落后地区与外界的联系，加速落后地区开发。1996年以来，印度加大对东北地区的投资力度，加速该地区桥梁、公路等基础设施建设，促进其社会经济发展，以缓和该地区长期存在的民族问题。

（三）农村地区发展与社会问题解决

印度许多社会问题在一定程度上就是农村问题。为此，印度政府采取

① ［印］鲁达尔·达特、K. P. M. 桑达拉姆著，雷启淮等译：《印度经济》（上册），四川大学出版社1994年版，第797—799页。

一系列政策措施，加速农村地区发展，逐渐缩小城乡差别。为促进农村发展，消除农村贫困，印度在实行土地改革、发起“绿色革命”后，从20世纪70年代末期起推行一系列农村发展计划，如农村工程计划、沙漠开发计划、干旱地区计划、综合旱地农业发展计划、全国农村就业计划、农村综合发展计划等。通过实施这些计划，政府向落后地区居民提供更多的就业机会，并建立加速这些地区社会经济发展的基础设施。综合旱地农业发展计划主要实施水土保持工程及土地开发工程；农村综合发展计划主要促进农村家庭自谋职业，增加其收入，使其跨过贫困线。印度政府在1980—1985年期间对该计划投资达166.1亿卢比，加上公营银行提供的370.2亿卢比贷款，投资总额达536.3亿卢比，使1656万人受益。[①] 农村发展计划的实施增加了农村就业，缓解了农村贫困，使农村问题有所缓和。20世纪90年代初期经济改革和对外开放以来，随着城市经济加速发展，印度农村问题逐渐突出。为此，印度发起新一轮农村发展运动，加大对农村综合发展计划等农村发展计划的支持力度。一是加速农村人力资源开发。政府拟订人力资源开发计划，开发农村及落后地区人力资源，促进其社会经济发展。二是举办各类农业合作社。印度农民举办农业信贷合作社、农业生产合作社和农业销售合作社等，把农产品生产、销售、加工和零售等各环节联系起来，实现产供销一体化，促进农业发展，增加农民收入。三是加速农村工业化。政府鼓励农民利用当地自然资源和传统技术创办乡村企业，并对其提供优惠贷款等诸多支持；鼓励农民对农产品进行加工，增加农产品附加值，提高农民收入。四是加速农村基础设施建设。政府决定加速农村公路建设和农村电气化进程，使村村有硬面公路、通电力、通网络、有学校、有医院、通电话和互联网等，加强其与外部市场的联系，把农业建设成最好的职业，把农村变成最适宜于居住的地方，逐渐缩小城乡差别。

三、制度变革与社会民族问题的解决

印度社会问题众多，民族问题复杂，并且由来已久，根深蒂固。印度

---

① 印度政府:《1980年印度参考年鉴》，新德里，1980年，第328页。

通过制度改革，逐渐解决这些社会民族问题。

（一）实行民主与法制

独立后，为使多民族、多宗教的印度保持统一和稳定，印度颁布宪法，制定和实施一系列法律，成为法制国家；实行议会民主制度，允许各地成立政党，参加议会选举，使各民族有发表意见的机会，在一定程度上满足各民族要求，并维护国家统一；对基层乡村地区治理也逐渐推行民主法制。独立后，印度沿袭村级组织潘查亚特传统，1948 年宪法定义潘查亚特为乡村自治政府单位，但此时其为以种姓为基础的传统村落共同体，其权力被高种姓人所控制，其成员“潘奇”仍为世袭。1956 年政府出台《梅塔委员会报告》，要求建立村、乡和县三级潘查亚特体制，引入选举机制，其主席由潘奇间接选举，但乡村并没有真正意义的基层政权。1993 年通过宪法修正案；1994 年 4—5 月各邦通过支持法案，使印度基层民主与政权建设获得宪法地位。宪法规定村潘查亚特为自治机构；确立县、乡、村三级自治制度；村民大会直接选举代表组成村潘查亚特；由若干村潘查亚特组成乡潘查亚特；由全县各乡潘查亚特组成县潘查亚特；每级代表由直接选举产生，各级任期都为 5 年，选举须在任期结束前进行；若自治机构解散，则须在 6 个月内选出新自治机构。自此，印度出现具有现代民主特征的由村民直接选举的第三代“潘查亚特”。1993 年宪法修正案颁布，印度乡村自治取得三大进步：一是县、乡、村三级自治体制形成，明确了乡村自治组织的权利和义务。二是法律保护妇女及弱势人群的权益，规定在自治机构中，妇女应占所有总席位的 1/3，其中 1/3 又保留给表列部族的“贱民”和妇女；1/3 自治机构官员和议长席位应保留给妇女等。三是推行民主选举与监督。当然，印度乡村民主与自治中也存在两大问题：一是有计划、不落实；有法律、不执行。二是有民主、无集中；有监督、难决策。总之，乡村自治的实行对农村社会稳定还是起了重要作用。

（二）建设世俗化社会

独立后，为使多宗教的印度保持统一和稳定，印度实行政教分离，并通过宪法宣布印度为世俗化社会，保证人民有信仰某种宗教的自由。印度还废除与宗教文化紧密联系的不可接触制度和种姓制度，使印度人在法律上平等。印度宗教信仰、种姓制度等传统文化与保守理念紧密相连。印度教派间虽有矛盾与冲突，但宗教信仰也使印度流行忏悔文化，广大民众深受伦理道理与宗教信条的约束，安于现状，注重来世。印度种姓制度在高低种姓之间尤其是在高等种姓与“贱民”之间形成一层坚厚的绝缘膜，客观上减少了高低种姓之间因直接面对可能导致的生理与心理的激烈冲撞，减少了不少社会矛盾。但在印度，宗教种姓的消极影响和破坏性功能依然存在：一是种姓歧视难消除，一些政策难以落实。政府对低种姓及“贱民”立法保护，规定国家公职人员中要保证20%的岗位给低种姓和“贱民”，有的邦甚至规定要达到40%—50%，但印度社会种姓歧视并没有因这种规定而消除，低种姓人可能成为公职人员，但其大多数依然从事扫地、倒水等比较低贱的工作。二是性别歧视难消除，影响妇女参政的积极性。印度宪法规定保障妇女参政的权利，但许多地方并未真正落实。性别歧视在印度农村更为严重。与性别歧视相联系的是，青年男女结婚时，女方必须给嫁妆，许多农民嫁女时先贷款买拖拉机，然后卖掉换成卢比来为女儿陪嫁。印度每年有数千农民因还不起贷款而自杀，其中许多是与农民贷款办嫁妆有关。三是宗教纷争起祸端。印度宗教纷争主要发生在印度教与伊斯兰教之间，印度教徒敬“神牛”忌食牛肉，而穆斯林却食牛肉；穆斯林忌食猪肉而印度教徒却食猪肉，因此世俗化制度也难消除印度教徒与伊斯兰教徒之间的冲突。2014 年大选中，印度教色彩浓厚的人民党上台，是激化还是缓和印度教徒与伊斯兰教徒之间的冲突还有待观察。

（三）实行土地制度改革

印度农村问题的关键是土地问题。殖民时期印度形成柴明达尔等土地制度，土地集中在少数地主手中，广大农民人身依附于地主。独立后，印度进行了土地改革。一是废除柴明达尔制度。依据立法，柴明达尔保留一定数量的自耕土地，交出多余土地，政府将其转卖给无地或少地的农民，使佃农成为土地所有者。二是实行租佃改革。政府建议将地租降为土地产量的1/4—1/5；保障租佃权，只有依据法律规定才能驱逐佃农；授予佃农永佃权，农民租地连续耕种 6 年以上可取得永佃权。三是实行土地持有最高限额制度。1961 年土地持有最高限额法规定，占有超出法律规定的土地须交村评议会，村评议会将其分配给无地、少地农民或交给合作社。1972 年新土地持有最高限额法降低最高持有标准，减少免除限额土地的使用类型，防止土地占有者规避法律转移土地。土地改革使许多无地佃农获得基本生活来源，在一定程度上改变了其与地主的人身依附关系。印度土地制度赋予农民稳定、明晰、完整的农地产权，农民土地可以买卖。但是由于土地改革遭到地主们的反对，各邦并未很好地落实，除一些左派政党执政的邦执行土地持有最高限额外，绝大多数邦并未执行这一规定，造成 80% 的土地依然掌握在 40% 相对富有的人手里，其余 60% 的农民中，无地农民约有 1300 万，其余均为少地农民。这些无地或少地农民只能靠出卖劳动力为生，给印度社会造成巨大的就业压力，也给城镇扩展和基础设施建设带来许多麻烦。

(四) 适当放权给地方

印度虽为联邦制国家，但长期以来，中央政府集中了最为重要的财权，中央财政资金与地方财政资金之比约为 2∶1，造成地方政府经常出现资金缺口问题，促使中央与地方间矛盾不断加深，使某些地方民族独立倾向时有增强。1991 年经济改革以来，一些基础设施条件较好地区经济发展较快，而一些基础设施条件较差的地区经济发展依然缓慢，促使地方民族主义有所抬头，中央与地方间的矛盾一度比较尖锐。为缓和中央与地方间的矛盾，印度不断增加对地方的援助：一是扩大地方在可分税收中的比例；二是增加对地方的贷款援助；三是不断减免地方债务。同时，印度中央政府还适当放权给地方。现在，地方政府在引进外资方面也有了一些权力，各邦能够根据本地具体情况更多地利用外国投资；在对外贸易方面也有了一些权力，可以在某些领域开展对外贸易；也可以开展更多的建设项目，加速本地区社会经济发展，从而在一定程度上缓和民族矛盾及中央与地方的矛盾。现在，地方民族要求独立的呼声已经逐渐减弱，当然，地方政府要求扩大地方权力的呼声依然存在。

(五) 实行社会保障制度

为防止因失业和贫困而引起严重的社会问题，印度逐渐构建低水平、广覆盖的社会保障体系。一是提供工人社会保险措施。主要包括疾病、事故和养老方面的社会保险制度，涉及工资待遇、工作时间、劳动环境及人格保障等诸多方面。政府社会保障法令和相关辅助政策基本满足印度人在医疗、养老、就业等方面的基本权利。在医疗方面，宪法规定所有国民都享有免费医疗，所有政府医院对任何病人，不论贫富，都一样免费，甚至还包括住院病人的伙食费。政府建立农村医疗救助体系，由村卫生中心、初级卫生中心（社区卫生中心）和县医院三级组成。这些公立医院虽然医疗设施差，医务人员水平较低，但却可以提供最起码的医疗服务。在养老方面，法令规定65岁以上、生活贫困的老人每月可领一定数量的老年人津贴和免费的大米与面粉；60岁以上老人可享受出行优惠。印度立法规定，遗弃老年父母的子女将被处以监禁和罚款。二是建立公共分配系统。在全国城乡建立由国家给予财政补贴，专门向低收入居民提供基本生活保障的零售商业系统，即平价商店。当局向低收入居民发放购物卡，居民持卡可到平价商店购物。平价商店主要供应小麦、大米、白糖、食用油、布匹、煤炭和煤油7种生活必需品，有的还供应茶叶、肥皂、火柴、食盐、豆类等重要生活品。三是提供农村保障措施。主要有：提供最低工资保障，印度中央和各邦法律规定农业雇工最低工资；规定土地占有最高限额；鼓励建立农业合作社组织，合作社在农闲季节向农民提供就业；实行农村就业保障计划，1979年实施农村综合发展计划，20世纪80年代初实施国家乡村就业计划，后来这些计划上升为国家农民雇用保障法案，规定每个无地家庭至少有一个成员一年内能获得政府所提供的100个工作日，农民失业后可向当地政府提出申请，政府接到农民申请后，15天内为其提供就业岗位。如果政府不能及时提供就业岗位，就必须将申请人纳入低保，由政府提供其基本生活费。[①] 印度农村义务教育也是免费的，进城农民工子女在城市同样可享受免费义务教育。这些措施照顾了贫困阶层的最低需求，在一定程度上减轻了农村家庭的经济负担，缓解了因贫富差距而积累的社会矛盾。

---

① 廉海东："印度保障穷人的有效措施"，《瞭望》新闻周刊，2008年4月1日。

第三节　印度解决基础设施问题的能力

无论是铁路、公路、机场、港口等硬基础设施，还是劳动法、土地制度、官僚主义、腐败、对外国投资的限制等软基础设施，印度都存在问题。落后的基础设施、官僚主义、腐败、劳动法、土地制度和对外资诸多限制等常成为阻碍印度经济发展的重要因素。印度意识到基础设施问题严重影响经济发展，也在加速铁路等硬基础设施建设，随着经济不断发展，这方面问题可能逐渐解决。但是，即使随着经济改革不断深入，官僚主义、腐败、对企业不利的劳动法、对经济发展不利的土地制度等软基础设施方面的问题在短期内仍然难以解决，仍将在一定程度上影响印度经济发展。

一、政府对基础设施问题的意识

面对不断严重的基础设施短缺问题，印度政府逐渐增强基础设施意识，采取诸多政策措施，加速基础设施建设。

（一）基础设施短缺问题严重

独立后，印度注意基础设施建设，使铁路等硬基础设施都获得重要进展。但随着人口迅速增长和经济不断发展，印度硬基础设施已经远远不能适应社会经济发展的需要。如印度铁路就存在诸多问题：一是铁路轨道不统一，严重影响列车在全国各地顺利运行；二是许多铁路年久失修，设备陈旧，路况很差，通信落后，影响运输效率，常常造成运输事故不断，甚至造成铁路运输中断。印度公路问题也不少：一是高速公路刚刚起步；二是全天候硬路面不多；三是许多乡村不通公路；四是碎石公路缺乏基本的维护。这造成公路交通事故频发，严重影响城乡经济交流。印度机场和港口也存在诸多问题，如设备陈旧、周转能力不高，严重影响企业生产。印度通信事业问题严重，国内通话不易，国际通话更难，严重影响社会经济发展。印度能源短缺问题也越来越严重，石油在印度商品进口中的比例不断提高，也严重影响社会经济发展。硬基础设施严重滞后已经成为印度经济发展的一大障碍，已经“拖住了印度经济发展的后腿”。[①] 对于软基础设施的问题，独立后印度制定了一系列保证社会经济发展的政策法规，随着经济改革逐渐深入，一些政策法规也在一定程度上严重影响外国对印度投资，影响铁路、公路、机场、港口和能源等基础设施建设，从而也在一定程度上影响印度经济发展。

（二）政府已经意识到基础设施短缺问题

1991 年经济改革以来，随着经济加速增长，铁路、公路、通信、能源等硬基础设施落后的问题更加突出，影响印度国内正常的货物运输和人员往来，也影响到外国对印度投资，影响经济发展；而劳动法、土地法、官僚主义、腐败、对外国投资的限制等软基础设施既直接影响外国对印度投资，也严重影响铁路、公路、机场和港口等硬基础设施建设，从而影响印度经济发展。随着经济不断发展，印度基础设施短缺问题更加严重。进口石油占印度国内消费比例已从 1972—1973 年度的 10.9% 提高到 1980—1981 年度的 44.8% 和 1991 年的 50% 以上；印度缺电率虽从 20 世纪 80 年代初期的 10% 下降到 90 年代末期的 6.2%，但用电高峰时印度缺电率依然高达 12.4%。[②] 基础设施落后已成为印度经济发展的瓶颈，甚至成为引发政治危机的导火线。铁路运输能力不足，发电厂所需的煤不能得到保障，影响发电厂正常生产，从而影响人们正常生活；人们对电力生产部门意见很大，发电部门则责怪铁路运输部门，而铁路运输部门却责怪电力部门停电影响铁路运输，导致政府部门互相指责。以印度前国家天然气委员会主席 N. B. 普拉萨德为首的能源政策调查组指出，能源短缺“轻则使国民经济停滞不前，重则会带来经济和社会制度全面崩溃的危险”。[③] 社会各界特

① ［印］K. P. 普拉萨德：《印度经济发展中的问题》（英文版），1983 年版，第 63 页。
② 印度驻化大使馆：《走进印度——商机无限》，印度驻华大使馆，2000 年，第 28 页。
③ ［印］鲁达尔·达特等：《印度经济》（英文版），1989 年版，第 86 页。

别是印度政府逐渐清醒地意识到，劳动法、土地制度等政策法规以及官僚主义和腐败等软基础设施的落后，已经严重阻碍印度经济增长。

（三）政府已着手解决基础设施短缺问题

近年来，为改善基础设施，印度采取一系列政策措施。一是加速铁路技术改造。政府已经制订了庞大的铁路系统改造计划，大幅度增加对铁路建设的投资；还通过市场借款等方法筹集大量资金，加速铁路技术改造，加固铁路基础，更换轨道和信号装置，使用大马力机车，更换车厢，提高铁路运输能力。二是加速高速公路建设。仅“九五”计划期间，政府对国家公路投资就高达886.2亿卢比；政府还允许外资和私人部门在公路两侧建立附属设施。现在，贯通德里、孟买、金莱和加尔各答的黄金四边形高速公路正抓紧建设，连接德里到阿格拉和斋浦尔、连接孟买和浦那等地的高速公路已经建成。三是加速发展石油电力事业。政府逐渐放松对私营部门和外国资本进入能源领域的限制，利用外国政府和国际机构的援助，并大幅度增加政府对能源部门的投资，积极开展石油和天然气等的勘探和开采，大力增加煤炭产量，不断增加火力发电站，稳步增加水力发电站。四是加速机场港口建设。除增加政府投资外，印度也放松外资和私人部门对机场港口投资的限制，外商所占比例可达74%，并享受自动许可；积极进行德里、孟买等老机场改造，并加紧新机场的建设。五是加速发展现代电信事业。1999年印度制定新电信政策，向外资开放国内长途电话；建立电信设备生产企业不需生产许可证，还可实行独资经营；外商在普通电话、蜂窝式电话、移动电话、笔记本电脑、个人全球卫星移动电话等领域投资可达49%。经济改革以来，印度政府积极修改阻碍经济发展的政策法规，使之适应经济自由化、私有化、市场化和全球化的需要。但由于种种原因，影响外国投资环境的官僚主义、腐败等难以在短期内消除，阻碍经济发展的劳动工资法和土地制度等也难以在短期内得到修改。因此，在未来较长的时间内，软基础设施方面的问题依然将在一定程度上阻碍印度经济发展。

二、经济发展与基础设施问题的解决

经济发展将不断增加对硬基础设施和软基础设施的需求；但同时也将逐渐增强政府解决硬基础设施和软基础设施短缺问题的能力，使印度硬基础设施短缺的问题得到逐步解决，软基础设施短缺问题得到一定程度的缓解。

（一）经济发展扩大对基础设施的需求

首先是扩大对硬基础设施的需求。随着经济逐渐发展，印度对铁路、能源和通信等硬基础设施的要求将进一步扩大，从而促使政府修建更多的铁路、机场等，要求政府生产更多的煤炭、石油、天然气和电力等，也要求政府更加完善通信设施。其次是扩大对软基础设施的需求。经济发展也需要良好的政策法规环境，随着经济不断发展，政府需要不断修改不利于经济发展的政策法规。经济改革特别是世界贸易组织成立以来，印度先后修改了一系列政策法规，大幅度放松对私营经济发展、商品进出口以及外国对印度投资的限制，以保证印度经济朝着自由化、私有化、市场化和全球化的方向发展，促进印度经济发展。但是长期以来，硬基础设施的扩大和软基础设施的完善始终难以满足印度经济快速增长的需要，甚至使某些问题特别是软基础设施问题更加突出。

（二）经济发展增强解决基础设施问题的能力

经济发展不仅不断扩大对基础设施的需求，而且也逐渐增强解决基础设施问题的能力。因为无论是公路、公路、机场、港口等基础设施建设，还是煤炭、石油、天然气、发电站等能源基础设施建设和现代通信事业发展，都需要投入大量资金，也需要较为先进的科学技术水平；随着经济不断发展，印度科学技术水平也在不断提高，国家科技能力也在不断增强；同时，国家财政收入也将不断增多，从而不断增强国家投资铁路、公路、机场、港口、能源和通信等基础设施的能力。实际上，从20个世纪90年代初期起印度就开始加速能源开发、通信事业发展以及铁路等基础设施建设。为此，印度政府积极修改外国投资政策，颁布国家新的通信政策，允许外资投资印度基础设施建设，还积极实施国家公路发展计划。根据该计划，政府将对经济发展和旅游有重大影响、交通密度大的重要路段进行升级改造。

（三）政府加速解决基础设施问题

进入21世纪以来，随着经济逐渐发展，印度财政实力不断增强，激励政府逐渐加大对基础设施建设的投资力度。印度中央政府计划在2005—2012年投入1.72万亿卢比（约合374亿美元）用于公路建设。该计划包括四部分：一是国道发展计划4，印度将2万公里国道路面拓宽为2车道；二是国道发展计划5，印度将6500公里国道（包括“金四边”部分）升级为6车道；三是国道发展计划6，印度将修筑1000公里高速公路；四是国道发展计划7，印度将修筑旁路和桥梁等，以去除交通瓶颈。[①] 印度政府于2006年8月3—4日召开为期两天的2006年基础设施高峰会。会议主席纳亚克提出，未来10年印度将需投入27.6万亿卢比（约合6270亿美元）进行基础设施建设。[②] 印度已加速通信事业建设，电话、互联网等现代通信设施正逐渐走向农村，城市通信条件已大为改善，国际国内通信联系已大为加强。当然，基础设施落后问题不可能在短期内得到彻底解决，因为基础设施建设需要大量资金投入，但印度已朝着正确方向迈出了十分重要的一步。[③] 为解决基础设施建设所需资金，印度专门成立基础设施融资公司，注册资本达100亿卢比，主要业务包括对基础设施建设项目进行融资和再融资，贷款比例不超过受贷项目成本的20%。因此，随着经济不断发展，印度解决硬基础设施短缺问题的能力将逐渐增强，硬基础设施短缺问题也将逐渐得到解决。

---

① T. R. 巴鲁：“印计划投入17200亿卢比用于公路建设”，［印］《经济时报》2005年11月13日。

② 纳亚克：“印度在未来10年斥资6270亿美元发展基础设施”，［印］《经济时报》2006年8月2日。

③ 李若瑟：“经济快速增长给基建带来压力，印度拟动用外储”，［英］《金融时报》2007年5月15日。

三、制度变革与基础设施问题的解决

除增加对基础设施建设投资外，制度变革对缓解基础设施短缺问题也很重要。放松对外国投资等的限制将促进基础设施建设，缓解基础设施短缺的问题。

（一）增加对基础设施的投资

一是增加对基础设施的投资。由于经济快速增长给长期受忽视的港口、公路、机场等运输基础设施和电力等能源基础设施带来巨大压力，政府预计，从2007年起的未来5年里，印度需要向基础设施领域投资3200亿美元。为此，政府利用印度基础设施金融公司，将不断增长的外汇储备用于为国内基础设施项目提供资金支持，以此作为在海外发行新政府债务的替代办法。印度财政部长P. 奇丹巴兰姆在2007年2月发表财政预算演说时表示，政府正在研究一项方案，该方案提议印度基础设施金融公司成立两家子公司，从印度央行借出部分外汇储备，利用这些资金为基础设施项目提供信贷支持。二是吸引私人参与基础设施建设。2006年，印度决定投资6270亿美元加强基础设施建设。由于政府面临高额财政赤字的巨大压力，这些资金将来自于私营部门、银行、国际金融机构以及资本市场。印度还召开专门会议，展示私营部门在基础设施发展上的经验，为私营企业提供发展南部地区基础设施建设的机会。印度基础设施金融公司正与花旗集团、黑石集团和印度基础设施开发金融公司成立另外一家基金，按照商业条款提供印度基础设施金融公司债务融资。在政府政策的激励下，印度私营公司积极参与电力、公路、铁路、机场、港口和通信等基础设施建设，成立了几家新的民用航空公司。

（二）利用外资加速基础设施建设

为加速基础设施建设，20世纪90年代经济改革以来，印度不断放松外国对印度基础设施建设项目投资的限制。首先是放松对外资进入石油、天然气和发电等能源基础设施建设的限制，欢迎外国对印度石油、天然气勘探和开采、各类电站建设等领域进行投资，以解决能源短缺问题。其次是放松外国对通信等基础设施建设投资的限制，促使外国资本不断增加对通信领域的投资，推动印度通信事业迅速发展。现在，无论是固定电话、移动电话还是互联网通信，印度都获得了重要发展。打电话难的问题已基本解决，互联网已经逐渐向印度农村发展，促使农村信息化程度大为提高。第三是利用外国投资加速公路、港口、机场等基础设施建设。为实现加速铁路、公路、机场和港口等基础设施建设的计划，印度政府不断修改外资政策，逐渐放松对外国投资这些领域的限制，并先后提高外资在这些领域投资的比例。但政府却依然限制中国、巴基斯坦及其他南亚国家对印度电站、通信、公路、铁路、机场和港口等基础设施建设的投资，从而使印度失去了基础设施投资的重要来源，在一定程度上影响印度基础设施建设。

（三）制度改革促进基础设施建设

官僚主义、腐败、土地制度、劳动工资法、对外国投资的诸多限制等制度方面的软基础设施也严重影响外国对印度投资，从而影响其经济发展。国外学者曾经指出，只要消除错综复杂的房地产市场的混乱因素，对政府资产实行私有化并取消阻碍产品开发的盘根错节的障碍，印度目前6%的经济增长率就能再提高4个百分点，使印度轻松取得两位数的年增长率。但是，正如印度国家应用经济研究会首席经济学家帕拉迪普·斯里瓦斯塔瓦所说，制度僵化使政府无力从事经济改革计划；经济增长快时，支持改革的人较多，反之亦然；随着经济景气下降，政府已经失去推行经济改革的政治决心。① 目前在印度国内，反对激进经济改革和反对经济全球化的呼声依然存在。尽管印度曾经多次试图修改阻碍投资特别是影响外国投资的劳动工资法，但在印度议会中却难以通过。实际上，经济制度僵化使印度难以进行深入的经济改革，现行经济体制中依然存在诸多不利于经济自由化、市场化和全球化的诸多规定。例如，政府对经济发展过程干预太多的情况虽有所减少，但却依然存在甚至过多；对商品劳务贸易的限制

① ［英］《金融时报》2001和8月9日和9月7日。

虽有所减少，但却依然存在诸多限制；对外国投资的限制减少了许多，但某些限制依然存在等。重要的是，由于劳动法比较僵化，印度企业无法解雇多余或不称职的雇员，因此严重影响外国投资和私营经济的发展。公营企业改革由于左翼政党和工会反对举步维艰，土地制度更是严重阻碍印度进行公路、铁路、机场和能源开发等基础设施建设。有人说，印度的经济和政治未来都掌握在农民手中，只要农民不反抗政府征地，那么一切问题可以迎刃而解。印度公路交通部部长卡迈勒·纳特在中国天津莱佛士酒店接受《国际金融报》记者专访时说："土地征用在印度存在一些争议，但这一问题必须向前推进，印度政府吸引更多投资资金也意在缩短土地征用时间。"虽然印度社会各方面都认为大规模投资基础设施建设将推动印度经济更快发展，但却不能忽视加速基础设施建设时各种计划实施存在的风险。印度人口中有2/3是农民，印度政府加速石油、天然气和煤炭开发及电站建设，扩大铁路、公路、机场和港口等基础设施建设，增加住房建设以解决人民住房问题，以及建设更多厂房扩大工业发展规模等诸多方面都涉及到与农民"抢土地"的问题。表面看，印度的确存在很大的投资机遇，但政府征地成本、政治环境稳定及当地文化都给投资者增添了压力。①因此，软基础设施方面存在的问题，依然将在未来较长时期内阻碍印度经济快速发展。

① 王丽颖："如何破解印度基建瓶颈"，《国际金融报》2010年9月17日，第6版。

第十五章

印度经济发展前景分析

印度具有巨大的经济潜力，也存在诸多问题，但随着经济改革逐渐深入，科技不断进步，印度将逐渐增强挖掘巨大经济潜力和解决经济发展问题的能力，促进经济较快增长。在未来经济发展中，虽然人口问题等不可能完全消除，仍将在一定程度上阻碍着经济发展，但经济体制却从根本上影响着印度经济发展的速度和未来。随着经济改革不断深入，印度解决经济发展中问题的能力将进一步增强。重要的是，印度还具有保证经济快速增长的诸多条件，如具有促进经济增长的发展观念、推动经济增长的巨大需求、推动经济增长的诸多优势，保证经济增长的国际环境等。本章从理论和数量角度论述印度经济发展前景和趋势，并从数量角度论证印度经济崛起的程度。

第一节　印度经济发展前景的理论分析

经过2008年国际金融危机的冲击，印度经济很快恢复增长，但欧洲国家主权债务危机又使印度经济速度放缓，因此国际社会关注印度经济是否能够保持高速增长势头。然而，印度社会上下对印度经济增长都充满乐观情绪。在印度领导者看来，印度经济能够保持高速增长，甚至将很快超过中国；印度社会许多人也对经济增长率赶上甚至超过中国充满信心。这种乐观态度不是没有道理的。除前述挖掘经济发展潜力和解决经济发展问题的能力将进一步增强外，还将由于印度经济发展所具有的诸多优势和条件、经济全球化等多种因素，决定在未来一段时期内，印度经济仍可保持较高增长速度。

一、具有促进经济高速增长的发展观念

经济改革以来，印度政府更加重视经济发展，并逐渐把政府工作重心转向经济发展。

（一）经济增长缓慢促使雄心受挫

独立后，以印度首任总理贾瓦哈拉尔·尼赫鲁为首的政治家们决心把印度建成强大的、统一的、在国际社会受到尊重并发挥重要作用的世界大国。尼赫鲁曾说，印度以其辽阔的国土是不愿做世界二流国家的，要做的是有声有色的世界大国。但长期以来，由于传统文化意识等诸多因素的影响，社会对经济发展的认识存在某些误差或误解；加上政府对经济发展实行诸多干预等，导致经济增长速度长期缓慢，劳动力失业不断增多，贫困问题日渐突出。从20世纪50年代初期到80年代初期，印度经济年均增长率仅为3.5%；到20世纪70年代末期，印度人口贫困率甚至超过50%。长期以来，大量劳动力失业和广大人民生活贫困严重影响印度社会安定和政治稳定，也使印度要做世界大国的雄心受到严重挫伤。

（二）经济增长重要性的意识增强

随着经济逐渐增长、综合国力不断提高以及中产阶级的出现，印度社会精英们对跻身世界大国行列的愿望逐渐强烈。目睹西方发达国家经济高速增长、人民生活富裕，苏联经济崩溃、国家解体和一大批发展中国家经济高速增长、逐渐跨入新兴工业化国家行列的现实，印度社会上下逐渐意识到加速经济增长的重要性。20世纪80年代印度政府实行经济政策调整；1991年实行经济改革，使经济发展逐渐成为社会各界关注的重要问题和政府工作的重心，印度经济逐渐出现加速增长态势。随着经济逐渐加速增长，特别是随着软件产业和外包服务业快速增长，印度正在成为软件超级大国。印度人为此深感自豪，社会上下加速经济发展

的信心高涨。[①] 在当今印度，加速经济增长、实现世界大国地位已上升为一种国家意志。在印度政治中心新德里，尽管政治家和战略精英们党派不同，意识形态各异，但他们都不约而同地认为印度注定要成为世界上伟大的文明和国家之一。今后无论哪个政党上台执政，都会把加速经济发展、争取世界大国地位，作为国家努力实现的对内对外战略目标。2014 年 5 月上台的印度人民党莫迪政府，决心将政府工作中心放在经济发展上，加速印度经济发展，全面振兴印度经济。

（三）坚持改革，加速经济增长

进入 21 世纪以来，逐渐减少对经济发展的干预，进一步降低商品进口关税，继续放松对外国投资的限制并采取吸引外国投资的政策措施，促使对外贸易高速增长，外国投资不断增加，年经济增长率逐渐提高到 8%，全国充满乐观情绪，有些人甚至希望印度经济增长率超过中国。前财政部长奇丹巴拉姆在谈到印度可持续发展问题时说，为保持 8% 的经济增长速度，必须加大农田水利基本建设的力度，吸引私人企业参与农业产业化过程，建立农产品供应链；在工业领域要加大新产品、新技术的研发力度，同时吸引大量外国直接投资。为吸引更多外国投资，印度社会各界转变发展观念，加速经济特区建设，到 2009 年 2 月已批准建立 714 家经济特区。随着经济加速增长，社会各界对印度未来越来越乐观，民族自豪感空前增强。据民意调查显示，71% 的受访者“为自己是一个印度人而倍感自豪”，有 65% 的人认为印度“将成为与美日比肩的经济强国”，60% 的人认为“印度将成为一个政治大国和军事大国”。[②] 印度社会已具有促进经济高速发展的观念。

二、具有推动经济高速增长的巨大需求

印度人口众多，许多人生活依然贫困，因此具有推动经济高速增长的

---

① ［英］《金融时报》2006 年 2 月 17 日。

② ［印］《印度时报》2007 年 2 月 3 日。

巨大需求。

（一）众多人口产生的巨大需求

印度人口超过12亿，众多人口的衣食住行等基本生活需要本身就是十分巨大的需求。随着经济不断发展，人民收入水平逐渐提高，众多人口对生活资料的巨大需将进一步增加，特别是耐用消费品的需求将迅速扩大。印度社会中已存在数以亿计的中产阶级，随着经济不断发展，其队伍将逐渐壮大，进一步扩大耐用消费品需求。几年前不可想象的奢侈品如大屏幕彩电等现正成为普通民众最抢手的“大件”；一些“先富起来”的中产阶级已购置轿车或单独住房。值得一提的是，经济改革以来，随着出国工作人员的不断增多，印度海外汇款从2004年的140亿美元增长到2010年的600亿美元，这也将在一定程度上进一步扩大印度的消费需求。

（二）人口城镇化产生的巨大需求

印度人口城镇化水平不到30%，在发展中国家中处于较低水平。随着经济不断发展和工业化水平逐渐提高，印度人口城镇化水平将逐渐上升，对许多现代生活用品产生巨大需求。这还意味着必须修建更多的新城镇，而新城镇基础设施建设必然产生对相关建筑材料的巨大需求。印度现有城市中贫民窟林立，基础设施落后，迫切需要改造甚至重建，而这势必产生巨大的建筑材料需求。2006年印度联合城市发展部制定对海德拉巴等8个城市进行城市重建规划。为更好地实施城市基础设施建设计划，印度已颁布新《房地产管理法》，涉及各邦一系列城市更新改造方案，包括各邦对《城市土地管理法》等10部相关法律繁荣修订。2014年印度人民党莫迪政府上台后，发起建设100个智能型城市计划，除加强这些城市的道路等基础设施建设外，还特别强调要加强其网络通讯建设。由此可见，现有城镇的现代化改造和大量新城镇建设，都将促进印度人口城镇化水平提高，并将对消费品和资本品产生巨大的需求。

（三）改善基础设施的巨大需求

印度虽有号称世界第二大的铁路网和数百万公里的公路网，但由于铁路设施陈旧，公路硬路面不多等原因，印度铁路运输和公路运输时常拥堵，事故不断。航空运输和海洋运输也存在机场和港口设施不足及设施陈旧等情况。由于电力生产不足，印度还长期存在缺电问题。人们普遍认为，基础设施落后已严重影响社会经济发展。为加速经济发展，印度各界意识到必须加速基础设施建设。为加强基础设施建设，从“十二五”计划起的未来10年中，印度需要在基础设施建设领域投入1万亿美元（约合60多万亿卢比）。为此，2014年上台的印度人民党莫迪政府进一步放松对基础设施建设领域外国投资的限制，以扩大对外国投资的利用；印度还成立了基础设施融资公司，并通过银行向社会发行政府债券为基础设施建设筹集资金。可见，基础设施改造和建设将在印度创造巨大的需求。

（四）发展制造业的巨大需求

虽然服务业较为发达，但印度却没有发达的制造业。目睹中国大力发展加工制造业，加速经济增长，并逐渐强大的现实，越来越多的印度人意识到，作为人口众多的发展中大国，如果没有庞大的加工制造业，印度难以解决劳动力就业问题，印度经济难以加速发展并逐渐强大起来。进入21世纪以来，印度注意加速发展制造业，并把目光投向技术更强、利润更高的精密制造业。2005年，2/3以上的外国投资进入印度制造业。印度全国正展现出一幅新的画面：通过推进制造业发展，促使经济更快增长。印度制造业年增长率达到9%，且速度还在加快，接近甚至赶上服务业10%的年增长率；印度制造业向美国出口的增长速度比中国向美国的出口增长速度更快。[①] 2014年上台的印度人民党莫迪政府提出制造业发展的新战略，决心加速制造业发展。因此，制造业快速发展也将对消费品和资本品产生巨大的需求。

三、具有推动经济高速增长的诸多优势

除具有经济发展的意识和巨大的市场需求外，印度在经济发展中还具

① ［印］《经济时报》2006年8月31日。

有诸多优势。

（一）比较完善的法律体系

独立后，印度继承英印殖民政府的经济立法内容，又根据社会经济发展实际，逐渐完善经济立法，使印度市场经济法律体系比较完备。在印度，政府各项财政收入需要立法，各种税收都有税法，政府每项财政支出也需要立法，政府花钱都需要通过拨款法。印度法律规定保护私人物质财产，也在一定程度上保护精神财产。法治作为殖民统治遗产仍然普遍存在，成为印度资本市场得以出现并获得发展的重要基础。印度股票和债券市场通常让有光明前途和可靠声誉的公司获得需要的资金。印度公司融资来源多元化，可选择银行贷款，还可利用股票市场和债券市场筹集资金。印度企业规范化管理显著改善，亚洲里昂证券公司 2000 年对全球 25 个新兴市场经济国家所做的调查表明，印度在规范化管理方面排名第六。

（二）比较健全的金融体系

印度现代金融起步较早，从未间断；体制基础较完善，市场秩序较好。银行体系有公营商业银行、城市合作银行和农村合作银行以及开发银行，还有私营非银行金融机构；商业银行资本充足率比巴塞尔协议要求高；其贷款的 65% 发放给私人和私营企业；按国际标准计算，坏账率在 10% 以下，且逐渐下降；有 23 个股票市场，上市公司在 1 万家以上，日交易额分别居全球第三、第四位；股票市场制度优化、强化公司治理，督促上市公司改善经营状况，有利于实体经济发展。经济改革以来，印度风险投资高速发展，居亚洲第二位，投资集中于信息技术和生物技术产业，促进高技术产业发展。良好的金融制度基础设施对经济发展起了关键作用。作为市场化改革起点的金融自由化正在进一步完善印度银行金融体系，进一步发挥金融对经济发展的促进作用。

（三）富有活力的私营企业

独立后，印度允许私营经济存在和发展，为本国私营公司的发展创造了各种便利条件和宽松的投资环境，成功地培育出一大批目前能够与欧美最好公司展开国际竞争的公司。例如塔塔集团，其塔塔咨询服务公司是亚洲最大的软件服务公司和印度最大的软件服务出口商；塔塔钢铁是印度历史最悠久、规模最大的私有钢铁公司；塔塔汽车是印度最大的商用及客用交通工具制造商；塔塔化工是印度最大的化肥公司之一；塔塔电力是最大的私营电力供应商。1991 年经济改革以来，印度政府不断放松对私营经济发展的限制，因而产生了一大批国际知名的新技术产业公司，如信息系统公司、维普罗公司、兰巴克西公司和雷迪博士实验室等。2002 年《福布斯》杂志对世界最好的 200 家小公司进行年度排名，印度就有 13 家上榜。

（四）富于活力的人口结构

人口结构年轻为印度准备了充足的劳动力资源，也使其推迟进入老年社会，减轻了社会保障的负担。年轻人容易接受较多教育，更加充满活力，富于创造思维，拥有超前的消费观念，有利于经济发展。人口结构年轻为经济加速发展，使印度成为世界下一个工业大国奠定了重要的劳动力条件。印度具有竞争优势的软件产业虽然也要投入劳动，但投入的却是脑力劳动，而脑力劳动可以比一般的体力劳动创造更多的附加价值。经济改革以来，由于改善了知识产权保护制度，促进了科技创新，印度提升了国家整体创新能力。世界经济论坛公布 2006 年全球竞争力排名，印度排在第 43 位，比中国靠前 11 位。在一个相当长时期内，印度有充足的廉价劳动力，使其在世界劳动力市场上占有极为重要的优势，从而获得人口红利的好处。印度已形成数量多、素质高的高新科技产业人才队伍，在发展高科技产业中也具备劳动人才优势。人口结构年轻，人口红利的存在，将在一定程度上促进印度制造业发展，也推动印度现代服务业发展。

四、具有保证经济高速增长的国际环境

由于特殊的地理位置和政治经济现实，长期以来，印度具有良好的国际环境。

（一）世界经济波动对印度影响不大

进入 21 世纪以来，国际贸易继续扩大，国际资本流动加速，国际投资

活动频繁，促使国际经济活动继续保持活跃，使印度经济加速增长。即便是2008年爆发的国际金融危机和之后爆发的欧洲国家主权债务危机严重影响了国际金融稳定和世界经济发展，但是其对印度经济发展的影响并不大，印度经济只是增长率有所下降，且仍然保持较高的经济增长速度。印度依然是世界上经济增长最快的国家之一。

（二）国际政治变化有利于印度

独立后，印度在政治上实行议会民主制。冷战结束后，在国际政治舞台上，以美国为首的西方国家极力推行民主政治，特别是随着苏联解体和中国崛起，美国等西方国家自然把矛头指向坚持社会主义道路的中国。在这种情况下，在政治上实行西方民主制、经济加速发展、事实上拥有核武器、与中国为邻的印度就不能不受到西方国家的高度重视。对西方国家来说，印度在经济上是一个颇具吸引力的巨大市场，在战略上还是制衡中国的一支重要力量。印度已经成为大国竞相争取对象，在大国关系中处于较有利地位。近年来，美国实行亚太再平衡战略，促使印度在美国亚太再平衡战略中地位进一步提升。

（三）印度与大国关系不断加强

冷战结束后，印美虽在核武器等问题上存在冲突，但为加速经济发展，印度积极寻求与美国建立战略伙伴关系。美国为推行其全球战略也积极拉拢印度，放松对印度出口高技术产品的限制，促使印美关系不断升温，经贸关系逐渐加强，安全合作空前增多。冷战结束后，由于印俄互有所需，两国关系逐渐恢复发展，并逐渐有所加强。印度与日本也各有所需，双方关系不断紧密，经贸关系迅速发展。印度与欧盟国家关系良好，冷战后双方关系进一步发展，印度与德国和法国的关系还有所加强。在美国等西方国家的大力支持下，世界银行等国际经济组织积极支持印度经济发展，世界银行同意为孟买基础设施发展项目贷款50亿美元。[①] 2014年5月莫迪领导的印度人民党政府上台后，美国、日本等国家纷纷邀请莫迪到

---

① ［印］《印度斯坦时报》2006年10月26日。

美日访问。

第二节　印度经济发展前景的趋势分析

自2011年中以来，印度卢比大幅度贬值，通货膨胀居高不下，财政赤字持续增加，外国投资不断减少，让市场人士想起1991年的印度经常账户危机。[①] 印度经济增长率2012年下降至5%，2013年更降为4.7%。印度经济再次成为世界关注的热点，这次引起关注的是“印度神话的破灭”。《经济学人》杂志则登出题为“告别不可思议的印度”的文章；德国《每日镜报》以“印度成‘破烂货’”为题称，印度正成为亚洲第一大民主国家也是第一个可能资信崩溃的国家。标准普尔对印度评级为BBB－，仅比垃圾级高出一级。有一种说法开始流传，即金砖四国中的“I”不再指印度，而是印度尼西亚。因此，未来印度经济的发展趋势值得关注。

一、世界经济缓慢增长的影响

随着经济改革逐渐深入，印度经济全球化程度将不断加深。从2008年国际金融危机开始的未来10年中，世界经济将进入长波下降面，世界经济缓慢增长势必在一定程度上影响未来印度经济发展。

（一）世界经济进入长波下降阶段

从欧洲国家资本主义工业化到进入21世纪后，世界经济周期变动已经历5个长周期，即分别以蒸汽技术革命和纺织工业革命、铁路技术和铁路工业革命、电气技术革命和重化工业革命、汽车工业革命和电子技术革命

① “印度经济神话正在破灭”，BWCHINESE，2012年7月4日，http：//www.bwchinese.com/article/1030098.html。

以及信息技术革命和信息产业革命为主导的世界经济周期。每个长经济周期推动经济增长的技术革命从产生到消亡时间一般为50—60年，其中前25—30年为周期的繁荣期，即上升阶段；后25—30年为周期的衰退期，即下降阶段。技术革命往往具有两重性：在产业结构升级过程中创造投资高潮和生产高潮，经济周期处于繁荣阶段，创新占据主导地位，周期主导产品供不应求；同时制造投资低潮和生产低潮的潜在可能性，经济周期处于衰退阶段，主导产品供过于求，于是成本竞争阶段取代创新阶段成为经济衰退阶段的主要特征。

按照长周期理论，从20世纪80年代起，以信息技术革命为标志的信息产业革命开启了新世界经济长周期。在信息技术革命及其产业革命推动下，1991年美国走出经济衰退后保持了长达10多年的持续增长；世界其他主要经济体也保持较好增长态势。经历长达20多年的长波上行阶段后，21世纪世界经济出现三个拐点：一是纳斯达克股票市场暴跌，标志着以因特网为主导的高科技产业的原创活动趋于枯竭，成本竞争开始，这势必促使高科技产业盈利能力下降，导致大量资本撤出纳斯达克股票市场；二是2000年世界外国直接投资占全球国内生产总值的比重开始趋于下降；三是世界固定资产形成占全球国内生产总值的比重开始大幅下降。这些都从不同侧面标志着世界经济长周期下降阶段的到来。2008年美国金融危机爆发，沉重地打击了全球经济。世界各国联合起来采取诸多措施对应，但是世界经济仍然复苏乏力，面临进一步衰退的风险。

因此，2008年国际金融危机标志着世界经济开始进入长周期下降阶段。世界经济周期历史表明，在此阶段，无论各国政府如何刺激经济，都无法使世界经济得以自我复苏，刺激措施退潮后是世界经济的更大衰退。与1929年开始的大萧条和1973年开始的滞涨时期都处于经济长周期下降阶段的情况一样，当前世界经济情况意味着在此后较长时期内世界经济难以像之前那样快速增长，失业率将保持较高水平。这种状况将持续到能带动世界经济新一轮繁荣的科技革命和产业革命出现。这在一定程度上表明，2008年世界经济进入长周期下降阶段之后，将进入缓慢增长时期。在一个较长时期内，世界经济将处于一种较为暗淡的状态。

（二）经济改革以来印度经济全球化程度不断加深

独立后印度在经济发展中始终坚持自力更生方针，主要依靠本国力量进行经济建设，对商品进口和外国投资实行严格控制，不断降低经济发展对外部世界的依赖，使印度经济成为半封闭经济。到20世纪80年代初期，印度出口在世界出口中的比重已下降到不足0.5%，出口在印度国内生产总值中比例下降到不足5%，对外贸易在国内生产总值中的比例下降到不足10%。1991年经济改革以来，印度逐渐增加对国外资源的利用，不断扩大对外开放程度：一是放松对商品服务贸易的限制；二是放松对外国投资的限制；三是允许和支持对外投资。经济改革后，印度对外贸易迅速发展。2012年其对外贸易额增加到7800亿美元，约占国内生产总值的50%；出口贸易额达到3600亿美元，占国内生产总值的比例超过20%。服务贸易出口从无到有，从小到大，不断增加。2010年以来，印度年服务贸易额超过1000亿美元，在世界服务贸易中的比例超过1%。印度利用外国直接投资不断增多，年利用额超过200亿美元；对外投资从少到多，在某些年中对外投资额甚至超过利用外国投资额。可见，经济改革以来印度经济全球化程度不断加深。

（三）世界经济缓慢增长势必影响印度经济发展

目前，美国失业率仍在高位徘徊，财政赤字连续多年超万亿美元，未来财政走势不容乐观。2011年美国启动“先进制造伙伴计划”，实施“再工业化”战略，现正在生效；开始页岩天然气大规模开采，也有所成功，促使美国实体经济显示振兴迹象。美国经济发展与科技创新长周期密切相关。目前，世界科技创新重大变化尚未到来，在此期间美国经济只能维持低增长态势。自2009年10月希腊主权债务危机爆发以来，欧债危机已持续多年。受其拖累，欧元区经济近年内已两次陷入衰退。2012年欧元区经济增长率为-0.6%，2013年又下降0.3%。欧元区经济衰退推动其失业率上升，西班牙和希腊的失业率均超过25%，年轻人失业率甚至接近60%。由于内外部原因，欧债危机短期内难以结束。长期以来，日本经济一直处于低迷状态。2011年“3·11”东日本大地震后实行经济刺激政策，日本经济经历短暂增长后再度陷入停滞状态。2013 年安倍政府实行经济刺激后，日本经济出现复苏势头，但不明显。当前，日本汽车产业萎靡不振，家电产业直线下跌，经济复苏难以持续。这在一定程度上意味着世界经济经历从 20 世纪 90 年代和 21 世纪前 10 年快速增长后，正在进入长周期下降阶段，未来一二十年内，世界经济将在低速中徘徊。长期以来，由于经济全球化程度很低，世界经济衰退对印度经济发展影响不大。① 随着经济全球化程度不断加深，世界经济衰退对印度经济发展影响逐渐加强。2008 年国际金融危机后世界经济衰退，对印度经济发展产生某些重要影响。② 因此，未来世界经济缓慢增长仍将在一定程度上影响未来印度经济增长。

二、印度经济结构调整的限制

印度经济发展中存在诸多问题，而这些问题都与其经济结构密切相关。但经济结构调整却因诸多限制而难以在短期内完成，畸形的经济结构仍将在一定程度上阻碍印度经济发展。

（一）经济问题影响经济发展

正如前述，印度经济发展中存在诸多社会政治问题，这些社会政治问题严重影响印度经济发展；印度经济发展中也存在诸多经济问题，如政府财政赤字居高不下，经常项目赤字越来越大，通货膨胀始终高位运行等，他们也在相当程度上影响印度经济发展。

1. 财政赤字巨大影响经济发展

战后世界经济发展表明，一个国家在经济发展过程中，特别是在经济经济不景气的情况下，为了保持经济一定程度的增长，适当地运用赤字财政政策，还是可行的。但是，如果长期实行赤字财政政策，并使财政赤字居高不下，造成其占国内生产总值的比例过大，则不利于经济持续增长，因为这可能引发比较严重的通货膨胀。独立后印度长期实行赤字财政政

① 文富德、何道隆：“试论西方经济危机对印度经济的影响”，《世界经济》1984 年第 7 期。
② 文富德：“美国金融危机对印度经济发展的影响”，《南亚研究》2009 年第 1 期。

策，造成财政赤字不断增多；特别是进入21世纪以来，经济高速增长，但财政赤字也迅速增加，通货膨胀压力不断增大；但2008年国际金融危机在一定程度上影响印度经济发展，为此，印度继续实行经济刺激政策，促使财政赤字居高不下，从而推动印度通货膨胀逐渐加剧。

2. 经常项目赤字增大影响经济发展

一般来说，经常项目往往反映一个国家的对外收支情况。如果经常项目出现赤字，意味着需要这个国家利用外汇储备进行对外支付。如果一个国家经常项目连年出现赤字，且经常项目赤字巨大，则意味着这个国家需要利用大量外汇储备进行对外支付，造成外汇储备减少，本国货币对外贬值；甚至造成外汇储备空虚，形成国际收支危机，迫使本国货币大幅度贬值。独立后，印度经常项目赤字连年不断，曾经多次爆发国际收支危机，1991年还爆发严重国际收支危机。进入21世纪以来，印度经常项目赤字持续增多；2008年国际金融危机以来，印度经常项目赤字急剧增加，给印度货币卢比造成巨大压力，迫使其在不到1年时间里贬值20%。货币贬值虽然在一定程度上有利于本国商品出口，但是也在一定程度上增加了通货膨胀压力。

3. 严重通货膨胀影响经济发展

战后世界各国经济发展的历程表明，轻微的通货膨胀在一定程度上刺激经济增长，但严重的通货膨胀却既不利于社会政治稳定，也不利于经济增长。独立后，由于长期实行赤字财政政策，印度经济发展中一直存在通货膨胀压力；有的时期，印度通货膨胀压力还很大，并表现为严重通货膨胀。2008年国际金融危机以来，印度通货膨胀压力急剧增大，年通货膨胀率都维持在10%以上。面对国际金融危机以来逐渐下降的经济增长和严重的通货膨胀，促使印度政府宏观经济调控处于两难困境。要阻止经济增长率继续下降，则可能增加通货膨胀压力，造成通货膨胀更加严重；要控制严重的通货膨胀，则可能导致经济增长率进一步下降，劳动力失业进一步增加。

（二）经济问题与经济结构密切相关

20世纪90年代发起经济改革以来，印度放松对服务业发展的限制，促使服务业迅速发展，导致经济结构发生重大变化。到2013年，在印度国内生产总值中，第一产业所占比例下降到20%左右，第二产业所占比例保持在22%左右，第三产业所占比例高达58%左右。农业在印度国内生产总值中的比重不断下降；工业在国内生产总值中的比重有所上升，但却出现停滞状态；服务业在印度国内生产总中的比重持续上升，甚至超过第一和第二产业之和，成为印度经济最主要的组成部分。印度经济已经成为以服务业为主的经济。作为人口众多、国内需求旺盛的发展中大国，印度欠发达的农业和制造业成为其经济问题的根源。相对滞后的农业难以满足国内因人口增加而逐渐扩大的农产品需求，造成农产品价格不断上涨；长期存在通货膨胀，但农产品价格上涨始终是造成通货膨胀的主要因素；为促进农业发展不断增加农业补贴，使财政赤字不断增加、居高不下，使通货膨胀成为一种常态。相对落后的制造业也难以满足国内因人口增加和人们收入增多而逐渐扩大的工业品需求，为此，印度只能通过从国外进口来满足广大人民不断扩大的工业品需求，促使进口不断增加。同时，制造业相对落后也造成商品出口难以同步增加，导致外贸连年逆差且不断扩大，并导致经常项目连年赤字且不断增加。

（三）经济结构调整难以顺利完成

由于财政赤字、经常项目赤字和通货膨胀等问题都与经济结构存在一定联系，因此要解决这些问题，必须彻底改变现有的经济结构。即必须大力发展农业，加速制造业发展，使国内生产能够满足国内市场对农产品和工业品不断增长的需要。新世纪以来，印度注意到，仅靠发展服务业，难以解决不断增加的劳动力就业，必须加速制造业发展；为满足人们对农产品不断增加的需要，必须把农业发展放在政府工作首位。但无论是发展农业和制造业，印度都面临巨大困难。因此，经济结构调整在短期内难以完成，畸形经济结构仍将在一定程度上阻碍印度经济发展。（详见第十三章第三节）

三、印度政治发展的制约

经过独立后60多年的实践，印度民主制度逐渐完善，但并不成熟，短期内也难以成熟，仍将在一定程度上影响印度经济发展。

（一）印度民主制度并不成熟

从1947年独立至今，印度议会民主制已经走过了60多年的历程。在这60多年中，国大党统治印度长达50多年。长期以来，国大党主要由尼赫鲁家族把持党内一切核心事务，导致政坛出现“家天下”色彩的民主体制。在印度，许多地方党派“子承父业”现象十分普遍。因此，2014年大选印度人民党获胜，但并不意味着家族统治在印度终结。同时，印度历次大选中贿选、欺选、诈选等舞弊行为时有发生。重要的是，印度每次选举选出的议员中，都有不少有犯罪记录的人，使民主选举成为真实的闹剧。在印度，即使实行民主选举，但是官僚主义极其严重，腐败现象十分普遍。印度也因此成为世界上腐败最严重的国家之一。（详见第十章第三节第二部分“印度议会民主制的缺陷”）

（二）不成熟民主与社会经济发展

印度社会中大小政党约为200个。他们代表不同地区、不同群体、不同派别或种姓的利益。各政党为在中央或地方执政而展开激烈斗争。在印度这样一个人口众多而国民素质相对低下的国家，民主选举易受地方有钱有势人操控，使选举丧失公正性，造成政治经济不协调，使经济矛盾复杂，政治矛盾尖锐，经济政治互动关系紧张。实际上，印度民主政治导致权力分散、相互掣肘，难以形成重要的政治经济决策。如独立后不久，印度政府有人就提出修建一个大型水利工程，但是60多年过去了，至今没有任何具体规划和行动。即使中央政府做出某些政治经济决策，代表地方利益的地方政府也不一定执行，造成政令不畅、效率低下。如2012年，印度中央政府通过向外国投资者开放国内多品牌零售业的决定，但是却遭到许多地方政府的极力反对。2014年印度人民党莫迪政府上台后，马上宣布停止执行向外国投资者开放国内多品牌零售业的决定。中央政府的做法常与某些地方政党所代表的利益发生冲突，导致中央政府更替频繁，造成社会政治动荡。20世纪90年代以来，印度政府7次易主，内阁频繁更迭。印度一些政党为其政党狭隘利益，利用种姓歧视、民族矛盾和教派冲突等社会问题为本政党捞取政治好处，常常激化民族矛盾，恶化教派冲突，使民族矛盾和教派冲突愈演愈烈。因此可以说，不成熟的民主制度在一定程度上影响了印度社会经济发展。

重要的是，不成熟的民主影响印度顺利开展经济改革。不少政党和政治家为争取选民而大搞短期效益工程，对国家长期发展极为不利。许多政治家因害怕丢掉选票，不得不搞形象工程，对大胆改革畏首畏尾。经济改革后，印度经济加速增长。但政府实行重大经济改革举措，首先必须获得议会批准。20 世纪 90 年代以来，印度由几个政党组成联合政府，政府提出的重要经济改革法案，难以在议会获得通过。面对近年来严峻的经济形势，政府意识到，推进经济改革才能恢复经济增长。但印度经济改革几乎陷入停滞，导致外资流入减少，推动资金外流、卢比大幅度贬值。经济改革停滞的主要原因在于政治家们忙于争斗，政府推动经济自由化改革，结盟小党的压力迫使其收回政策。英国《经济学人》杂志认为，近来的数据凸显可持续发展在混乱民主中面临挑战。福利项目和民粹政策是吸引选民的保证，政府更担心短期生存，任何困难决定都抛之脑后。[①] 为赢得 2014 年选举，国大党政府还是通过《粮食安全法案》，每年增加 1000 多亿卢比财政支出。德国《经济周刊》指出，虽然印度经济面临威胁，但印度政治精英仍固执地忽略问题。这个国家没有吸取教训，腐败已成印度的典型写照。印度与其他金砖国家一样仍具有潜力，但如果它仍姿态傲慢，势必陷入困境。[②] （详见第十章第三节第三部分“印度民主政治与社会经济发展”）

（三）印度民主短期内难以成熟

长期以来，印度虽实行政治民主，但仍有浓厚计划经济特色。印度民主是一种建立在经济集权基础上的政治民主。20 世纪 90 年代后实行市场经济改革。由于受国内不同党派和利益之争，市场化改革举步维艰。在印度民主制度架构下，不同政党常常围绕经济政策、改革方略等进行无休止

① “民主的瓶颈”，[英]《经济学人》2012 年 6 月 8 日。

② “印度正在减速，新德里仍微笑”，[德]《经济周刊》2012 年 6 月 12 日。

争论，实质改革难以进行。一位印度经济学家承认，印度有世界上最糟糕的劳工法。但至今没有哪位政治家敢修改这部劳工法，也没有一个政府敢关闭效率低下的企业。这在经济上可以说是慢性自杀，因为许多外国投资者不敢到印度投资建厂。

如印度经济改革继续停滞，政客们依旧忙于争斗，反腐依然毫无进展，那么印度经济很难重新走上高速增长的道路，印度神话将成为空中楼阁。在2014年大选前，各政党在土地改革、反腐败等重大问题上矛盾重重，经济改革计划也无从谈起。经济学家拉古拉姆·拉詹抱怨说，印度政治阶层显然已确定，与改革相比，传统的民粹主义是通向重新当选的更可靠途径。大选结果应证了上述判断，民族主义和宗教色彩浓厚的印度人民党以压倒性多数在议会选举中获胜，结束了20世纪90年代中期以来多党联合执政的局面，少数议会政客就能阻止重大改革的情况将有所改变。大选后，印度人民党领袖莫迪出任政府总理。由于莫迪“发展是解决一切问题的必由之路”的提法与邓小平“发展才是硬道理”的思想相似，西方国家把他称为“印度的邓小平”。在议会中拥有绝大多数席位虽然可以促使莫迪政府可能比较容易通过一些改革方案，但即使某项经济改革计划在议会获得通过，由于执政党内部、执政党与反对党之间在国有企业私有化、土地改革、劳工法修改、反腐败等重大问题上依然矛盾重重，重大经济改革计划依然可能无从谈起，一些地方政府不一定会执行这些经济改革计划。大选后印度人民党在议会占多数，但这并不意味着印度民主制度成熟。

总之，从2008年国际金融危机开始的未来一二十年内世界经济缓慢增长，印度经济结构调整的诸多限制和政治发展的许多制约，都将严重影响未来印度经济发展。在从2008年开始的未来10年里，印度经济难以再现高速增长势头。当然，印度也具有巨大的经济潜力、诸多经济优势和条件，在从2008年开始的未来20年内，印度经济不可能出现发达国家经济低速增长的情况。

第三节　印度经济发展前景的数量分析

对印度经济发展前景进行数量分析，首先要预计未来某个时期内印度经济可能达到的增长速度，然后才能确定可能达到的经济规模。为了确定未来某个时期内印度经济的增长率，需要考察国际社会对未来印度经济增长率的各种估计。

一、国际社会和印度对未来印度经济增长率的各种估计

如前所述，国际社会看好未来印度经济发展前景，因此他们对未来印度经济的增长率也作出了比较乐观的估计。国际会计咨询公司普华永道公司发表报告称，从进入21世纪起到2050年，中国、印度、巴西、俄罗斯、印度尼西亚、墨西哥和土耳其7个国家是被普遍看好的新兴经济体，其中印度经济增长将是最快的。[①] 美国著名投资银行高盛公司在2011年发表的一份《迈向2050年》的报告中预测，在从2011年起的未来50年里，印度甚至有望成为全球经济发展最快的国家。

印度社会上下对印度经济增长充满着乐观情绪。早在2004年5月，时任印度政府财政部部长顾问维贾博士就提出并预测，印度经济近年来取得8%的增长，目前已是全球增长最快的经济体之一，随着国内经济环境的改善，印度增长速度会更快。20世纪70年代，日本经济腾飞，速度之快为世纪之最。20世纪80年代是新加坡和香港等亚洲四小龙领先的时代，20世纪90年代则是中国飞速发展的10年，而进入21世纪后的未来20年将是印度的黄金增长时期。在进入21世纪后的未来20年里，印度很可能

---

① 21世纪经济报道："印度经济：进入发展快车道"，http://www.nanfangdaily.com.cn/jj/20060317/zh/200603160082.asp。

成为全球经济增长最快的国家，常年经济增长率可能超过10%。2006年，曼·辛格总理称："今天，印度经济正在快速增长，8%—9%的增长率在几年前被认为是不可能的，现在不仅是可以实现的，而且可以希望在不久的将来达到10%。"① 2007年12月，印度政府财政部部长奇丹巴拉姆提出，"只要保持强劲的投资，印度经济在未来10年、15年甚至20年保持持续增长是完全可以实现的"。为保持8%的经济增长速度，印度必须加大农田水利基本建设的力度，吸引私人企业参与农业产业化过程，建立农产品供应链；在工业领域则要加大新产品新技术的研发力度，同时吸引大量的外国直接投资。② 为此，印度社会经济发展"十一五"计划预订年经济增长率为8.5%，"十二五"计划预订年经济增长率为10%。（实际上，"十一五"计划期间印度经济年均增长率为8%，"十二五"计划期间印度经济年均增长率难以达到10%。）印度人对经济增长前景乐观。一是经济增速在加快，到2008年为止的5年间，印度经济年均增长率为8.7%。二是储蓄与投资大幅增长。2007—2008年年度，印度国内储蓄占国内生产总值的比例上升到38%。三是经济已走向全球化。到2008年第四季度，商品与服务贸易额占国内生产总值的比重从1998年的24%上升至2008年的51%。四是民主政治体制已见成效。印度人提出要在30年内成为富国，这要求印度经济在未来30年必须保持每年近10%的增长速度。③ 但是，这实际上难以做到。

二、对未来印度经济增长率的基本判断

经过对印度经济发展的特征、潜力和问题等的分析、对印度经济发展的优势和条件的研究以及对印度经济改革前景的研判，我们可以从总体上看出未来印度经济发展前景的基本趋势，但是还不能比较准确地把握未来印度经济发展的精确程度，特别是在未来5年、10年、15年、20年、25

① ［印］《经济时报》2006年10月27日。

② 印度政府财政部长："印度将在未来20年中继续保持经济高速增长"，《中国日报》网站，2007年12月4日。

③ ［英］马丁·沃尔："印度30年内成为富国?"，［英］《金融时报》2009年7月16日。

年、30年、35年和40年这些时间结点上印度经济发展的程度。因此对印度经济未来发展的数量分析十分重要。这里仅以2010年印度经济的基本数据即其国民生产总值（1.43万亿美元）为基础，就未来5年、10年、15年、20年、25年、30年、35年和40年时，印度经济可能达到的经济规模做一简单的数学计算和推理预测。

（一）对未来40年中印度经济年均增长率作出大致推测

考虑到受国际金融危机和世界经济增长减缓的影响，2012—2013年度印度经济增长率已经下降到4.9%，2013—2014年度印度经济增长率已经下降到4.7%的实际；再考虑到印度人民党莫迪政府上台后将继续坚持经济改革，促使印度经济恢复和发展，因此我们较高地估计2010—2015年期间印度经济年均增长率可能在7%左右。考虑到独立后60年中印度经济发展的经历及印度经济存在加速发展的趋势，及印度人民党莫迪政府上台后将继续坚持经济改革，并逐渐克服经济发展中的问题；假定2015年后世界经济可能出现复苏，印度也能较好利用经济全球化机会，充分挖掘各种经济潜力，在较长时期内可能使经济保持较快增长速度，因此预计2015—2020年期间印度经济年均增长率仍能达到7%左右。假定2020—2025年期间及2025—2030年期间印度经济年均增长率仍可能达到7%左右，但2030年后印度经济增长率可能有所放缓，因为经过较长时期高速增长，印度经济已经达到相当规模，保持同样规模的高速增长非常困难，何况经过长期高速增长，印度经济也需要调整，从而难免影响经济增长速度，因此较高预计2030—2040年期间及2040—2050年期间印度经济年均增长率均为6%。现在，我们就以上述印度经济年均增长率的预计为基础，估算2010—2050年期间印度经济发展的前景，即印度经济规模的变化。

（二）对未来40年中印度人口增长情况做大致推测

2010年印度人口总数已超过11.8亿，人口年增长率约为1.5%，已出现增长率下降趋势。随着经济发展加速，人们受教育程度提高和城镇化水平上升，印度人口增长率还将逐渐下降。因此，我们假定2010—2015年期间印度人口年均增长率为1.3%，2015—2020年期间印度人口年均增长率为1.1%，2020—2025年期间印度人口年均增长率为0.9%，2025—2030年期间印度人口年均增长率为0.7%，2030—2035年期间印度人口年均增长率为0.5%，2035—2040年期间印度人口年均增长率为0.3%，2040—2045年期间印度人口年均增长率为0.1%，2045—2050年期间印度人口年均增长率仍为0.1%等，预计2010—2050年40年中印度人口规模的变化情况。

三、未来印度经济发展前景的数理推算和分析

在假定未来40年印度经济增长率和印度人口增长率的基础上，我们对未来印度经济增长前景、未来印度人口增长前景和未来印度人均国内生产总值前景等进行预测。

（一）未来40年印度发展前景预测

按照前面对未来40年印度经济年增长率变化的基本估计，预测未来40年印度经济发展前景，即2015年、2020年、2025年、2030年、2035年、2040年、2045年和2050年等几个时段上，印度经济规模的变化（见表15—1）。

表15—1　2010—2050年印度经济发展前景预测

	2010	2015	2020	2025	2030	2035	2040	2045	2050
增长率	7%	7%	7%	7%	7%	6%	6%	6%	6%
国内生产总值（亿美元）	1.435	2.013	2.823	3.959	5.553	7.431	9.944	13.307	17.808

从上表可见，在未来40年中，如果印度经济能够按照我们乐观预计，即2010—2030年经济年均增长率为7%，2030—2050年经济年均增长率为6%，那么到2035年左右，印度经济规模可能超过目前日本的经济规模；到21世纪中叶，印度经济可能接近目前美国的经济规模。因为即使今后

40 年中美国年均经济增长率保持在 1%，到 2050 年美国国内生产总值也将在 22 亿美元左右；而那时，印度经济规模也只有 17 亿美元，因此即使印度经济能够保持我们预计的年均增长率，印度经济规模要超过美国经济规模也可能要到 21 世纪中叶之后才能实现。何况，未来印度经济很可能难以达到我们预计的年均增长率。

（二）未来 40 年印度人口增长前景预测

按照前面对未来 40 年印度人口增长率变化的基本估计，预测未来 40 年印度人口增长前景，即 2015 年、2020 年、2025 年、2030 年、2035 年、2040 年、2045 年和 2050 年等几个时段上印度人口规模的变化（见表 15—2）。

表 15—2　2010—2050 年印度人口增长前景预测

	2010	2015	2020	2025	2030	2035	2040	2045	2050
年均增长率（%）	1.5%	1.3%	1.1%	0.9%	0.7%	0.5%	0.3%	0.1%	0.1%
总人口（亿）	11.8	12.58	13.29	13.90	14.39	14.75	14.97	15.05	15.14

从上表可见，在未来 40 年中，如果印度人口按照我们比较保守的预计，即 2010—2045 年期间，印度人口年均增长率每 5 年下降 0.2 个百分点，且 2045—2050 年期间，印度人口年均增长率仍为 0.1%，保持我们预计的上述年均增长率，那么到 2045 年印度人口就可能超过 15 亿。而根据联合国人口预测，到 2028 年，印度人口将达到 14.5 亿，超过中国成为世界上人口最多的国家。因此，上表中各时段的实际印度人口数则很可能超过我们在这里预计的印度人口数。

（三）未来 40 年印度人均国内生产总值变化情况预测

根据表 15—1 和表 15—2 所得到的预测资料，我们可以对未来 40 年印度人均国民生产总值的变化情况，即 2015 年、2020 年、2025 年、2030 年、2035 年、2040 年、2045 年和 2050 年等几个时段上印度人均国内生产总值的变化，作出基本的推理预测（见表 15—3）。

表 15—3 2000—2050 年印度人均国民生产总值变化情况预测

	2010	2015	2020	2025	2030	2035	2040	2045	2050
GDP（亿美元）	1.435	2.013	2.823	3.959	5.553	7.431	9.944	13.307	17.808
总人口（亿人）	11.8	12.58	13.29	13.90	14.39	14.75	14.97	15.05	15.14
人均 GDP（美元）	1216	1600	2124	2848	3859	5038	6643	8842	11762

从上表可见，在未来40年中，如果印度经济在不同时期能够保持我们假定的年均增长率，印度人口也保持我们假定的年均增长率，则到21世纪中叶，印度人均国民生产总值可能刚好超过1万美元。如果在未来40年中，印度经济在不同时期低于我们假定的年均增长率，而印度人口仍将保持我们假定的年均增长率，那么到21世纪中叶，印度人均国民生产总值则可能超过1万美元。这表明，印度人民生活水平将有明显提高，但是，印度仍然处在发展中国家的行列。

四、结束语

对印度经济发展的前景，无论是进行历史发展趋势分析、经济发展潜力分析和社会经济问题分析，还是对经济主张速度进行数量分析，我们都可以得出如下若干结论。

（一）21世纪印度将成为世界经济大国

如果未来印度能够较好地克服经济发展中的问题，并能充分挖掘各种经济潜力，使印度经济在一个较长的时期内保持较快的增长速度，则21世纪中期以后，印度经济规模将可能超过日本，从而可能成为世界经济大国。至于印度经济规模能否超过美国和中国，那是在较长时期内也难以实现的。但是，无论如何，当印度经济规模超过日本后，世界经济格局将发生重大变化，21世纪也将可能成为亚洲世纪。

（二）21 世纪印度将成为世界上人口最多的国家

即使根据作者在这里所做的比较保守的估计，假定到2050 年印度人口年增长率下降到0.1%（这种假定是相当保守的，实际上，印度人口增长率可能会超过这个假定），那么据这个估计，到21 世纪中叶（比国际机构估计的时间要晚），印度人口将超过15 亿，印度将超过中国成为世界上人口最多的国家。人口众多既可能给印度经济发展增添巨大的动力，也可能给印度经济发展造成重大的阻力，影响未来印度经济发展。

（三）21 世纪中叶印度仍将处于发展中国家行列

尽管在未来40 年中印度经济能以较快的速度发展，成为世界经济大国，但是由于人口增长较快，印度人均国民生产总值水平依然不会太高，到21 世纪中叶，印度仍将处在发展中国家水平。甚至印度还很有可能掉入“中等收入陷阱”。至于21 世纪中叶以后，印度经济能否保持较快的增长速度，印度能否能进入发达国家行列，还需要人们拭目以待。

参考文献

一、中文图书

1. 李了文等:《印度经济》,人民出版社 1982 年版。

2. 孙培钧等:《中印经济发展比较研究》,北京大学出版社 1991 年版。

3. 孙培钧等:《南亚国家经济发展战略》,北京大学出版社 1990 年版。

4. 孙培钧等:《印度国情与综合国力》,中国城市出版社 2001 年版。

5. 孙培钧:《印度:从“半管制”走向市场化》,武汉出版社 1994 年版。

6. 孙培钧等:《印度垄断财团》,时事出版社 1984 年版。

7. 孙士海:《印度的发展及其对外战略》,中国社会科学出版社 2000 年版。

8. 孙士海、孙培钧著:《转型中的印度经济》,鹭江出版社 1996 年版。

9. 孙士海、葛维钧编:《印度》,社会科学文献出版社 2003 年版。

10. 文富德著:《印度经济发展:经验与教训》,四川大学出版社 1994 年版。

11. 文富德著:《当代印度财政》,四川人民出版社 1996 年版。

12. 文富德主编:《世界贸易组织与印度经济发展》,巴蜀书社 2002 年版。

13. 文富德著:《印度经济:发展、改革与前景》,巴蜀书社 2003 年版。

14. 文富德与唐鹏琪著:《印度科学技术》,巴蜀书社 2004 年版。

15. 文富德著:《印度经济全球化研究》,巴蜀书社 2008 年版。

16. 文富德著:《印度高科技发展战略研究》,巴蜀书社 2010 年版。

17. 文富德著:《印度经济改革经验教训研究》,巴蜀书社 2013 年版。

18. 马加力:《关注印度——崛起中的大国》,天津人民出版社 2002 年版。

19. 司马军等:《印度市场经济体制》,兰州大学出版社 1994 年版。

20. 陈继东:《独立后印度经济社会发展研究》,四川大学出版社 1997 年版。

21. 沈开艳:《印度经济改革发展二十年——理论实证与比较(1991—

2010)》，上海人民出版社 2011 年版。

22. 殷永林：《独立以来的印度经济》，云南大学出版社 2001 年版。

23. 鲁达尔·达特等著，雷启淮等译：《印度经济》（上、下册）（中文版），四川大学出版社 1994 年版。

24. 赵鸣歧：《印度之路——印度工业化道路探析》，学林出版社 2005 年版。

25. 赵建军：《改革与发展中的印度经济》，中南大学出版社 2004 年版。

26. 向元钧：《印度市场经济与宏观调控》，四川大学出版社 2001 年版。

27. 邱永辉等：《南亚国家的经济改革与民主化浪潮——印度和巴基斯坦研究》，四川大学出版社 1998 年版。

28. 雷启淮：《印度农村产业结构研究》，四川大学出版社 1997 年版。

29. 林良光著：《印度政治制度研究》，北京大学出版社 1996 年版。

30. 曾向东：《印度科学技术》，科学出版社 1991 年版。

31. 高鲲、张敏秋：《南亚政治经济发展研究》，北京大学出版社 1995 年版。

32. 李芳、刘沁秋著：《印度——在第三条道路上踯躅》，四川人民出版社 2002 年版。

33. 陈峰君著：《东亚与印度——亚洲两种现代化模式》，经济科学出版社 2000 年版。

34. 黄思骏著：《印度土地制度研究》，中国社会科学出版社 1998 年版。

35. 林承杰：《印度近现代史》，北京大学出版社 1995 年版。

36. 林承杰：《印度现代化的发展道路》，北京大学出版社 2001 年版。

37. 林承杰：《殖民统治时期印度史》，北京大学出版社 2004 年版。

38. 林承杰：《独立后印度史》，北京大学出版社 2008 年版。

39. 张淑兰编著：《印度拉奥政府经济改革研究》，新华出版社 2003 年版。

40. 杨冬云著：《印度经济改革与发展的制度分析》，经济科学出版社，

2006 年版。

41. 马克思：《东印度公司，它的历史与结果》，《马克思恩格斯全集》，第 9 卷，人民出版社 1961 年版。

42. 尼赫鲁：《印度的发现》，世界知识出版社 1956 年版。

43. 阿马蒂亚·森：《以自由看待发展》，中国人民大学出版社 2002 年版。

44. 弗朗辛·R. 弗兰克尔：《印度独立后政治经济发展史》，中国社会科学出版社 1989 年。

45. 吉尔佰特·艾蒂安：《世纪竞争：中国与印度》，新华出版社 2000 年版。

46. ［英］诺尔斯著：《英国海外帝国经济史》（第一卷），上海人民出版社 1966 年版。

47. R. C. 杜特著，陈洪进译：《英属印度经济史》（上、下册），三联书店 1965 年版。

48. 马宗达等著：《高级印度史》（下），商务印书馆 1986 年版。

49. K. N. 乔杜里著：《1800 年以前的亚洲资本主义和工业生产》，载布罗代尔编，顾良等译：《资本主义论丛》，中央编译出版社 1997 年版。

50. R. P. 杜德著，《今日印度》（中文版），世界知识出版社 1953 年版。

二、中文杂志报刊

1. 文富德："九十年代印度经济发展展望"，《南业研究季刊》1991 年第 1 期。

2. 文富德："世界之交的印度经济发展前景"，《南亚研究》1999 年第 2 期。

3. 文富德："独立以来印度经济政策的调整，《南亚研究季刊》1988 年第 3 期。

4. 文富德："试论印度混合经济体系中的宏观管理"，《世界经济》1989 年第 4 期。

5. 文富德："论印度经济计划控制与市场调节相结合"，《南亚研究》1991 年第 3 期。

6. 文富德："21 世纪印度将成为世界经济强国"，《当代亚太》1997 年第 6 期。

7. 文富德："21 世纪印度将成为世界科技大国"，《南亚研究季刊》2000 年第 4 期。

8. 文富德："经济全球化与印度经济发展"，《当代亚太》2001 年第 11 期。

9. 文富德："印度经济发展的前景"，《南亚研究季刊》2002 年第 3 期。

10. 文富德："论印度经济持续快速增长的可能性"，《亚太经济》2007 年第 3 期。

11. 文富德："印度经济能够超过中国吗?"，《亚太经济》2004 年第 6 期。

12. 文富德："21 世纪印度将成为世界大国"，《南亚研究季刊》2005 年第 3 期。

13. 文富德："印度加速制造业发展的政策措施与前景"，《南亚研究季刊》2006 年第 4 期。

14. 文富德："印度正在成为世界研发中心的原因、影响与启示"，《亚太经济》2008 年第 3 期。

15. 文富德："印度应对国际金融危机的的对策及其经济前景分析"，《四川大学学报（哲学社会科学版）》2009 年第 6 期。

16. 文富德："金融危机后的印度经济发展前景"，《南亚研究季刊》2010 年第 1 期。

17. 孙士海："印度现在已进入较高的经济增长阶段"，新浪财经，2005 年 12 月 6 日。

三、英文图书

1. Jawaharlal Nehru, *Jawaharlal Nehru, An Autobiography*, Jawaharlal

Nehru Memorial Fund, New Delhi, 2001.

2. Jawaharlal Nehru, *Jawaharlal Nehru*, *The Discovery of India*, Jawaharlal Nehru Memorial Fund, New Delhi, 2003.

3. Jawaharlal Nehru, *Jawaharlal Nehru*, *Glimpses of World History*, Jawaharlal Nehru Memorial Fund, New Delhi, 2003.

4. Ministry of Finance, Government of India, *Economic Survey*, 1947 – 2012, New Delhi, Government of India, 2013.

5. Tata Service Companey, *Indian Statistics Outline*, 2013.

6. A. N. Agrawal, *Indian Economy*, *Problems of Development and Planning*, Wlley Estern Limited, 2004,

7. Alok Ghosh, *Indian Economy*, *Its Nature and Problems*, Calcutta, The World Press Priviate Limited, 1987,

8. Shankar Acharya, *India's Economy*, *Some Issues and Answers*, New Delhi, Academic Foundation, 2003.

9. Jeffrey D. Sachs, Ashutosh Varshney, Nirupam Bajpai, *India in the Era of Economic Reforms*, Oxford University Press, 2001.

10. T. N. Srinivasan, Suresh D. Tendulkar, *Reintergrating India With the World Economy*, Oxford University Press, 2003.

11. K. C. Pant, *India's Development Scenario*, *Next Decade and Beyond*, New Delhi, Academic Foundation, 2003.

12. P. N. Varshney, *Banking Law & Practice*, Sultan Chand & Sons Publishers, 1987.

13. Gutumakh Ram Madan, *Indian Social Problems*, *Social Disorganization and Reconstruction*, Allied Publishers Private Limited, 1987.

14. Isher Judge Ahluwalia & John Williamson, *The South Asian*, *Experience with Growth*, Oxford University Press, 2003

15. S. A. Batachaya, *Theory and Practice of Indian Five Years Plan*, New, Delhi, 1987.

16. R. K. Roy, *Enterpreneurship and Industry in India*, *1800 – 1947*, Oxford University Press, Delhi, 1994.

17. R. K. Roy, *Industralization in India, 1914 - 1947*, Oxford University Press, Delhi, 1979.

18. M. D. Morris, *Conference Paper On Indian Economy in 19 Century*, 1969.

19. V. Anstai, *Economic Development in India*, London, 1929.

20. Batachaya, *Breif Indian Economy Histry, 1750 - 1950*, New Delhi, 1979.

21. H. L. Patia, *Histry of Economic Thought In India*, Weskas Publish House, 1980.

22. J. S. Upal, *Economic Plan in India*, New Delhi, 1984.

23. P. K. Gopal knishina, *Development of Indian Economic Thought, 1880 - 1950*, New Delhi, 1959.

24. A. R. Desai, *Social Background and Indian Socialism*, Bombay, 1966.

25. S. D. Chati, *Base of Indian Economic Plan*, New Delhi, 1979.

26. Lalit Mansingh, Dilip Lahiri, *Indian Foreign Policy, Aenda For The 21st Century*, Konapk Pulishers PVT LTD, New Delhi, 1997.

27. Planning Commission, *India Vision* 2020 *and Vision Documents of Some States*, Academic Foundation, New Delhi, 2003.

28. Isher Judge Ahluwalia &L. M. D. Little, *India's Economic Reforms and Development, Essays for Manmohan Singh*, Oxford University Press, Delhi, 2004.

29. Stuart Corbridge and John Harriss, *Reinventing India, Liberalization, Hindu Nationalism and Popular Democracy*, Oxford University Press, 2003.

